Robert Klaßen

Adobe Photoshop

Der professionelle Einstieg

Rheinwerk
Design

Liebe Leserin, lieber Leser,

wer Bilder bearbeiten möchte, hat mit Photoshop das beste Werkzeug zur Hand. Doch gerade für Einsteiger ist der immense Funktionsumfang dieses Bildbearbeitungsriesen nicht leicht zu überschauen. Damit Sie sich schnell im Programm zurechtfinden, wurde dieses Buch geschrieben. Unser Autor Robert Klaßen weiht Sie auf unterhaltsame und kompetente Weise in die Geheimnisse von Photoshop ein: Angefangen bei den Werkzeugen über die verschiedenen Ebenentechniken bis hin zur kreativen Fotomontage erfahren Sie in diesem Buch, wie Sie die vielen Funktionen von Photoshop nutzen.

Dabei erwartet Sie ein gelungener Mix aus Theorie und Praxis: In mehr als 60 Workshops lernen Sie die Möglichkeiten der digitalen Bildbearbeitung in Photoshop kennen. Sie wollen wissen, wie man Naturaufnahmen in Schwarzweiß umwandelt? Dann schlagen Sie doch einfach im gleichnamigen Workshop nach. Aha-Erlebnisse lassen hier nicht lange auf sich warten. Das benötigte Beispielmaterial zum Mitarbeiten finden Sie auf der Website zum Buch unter *www.rheinwerk-verlag.de/5595*. So können Sie jeden einzelnen Schritt nachvollziehen und profitieren direkt von den zahlreichen Tipps aus der Praxis.

Nun bleibt mir nur noch, Ihnen viel Spaß mit Photoshop und diesem Buch zu wünschen! Sollten Sie Anregungen oder Kritik haben, freue ich mich, wenn Sie sich mit mir in Verbindung setzen.

Ihre Ariane Podacker
Lektorat Rheinwerk Design
ariane.podacker@rheinwerk-verlag.de

www.rheinwerk-verlag.de
Rheinwerk Verlag • Rheinwerkallee 4 • 53227 Bonn

Auf einen Blick

Wir hoffen, dass Sie Freude an diesem Buch haben und sich Ihre Erwartungen erfüllen. Ihre Anregungen und Kommentare sind uns jederzeit willkommen. Bitte bewerten Sie doch das Buch auf unserer Website unter **www.rheinwerk-verlag.de/feedback**.

An diesem Buch haben viele mitgewirkt, insbesondere:

Lektorat Ariane Podacker
Korrektorat Petra Bromand, Düsseldorf
Herstellung Vera Brauner, Janne Brönner
Typografie und Layout Vera Brauner
Einbandgestaltung Judith Pappe, Köln
Coverfotos Shutterstock: 136377332 © Olga Ekaterincheva; iStock: 542179698 © Nik Merkulov; iStock: 476762664 © aleksandarvelasevic
Satz SatzPro, Krefeld
Druck mediaprint solutions, Paderborn

Kapiteleinstiegsbilder Fotolia: 14834000 © Patrick_Poendl, 258252798 © ezthaiphoto, 28970464 © monropic, 3562093 © cdrcom, 75456512 © Romolo Tavani, 89764881 © fotografci; Shutterstock: 177362138 © lightofchairat, 90154762 © DreamLand_Media, 210874453 © Johnny Adolphson; iStock: 529662792 © yanikap, 888995042 © KenanOlgun, 21638362 © instamatics
Fotos im Buch © 2022 Robert Klaßen und Lizenzgeber. Alle Rechte vorbehalten.
Alle in diesem Buch und online zur Verfügung gestellten Bilddateien sind ausschließlich zu Übungszwecken in Verbindung mit diesem Buch bestimmt. Jegliche sonstige Verwendung bedarf der vorherigen, ausschließlich schriftlichen Genehmigung des Urhebers.

Dieses Buch wurde gesetzt aus der TheAntiquaB (9,5 pt/13,75 pt) in Adobe InDesign. Gedruckt wurde es auf matt gestrichenem Bilderdruckpapier (115 g/m²). Hergestellt in Deutschland.

Bibliografische Information der Deutschen Nationalbibliothek:
Die Deutsche Nationalbibliothek verzeichnet diese Publikation in der Deutschen Nationalbibliografie; detaillierte bibliografische Daten sind im Internet über *http://dnb.dnb.de* abrufbar.

ISBN 978-3-8362-9184-2

11., aktualisierte und erweiterte Auflage 2022
© Rheinwerk Verlag, Bonn 2022

Informationen zu unserem Verlag und Kontaktmöglichkeiten finden Sie auf unserer Verlagswebsite **www.rheinwerk-verlag.de**. Dort können Sie sich auch umfassend über unser aktuelles Programm informieren und unsere Bücher und E-Books bestellen.

Inhalt

2   Dateiverwaltung mit Bridge

3 Photoshop-Basiswissen: Malen, auswählen, freistellen

4 Ebenen

5 Licht und Schatten korrigieren

6 Farbkorrekturen

7 Retusche und Reparatur

8 Montage

8   Camera Raw

10   Text, Formen und Pfade

11 Dateien ausgeben – für Web und Druck

12 Fachkunde

Workshops

Camera Raw

Text, Formen und Pfade

Dateien ausgeben – für Web und Druck

Fachkunde

Vorwort

Jeder Weg beginnt mit dem ersten Schritt. Und seien wir mal ehrlich: Manchmal ist es gut, dass wir zu Beginn noch gar nicht wissen, wie lang und beschwerlich der gesamte Weg ist. Wüssten wir es, würden wir den ersten Schritt vielleicht gar nicht machen. Das bedeutet aber auch, dass wir nie erfahren werden, wie schön es ist, ein Etappenziel zu erreichen, oder gar am Ende des Wegs anzukommen. So ähnlich ist das auch mit der Bildbearbeitung. Wenn wir sagen: »Das schaffe ich nie!« werden wir höchstwahrscheinlich Recht behalten. Wenn wir uns aber dazu durchringen, in kleinen Schritten voranzukommen, wartet ein Erfolgserlebnis nach dem anderen auf uns.

Wir verschaffen uns zunächst einen Überblick und beginnen mit leicht nachzuvollziehenden Workshops. Ich bin sicher, dass Sie in jeder Schritte-Anleitung etwas Neues lernen werden. Und ganz bestimmt werden Sie neben den Erfolgserlebnissen auch eine Menge Spaß haben. »Photoshop lernen« ist die eine Sache – »Photoshop verstehen« eine andere. In diesem Buch geht es eindeutig um Letzteres. Wenn Sie erst einmal die Zusammenhänge von Ebenen, Mischmodi & Co. ergründet haben, werden Sie »Appetit auf mehr« haben, damit Sie die zahllosen Möglichkeiten und Funktionen effektiv und zielgerichtet einsetzen können.

Wenn Sie bereit sind, sich auf Photoshop einzulassen, es zu erleben, statt nur die Basics zu pauken, wird Ihnen dieses Buch nicht nur viel Freude bereiten, sondern auch ordentliche Strategien für alle Bereiche der Bildbearbeitung an die Hand geben. Wir werden uns durchgängig an praktischen Beispielen aus dem fotografischen Alltag orientieren. Deshalb liefert dieses Buch auch alles mit, was dazugehört – inklusive Beispielmaterialien.

Der Mensch im Mittelpunkt

Ich denke, das Faszinierendste, Interessanteste und Vielfältigste, was das Leben zu bieten hat, ist der Mensch, mit all seinen Facetten, seinen Besonderheiten, seiner Individualität. Das Gesicht eines Menschen hat mich stets mehr interessiert als beispielsweise ein Gebäude oder Stillleben. Das werden Sie bei der Durchsicht

▲ **Abbildung 1**
Die downloadbaren Beispielmaterialien sind im Buch mit
diesem Icon gekennzeichnet.

Abbildung 2 ▶
Sie werden sehen: Es macht
Spaß, mit diesen Fotos zu
arbeiten.

der Beispielfotos zu diesem Buch schnell feststellen. Sie finden das
Bildmaterial auf der Webseite zum Buch unter *www.rheinwerk-
verlag.de/5595*. Scrollen Sie bis zum ersten Kasten und klicken Sie
dort auf den Reiter MATERIALIEN. Da die Fotos vollumfänglich ver-
wertungsrechtlich geschützt sind und wir es aus lizenzrechtlichen
Gründen nicht öffentlich zugänglich machen dürfen, sondern ausschließlich Ihnen als Käufer des Buches rein zu Übungszwecken
und zu keiner darüber hinausgehenden Verwendung zur Verfügung stellen, müssen Sie sich für den Download freischalten. Bitte
halten Sie dazu Ihr Buchexemplar bereit.

So, es geht los!

Gestatten Sie mir noch zwei kurze Hinweise: Das Buch ist sowohl
für Windows- als auch für Mac-User geschrieben worden. Daher
sind Tastaturkürzel auch für beide Plattformen ausgelegt. Vor dem
Schrägstrich steht jeweils die Windows-Taste, dahinter die Mac-
Taste. Beispiel gefällig? Bitte schön: Drücken Sie [Strg]/[cmd]+[X].
Das bedeutet für Windows [Strg]+[X] und für Mac [cmd]+[X].
Total einfach, oder?

Kästen

Und dann wären da noch diese unscheinbaren Kästen am Rand. Darin enthalten sind … aber lesen Sie selbst.

Nützliche Hinweise

Zudem möchte ich noch kurz auf die technischen Erklärungen in Kapitel 12 hinweisen. Wenn im Buch beispielsweise vom RGB-Farbraum oder von anderem technischem Schnickschnack die Rede ist, finden Sie an relevanter Stelle ein entsprechendes Symbol und können die Hintergründe im Fachkunde-Kapitel nachschlagen.

Neuerungen

Adobe Photoshop wartet immer wieder mit neuen Features auf. Damit Sie gleich sehen, wo jene Dinge stehen, die im Vergleich zur Vorauflage ein Novum darstellen, gibt es auch dafür ein Icon.

Fertig?

So, genug der Vorrede. Sind Sie bereit für eine Runde Photoshop? Das trifft sich gut. Ich bin nämlich auch gerade fertig mit dem Vorwort. Nur eines noch: Sollten Sie Schwierigkeiten mit der Ausführung eines Workshops haben, freue ich mich über ein Feedback von Ihnen. Das Gleiche gilt für den Fall, dass sich irgendwo ein Fehler eingeschlichen haben sollte. Und jetzt wünsche ich Ihnen viel Spaß und einen nachhaltigen Lernerfolg mit Photoshop 2022 und diesem Buch.

Robert Klaßen
info@dtpx.de
www.dtpx.de

Ich bin ein Kasten
Ich habe wichtige Hinweise für Sie, die im direkten Bezug zum Thema stehen. Sie sollten mich also nach Möglichkeit nicht übersehen.

▲ **Abbildung 3**
Dieses Symbol deutet auf technische Erklärungen hin, die im letzten Kapitel zu finden sind.

▲ **Abbildung 4**
Dieses Zeichen weist auf Neuerungen hin.

Die Arbeitsumgebung

Blitzeinstieg und Programmübersicht

- ▸ Wie wird ein Foto eindrucksvoll optimiert?
- ▸ Wie funktionieren Arbeitsfläche, Werkzeuge und Bedienfelder?
- ▸ Wie werden Fotos geöffnet und gespeichert?
- ▸ Welche Zoom- und Navigationsfunktionen gibt es?
- ▸ Was hat es mit dem Protokoll auf sich?
- ▸ Wie kann ich Fotos und Bibliotheken teilen?

1 Die Arbeitsumgebung

Wer einen neuen Job antritt, sollte sich zunächst einmal mit seinem Arbeitsplatz und der unmittelbaren Umgebung vertraut machen. Woher soll man ansonsten wissen, wo die Kaffeemaschine steht – und wo die Kollegen diese leckeren Joghurts horten. Genauso sollten Sie das auch mit Photoshop handhaben. Erst mal umschauen – arbeiten können Sie ja immer noch. Oder wollen Sie lieber gleich etwas zu tun bekommen? Okay, ganz wie Sie wünschen. Dann werden Sie zunächst einen tollen Bildeffekt erzeugen und erst danach Bedienfelder, Toolbox und Navigatoren kennenlernen. Sie können ja schon mal den Joghurt holen – als Belohnung fürs Bestehen der ersten Aufgabe.

1.1 Vollgas-Einstieg

Es geht also gleich los. Sie stehen kurz davor, ins eiskalte Wasser der digitalen Bildbearbeitung zu springen. Sie werden auch gleich etwas vollkommen Neues kennenlernen. Die Rede ist vom sogenannten Arbeitsbereich »Einstieg«. Das passt doch prima. Sie wollen doch ohnehin gerade einsteigen, oder?

Abbildung 1.1 ►
Auf geht's! Photoshop will entdeckt werden.

Photoshop-Version ablesen

Früher wurden Anwendungen wie Photoshop von Zeit zu Zeit komplett neu aufgelegt. Danach erschien ein Buch dazu, und alles war gut. Das ist heute leider anders, denn Photoshop wird fortlaufend aktualisiert. Daher ist es leider unvermeidlich, dass es irgendwann zu Abweichungen mit den in diesem Buch vorgestellten Funktionen kommt. Dieses Buch wurde mit der Version 23.3.1 erstellt. Wenn Sie wissen wollen, mit welcher Version Sie arbeiten, klicken Sie bitte einmal auf Hilfe • Über Photoshop. Lesen Sie die Versionsinfo oben links ab, und schließen Sie die Hinweistafel, indem Sie darauf klicken.

◄ **Abbildung 1.2**
Oben links finden Sie den Versionshinweis.

Die Startseite

Unmittelbar nach dem Start der Anwendung erscheint die sogenannte *Startseite*, die Miniaturen der zuletzt geöffneten Dateien zeigt (auch Startbildschirm genannt). Mittels Klick auf das jeweilige Vorschaubild in der Bildschirmmitte wird die Datei erneut in Photoshop geöffnet und der Startbildschirm gleichzeitig geschlossen. In der linken Spalte warten Schaltflächen mit Zusatzangeboten (z. B. Trainings) darauf, vom Benutzer entdeckt zu werden.

Wer sich für diese neue Ansicht so gar nicht begeistern kann, hat die Möglichkeit, die Ansicht in den Voreinstellungen zu deaktivieren. Dazu drücken Sie entweder Strg/cmd+K oder klicken auf Bearbeiten/Photoshop • Voreinstellungen • Allgemein. Im Bereich Optionen deaktivieren Sie das Häkchen vor Startbildschirm automatisch anzeigen und drücken auf OK.

Arbeitsbereich schließen
Sobald Sie ein Foto öffnen, verschwindet der Startbildschirm. Schließen Sie alle geöffneten Fotos, kommt dieser ebenso automatisch wieder zum Vorschein – sofern er nicht, wie nebenstehend beschrieben, in den Voreinstellungen deaktiviert worden ist.

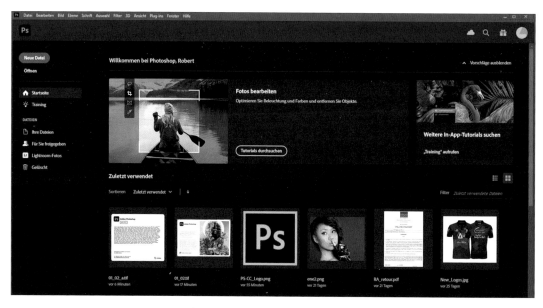

▲ **Abbildung 1.3**
Dieser Arbeitsbereich gestattet den Zugriff auf die zuletzt verwendeten Dateien.

▲ **Abbildung 1.4**
Das Haus steht für den Startbildschirm.

▲ **Abbildung 1.5**
Mit Klick auf die Pfeilspitze wird der Willkommen-Screen wieder geschlossen.

Tipp: Möglicherweise werden Sie, nachdem Sie ein Foto geöffnet haben, erneut auf den Startbildschirm zurückgreifen wollen. Klicken Sie dazu lediglich auf das Häuschen ❶, welches sich oben links befindet. Zuvor bereits geöffnete Fotos bleiben weiterhin geöffnet. Wollen Sie die Startseite schließen, ohne eine weitere Datei zu öffnen, klicken Sie auf die nach links weisende Schaltfläche ❷, die sich direkt neben dem PS-Symbol befindet.

Ein Beispielfoto in Photoshop öffnen

Wenn Sie ein Foto öffnen wollen, das nie zuvor in Ihrer Photoshop-Umgebung geöffnet gewesen ist, gehen Sie anders vor: Klicken Sie in der linken Spalte der Startseite auf ÖFFNEN. Betätigen Sie alternativ [Strg]/[cmd]+[O] (O wie Open), oder wählen Sie im Menü DATEI • ÖFFNEN. Anschließend navigieren Sie zu der Bilddatei »Start.jpg«, die sich im Ordner BILDER der Beispieldateien befindet. (Weiterführende Infos zum Öffnen von Fotos erhalten Sie in Abschnitt 1.3, »Öffnen, speichern, schließen«.)

Schritt für Schritt
Einen Beauty-Effekt erzeugen

Bevor es losgeht, zeige ich Ihnen schon mal das Ergebnis, das wir erreichen wollen – und zwar verglichen mit dem Original.

Bilder/Start.jpg

◀ **Abbildung 1.6**
Das Original (links) ist viel zu dunkel und arm an Details. Mit wenigen Handgriffen werden Sie jedoch ein vollkommen anderes Resultat erzielen (rechts).

1 Menü bedienen

Ganz oben befindet sich die sogenannte Menüleiste. Ein Klick auf den dort gelisteten Eintrag BILD ❸ öffnet das dazugehörige Menüfeld. Zeigen Sie anschließend mit der Maus auf KORREKTUREN ❹, gefolgt von einem Klick auf TONWERTKORREKTUR ❺.

◀ **Abbildung 1.7**
Klicken – draufzeigen – klicken, und schon wird der erste Arbeitsgang eingeleitet.

2 Tonwerte korrigieren

Bitte keine Panik. Es ist nichts kaputtgegangen. Vielmehr hat sich ein Dialogfeld geöffnet. Damit führen Sie jetzt eine sogenannte

Tonwertkorrektur durch. Was das ist? Nun, das besprechen wir im Abschnitt »Die klassische Tonwertkorrektur« ab Seite 225. Sie werden aber gleich sehen, wie sich eine derartige Bildmanipulation auf das Foto auswirkt.

Abbildung 1.8 ▸
Auf diese Regler und Anzeigen müssen Sie achten.

Abbildung 1.9 ▸ ▸
So soll es aussehen, ehe Sie die OK-Schaltfläche betätigen.

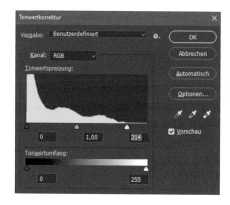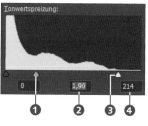

Klicken Sie auf die kleine Ecke ❸ (dabei handelt es sich um einen Schieberegler). Halten Sie die Maustaste gedrückt, und ziehen Sie sie so weit nach links, bis gleich unterhalb ein Wert von etwa 214 angezeigt wird ❹. Den Regler ❶ ziehen Sie danach auf die gleiche Weise nach links, bis im Anzeigefeld ❷ ein Wert von ca. 1,90 erscheint. (Stören Sie sich bitte nicht daran, dass das Foto jetzt etwas zu hell wirkt. Am Ende werden Sie zufrieden sein.) Zuletzt bestätigen Sie die Bildänderung mit einem Klick auf OK.

3 Dynamik anheben

Gehen Sie noch einmal in das Menü BILD, und zeigen Sie auf KORREKTUREN. Entscheiden Sie sich dort jedoch diesmal für DYNAMIK. Schwups – schon wieder ein Dialog. Ziehen Sie den Regler DYNAMIK auf etwa +33, und lassen Sie auch hier eine OK-Bestätigung folgen. Easy, oder?

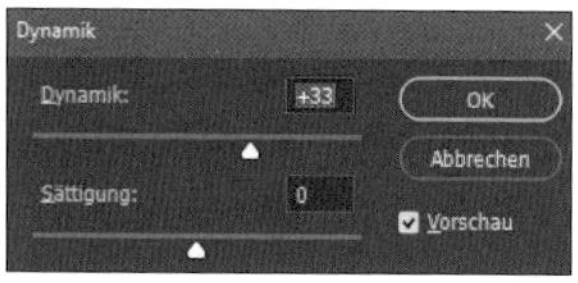

▲ Abbildung 1.10
Mit einer Erhöhung der Dynamik werden Farben gekräftigt.

4 Ebene duplizieren

Jetzt aufgepasst: Um eine weiche Wirkung zu erzeugen, wie sie von Beauty-Fotos her bekannt ist, müssen Sie zunächst Folgendes tun: Betätigen Sie [Strg]/[cmd]+[J]. Das hat keine sichtbaren Auswirkungen auf das Foto, erzeugt jedoch im Hintergrund ein deckungsgleiches Duplikat des Bildes (mehr dazu in Kapitel 4, »Ebenen«).

5 Weichzeichnung hinzufügen

Gehen Sie nun abermals ins Menü, und entscheiden Sie sich für
FILTER • WEICHZEICHNUNGSFILTER • GAUSSSCHER WEICHZEICHNER.
Erzeugen Sie einen RADIUS von ca. 9,5 Pixel. (0,1 Pixel mehr oder
weniger spielen keine Rolle.) Sie können den Wert übrigens auch
direkt via Tastatur eingeben. Bestätigen Sie erneut mit OK.

▲ **Abbildung 1.11**
Das bloße Verharren mit dem
Mauszeiger auf diesem
Steuerelement bewirkt, dass
eine Quickinfo erscheint (hier:
MISCHMODUS FÜR DIE EBENE
EINSTELLEN). Setzen Sie einen
Mausklick darauf.

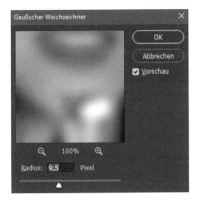

◄ **Abbildung 1.12**
Das Gesicht ist derart unscharf,
dass es kaum noch zu erkennen
ist. Aber genau so soll es sein.

6 Mischmodus ändern

Damit beide Bildebenen ineinanderwirken können (mehr dazu
in Abschnitt 4.5, »Mischmodi«), müssen Sie den Mischmodus
ändern. Dazu gehen Sie in das Ebenen-Bedienfeld, das sich rechts
im Bedienfeldbereich befindet (sollte es nicht sichtbar sein, betätigen Sie FENSTER • EBENEN) und klicken auf das Pulldown-Menü,
in dem NORMAL steht ❺. Im ausklappenden Menü wählen Sie den
Eintrag INEINANDERKOPIEREN.

Tipp: Fahren Sie einmal langsam über die einzelnen Befehle des
geöffneten Menüs, und beobachten Sie dabei das Foto. Die Auswirkungen der jeweiligen Einstellungen können Sie nämlich direkt
im Bild beobachten.

7 Datei speichern

Zuletzt gehen Sie noch in das Menü DATEI und betätigen dort
SPEICHERN oder SPEICHERN UNTER. Welches Format Sie hier einstellen, ist an dieser Stelle nicht so wichtig. (Standardmäßig verwendet Photoshop das hauseigene Format PSD. Und das ist absolut okay.) Nachdem Sie auf SPEICHERN geklickt haben, schiebt
Photoshop noch eine Kontrollabfrage hinterher. Lassen Sie das
Häkchen KOMPATIBILITÄT MAXIMIEREN aktiv (damit auch ältere

Bilder/Ergebnisse/
Start_bearbeitet.psd

Photoshop-Versionen die Datei verarbeiten können), und schließen Sie die Aktion mit OK ab. – Glückwunsch. Die Bedienung der Arbeitsoberfläche scheint Ihnen ja keinerlei Probleme zu bereiten. Die fertige Datei finden Sie übrigens unter »Start_bearbeitet.psd« im Ordner ERGEBNISSE.

Abbildung 1.13 ▸
Photoshop fragt nach.

Training benutzen

Wer es bereits jetzt nicht mehr abwarten kann, Fotos zu bearbeiten, jedoch insgesamt noch nicht so firm in Sachen Photoshop ist, wird sich mit den Trainings anfreunden, die in Photoshop integriert sind. Üblicherweise finden Sie das gleichnamige Bedienfeld oben links auf der Startseite (also nachdem Sie auf das Häuschen geklickt haben). In der linken Spalte ist die Zeile TRAINING untergebracht, auf die Sie nun klicken sollten. Zunächst einmal werden ganz oben vier Praktische Übungen angeboten. Gehen Sie etwas weiter nach unten, finden Sie WEITERE TUTORIALS. Hierbei handelt es sich um Videos, die Ihnen Photoshop näherbringen sollen. Übrigens können Sie auf der Startseite auch nach unten scrollen, um weitere Tutorials ausfindig zu machen.

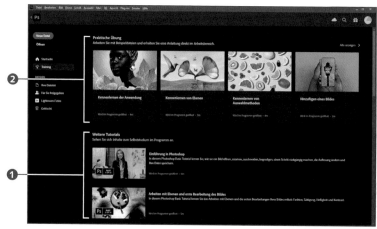

Abbildung 1.14 ▸
Die Startseite wartet mit Übungen und Tutorials auf. Dazu ist allerdings ein vorheriger Klick auf TRAINING vonnöten.

Der Unterschied zwischen einem Tutorial ❶ (unten) und einer praktischen Übung ❷ (oberste Zeile der Startseite) liegt klar auf der Hand: Während es sich bei den Tutorials um moderierte Filme handelt, bestimmen Sie bei den Übungen das Tempo selbst. Hier können Sie nämlich in aller Ruhe lesen und ausprobieren. Sind Sie mit einem Lernschritt fertig, klicken Sie auf WEITER, um zum nächsten Abschnitt zu gelangen.

Schauen wir uns an, wie die praktischen Übungen funktionieren: Sobald Sie eine der Übungen angewählt haben (ich habe mich hier gleich für die erste entschieden (KENNENLERNEN DER ANWENDUNG), wird die Startseite verlassen und die herkömmliche Arbeitsoberfläche von Photoshop angeboten. Achten Sie zunächst einmal auf das Bedienfeld ENTDECKEN. Hier klicken Sie zunächst auf TUTORIAL STARTEN.

Ich empfehle Ihnen, das Bedienfeld ENTDECKEN ❸ zur besseren Übersicht auf die linke Seite zu verschieben, damit es die Erklärungen unten rechts (blaues Textfeld) nicht verdeckt. Das können Sie leicht bewerkstelligen, indem Sie die Kopfleiste des Bedienfelds anklicken und den kompletten Kasten mit gehaltener Maustaste nach links verschieben. Wenn Sie dort angekommen sind, lassen Sie die Maustaste wieder los.

▲ **Abbildung 1.15**
Jetzt geht's los.

▼ **Abbildung 1.16**
Jetzt haben Sie freien Blick auf das Foto, die Erklärungen, das Bedienfeld und die Photoshop-Bedienfelder.

Das Interessante an den Trainings ist zweifellos, dass die Arbeitsoberfläche komplett bedienbar bleibt. Sie sind also hier nicht (wie in den Tutorials) zum Zuhören verdammt, sondern arbeiten selbst an einem Beispielfoto – und zwar mit ad hoc Anleitungen. Sie müssen zum Beispiel die Augen-Symbole ❶ im Ebenen-Bedienfeld aus- und wieder einschalten, damit die einzelnen Ebenen des Bildes losgelöst von den anderen betrachtet werden können. Wenn Sie mit einem Schritt fertig sind, klicken Sie im ENTDECKEN-Bedienfeld einfach auf den Schalter NÄCHSTE.

Bitte behalten Sie die gesamte Arbeitsoberfläche im Auge, denn die Info-Tafeln erscheinen immer an den Stellen, an denen die Erklärungen vonnöten sind. Den dort ausgegebenen Empfehlungen sollten Sie nachkommen. Doppelter Lerneffekt: Sie wissen nicht nur, was zu tun ist, sondern erfahren zudem, wo sich die erwähnten Steuerelemente befinden.

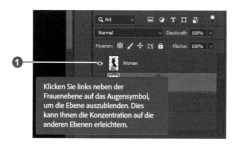

◄ **Abbildung 1.17**
Zielgerichtete Info-Fenster sorgen dafür, dass der Mausklick auch wirklich an der richtigen Stelle ausgeführt wird.

▲ **Abbildung 1.18**
Am Ende gibt es ein Lob.

Mitunter bleibt der Button NÄCHSTE im Bedienfeld ENTDECKEN ausgegraut, was sich dadurch begründet, dass Sie einen wichtigen Schritt zunächst noch vollziehen müssen. Wenn Sie beispielsweise die Lupe aktivieren sollen, können Sie erst auf NÄCHSTE klicken, nachdem die Lupe auch tatsächlich ausgewählt worden ist. Sollten Sie keine Lust mehr auf das Training haben, schließen Sie das Bedienfeld ENTDECKEN einfach, indem Sie auf das Schließen-Kreuz oben rechts klicken. Sie erhalten dann noch eine Kontrollabfrage, in der Sie festlegen, ob Sie eine Kopie der Beispieldatei anlegen und entsprechend speichern wollen. Das ist vor allem dann interessant, wenn Sie Änderungen an dem Bild vorgenommen haben.

Sollten Sie ein Training bis zum Ende durchgemacht haben, gibt's noch ein Löbchen von der Anwendung. Hier entscheiden Sie dann auch, ob Sie ein anderes Training anschließen lassen wollen, oder ob es fürs Erste reicht.

1.2 Die Arbeitsoberfläche

Nach diesen kleinen Ausflügen in die Welt der Bildkorrektur und der Individualtrainings können Sie sich nun genüsslich zurücklehnen und die Arbeitsoberfläche von Photoshop kennenlernen. Es ist nämlich wichtig, dass Sie sich mit den allgegenwärtigen »kleinen Helferlein« vertraut machen. Sie werden dadurch in die Lage versetzt, Ihr Bildbearbeitungsprogramm wirklich optimal zu bedienen.

❷ Menüleiste
❸ Optionsleiste oder Steuerungsbedienfeld
❹ Montagerahmen oder Arbeitsoberfläche
❺ Symbolleiste oder Werkzeugleiste
❻ Bedienfelder
❼ Registerkarten oder Reiter
❽ Bedienfeldbereich

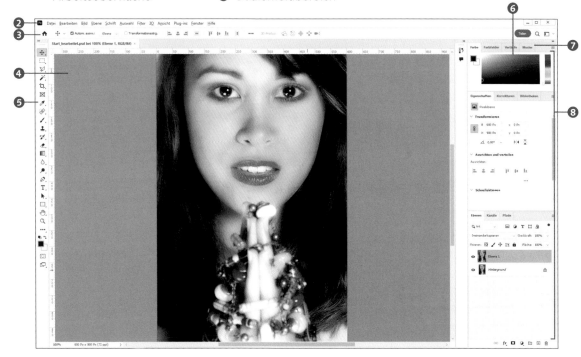

▲ **Abbildung 1.19**
Die Arbeitsoberfläche von Adobe Photoshop

Helligkeit der Oberfläche

Die Arbeitsoberfläche von Photoshop ist dunkel gehalten, und zwar genauso wie es zu Beginn dieses Kapitels ausgesehen hat. Was die Bildkorrektur betrifft, ist dies von Vorteil. Vor dunklem

Hintergrund können die Resultate besser eingeschätzt werden. Wer jedoch eine hellere (oder vielleicht sogar noch dunklere) Oberfläche bevorzugt, kann diese über BEARBEITEN/PHOTOSHOP • VOREINSTELLUNGEN • BENUTZEROBERFLÄCHE anpassen. Wenn Sie die Helligkeit ebenfalls ändern wollen, klicken Sie auf eines der vier Quadrate neben der Bezeichnung FARBPALETTE ❶. Ich habe mich ab hier bewusst für die helle Arbeitsoberfläche entschieden, damit Sie die Inhalte der Screenshots in diesem Buch besser erkennen können. Ab hier geht es also mit der hellen Oberfläche weiter.

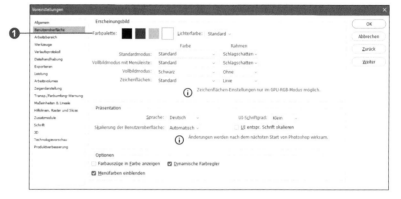

▲ **Abbildung 1.20**
Wählen Sie einen der vier Grautöne aus.

Dokumente als Registerkarten

Wenn Sie mehr als ein Foto öffnen, werden Sie feststellen, dass Photoshop für jedes Ihrer Fotos (diese werden übrigens auch Dokumente genannt) eine eigene Registerkarte anlegt. Das bedeutet, dass immer nur ein Foto sichtbar ist. Die anderen liegen dahinter und müssen über einen Klick auf das jeweilige Register oben links aktiviert werden.

Geöffnete Register auflösen
Wenn Sie vorhandene Register auflösen wollen, müssen Sie die Registerkarte des Fotos per Drag & Drop herausziehen und ein Stück unterhalb wieder fallen lassen.

▲ **Abbildung 1.21**
Klicken Sie auf das Register, dessen Foto Sie im Vordergrund sehen wollen.

▲ **Abbildung 1.22**
Durch Veränderung der Anordnung können alle Fotos gleichzeitig
dargestellt werden – wenn auch zum Teil nur ausschnittsweise.

Das trägt dazu bei, dass die Übersicht auf der Arbeitsoberfläche erhalten bleibt. Allerdings ist es mitunter sinnvoll, die Darstellung zu verändern, beispielsweise wenn Sie eine Übersicht über alle geöffneten Fotos haben möchten. Dazu gehen Sie über FENSTER • ANORDNEN und entscheiden sich für eine der dort angebotenen Optionen (in Abbildung 1.22 ist es die Option »4«). Und wenn Sie anschließend erneut FENSTER • ANORDNEN wählen und ALLE IN REGISTERKARTEN ZUSAMMENLEGEN selektieren, werden die Fotos wieder in Registern hintereinander einsortiert.

Sie wollen dauerhaft auf feste Registerkarten verzichten? Kein Problem. Wenn Sie nämlich BEARBEITEN/PHOTOSHOP • VOREINSTELLUNGEN • ARBEITSBEREICH selektieren, finden Sie die Checkbox DOKUMENTE ALS REGISTERKARTEN ÖFFNEN. Deaktivieren Sie das vorangestellte Häkchen, erscheint jedes Dokument fortan in einem frei schwebenden Rahmen. (Dies gilt aber erst ab dem Zeitpunkt der Umstellung. Bereits geöffnete Dokumente bleiben von dieser Aktion verschont.)

Anwählbarkeit der Buttons
Photoshop erkennt, wie viele Bilder aktuell geöffnet sind, und graut Schaltflächen, die ohnehin keine Wirkung haben würden, automatisch aus. Sie sind dann nicht mehr anwählbar. Haben Sie nur zwei Fotos geöffnet, müssten Sie ein drittes Bild öffnen, um auch 3 ÜBEREINANDER anklickbar zu machen.

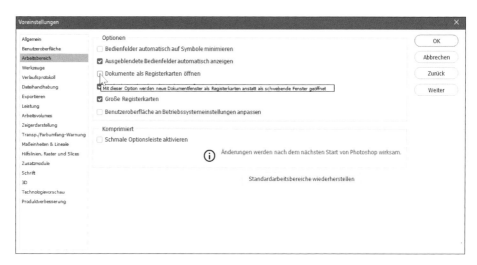

Abbildung 1.23 ▲
Schalten Sie die Register-
Option ganz einfach aus.

Die Werkzeugleiste

Am linken Rand der Oberfläche befindet sich die Werkzeugleiste (auch *Symbolleiste*, *Werkzeugpalette*, *Werkzeugbedienfeld* oder *Toolbox* genannt). Es gilt: Bevor Sie damit irgendwelche Arbeiten an Ihrem Bild durchführen können, müssen Sie das Werkzeug zunächst per Mausklick aktivieren. Benötigen Sie grundlegende Informationen zu einem bestimmten Tool, verzichten Sie auf den Klick und parken die Maus zunächst kurz darauf. Wer weiterführende Informationen benötigt (davon ist auszugehen), klickt (sofern vorhanden) auf Weitere Infos, was zur Folge hat, dass sich das bereits bekannte Fenster Entdecken öffnet. Darin erfahren Sie dann mehr über den Einsatz und die Anwendung des jeweiligen Tools.

Abbildung 1.24 ▶
Unten rechts erscheint der
Schalter »Weitere Infos«.

Machen Sie sich zum gegenwärtigen Zeitpunkt bitte noch keine Gedanken über die weiterführenden Funktionen der Werkzeuge. Ihnen werden wir uns später innerhalb der Workshops widmen. Falls Sie die Werkzeugleiste zweispaltig darstellen wollen, klicken Sie auf den Doppelpfeil ❶, der oben links im Kopf der Werkzeugleiste angebracht ist. Ein erneuter Klick bringt Sie zurück zur einspaltigen Ansicht.

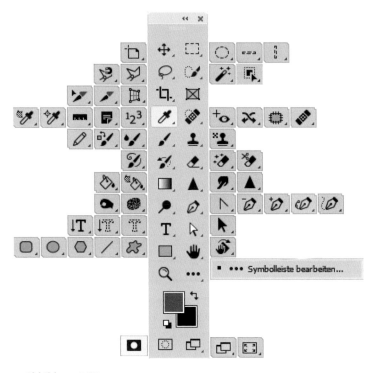

▲ **Abbildung 1.25**
Die zweispaltige Ansicht eignet sich vor allem dann, wenn Sie mit kleinen Bildschirmen arbeiten.

▲ **Abbildung 1.26**
Ehe Sie Veränderungen an Ihren Bildern vornehmen können, müssen Sie das korrekte Werkzeug auswählen.

Hinter einigen Werkzeugen verbergen sich noch weitere, ähnliche Werkzeuge *(Tools)*, die aktuell jedoch nicht sichtbar sind. Existieren verborgene Tools, wird das durch ein kleines Dreieck ❷ unten rechts auf der Schaltfläche verdeutlicht. Um nun an die untergeordneten Werkzeuge heranzukommen, klicken Sie die Schaltfläche an und halten die Maustaste einen Moment lang gedrückt, oder führen einen Rechtsklick aus. Ein Flyout-Menü fördert die versteckten Werkzeuge dann zutage.

Ausgewähltes Werkzeug

Das ausgewählte Tool ist mit einem vorangestellten Quadrat ❶ markiert. Wechseln Sie das Werkzeug, verschiebt sich das Quadrat an die Stelle des aktiven Werkzeugs.

◄ **Abbildung 1.27**
Hinter dem Lasso-Tool befinden sich weitere Werkzeuge, die bei gehaltener Maustaste sichtbar werden.

Sobald das Flyout-Menü geöffnet ist, können Sie die Maustaste loslassen und das gewünschte Tool mit erneutem Klick auswählen. Sie müssen dabei aber bedenken, dass nun nicht mehr das ursprüngliche, sondern das neu selektierte Tool in der Werkzeugleiste sichtbar ist (wie bei den Dokument-Registern). Um wieder zum ursprünglichen Werkzeug zu wechseln, müssten Sie also erneut das Flyout-Menü aufrufen.

Dem Einsteiger verraten die Symbole der einzelnen Tools mitunter noch nicht allzu viel. Lassen Sie sich über eine *Quickinfo* den Namen anzeigen, indem Sie mit dem Mauszeiger einen kurzen Moment auf der gewünschten Schaltfläche verweilen.

Werkzeugwechsel für Shortcut-Fans

Wenn Sie den Workshop von Seite 27 gemeistert haben, wissen Sie es schon: Sie können die versteckten Tools auch ohne Maus erreichen. Drücken Sie einfach die Taste, die in der jeweiligen Quickinfo ❷ angezeigt wird. Wenn Sie innerhalb der Gruppe wechseln wollen, halten Sie ⇧ gedrückt und betätigen die jeweilige Taste erneut.

Symbolleiste bearbeiten

Ziemlich weit unten in der Werkzeugleiste (bzw. Symbolleiste) finden Sie eine Schaltfläche, die mit drei horizontal angebrachten Punkten ausgezeichnet ist. Wenn Sie darauf klicken und die Maustaste eine Weile gedrückt halten, zeigt sich der Eintrag SYMBOLLEISTE BEARBEITEN. Ziehen Sie die Maus dorthin, und lassen Sie erst im Anschluss die Maustaste los. Daraufhin öffnet sich der Dialog SYMBOLLEISTE BEARBEITEN.

Abbildung 1.28 ►
Passen Sie die Werkzeugleiste individuell an.

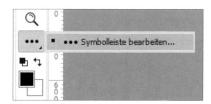

Jetzt können Sie, Werkzeuge ganz individuell per Drag & Drop zu verschieben (links innerhalb des Felds SYMBOLLEISTE). So könnten Sie z. B. ein Tool in eine ganz andere Gruppe ziehen und dort fallen lassen. Die Folge wäre, dass das verschobene Werkzeug nun nicht mehr an seinem ursprünglichen Platz auftaucht, sondern innerhalb der neuen Gruppe. Auf die gleiche Weise ließe sich auch die Reihenfolge der Tools innerhalb einer Gruppe anpassen.

Wer bestimmte Werkzeuge nicht oder nur selten braucht, der kann diese auch in das rechte Feld des Dialogs (Zusätzliche Werkzeuge) ziehen und dort fallen lassen. Diese Tools werden dann von ihrem angestammten Platz verbannt und in die Liste Symbolleiste anpassen integriert (also die Schaltfläche mit den drei Punkten). Die Auswirkungen werden sogleich in der Werkzeugleiste sichtbar. Nach Klick auf Fertig schließt sich der Dialog wieder.

▼ **Abbildung 1.29**
Hier wird beispielhaft das Verschieben-Werkzeug entnommen. Das Verschieben-Werkzeug ❸ erscheint jetzt in der Liste.

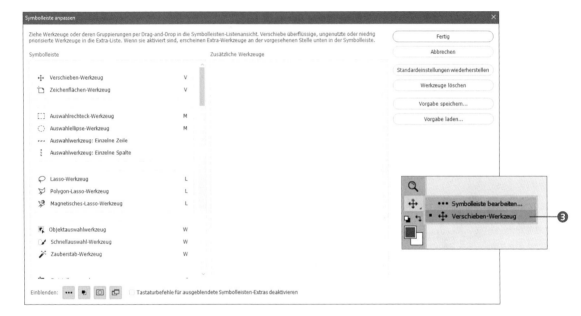

Experimentieren Sie mit diesen Funktionen. Wenn Sie zurück zur Grundeinstellung wollen, öffnen Sie den Dialog Symbolleiste anpassen erneut, klicken darin auf Standardeinstellungen wiederherstellen und bestätigen das Ganze mit Klick auf Fertig. Daraufhin erstrahlt die Leiste wieder in ursprünglichem Glanz.

Die Optionsleiste

Wichtig im Zusammenhang mit den Werkzeugen ist die Optionsleiste (oft auch *Werkzeugmenüleiste*, *Steuerungsbedienfeld* oder *Steuerelementleiste* genannt). Wählen Sie doch einmal verschiedene Werkzeuge an, und beobachten Sie dabei, wie sich der Inhalt dieser Leiste individuell verändert. Sie sehen, dass jedes Tool hier gewissermaßen seine eigenen Steuerelemente mitbringt. Mit ihnen stellen Sie Ihr Werkzeug auf die individuellen Anforderungen ein.

Abbildung 1.30 ▶
Die Optionsleiste des Lasso-Werkzeugs

Die Bedienfelder

Tastaturkürzel
Übrigens können Sie sich eine Übersicht über die gängigen Shortcuts unter *www.rheinwerk-verlag. de/5595* herunterladen.

An der rechten Seite befinden sich die unterschiedlichsten Paletten, die sogenannten Bedienfelder. Auch hier gilt, dass sie mit einem Klick auf die Doppelpfeile ❸ (bzw. einem Doppelklick auf die Kopfleiste ❹) ein- und wieder ausgeklappt werden können. Links im Bedienfeldbereich befinden sich zusätzliche Buttons ❷. Dahinter verbergen sich zusätzliche Bedienfelder.

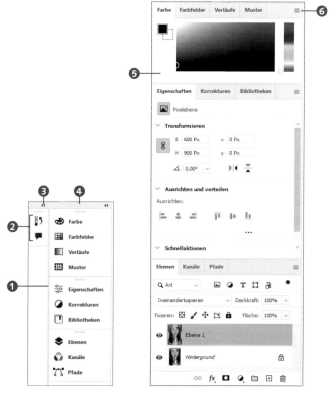

Abbildung 1.31 ▶
So erscheinen die Felder bereits abgespeckt.

Abbildung 1.32 ▶▶
Die Bedienfelder lassen sich in der Darstellung verändern.

Um das Bedienfeld in eingeklapptem Zustand wieder zugänglich zu machen, müssen Sie lediglich die Bezeichnung anklicken. Ein erneuter Klick darauf verbirgt das Bedienfeld dann wieder. Sie können aber noch mehr Platz sparen, indem Sie auch noch die Bezeichnungen ausblenden – übrig bleiben dann nur noch kleine Symbole. Dazu ziehen Sie den linken Rand ❶ mit gedrückter Maustaste nach rechts und lassen die Maustaste los, wenn die Darstellung automatisch auf die kleinere Größe umspringt. Das Öffnen und Schließen der Bedienfelder erfolgt dann, wie gehabt, mit einem Klick auf das entsprechende Symbol.

Das Bedienfeldmenü

Wichtig ist noch das sogenannte Bedienfeldmenü, das sich hinter der Schaltfläche ❻ verbirgt. Ein Klick darauf offenbart ein individuelles Untermenü mit zahlreichen Befehlen und Optionen. Inhaltlich unterscheiden sich die Bedienfeldmenüs voneinander.

Bedienfelder automatisch verbergen

Zwar schließt sich ein geöffnetes Bedienfeld wieder, sobald Sie ein anderes markieren, allerdings bleibt immer ein Bedienfeld geöffnet und beeinträchtigt somit den Blick auf das Bild. Und das bedeutet: Die gewonnene Platzersparnis ist leider nur von kurzer Dauer. Aber mal ehrlich: Ist es nicht recht unkomfortabel, das Bedienfeld jedes Mal von Hand schließen zu müssen? Photoshop müsste das selbsttätig machen. Sie ahnen es: Das geht auch – Sie müssen es der Anwendung nur sagen!

Klicken Sie doch einmal mit rechts auf die dunkelgraue Kopfleiste ❹ der geöffneten Bedienfeldgruppe, und entscheiden Sie sich im Kontextmenü für den Eintrag BEDIENFELDER AUTOMATISCH AUF SYMBOLE MINIMIEREN.

◄ **Abbildung 1.33**
Das Aktivieren dieses Eintrags führt dazu, dass sich Bedienfelder automatisch schließen, sobald Sie das zu bearbeitende Foto anklicken.

Werkzeugleiste erhalten
Oftmals ist es erwünscht, dass die Werkzeugleiste permanent erhalten bleibt, während nur die Bedienfelder ausgeblendet werden sollen. Diese Darstellungsform aktivieren bzw. deaktivieren Sie über ⌗+⇆.

Nun werden Sie bemängeln, dass das letzte Bedienfeld immer noch geöffnet bleibt. Stimmt, aber das ist nur so lange der Fall, bis Sie das aktive Werkzeug anwenden, also auf Ihr Bild klicken oder ein anderes Werkzeug auswählen.

Noch besser wird es, wenn Sie einmal kurz ⇆ auf Ihrer Tastatur betätigen. Nun ist alles ausgeblendet – auch die Bedienfeldminiaturen und die Werkzeugleiste. Wenn Sie diese bedienen wollen, fahren Sie an den rechten oder linken Rand der Anwendung und verweilen dort kurz. Kurz darauf zeigen sich die Bedienfelder von ganz alleine wieder. Um die ausgeblendeten Elemente dauerhaft wieder einzublenden, drücken Sie abermals ⇆.

Bedienfelder neu anordnen

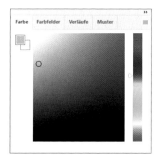

▲ **Abbildung 1.34**
Die linke der vier Register-karten ist aktiv.

Unterhalb der Kopfleiste eines Bedienfelds befinden sich sogenannte *Reiter*. Klicken Sie einen der Reiter an, um die dazugehörige Registerkarte in den Vordergrund zu stellen. Im Beispiel in Abbildung 1.34 ist die Registerkarte FARBE im Vordergrund, während die Karten FARBFELDER, VERLÄUFE und MUSTER verborgen dahinterliegen. Diese ließen sich mit einem Mausklick nach vorne stellen.

Nun wäre aber Photoshop nicht Photoshop, wenn nicht auch diese Bereiche individuell anzupassen wären. Klicken Sie eine Registerkarte an, und ziehen Sie sie per Drag & Drop aus dem Bedienfeld heraus. Im folgenden Beispiel soll der Reiter FARBFELDER herausgelöst werden. Solange Sie die Maustaste nicht loslassen, wird der bewegte Reiter noch dargestellt.

Abbildung 1.35 ▶
Lösen Sie den Reiter FARBE aus dem Bedienfeld heraus, damit dieses zu einem eigenständigen, über der Arbeitsfläche schwebenden Bedienfeld wird.

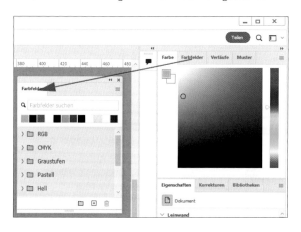

Wenn Sie eine geeignete Position auf Ihrer Arbeitsoberfläche gefunden haben, lassen Sie die Maustaste los. Sie sehen, dass sich aus diesem Register ein eigenes Bedienfeld gebildet hat, das sich nun individuell verschieben lässt, indem Sie auf seine Kopfleiste klicken und dann ziehen.

Ebenso könnten diesem neuen Bedienfeld weitere Registerkarten hinzugefügt werden. Lassen Sie diese einfach über dem neu entstandenen Bedienfeld fallen. Sobald sich die gezogene Registerkarte einfügen lässt, erscheint im Innenraum des Bedienfelds ein blaues Rechteck. Jetzt können Sie das Bedienfeld fallen lassen.

▲ **Abbildung 1.36**
Sobald der Rahmen sichtbar ist, lassen Sie die Maustaste los.

Höhe der Bedienfelder anpassen

Die Höhe der Bedienfelder ist anpassbar: Wurde ein Bedienfeld aus seiner Gruppe herausgelöst, erscheint bei manchen Bedienfeldern eine Griffleiste ❷. Ziehen Sie hier mit der Maus nach unten (oder oben), verändern Sie die Höhe des Bedienfelds.

Befindet sich das Bedienfeld noch rechts im Bedienfeldbereich, stellen Sie die Maus einfach auf die Linie zwischen zwei Bedienfeldgruppen. Der Mauszeiger verändert sich dann zum Doppelpfeil ❶. Das ist Ihr Signal für die Veränderung der Höhe. Sie müssen hier allerdings beachten: Vergrößern Sie die eine Gruppe, wird automatisch der Platz für die Gruppe darüber oder darunter kleiner.

Blaue Linie statt des blauen Rechtecks?
Wenn statt des Rechtecks eine blaue Linie angezeigt wird und Sie die Maustaste loslassen, werden die beiden Bedienfelder nicht in Registerkarten nebeneinander angeordnet, sondern übereinander. Der Vorteil: Beide Bedienfelder sind sichtbar. Der Nachteil: Es geht Platz auf der Arbeitsoberfläche verloren.

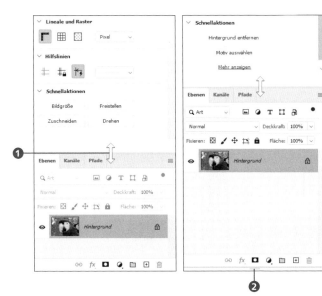

◄ **Abbildung 1.37**
Bringen Sie das Bedienfeld durch Ziehen auf die gewünschte Größe (links). Auch das Höhenverhältnis der beiden Bedienfeldgruppen lässt sich verändern (rechts).

Reiter im Bedienfeld sortieren

Photoshop gestattet übrigens auch das Umsortieren der Reiter innerhalb einer Bedienfeldgruppe. Ziehen Sie den Reiter dazu einfach mit gedrückter Maustaste herüber, und lassen Sie ihn an der gewünschten Position fallen.

Bedienfeldpositionen wiederherstellen

»Genug!«, sagen Sie? Die Oberfläche ist nur noch ein heilloses Durcheinander? Dann müssen Sie nichts weiter tun, als GRUNDELEMENTE ZURÜCKS. (zurücksetzen) aus dem Menü GRUNDELEMENTE ganz oben rechts auf der Benutzeroberfläche zu betätigen – und Photoshop erstrahlt wieder im alten Gewand.

Abbildung 1.38 ►
Hier geht es zurück zum alten Interface.

Größe der Bedienfelder
Über das Menü wird allerdings die ursprüngliche Größe der Bedienfelder (geöffnet) nicht wieder berücksichtigt. Wenn Sie genau das aber wollen, sollten Sie aus dem Menü FENSTER • ARBEITSBEREICH • GRUNDELEMENTE ZURÜCKSETZEN einstellen. Dann befindet sich alles wieder in der Ausgangsstellung.

Arbeitsbereiche

Im gleichen Fenster können auch unterschiedliche Arbeitsbereiche eingestellt werden. Was hat es damit auf sich? Sie können sich vorstellen, dass unterschiedliche Aufgaben in Photoshop auch unterschiedliche Vorgehensweisen erfordern. Zum Malen beispielsweise muss man andere Schritte unternehmen als beispielsweise zur Helligkeitskorrektur eines Urlaubsfotos. Aus diesem Grund beherbergt Photoshop vordefinierte und an die jeweilige Aufgabe angepasste Arbeitsbereiche. Ob Sie den gewünschten Arbeitsbereich nun in zuvor genanntem Menü aussuchen oder über das Menü FENSTER, bleibt natürlich Ihnen überlassen. Wählen Sie den letzteren Weg, zeigen Sie zunächst auf ARBEITSBEREICH und wählen danach den passenden Untereintrag. Stellen Sie beispielsweise auf BEWEGUNG oder 3D um, finden Sie ganz andere Bedienfelder vor als beim Standard GRUNDELEMENTE.

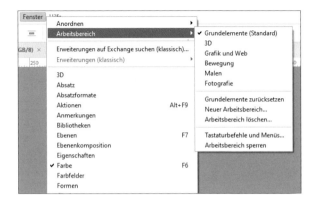

◄ **Abbildung 1.39**
Wählen Sie den Arbeits-
bereich, der am besten zur
bevorstehenden Aufgabe
passt.

Eigene Arbeitsbereiche einrichten

Nun dürfen Sie nicht nur die vordefinierten Arbeitsbereiche nutzen, sondern können sich auch eigene, ganz individuell an Ihre
Vorlieben angepasste Arbeitsbereiche generieren. Der erste
Schritt besteht darin, einen neuen Arbeitsbereich auf der Oberfläche anzulegen. Ordnen Sie alle Elemente und Bedienfelder so an,
wie Sie das wünschen. Im nächsten Schritt gehen Sie, wie zuvor
beschrieben, auf die Schaltfläche oben rechts oder in das Menü
und entscheiden sich für NEUER ARBEITSBEREICH. Vergeben Sie
einen nachvollziehbaren Namen, und entscheiden Sie, ob auch
bereits vergebene Tastaturbefehle (dazu später mehr) oder Änderungen in Menüs mit aufgenommen werden sollen, ehe Sie auf
SPEICHERN klicken. Danach gestalten Sie den Arbeitsbereich nach
Ihren Vorlieben. Nehmen Sie irgendwann einmal Änderungen vor,
werden sie stets übernommen. Das Speichern entfällt dann.

Gehen Sie anschließend noch einmal auf den Button ARBEITS-
BEREICH (in der Optionsleiste), werden Sie ganz oben in der Liste
den zuvor vergebenen Namen wiederfinden. Falls Sie diese Inter-
face-Ansicht benötigen, klicken Sie darauf, und die Bedienfelder
werden so angeordnet, wie Sie es zuvor definiert haben.

Arbeitsbereich löschen
Um einen Arbeitsbereich
zu löschen, schalten Sie
zunächst auf einen ande-
ren Arbeitsbereich um.
Wählen Sie aus der Liste
ARBEITSBEREICH den
Eintrag ARBEITSBEREICH
LÖSCHEN, stellen Sie im
Folgedialog den entspre-
chenden Namen ein, und
klicken Sie auf LÖSCHEN.
Bestätigen Sie anschlie-
ßend mit JA.

◄ **Abbildung 1.40**
Sichern Sie Ihren Arbeitsbereich.

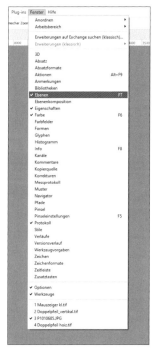

▲ **Abbildung 1.41**
Hier werden die Bedienfelder aufgeführt, die in Photoshop bereitgestellt werden können. Ein Häkchen kennzeichnet das aktivierte Ebenen-Bedienfeld.

Öffnen außerhalb von Photoshop
Klicken Sie rechts auf eine entsprechende Datei, gefolgt von ÖFFNEN MIT • ADOBE PHOTOSHOP. Oder Sie ziehen das Foto auf eine freie Stelle des Montagebereichs. Sie können auch eine Bilddatei auf das Photoshop-Icon auf dem Desktop bzw. im Dock (Mac) ziehen.

Das Menü »Fenster«

In der Menüleiste gibt es auch einen Eintrag mit dem Namen FENSTER. Klicken Sie darauf, um Zugang zu sämtlichen Registerkarten zu erhalten, die auf der Oberfläche von Photoshop ein- bzw. ausgeschaltet werden können. Ein vorangestelltes Häkchen bedeutet, dass sich das entsprechende Register zum gegenwärtigen Zeitpunkt im Vordergrund der Anwendung zbefindet.

Wenn Sie einen bereits angehakten Registereintrag markieren, hat dies zur Folge, dass die gesamte Bedienfeldgruppe (inklusive der dieser Gruppe zugehörigen, aber verdeckten Register) auf der Oberfläche von Photoshop ausgeblendet wird. Umgekehrt können Sie hierüber jederzeit Bedienfelder sichtbar machen, die sich gerade nicht auf Ihrer Arbeitsoberfläche befinden. Bedenken Sie, dass die abgedeckten Register nicht mit einem Häkchen versehen sind. Wenn Sie also im FENSTER-Menü auf den Reiter PFADE klicken, hat das zur Folge, dass die gleichnamige Registerkarte innerhalb der Bedienfeldgruppe in den Vordergrund gestellt wird. Gleichzeitig bedeutet das aber auch, dass das Häkchen vor EBENEN (innerhalb des FENSTER-Menüs) entfernt wird.

1.3 Öffnen, speichern, schließen

Was das grundsätzliche Dateihandling betrifft, wollen wir in diesem Abschnitt kurz auf den Umgang mit Dokumenten (Fotos) zu sprechen kommen. (Beachten Sie dazu auch bitte die Hinweise in Abschnitt 12.5, »Dateiformate«.)

Dateien öffnen

Fotos zu öffnen ist auf unterschiedlichste Art und Weise möglich. Hierzu gibt es z. B. das altbekannte DATEI • ÖFFNEN oder `Strg`/`cmd`+`O`. Die vielleicht zügigste Methode besteht darin, einen Doppelklick auf einen freien Bereich der Montagefläche zu setzen.

Wie dem auch sei: Am Ende wartet ein Dialog auf Sie, über den sich einzelne, aber auch mehrere Fotos in einem Arbeitsgang bereitstellen lassen. Um mehrere Dateien zu selektieren, die alle beieinanderliegen, markieren Sie zunächst die erste gewünschte Datei und danach mit gedrückter `⇧`-Taste die letzte. Liegen die

Dateien nicht beieinander, markieren Sie die erste und anschließend mit gedrückter Taste ⌨Strg⌫/⌨cmd⌫ die jeweils anderen.

◀ **Abbildung 1.42**
Mehrere Fotos lassen sich in einem einzigen Arbeitsgang öffnen.

◀ **Abbildung 1.43**
Das gilt auch für Fotos, die nicht direkt beieinanderliegen.

Zusatzdialog?
Sollte sich zeitgleich mit der Bilddatei ein Dialog öffnen, der mit Neue Bibliothek aus Dokument betitelt ist, klicken Sie auf Abbrechen. Was es damit auf sich hat, lesen Sie im Abschnitt »Bibliotheken« auf Seite 61 dieses Kapitels.

Eine weitere nützliche Option beim Öffnen von Bildern: Treffen Sie eine Vorauswahl, damit nur Bilder eines bestimmten Typs angezeigt werden. Lassen Sie sich darüber beispielsweise alle Bilder eines Ordners anzeigen, die das Dateiformat TIFF haben. Verwenden Sie dazu das Steuerelement Format (Macintosh) bzw. Dateityp (Windows).

Sie haben ja bereits in Erfahrung gebracht, dass automatisch die zuletzt benutzten Bilddateien angezeigt werden, wenn kein Bild geöffnet ist. Wollen Sie jedoch trotz geöffneter Bilder auf zuletzt verwendete zugreifen, ist das auch kein Problem: Über Datei • Letzte Dateien öffnen wird die Liste der 20 zuletzt ver-

Selektierte Datei wieder abwählen
Sollten Sie versehentlich eine Datei ausgewählt haben, die nicht geöffnet werden soll, markieren Sie diese erneut, während Sie ⌨Strg⌫/⌨cmd⌫ festhalten. Daraufhin wird nur diese wieder abgewählt, während alle anderen markiert bleiben.

**Umfang der Dateiliste
verändern**

Standardmäßig »merkt« sich Photoshop die letzten 20 verwendeten Dateien. Wollen Sie diesen Wert verändern, erreichen Sie das, indem Sie das Eingabefeld Liste der letzten Dateien umfasst [X] Dateien entsprechend ändern. Dieses Steuerelement finden Sie unter Bearbeiten/Photoshop • Voreinstellungen • Dateihandhabung. Die Alternative zum Gang über das Menü: einmal Strg/cmd+K drücken und anschließend den Eintrag auf der linken Seite markieren.

wendeten Bilddateien angezeigt. Wählen Sie das gewünschte Bild, um es abermals zu öffnen. Die Liste bleibt auch dann bestehen, wenn Photoshop zwischenzeitlich geschlossen wurde. Selbst nach einem Neustart des Rechners weiß die Anwendung noch immer, welche Bilder zuletzt in Gebrauch waren. Aber Vorsicht: Verschieben Sie eine dieser Dateien manuell, berücksichtigt Photoshop das natürlich nicht. Das Öffnen der Datei über die Liste schlägt dann fehl.

Wenn Sie die Liste nicht mehr benötigen, können Sie sie leeren, indem Sie Datei • Letzte Dateien öffnen • Letzte Dateien löschen selektieren.

Neue Datei erstellen

Klar, Photoshop ist eine Bildbearbeitungssoftware. Man könnte also davon ausgehen, dass man als Grundlage immer eine Bilddatei öffnen müsste. Doch dem ist nicht so. Sie dürfen gerne mit einem komplett leeren Dokument beginnen. Dazu gehen Sie auf Datei • Neu oder drücken Strg/cmd+N. Jetzt lassen sich die gewünschten Abmessungen, die Auflösung, der Farbmodus und vieles mehr auf der rechten Seite des Dialogfelds einstellen. Wollen Sie eines der vielen vorgegebenen Formate verwenden, klicken Sie die entsprechende Kachel in der Mitte des Dialogs an, ehe Sie unten rechts auf Erstellen gehen oder ← betätigen.

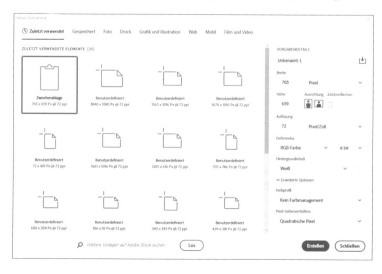

Abbildung 1.44 ▶
Verwenden Sie bei Bedarf eine der zahlreichen Vorgaben.

Dateien speichern

Wenn Sie mit der Arbeit am Foto fertig sind, können Sie Datei •
Speichern oder Strg/cmd+S betätigen. Das hat allerdings zur
Folge, dass Ihr Original überschrieben wird. Das Originalfoto wäre
somit verloren. Beachten Sie dazu auch bitte die Informationen
aus dem folgenden Abschnitt.

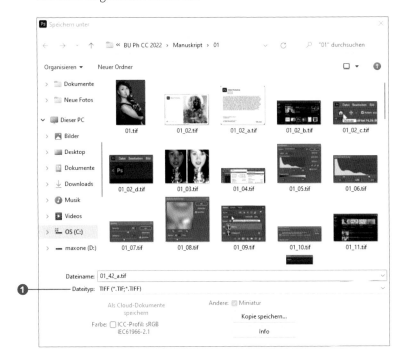

◄ **Abbildung 1.45**
Sie entscheiden, welches
Dateiformat Photoshop verwendet – und zwar unabhängig vom Original.

Deshalb empfiehlt es sich, den Weg über Datei • Speichern
unter bzw. Strg/cmd+⇧+S zu gehen. Wenn Sie innerhalb
dieses Dialogs einen anderen Namen und/oder Speicherort festlegen, bleibt das Original unangetastet. Stattdessen wird eine neue
Datei erzeugt. Im unten stehenden Feld Dateityp (Win) ❶ bzw.
Format (Mac) lässt sich zudem das Dateiformat aussuchen. TIFF
und PSD sind hier besonders hervorzuheben, da sie Topqualitäten
liefern und maximale Nachbearbeitungsmöglichkeiten offenbaren. (Mehr zu den gängigen Formaten in Abschnitt 12.5, »Dateiformate«.) Mitunter bieten sich andere Speicherformate wie
z. B. JPEG an (Ausgabe für das Internet). Mehr dazu finden Sie in
Abschnitt 11.3, »Dateien für das Web speichern«.

TIFF-Optionen
Wenn Sie im Format TIFF
speichern, schickt Photo-
shop noch einen Dialog
hinterher, mit dessen
Hilfe Sie unter anderem
Einfluss auf die Bildkom-
primierung nehmen kön-
nen. Hier ist zu empfeh-
len, die vorgewählten
Einstellungen zu belassen
und den Dialog mit OK
zu bestätigen.

Änderungen speichern

Sollten Sie ein Foto schließen wollen, an dem es noch nicht gespeicherte Änderungen gibt, wirft Photoshop automatisch eine Speichererinnerung aus. Darin lässt sich dann manuell festlegen, ob die Änderungen übernommen werden sollen oder nicht. Die dritte Möglichkeit bricht das Schließen ab.

Wiederherstellungsinformationen speichern

Standardmäßig fühlt die Anwendung sich alle zehn Minuten veranlasst, Wiederherstellungsinformationen für das aktuelle Bilddokument anzulegen. Falls es einmal zum Programmabsturz kommt, würde der zuletzt gesicherte Zustand des Bildes nach einem Neustart der Anwendung wiederhergestellt. Wenn Sie das gut finden, müssen Sie nichts weiter tun. Wollen Sie das Intervall jedoch verändern, gehen Sie auf BEARBEITEN/PHOTOSHOP • VOREINSTELLUNGEN • DATEIHANDHABUNG. In der letzten Zeile des Bereichs OPTIONEN ZUM SPEICHERN VON DATEN finden Sie gleich unterhalb AUTOMATISCHES SPEICHERN VON WIEDERHERSTELLUNGSINFORMATIONEN ALLE: ❷ die Angabe 10 MINUTEN. Klicken Sie darauf, um ein anderes Intervall einzustellen. Zuletzt bestätigen Sie mit OK.

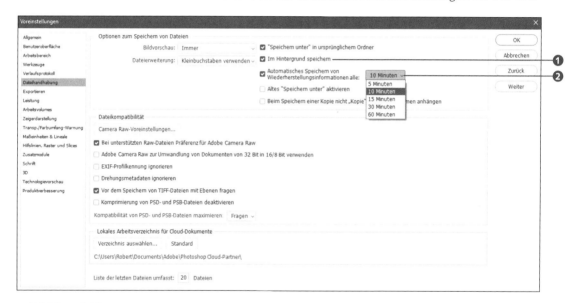

▲ **Abbildung 1.46**
Die Wiederherstellung kann öfter als alle zehn Minuten durchgeführt werden.

Im Hintergrund speichern

Im gleichen Bereich des erwähnten Dialogs gibt es die Checkbox IM HINTERGRUND SPEICHERN ❶. Sie ist standardmäßig aktiv, was prinzipiell sehr gut ist. Wenn Sie mit großen Dokumenten bzw. zahlreichen Ebenen arbeiten, dauert das Speichern stets eine Weile. Währenddessen können Sie aber in aller Ruhe weiterarbeiten. Denn das Sichern erledigt Photoshop im Hintergrund.

Bilder in der Cloud speichern und teilen

Mit Photoshop haben Sie die Möglichkeit, Ihre Arbeiten mit anderen zu teilen und Dokumente gemeinsam an unterschiedlichen Orten zu bearbeiten. Voraussetzung hierfür ist allerdings, dass das Bilddokument in der so genannten Cloud gesichert ist, Ihrem virtuellen Speicherplatz, der immerhin bis zu 1 TB fasst. Wenn Sie nicht sicher sind, ob Sie bereits einen Cloud-Zugang haben, klicken Sie bei geöffnetem Foto, welches es zu speichern gilt, oben rechts auf TEILEN ❸. Beim ersten Versuch, Dateien in der Cloud zu speichern, erhalten Sie eine Kurzinfo, die Sie mit Klick auf WEITER hinter sich lassen können.

▲ **Abbildung 1.47**
Verlassen Sie die Info mit Klick auf WEITER.

Im Folgedialog müssen Sie nichts weiter tun, als auf SPEICHERN zu klicken. Damit ist das Bild bereits in der Cloud abgesichert. Im Anschluss lassen sich potenzielle Empfänger aus dem Personenverzeichnis Ihres Betriebssystems aussuchen, die im Folgedialog in einer Liste zusammengestellt sind. Mit Klick auf LINK KOPIEREN wird ein Teilen-Link generiert und in der Zwischenablage des Betriebssystems untergebracht. Verschicken Sie den Link z. B. mit Hilfe Ihrer E-Mail-Software, wobei der Link mit der Tastenkombi Strg/cmd+V in den E-Mail-Text eingefügt werden kann, oder betten Sie ihn z. B. auf einer Unternehmens-Website ein.

Zugriffsoptionen beschränken
Mit Hilfe des kleinen Zahnrad-Symbols in der oberen rechten Ecke lassen sich weitere Entscheidungen dahingehend treffen, wer die Fotos bearbeiten darf. Möglich ist hier, allen Personen, die über den Link verfügen, die entsprechende Erlaubnis zu erteilen, oder sie auf die Personen zu beschränken, die sich zugleich in Ihrem Verzeichnis befinden.

Abbildung 1.48 ▶
Laden Sie weitere Personen
zur Bearbeitung der Fotos ein.

Wenn Sie abermals auf TEILEN gefolgt von WEITER klicken, finden Sie einen veränderten Dialog vor. Jetzt nämlich erhalten Sie
eine Übersicht über bereits in der Cloud gesicherte Dateien. Zum
Zeitpunkt des Speicherns dürfen Sie sich übrigens auch gern noch
umentscheiden und das Bild auf Ihrem PC ablegen.

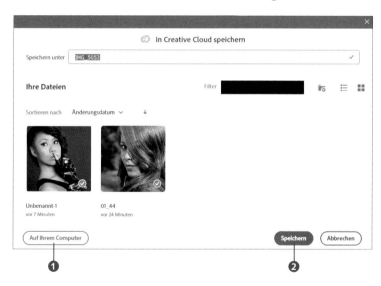

Abbildung 1.49 ▶
Das Cloud-Fenster verrät,
welche Fotos aktuell in der
Creative Cloud gesichert sind.

In diesem Fall klicken Sie bitte nicht auf SPEICHERN ❷ (dies würde
das Foto in der Cloud ablegen), sondern auf AUF IHREM COMPUTER
❶. Dies hat zur Folge, dass der bereits bekannte Speichern-Dialog
erscheint. Ob ein aktuell geöffnetes Foto in der Cloud gespeichert
ist oder nicht, verrät übrigens auch der Reiter der Bilddatei. Ist
dort eine kleine Wolke ❸ zu sehen, wird das Foto in der Crea-

tive Cloud beherbergt. Bitte beachten Sie: Es können nur Dateien geteilt werden, die in der Cloud gesichert sind.

◄ **Abbildung 1.50**
Die vorangestellte Wolke verrät:
Diese Datei ist in der Creative
Cloud gesichert.

Dateien schließen

Nach getaner Arbeit kann das Bilddokument über DATEI • SCHLIES-SEN oder mit [Strg]/[cmd]+[W] geschlossen werden. Alternativ klicken Sie auf die kleine Kreuz-Schaltfläche, die sich auf dem Reiter des Fotos befindet. – Sie haben, sagen wir mal, 50 geöffnete Fotos und überhaupt kein Verlangen danach, Bild für Bild manuell zu schließen? Dann betätigen Sie [Strg]/[cmd]+[Alt]+[W] oder entscheiden sich für DATEI • ALLE SCHLIESSEN.

1.4 Navigation, Zoom und Ansichten

Auch bei diesem wichtigen Thema kommen wir um etwas Theorie nicht herum. Allerdings sollten Sie diesen Abschnitt keinesfalls überspringen, da er Ihnen zeigt, wie Sie den Inhalt Ihrer Dokumente vergrößern und verkleinern können.

Das Navigator-Bedienfeld

Wenn Sie komfortabel durch Ihre Bilder navigieren möchten, bietet sich zunächst einmal das Register NAVIGATOR an, das sich ebenfalls über das FENSTER-Menü aktivieren lässt. In der Mitte gibt es eine kleine Vorschaufläche. Ein roter Rahmen zeigt an, welchen Bereich des Fotos Sie gerade einsehen können. Darunter befindet sich ein kleiner Schieber ❸ (Abbildung 1.51), mit dem Sie zoomen, also einen bestimmten Ausschnitt des Bildes näher betrachten können.

Stellen Sie den Schieber per Drag & Drop nach links (zum Verkleinern) oder nach rechts (zum Vergrößern). Durch Markieren der Symbole links ❷ und rechts ❹ daneben werden Skalierungen in festen Schritten durchgeführt.

Eingabe des Vergrößerungsfaktors
Doppelklicken Sie auf das Eingabefeld unten links, lässt sich der Faktor der Größendarstellung über die Tastatur eingeben. Hierbei sind maximale Vergrößerungen von 3 200 % möglich. Legen Sie einen Wert größer als 3 200 % fest, gibt Photoshop eine Fehlermeldung aus und vergrößert anschließend auf das Maximum.

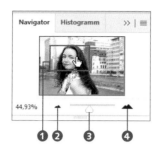

Abbildung 1.51 ▶
Durch Verschieben des Rahmens ist die komfortable Navigation innerhalb eines stark vergrößerten Dokuments möglich.

Navigation auf der Bilddatei

Um Verschiebungen auf einem eingezoomten Bild zu realisieren, müssen Sie aber nicht extra auf das Navigator-Bedienfeld ausweichen. Die Maus kann auf dem Bild bleiben. Halten Sie einfach die Leertaste gedrückt. Nachdem der Mauszeiger zur Hand geworden ist, halten Sie auch die Maustaste gedrückt und verschieben den Ausschnitt mit dem Zeigegerät in die gewünschte Richtung.

Falls das aktive Bild aufgrund der Skalierung nicht komplett angezeigt werden kann, zeigt der rote Rahmen ❶, welcher Ausschnitt derzeit sichtbar ist. Stellen Sie den Mauszeiger in diesen Rahmen, um ihn zu verschieben. Dazu halten Sie einfach die Maustaste gedrückt und bewegen das Zeigegerät in die von Ihnen gewünschte Richtung.

Navigation mit der Lupe

Jetzt ist es an der Zeit, sich mit der Lupe 🔍 vertraut zu machen. Um es korrekt zu formulieren: mit dem *Zoom-Werkzeug*. Es befindet sich ganz unten in der Werkzeugleiste und wird durch Anklicken oder mit Z auf Ihrer Tastatur aktiviert. Klicken Sie damit auf Ihr Bild, um Vergrößerungen zu erreichen. Halten Sie Alt gedrückt, und führen Sie anschließend einen Mausklick aus, um herauszuzoomen (sprich: zu verkleinern). Die maximale Vergrößerung beträgt 3 200 %.

Die Möglichkeit des stufenlosen Zooms direkt auf dem Bild gibt es in Photoshop seit der Version CS 5. Dabei gehen Sie folgendermaßen vor: Klicken Sie auf die Stelle des Fotos, die Sie gern vergrößert betrachten wollen, und halten Sie die Maustaste gedrückt. Sobald Sie nahe genug dran sind, lassen Sie los. Zum Auszoomen (Verkleinern) halten Sie gleichzeitig Alt gedrückt.

In diesem Zusammenhang ist noch zu erwähnen, dass Sie sogar nahtlos zwischen Ein- und Auszoomen umschalten können, ohne die Maustaste loslassen zu müssen. Entscheiden Sie einfach während des Zoomens, ob Sie Alt gedrückt halten wollen oder nicht.

▼ Abbildung 1.52
Die Checkbox DYNAMISCHER ZOOM ist besonders wichtig.

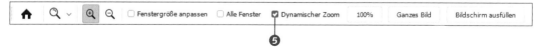

Ein weiteres interessantes Feature ist die Funktion DYNAMISCHER ZOOM. Die gleichnamige Checkbox ❺ finden Sie in der Optionsleiste. Ist das Kästchen aktiviert, lässt sich der Ausschnitt vergrößern, indem Sie auf das Foto klicken und die Maus mit gedrückter linker Taste nach rechts schieben. Dabei wird die Klickstelle automatisch als Mittelpunkt beibehalten. Das Auszoomen funktioniert entsprechend, wobei Sie die Maus dann allerdings nach links bewegen müssen.

Abschließend sei in diesem Zusammenhang noch das Tastaturkürzel ⌞Strg⌟/⌞cmd⌟+⌞0⌟ (Null) erwähnt, welches ganz bequem das Bild stets komplett auf der zur Verfügung stehenden Arbeitsfläche darstellt.

Ohne dynamischen Zoom
Wenn DYNAMISCHER ZOOM deaktiviert wird und Sie wie beschrieben klicken und ziehen, wird ein gestrichelter Rahmen erzeugt. Sobald Sie die Maustaste loslassen, wird genau der Bereich, der sich innerhalb des Rahmens befindet, entsprechend vergrößert dargestellt.

Pixelraster

Dank der GPU-Unterstützung ist jeder Vergrößerungsfaktor gestochen scharf. Zudem lässt sich bei starker Vergrößerung ein Pixelraster erkennen. Erhöhen Sie die Darstellung auf mehr als 500 %, damit Sie das Raster sehen können.

Vorübergehend auszoomen

Wenn Sie sich erst einmal mit den Grundlagen der Anwendung vertraut gemacht haben, werden Sie des Öfteren nach folgendem Muster vorgehen: Zur Nachbearbeitung bestimmter Bildteile müssen Sie stark einzoomen, zur Begutachtung des Resultats jedoch das gesamte Foto ansehen. Wenn Sie jetzt aber ⌞Strg⌟/⌞cmd⌟+⌞0⌟ drücken, ist der zuvor eingestellte Ausschnitt weg, und Sie müssten ihn anschließend wieder neu einstellen. »Viel zu aufwendig!«, haben sich die Photoshop-Programmierer gedacht und ⌞H⌟ auf Ihrer Tastatur mit einer Zusatzfunktion ausgestattet.

▲ **Abbildung 1.53**
Photoshop bringt Ihre Pixel ganz groß raus!

Wenn Sie diese Taste gedrückt halten, mutiert das derzeit eingestellte Werkzeug zur Hand. So weit, so gut. Wenn Sie jetzt allerdings zusätzlich noch einen Mausklick ausführen (und die Maustaste ebenfalls gedrückt halten), können Sie das gesamte Bild sehen und gegebenenfalls einen neuen Bildausschnitt wählen. Lassen Sie die Maus und ⌞H⌟ wieder los, wird das zuletzt eingestellte Tool wieder aktiv, und Sie befinden sich genau im zuvor gewählten bzw. in dem neu gewählten Bildausschnitt. Cool, oder?

Unterschiedliche Ansichtsmodi wählen

Warndialoge zurücksetzen
Die Checkbox Nicht wieder anzeigen wird Ihnen in Warndialogen noch öfter begegnen. Durch Aktivierung des Kästchens werden diese in Zukunft nicht mehr angeboten. Was aber, wenn Sie sich irgendwann doch dafür entscheiden, die Dialoge wieder sichtbar zu machen? Dann gehen Sie in das Menü Bearbeiten/Photoshop • Voreinstellungen • Allgemein (oder drücken Strg/cmd+K) und klicken ganz unten auf Alle Warndialogfelder zurücksetzen.

Bei mehreren geöffneten Fotos können Sie auch bestimmen, wie sie auf Ihrer Arbeitsoberfläche angeordnet werden sollen. Gehen Sie dazu über Fenster • Anordnen. Der Befehl Alle in Registerkarten zusammenlegen sorgt dafür, dass die ursprüngliche Ansicht wiederhergestellt wird.

Mit Schwebendes Fenster lösen Sie das aktuell angewählte Foto vom Hintergrund. So wird es in einem eigenständigen Fenster dargestellt und kann per Drag & Drop an der Kopfleiste nach Wunsch angeordnet werden. Mit Nur schwebende Fenster erscheinen alle geöffneten Fotos (nicht nur das aktive) in eigenen Fensterrahmen.

Eine Alternative ist F. Mit dieser Taste können drei verschiedene Modi angesteuert werden. Betätigen Sie die Taste einmal, wird der gesamte zur Verfügung stehende Platz auf dem Monitor genutzt, um das aktuell gewählte Foto nebst Menüleiste, Toolbox und Bedienfeldbereich darzustellen. Betätigen Sie die Taste erneut, wird das Foto auf schwarzen Hintergrund projiziert. Werkzeuge, Leisten und Bedienfelder sind verschwunden. Glücklicherweise lassen sich durch ⇆ aber wenigstens Toolbox, Optionsleiste und Bedienfeldbereich anzeigen und wieder ausschalten.

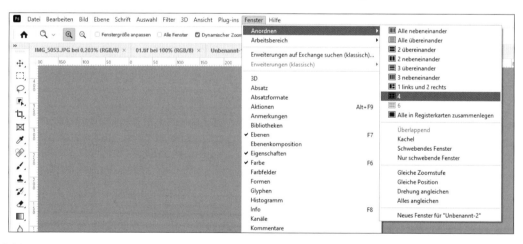

Abbildung 1.54 ▲
Die unterschiedlichen Anzeigemodi verbergen sich im Menü.

Und wer am Ende noch ein weiteres Mal F betätigt, gelangt zurück zum Standardmodus. All das lässt sich übrigens auch mit Hilfe des untersten Steuerelements der Toolbox realisieren (siehe Abbildung 1.55).

© Robert Klaßen

▲ **Abbildung 1.55**
Die verschiedenen Ansichts-
modi stehen auch im Fuß der
Werkzeugleiste zur Verfü-
gung.

◄ **Abbildung 1.56**
Die Tabulatortaste bringt die
gängigen Bedienelemente
zurück.

Doch Vorsicht bitte beim *Vollbildmodus*. Lesen Sie die Hinweise im
Warndialog bitte sorgfältig durch, ehe Sie den Vollbildmodus aktivieren. Wenn Sie sich jedoch erst einmal gemerkt haben, dass Sie
den Vollbildmodus mit `Esc` jederzeit verlassen können, dürfen Sie
auch NICHT WIEDER ANZEIGEN wählen, ehe Sie auf VOLLBILDMODUS
klicken. (In Schritt 5 des Workshops »Stürzende Kanten zurechtrü-
cken« auf Seite 327 finden Sie ein praxisnahes Beispiel zu diesem
Thema.)

Meldung

Im Vollbildmodus sind Bedienfelder ausgeblendet. Der Zugriff auf die Bedienfelder ist an den Rändern des
Bildschirms möglich; alternativ können die Bedienfelder durch Drücken der Tabulatortaste eingeblendet
werden.

Aus dem Vollbildmodus kannst du durch Drücken der Taste F oder der Esc-Taste in den Standardmodus
zurückkehren.

[Vollbildmodus]   Abbrechen

☐ Nicht wieder anzeigen

◄ **Abbildung 1.57**
Vor der Aktivierung des Voll-
bildes wird gewarnt.

◄ **Tabelle 1.1**
Tastaturkürzel für Ansichten

Ansicht	Werkzeug/Menüeintrag
Fenstergröße anzeigen	Doppelklick auf das Hand-Werkzeug, AN-SICHT • GANZES BILD oder `Strg`/`cmd`+`0`
Darstellung 100 %	Doppelklick auf die Lupe
Standardansicht/Voll-bildmodus mit und ohne Menüleiste	`F` drücken

Lineale aktivieren

Mitunter ist es sinnvoll, an den Bildrändern oben und links Lineale einblenden zu lassen. Am schnellsten erreichen Sie dies über ⌈Strg⌉/⌈cmd⌉+⌈R⌉. Über das Menü geht es allerdings auch, indem Sie ANSICHT • LINEALE einstellen. Wiederholen Sie den Vorgang, um die Lineale wieder auszublenden.

Abbildung 1.58 ▶
Oben und links erscheinen Lineale.

Reihenfolge beachten
Das Hinzuschalten der Lineale wirkt sich zunächst einmal nur auf das aktuelle Foto aus. Sollten weitere Fotos geöffnet sein, werden sie nicht mit Linealen ausgestattet. Anders ist das bei Fotos, die Sie erst nach der Anwahl des Befehls öffnen. Sie erhalten dann ebenfalls gleich die gewünschten Lineale.

Standardmäßig wird die Maßeinheit Zentimeter (cm) angeboten. Wenn Sie stattdessen lieber eine andere Einheit (z. B. Millimeter, Punkt oder Pixel) wünschen, können Sie das über das oberste Steuerelement ❶ des Fensters BEARBEITEN/PHOTOSHOP • VOREINSTELLUNGEN • MASSEINHEITEN & LINEALE umstellen.

Abbildung 1.59 ▶
Wer lieber mit anderen Maßeinheiten arbeitet, benutzt dazu das Steuerelement LINEALE in den VOREINSTELLUNGEN.

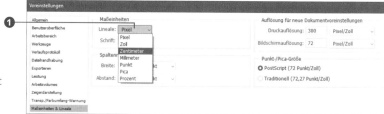

1.5 Das Protokoll

Jetzt müssen Sie noch die äußerst wichtige Protokollfunktion kennenlernen, die Ihnen die Arbeit mit Photoshop beträchtlich erleichtern wird.

Protokollliste

Dass Photoshop die übertragenen Aufgaben mit erstaunlicher Zuverlässigkeit verrichtet, ist hinlänglich bekannt. Das Interessante daran ist aber, dass jeder einzelne Schritt sogar akribisch protokolliert wird. Die Anwendung registriert (fast) jede Ihrer Aktionen und listet sie im Protokoll-Bedienfeld auf. Davon ausgenommen sind lediglich programmspezifische Funktionen wie das Ändern der Farbe oder der Grundeinstellungen, Werkzeugwechsel, das Öffnen und Schließen von Bedienfeldern und Ähnliches. Funktionen, die Auswirkungen auf Ihre Bilddatei haben, werden korrekt gesammelt. Das Protokoll lässt sich über FENSTER • PROTOKOLL an die Oberfläche bringen.

▲ **Abbildung 1.60**
Hier wurde der Zustand des Bildes bis zur zweiten Freistellung zurückgestuft.

▲ **Abbildung 1.61**
Dann wurde eine neue Aktion ausgeführt. Alle Schritte, die sich in der Liste darunter befanden, wurden somit gelöscht.

▲ **Abbildung 1.62**
Fertigen Sie einen Schnappschuss an, zu dem Sie immer wieder zurückkehren können.

Standardmäßig listet die Anwendung die letzten 20 Schritte untereinander auf. Das bedeutet: Wenn Sie den 21. Schritt durchführen, wird der erste aus dem Protokoll-Bedienfeld entfernt. Diese

---

»Ein-Schritt«-Aktionen
Beim Protokoll-Listing werden bestimmte Ausführungen zu einem Schritt zusammengefasst. Wenn Sie z. B. ein Objekt mehrmals hintereinander verschieben, wird die gesamte Verschiebung lediglich als *ein* Programmschritt ausgewiesen.

Schritte per Tastatur rückgängig machen
Wer den zuletzt ausgeführten Befehl rückgängig machen möchte, kann auch ⌈Strg⌉/⌈cmd⌉+⌈Z⌉ betätigen. Glücklicherweise gehört der Umstand, dass Photoshop stets nur »den letzten« Schritt editieren kann, inzwischen der Vergangenheit an. Je öfter Sie den Befehl benutzen, desto mehr Schritte werden verworfen – in umgekehrter Reihenfolge ihrer Anwendung. Zum Wiederherstellen eines zuvor editierten Schritts benutzen Sie übrigens ⌈Strg⌉/⌈cmd⌉+⌈⇧⌉+⌈Z⌉.

Vorgehensweise erlaubt es Ihnen nun, innerhalb dieser 20 Schritte zurückzuspringen. Markieren Sie dazu mit einem Mausklick einen Eintrag weiter oben ❷ (Abbildung 1.60).

Solange sich das Protokoll so darstellt, dass die unterhalb angeordneten Schritte schwach grau ❸ sind, lässt sich auf diese Punkte noch zugreifen. In dem Moment aber, in dem Sie eine neue Aktion ausführen, werden alle darunter befindlichen Schritte unwiederbringlich gelöscht. Und diese Aktion lässt sich dann nicht mehr rückgängig machen.

Schnappschuss erstellen

Anders sieht es aus, wenn Sie von Zeit zu Zeit einen Schnappschuss erstellen. Diese Funktion kann man sich wie einen Zwischenspeicher vorstellen, der im oberen Bereich des Fensters den aktuellen Zustand des Bildes absichert (siehe Abbildung 1.62).

Fertigen Sie – falls Sie sich nicht hundertprozentig sicher sind, ob Sie auf die letzten Schritte verzichten können – zuvor einen Schnappschuss an. Führen Sie weitere Arbeiten an Ihrem Dokument aus. Wenn Sie nach einiger Zeit feststellen, dass die Schnappschussversion doch die bessere war, markieren Sie einfach den Eintrag »Schnappschuss 1«, und Sie erhalten die Version des Bildes zurück, die *vor* dem Löschen der Schritte aktuell war.

Protokollobjekte löschen

Ziehen Sie den obersten Eintrag der nicht mehr benötigten Arbeitsgänge per Drag & Drop auf das Papierkorb-Symbol. Das hat zur Folge, dass dieser Eintrag und alle unterhalb befindlichen gelöscht werden. Prinzipiell ist es möglich, den zu löschenden Eintrag zu markieren und anschließend das Papierkorb-Symbol anzuklicken. Dabei fragt Photoshop aber sicherheitshalber noch einmal nach, ob der Eintrag wirklich gelöscht werden soll. Mit der Methode Drag & Drop wird die Abfrage umgangen. Diese Vorgehensweise gilt auch für alle anderen Bedienfelder.

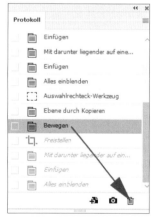

▲ **Abbildung 1.63**
So werden die letzten Arbeitsgänge komfortabel rückgängig gemacht.

Datei duplizieren

Eine weitere Möglichkeit, die den Erhalt des ursprünglichen Protokolls garantiert, besteht darin, eine Kopie des Bildes über das linke der drei unteren Icons zu erstellen. Dort können Sie dann weiterarbeiten, ohne das Protokoll des Originals zu verlieren.

1.6 Die Creative-Cloud-Arbeitsumgebung

Lange Zeit wurde dem Begriff »Photoshop« das Kürzel »CC« angehängt, welches, Sie ahnen es, für Creative Cloud stand. Damit gemeint ist eine Arbeitsumgebung, die dem Benutzer online zur Verfügung gestellt und ständig aktualisiert wird. Auch wenn Photoshop inzwischen ohne diese Erweiterung auskommt, ist Creative Cloud nach wie vor existent. Infos dazu finden Sie unter *https:// www.adobe.com/de/creativecloud.html.* Hier haben Sie auch die Möglichkeit, zusätzliche Angebote wie Adobe Stock oder andere Software zu buchen.

Bibliotheken

Zu guter Letzt lohnt sich noch ein Abstecher zu den BIBLIOTHEKEN. Standardmäßig wartet Photoshop mit einem Bedienfeld gleichen Namens auf. Sollte es aktuell nicht sichtbar sein, kann es via FENSTER • BIBLIOTHEK aufgerufen werden. Die Bibliotheken sind nicht neu, jedoch hat sich das Bedienfeld im Laufe der Jahre ständig erweitert.

◀ **Abbildung 1.64**
Auf den ersten Blick herrscht gähnende Langeweile im Bibliotheken-Bedienfeld.

Photoshop testen
Sie wollen sich zunächst einmal einen Überblick verschaffen? Kein Problem: Dann testen Sie Photoshop oder artverwandte Software (z. B. Lightroom, Photoshop Elements, Premiere Elements) für einen begrenzten Zeitraum (zzt. sieben Tage) kostenlos und unverbindlich. Weitere Infos unter *https://www.adobe. com/de/products/photoshopfamily.html.*

Änderungen in der Cloud
Ein Buch kann mitunter nur noch eine Momentaufnahme sein. Bei einer Software, die ständig weiterentwickelt wird, ist zu befürchten, dass immer irgendetwas fehlen wird oder sich seit Erscheinen des Buches etwas verändert hat. Das ist aber nicht weiter schlimm, so ist dieses Buch doch vor allem auf die praktische Arbeit mit Photoshop, das Verstehen der Werkzeugtechniken ausgelegt, weniger also auf die Arbeit innerhalb der Cloud.

Externer Zugriff

Sie möchten von einem anderen Rechner aus oder von unterwegs auf den Inhalt Ihrer Bibliothek zugreifen? Nichts leichter als das. Besuchen Sie die Internetseite *https://stock.adobe.com/ de/Libraries*, und klicken Sie auf Bibliotheken. Loggen Sie sich mit Ihrer Adobe-ID ein.

▲ **Abbildung 1.65**
Durchsuchen Sie den Fundus von »Stock und Marktplatz«.

▲ **Abbildung 1.66**
Laden Sie Team-Mitglieder ein, Ihre Bibliothek ebenfalls zu benutzen.

Wenn Sie das Fenster zum ersten Mal öffnen, erhalten Sie eine zweiseitige Info darüber, dass sich Bibliotheksinhalte im Team benutzen lassen, also ähnlich wie in der Cloud Inhalte gemeinsam genutzt werden können. Nach dem ersten Schritt klicken Sie auf Weiter und nach dem zweiten auf Fertig.

Die Bibliotheken bedienen im Prinzip mehrere Bereiche Ihrer Arbeit mit Photoshop. Zum einen lassen sich eigene Arbeiten in die Bibliothek integrieren. Das bedeutet, dass häufig benutzte Elemente, aber auch Farben oder Stile archiviert werden können. Der Vorteil: Sie stehen jederzeit direkt zur Verfügung. Die Dateien müssen nicht aufwendig auf der Festplatte gesucht und dann separat in Photoshop geöffnet werden. Wer also seine Bibliothek optimal nutzen möchte, integriert häufig benutzte Objekte (wie z. B. ein Firmenlogo oder einen Copyright-Hinweis für seine Fotos, aber natürlich auch Textauszeichnungen, Ebenenstile und Farben) in die Bibliothek.

Der Vorteil: Wann immer ein solches Objekt benötigt wird, kann es direkt per Drag & Drop in ein geöffnetes Bilddokument integriert werden. Man muss also nicht mehr lange auf der Festplatte nach der Originaldatei suchen, sondern hat alles Wichtige stets griffbereit.

Ein weiterer Vorteil: Die Objekte können mit anderen Anwendungen (z. B. Illustrator oder InDesign) und sogar mit anderen Cloud-Mitgliedern ausgetauscht werden. Wenn Sie ein Objekt auf ein Foto ziehen, wird dieses automatisch in ein Smartobjekt konvertiert. Wollen Sie es als normale Ebene erhalten, müssen Sie während des Ziehens nur [Alt] gedrückt halten.

Das zweite große Segment, das durch die Verwendung der Bibliothek abgedeckt wird, ist Stock bzw. Marktplatz. Hierbei handelt es sich um riesige Archive professioneller Dateien (zum Teil kostenlos, aber zum Teil auch kostenpflichtig). Möglicherweise müssen Sie innerhalb des Fensters Bibliothek zunächst etwas nach unten scrollen. Ganz unten wird Gehe zu Stock und Marktplatz angeboten. Klicken Sie darauf, werden Sie online mit Stock und Marktplatz verbunden. Nun wollen Sie sicher auch in Erfahrung bringen, was es mit Freigegebene Bibliotheken durchsuchen auf sich hat. Hier sind zuvor freigegebene Bibliotheken (z. B. von Team-Mitgliedern) abrufbar und somit auch für Sie nutzbar. Mit Klick auf die erwähnte Zeile erhalten Sie online Zugriff auf zuvor freigegebene Bibliotheken. – Und wie gibt man eine Bibliothek frei? Ganz einfach, indem Sie zunächst auf den Namen einer Bibliothek klicken, wodurch diese geöffnet wird. In unserem Beispiel haben wir eine Bibliothek namens FLAMMEN ❷ geöffnet. Danach gehen Sie auf den Schalter IN BIBLIOTHEK EINLADEN ❸ und bestimmen, mit wem Sie die Bibliothek teilen wollen. Zuletzt stellen Sie die Standardansicht des Bedienfelds BIBLIOTHEK wieder her, indem Sie auf die kleine Pfeilspitze ❶ neben dem Bibliotheksnamen klicken.

Objekte hinzufügen
Es gibt zahlreiche Möglichkeiten, Objekte der Bibliothek hinzuzufügen. Die einfachste: Öffnen Sie eine vorhandene Bibliothek, oder betätigen Sie NEUE BIBLIOTHEK ERSTELLEN innerhalb des BIBLIOTHEK-Bedienfelds. In letzterem Fall müssen Sie anschließend einen Namen vergeben. Danach klicken Sie in Photoshop mit dem Verschieben-Werkzeug Ⓥ auf das geöffnete Foto, und halten Sie die Maustaste so lange gedrückt, bis Sie sich auf dem Bedienfeld BIBLIOTHEKEN befinden, so wie Sie es in Abbildung 1.67 sehen. Jetzt loslassen! That's it.

© Robert Klaßen

▲ **Abbildung 1.67**
Ziehen Sie Bildelemente (hier eine Ebene) einfach in die Bibliothek.

Neue Bibliothek aus Dokument | Alternativ lässt sich auch ein geöffnetes Foto markieren und anschließend der Button NEUE BIBLIOTHEK AUS DOKUMENT ❹ betätigen. Klicken Sie auf das Plus-Symbol ❺, um Einfluss darauf zu nehmen, welche Elemente der Bibliothek hinzugefügt werden sollen. Wählen Sie sie diese nacheinander an, um sie in die Bibliothek zu integrieren.

Am Rande sei erwähnt, dass sich auch neue Bibliotheken erzeugen lassen, indem Sie das Menü MEINE BIBLIOTHEK öffnen und darin den Eintrag NEUE BIBLIOTHEK wählen. Betätigen Sie den Pfeil-Schalter ❶ (Abbildung 1.69), damit Photoshop eine neue Bibliothek aus dem aktuellen Dokument erzeugt. Schalten Sie von

▲ **Abbildung 1.68**
Das Element erscheint anschließend als Miniatur oder Zeile im Bibliotheken-Bedienfeld (je nach gewählter Option oben rechts).

▲ **Abbildung 1.69**
Wer nur bestimmte Bildelemente integrieren möchte,
klickt auf das Plus-Symbol in
der Fußleiste der Bibliothek.

Objekte entfernen
Wird ein Objekt nicht
mehr benötigt, markieren
Sie es im Bedienfeld
BIBLIOTHEKEN und klicken
anschließend auf den
Papierkorb. Alternativ
ziehen Sie es mit ge-
drückter Maustaste auf
den Papierkorb und las-
sen es dort fallen.

der MINIATURANSICHT ❸ auf die LISTENANSICHT ❷ um, erhalten
Sie weitere Optionen. So können Sie beispielsweise sehen, in welcher Anwendung das Objekt erzeugt worden ist.

◄ **Abbildung 1.70**
Miniatur- und Listenansicht

Wie bereits erwähnt, dürfen nun alle Elemente der Bibliothek sowohl in Photoshop als auch in anderen Creative-Suite-Anwendungen benutzt werden, die über ein Bedienfeld BIBLIOTHEKEN verfügen. So wäre es beispielsweise denkbar, dass Sie einen schicken
Hintergrund in Illustrator oder in einer separaten Photoshop-Datei
zaubern und ihn dann kurzerhand in Ihre aktuelle Bildkomposition
integrieren.

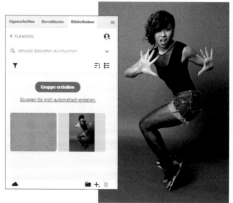

© Robert Klaßen

▲ **Abbildung 1.71**
Ein in der Bibliothek gespeichertes Hintergrundmuster (oben, entsprechend
markiert) wird in eine bestehende Bilddatei integriert.

Dateiverwaltung mit Bridge

Bilder anlegen, sortieren und suchen
mit Adobe Bridge

- ▸ Wie funktioniert Adobe Bridge?
- ▸ Wie kann ich über Adobe Bridge Dateien finden?
- ▸ Wie kann ich Fotos kennzeichnen und bewerten?
- ▸ Wie finde ich Fotos in großen Bildersammlungen?
- ▸ Wie lassen sich Fotos platzsparend stapeln?
- ▸ Wie erzeuge ich einen Workflow?

2 Dateiverwaltung mit Bridge

**Bridge läuft … und läuft
… und läuft**
Für den Fall, dass Sie lediglich die Testversion
von Photoshop in Betrieb
haben und sich im An-
schluss an den Testzeit-
raum nicht für ein Abo
entscheiden, habe ich
gute Nachrichten für Sie:
Adobe Bridge funktio-
niert weiterhin. Ob dies
für immer so bleiben
wird, bleibt gleichwohl zu
hoffen.

Dass sich Bilddateien über DATEI • ÖFFNEN bereitstellen lassen, muss wirklich nicht feierlich verkündet werden. Falls Sie sich aber fragen, warum ein ganzes Kapitel zu Themen wie Bridge und dem Handling von Bildern geschrieben werden muss, kann die Antwort nur lauten: »Weil Sie es unbedingt wissen müssen!« Am Ende würde mich alles andere als ein »Wirklich gut zu wissen!« sehr verwundern …

2.1 Bridge – was Sie vorab wissen sollten

Über viele Jahre hinweg war Adobe Bridge fester Bestandteil einiger Creative-Suite-Anwendungen – die Software war nicht zuletzt auch in Photoshop integriert und wurde automatisch mit installiert. Das ist mittlerweile nicht mehr so. Adobe Bridge muss separat »aufgespielt« werden. Sie können aber beruhigt sein, denn dies ist nun wirklich kein Hexenwerk. Entweder laden Sie die Anwendung unter *https://www.adobe.com/de/products/bridge.html* herunter und installieren sie manuell, oder Sie gehen auf das Icon der ADOBE CREATIVE CLOUD auf Ihrem Desktop (alternativ: [FESTPLATTE] • PROGRAMME bzw. PROGRAMME (x86) • ADOBE • ADOBE CREATIVE CLOUD • ACC, gefolgt von einem Doppelklick auf CREATIVE CLOUD).

Keine Mini Bridge
Wer Photoshop noch von
der ursprünglichen CC-
Version (2013) kennt, der
wird die dort integrierte
Mini Bridge vermissen,
die als Bindeglied zwi-
schen Photoshop und
Bridge diente. Die Mini
Bridge ist nämlich leider
Geschichte.

Aktivieren Sie APPLIKATIONEN ❶, und scrollen Sie rechts herunter, bis Sie den Bridge-Eintrag finden. Daneben betätigen Sie den Schalter INSTALLIEREN. (Sollte die Bridge bereits installiert sein, finden Sie an dieser Stelle den Button ÖFFNEN, mit dem sich die Anwendung dann starten lässt.)

Sollten sich bereits Berge von Bildern auf Ihrem Rechner angehäuft haben, werden Sie Adobe Bridge zu schätzen wissen. Aber auch bei der Archivierung anderer Daten, z. B. von Musikdateien, Videos oder PDF-Dokumenten, ist Bridge behilflich. Selbst Word-Dokumente lassen sich dort anzeigen und öffnen.

▲ **Abbildung 2.1**
Installieren Sie Bridge

Was ist Bridge?

Bei Adobe Bridge handelt es sich um eine eigenständige Applikation zum Verwalten von Dateien. Das Programm erweist sich als zuverlässiger Archivar, da es die Suche (nach Bildern und anderen Dokumenten) durch Miniaturansichten sowie zugehörige Bilddaten erheblich vereinfacht.

Von Photoshop zu Bridge

Wie Sie ja bereits erfahren haben, existiert in Photoshop keine Mini Bridge mehr, die den Übergang von der Bildbearbeitungssoftware zum Archiv stark vereinfacht hatte. Dennoch ist das Öffnen von Bridge auch in Photoshop möglich – und zwar über DATEI • IN BRIDGE SUCHEN.

Adobe Stock

Mit der Nutzung von Adobe Stock haben Sie Zugriff auf einen schier unerschöpflichen Fundus professioneller Bildmaterialien – direkt aus Bridge heraus. Adobe bietet ein Test-Abo an, bei dem Sie bis zu 10 Stock-Fotos gratis aussuchen können. Informieren Sie sich auf der Webseite *https://stock.adobe.com/de* über die (kostenpflichtigen) Abo-Optionen und Nutzungsbedingungen. Alternativ dürfen Sie (auch ohne Abo) relevante Stichworte in das Eingabefeld eintragen (SUCHEN). Nach der Betätigung mit ⏎ wird das entsprechende Angebot in Ihrem Standard-Browser präsentiert.

▲ **Abbildung 2.2**
Suchen Sie Profi-Fotos direkt in Adobe Stock.

Aus der Bridge heraus können Sie ebenfalls auf das Stock-Angebot zugreifen. Voraussetzung ist jedoch, dass das Bedienfeld BIBLIO-

Helle Bridge
Auch in der Bridge können Sie über BEARBEITEN/ BRIDGE • VOREINSTELLUNGEN • BENUTZEROBERFLÄCHE die Oberflächenfarbe anpassen – und zwar im Bereich FARBPALETTE.

Stock-Vorschau speichern
Speichern Sie die Vorschaudateien zum Bild in Ihrer Photoshop-Bibliothek (MEINE BIBLIOTHEK), indem Sie auf den mittleren Schalter klicken. Sie wird sichtbar, wenn Sie die Maus auf der Bildminiatur parken.

▲ **Abbildung 2.3**
Transferieren Sie die Bildvorschau in Ihre Photoshop-Bibliothek.

Abbildung 2.4 ▼
Von der Bridge aus gelangen
Sie bei Bedarf schnell zum
Stock-Angebot.

THEKEN angezeigt wird. Das erreichen Sie, indem Sie in der Kopfleiste der Anwendung von GRUNDLAGEN ❷ auf BIBLIOTHEKEN ❸
umschalten, was zur Folge hat, dass der bereits aus Photoshop
bekannte Link GEHE ZU STOCK UND MARKTPLATZ ❹ eingeblendet
wird.

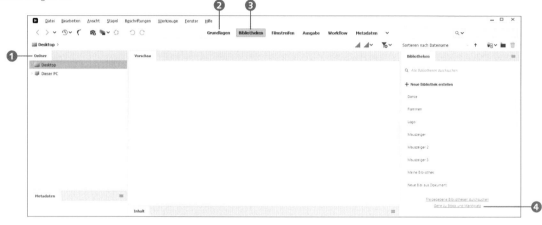

Ansichtsoptionen

**Ein weiteres Bridge-
Fenster öffnen**
Haben Sie gerade einige
Fotos ausgesucht und
möchten in einen ande-
ren Ordner gehen, ohne
die aktuelle Bridge-An-
sicht zu verlieren? Kein
Problem: Drücken Sie
Strg/cmd+N. Dann
erzeugt die Anwendung
ein neues Fenster, wäh-
rend das alte erhalten
bleibt.

Nach der Selektion des Arbeitsbereichs GRUNDLAGEN ❷ oben
in der Bridge können Sie zunächst Ihren PC durchsuchen. Dazu
wird oben links das Bedienfeld ORDNER ❶ bereitgestellt. Mit Klick
auf eine dem Namen vorangestellte Pfeilspitze oder Doppelklick
auf den Namen eines Ordners wird dieser geöffnet und der darin
befindliche Inhalt angezeigt.

Navigieren Sie zu den heruntergeladenen Beispielmaterialien
zum Buch. Dazu reicht ein Klick auf das übergeordnete Verzeichnis, gefolgt von einem Doppelklick auf den betreffenden Ordner
(hier: BILDER ❺). Daraufhin gibt es in der Mitte der Anwendung
zahlreiche Bildminiaturen zu sehen. Sollte das bei Ihnen nicht der
Fall sein, überprüfen Sie, ob Sie sich tatsächlich im Ansichtsbereich
GRUNDLAGEN (ganz oben in der Bridge) befinden. Sollte hier beispielsweise noch BIBLIOTHEKEN gelistet sein, wird in der Mitte das
Register VORSCHAU gezeigt, welches das Register INHALT verdeckt.
Die Größe der Miniaturen kann übrigens mit Hilfe des Schiebereg-
lers ❻ im Fuß der Anwendung verändert werden.

Wenn Sie ein geeignetes Foto gefunden haben, können Sie
darauf doppelklicken, woraufhin es in Photoshop zur Verfügung

gestellt wird. Aber auch ein einfacher Mausklick zur Markierung des Bildes offenbart eine Menge über das Bild. Werfen Sie dazu einen Blick in die rechte Spalte der Anwendung.

▲ **Abbildung 2.5**
Navigieren Sie zum Bildordner mit den zahlreichen Beispielfotos. Bitte bedenken Sie dabei, dass »Ihr« Pfad ein anderer ist als der hier gezeigte – je nachdem, wo Sie den Download abgelegt haben.

◄ **Abbildung 2.6**
Auf der rechten Seite der Anwendung wird nicht nur eine Miniatur, sondern auch eine Übersicht der so genannten Metadaten angezeigt.

Darstellung ändern

In der Kopfleiste der Anwendung finden Sie jede Menge Einträge (GRUNDLAGEN, BIBLIOTHEKEN, FILMSTREIFEN und noch viele mehr). Über die Anwahl der unterschiedlichen Einträge lässt sich das Erscheinungsbild der Bridge und damit auch der Foto-Darstellung nach Wunsch ändern. Das ist vor allem dann interessant, wenn Sie Bilder beispielsweise anhand eines Erstellungsdatums oder der Dateigröße ausfindig machen wollen. Markieren Sie doch mal eines der Fotos, und klicken Sie anschließend auf METADATEN ❸ (siehe Abbildung 2.7). Die betreffende Zeile wird in der Folgeansicht ebenfalls markiert. Um wieder zur vorherigen Ansicht zu wechseln, reicht ein Klick auf GRUNDLAGEN.

Abbildung 2.7 ▼
Jetzt werden die Fotos in einer Liste präsentiert.

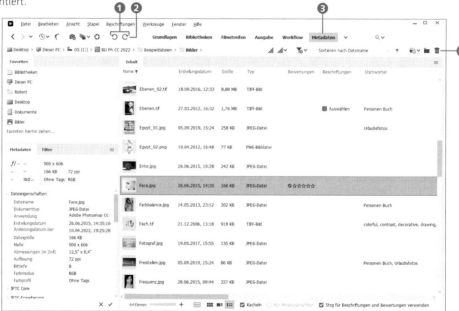

Fotos drehen

Ihre Bilder lassen sich auch gleich hier in Bridge drehen. Wählen Sie dazu eine der Schaltflächen ❶. Die linke bewirkt eine Drehung um 90° entgegen dem Uhrzeigersinn, der rechte Button dreht das Bild um 90° nach rechts. Nachdem Sie ein Bild markiert haben, können Sie es aus dem Ordner löschen, indem Sie auf den kleinen Papierkorb ❹ klicken.

Betrachtungsmodus/Überprüfungsmodus

Der Betrachtungsmodus erlaubt jede Menge Interaktivität und hilft Ihnen dabei, die Qualität Ihrer Bilder genau zu beurteilen.

Aus Bridge heraus betätigen Sie ⌈Strg⌉/⌈cmd⌉+⌈B⌉ oder wählen ANSICHT • ÜBERPRÜFUNGSMODUS. Wichtig in diesem Zusammenhang ist vor allem, dass Sie vorab Fotos markiert haben. Das bietet sich dann an, wenn Sie nur einzelne Bilder innerhalb des aktiven Ordners begutachten wollen. Verzichten Sie darauf, werden alle Fotos präsentiert.

◀ **Abbildung 2.8**
Der Betrachtungs- bzw. Überprüfungsmodus ist ein ausgesprochen nützliches Feature.

Mit Hilfe der Pfeiltasten Ihrer Tastatur oder mit ❺ und ❾ können Sie nun von Bild zu Bild springen. Gefällt Ihnen eines davon nicht, klicken Sie auf die nach unten weisende Pfeilschaltfläche ❼ in der Mitte der Fußleiste oder betätigen ⌈↓⌉. Diese Vorgehensweise nennt sich übrigens *Zurückweisen*. Das Foto wird dabei aber nicht aus Bridge entfernt, sondern nur aus der aktuellen Auswahl.

Beachten Sie zudem die Möglichkeiten, eine Lupe zur Vergrößerung einzelner Stellen im Foto zu nutzen ❽ (funktioniert auch per Doppelklick) sowie sogenannte Sammlungen zu erstellen ❻. Mit der kleinen Kreuz-Schaltfläche ❿ oder ⌈Esc⌉ verlassen Sie den Modus wieder.

Wer aus dieser Routine noch mehr herausholen möchte, sollte einmal ⌈H⌉ betätigen. Dadurch präsentiert sich ein riesiges Overlay-Bedienfeld, das weitere Tipps und Optionen bevorratet. Cool, oder? Durch eine erneute Betätigung von ⌈H⌉ werden Sie es aber auch wieder los.

Präsentation/Diashow

Präsentationsoptionen festlegen
Natürlich läuft eine solche Präsentation nicht einfach nur so ab – Sie kennen doch Adobe-Software. Es wäre einfach untypisch, wenn Sie hierzu nicht auch individuelle Einstellungen festlegen könnten. Das Ganze finden Sie unter ANSICHT • PRÄSENTATIONSOPTIONEN.

Bei der Präsentation lassen sich die Bilder des Ordners, in dem Sie sich gerade befinden, nacheinander im Vollbildmodus ansehen. Wählen Sie dazu in Bridge ANSICHT • PRÄSENTATION, oder gehen Sie über $\boxed{\text{Strg}}$/$\boxed{\text{cmd}}$+$\boxed{\text{L}}$.

Hier geht es dann weiter mit den allseits beliebten und geschätzten Tastaturbefehlen. Drücken Sie die Leertaste, um die Präsentation anzuhalten. Jetzt können Sie mit den Pfeiltasten manuell weiterspringen. Für das nächste Bild wählen Sie $\boxed{\downarrow}$ oder $\boxed{\rightarrow}$. Mit $\boxed{\uparrow}$ bzw. $\boxed{\leftarrow}$ gelangen Sie jeweils ein Bild zurück. Ein erneuter Druck auf die Leertaste startet die Präsentation wieder. Auch hier funktioniert übrigens $\boxed{\text{H}}$ (siehe vorangegangenen Abschnitt). Verlassen können Sie die Präsentation mit $\boxed{\text{Esc}}$.

Sammlungen erstellen

Der Sinn und Zweck der Arbeit im Überprüfungsmodus ist nicht zuletzt auch das Zusammenstellen von Sammlungen. So können Sie jetzt beispielsweise mit $\boxed{\rightarrow}$ Bild für Bild ansehen. Wenn Sie ein Foto nicht in der Auswahl haben wollen, drücken Sie $\boxed{\downarrow}$ und fahren fort. Am Ende benutzen Sie das kleine Koffer-Symbol in der Fußleiste dieser Ansicht, wodurch ein Dialog zur Eingabe eines Sammlungsnamens bereitgestellt wird. Vergeben Sie eine aussagekräftige Bezeichnung und bestätigen Sie die Eingabe mit Klick auf SPEICHERN oder mit $\boxed{\leftarrow}$.

Mit zuletzt genannter Aktion kehren Sie auch zur Standard-Ansicht der App zurück. Nun wollen Sie sicher auch wissen, wo die erzeugte Sammlung zu finden ist. Dazu werfen Sie bitte einen Blick in die untere linke Ecke der Anwendung. Sorgen Sie dafür, dass einer der Arbeitsbereiche: GRUNDLAGEN, FILMSTREIFEN, AUSGABE oder WORKFLOW aktiv ist. Dann nämlich finden Sie unten links einen Registerreiter mit der Bezeichnung SAMMLUNGEN ❶, den Sie nun anklicken sollten.

Sammlungen nicht zu finden?
Wer das Fenster Sammlungen nicht findet, kann es auch schnell mit Hilfe des Menüs FENSTER • SAMMLUNGEN-FENSTER aufrufen.

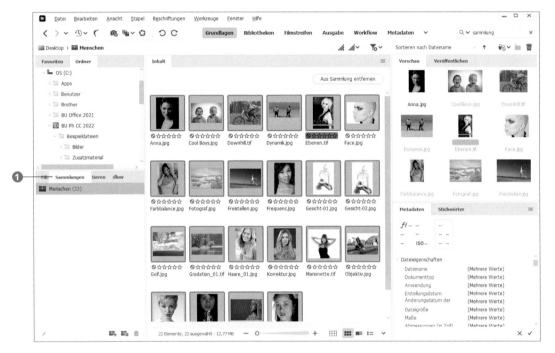

❶

▲ **Abbildung 2.10**
Die Sammlung wird unten links angezeigt.

Für den Fall, dass Sie die Sammlung später noch umbenennen wollen, reicht ein einfacher Klick auf den Namen, gefolgt von der Neueingabe, die ihrerseits mit ⏎ abzuschließen ist.

Das Hinzufügen weiterer Fotos zu einer bestehenden Sammlung (z. B. weitere Personenfotos aus anderen Ordnern) ist denkbar einfach: Navigieren Sie oben links im Register ORDNER zu dem Verzeichnis, das die hinzuzufügenden Fotos enthält. Sobald der korrekte Ordner dort markiert ist, erscheint dessen INHALT in der Mitte der Bridge. Markieren Sie dort die Fotos, die Sie hinzufügen wollen, halten Sie die Maustaste gedrückt und ziehen Sie die Bildminiatur einfach nach unten links in das Register SAMMLUNGEN. Achten Sie jedoch darauf, dass Sie die Maustaste erst loslassen, wenn Sie sich mit dem Mauszeiger auf der Sammlung befinden. Nachdem Sie losgelassen haben, werden Sie feststellen, dass sich die Anzahl der in der Sammlung befindlichen Elemente verändert hat. Hier sind es nun nicht mehr 22, sondern 23.

Abbildung 2.11 ►
Die Sammlung »Menschen«
hat Zuwachs bekommen.

Nichts und niemand ist fehlerfrei. Das gilt auch für unsere Sammlung. Sollte Ihnen versehentlich ein Foto in die Sammlung geraten sein, dass Sie nicht mehr dabeihaben wollen, schmeißen Sie es einfach raus. Dazu markieren Sie die Sammlung unten links, was bewirkt, dass der Sammlungsinhalt in der Mitte der Bridge angezeigt wird. Markieren Sie dort die Bildminiatur. Sie sehen schon: Oben rechts im Register Inhalt erscheint der Button AUS SAMMLUNG ENTFERNEN.

▲ **Abbildung 2.12**
Markieren Sie die Miniatur des Fotos, welches Sie entfernen wollen und benutzen Sie dann »Aus Sammlung entfernen«.

Aus Favoriten entfernen
Um den Ordner bzw. das Foto wieder aus der Favoritenliste zu verbannen, markieren Sie das Objekt mit einem Rechtsklick und wählen AUS FAVORITEN ENTFERNEN.

2.2 Favoriten

Falls Sie ein Foto oder einen der Ordner zu Ihren Favoriten erklären wollen, können Sie das tun. Ziehen Sie das Objekt einfach in das Register FAVORITEN (standardmäßig oben links), und lassen Sie es fallen, sobald sich eine horizontale Linie zeigt (hier blau). Fortan ist dieses Objekt fester Bestandteil der Registerkarte FAVORITEN.

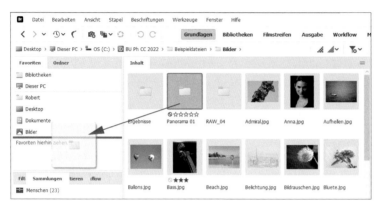

▲ Abbildung 2.13
Damit ist das Foto Bestandteil der Favoriten.

Aus Favoriten entfernen
Nicht mehr benötigte Favoriten-Elemente müssen mit rechts angeklickt werden. Der Befehl AUS FAVORITEN ENTFERNEN sorgt dann dafür, dass das Element seines Platzes verwiesen wird. Auch hier gilt: Das Objekt bleibt in Bridge erhalten, ist allerdings kein Favorit mehr.

2.3 Dateien sortieren und filtern

Es ist ja schön, dass Bridge sämtliche Inhalte auflistet und bei Bedarf den Zugang zu Ordnern und Dokumenten ermöglicht. Aber irgendwie ist das allein ja noch nicht ausreichend, um Lobgesänge auf die Software anzustimmen. Das ändert sich, wenn Sie sich die Sortierfunktionen und Filteroptionen anschauen.

Dateien sortieren

Die einfachste Art der Sortierung besteht darin, die Reihenfolge innerhalb des Ordners zu verändern oder die Fotos in andere Ordner zu verschieben. Das alles lässt sich ganz intuitiv per Drag & Drop erledigen. So, wie Sie das jüngst mit den Sammlungen gemacht haben, lassen sich Fotos auch von einem Verzeichnis in ein anderes transportieren. Sollte es dabei zu einem Laufwerkswechsel kommen (beispielsweise von einer auf die andere Festplatte), wird das Foto nicht verschoben, sondern dupliziert.

Des Weiteren stellt die Anwendung diverse Sortieroptionen zur Verfügung. Dazu gehen Sie über ANSICHT • SORTIEREN und wählen die relevante Einstellung aus der Liste aus. Noch einfacher wird die Liste zugänglich, wenn Sie rechts oben im Fenster auf die

▲ Abbildung 2.14
Oben rechts lassen sich Dateien nach bestimmten Kriterien sortieren.

Listenschaltfläche klicken (standardmäßig steht dort SORTIEREN NACH DATEINAMEN) und die Maustaste gedrückt halten. Fahren Sie jetzt innerhalb des Overlay-Menüs auf den relevanten Eintrag, und lassen Sie die Maustaste über dem gewünschten Eintrag los.

Interessant ist hier vor allem der Eintrag MANUELL. Dadurch entsteht nämlich die Möglichkeit, die Miniaturen per Drag & Drop so anzuordnen, wie es Ihnen am besten passt.

Filter sperren
Markieren Sie doch (während der Ordner der Beispielfotos angezeigt wird) einmal den Eintrag TIFF-BILD innerhalb des Bedienfelds FILTER (unten links). Daraufhin wird dem Eintrag ein Häkchen vorangestellt. Außerdem werden im Fenster INHALT nur noch die Fotos angezeigt, die dem Filterkriterium entsprechen (also TIFF-Bilder). Das lässt sich prima an den Dateiendungen ablesen.

Filter sperren
Damit die derzeit aktuellen Filteroptionen nicht dadurch entfernt werden, dass Sie zu einem anderen Ordner wechseln, aktivieren Sie FILTER BEIM DURCHSUCHEN BEIBEHALTEN ❸.

Abbildung 2.15 ▶
Diese zwei Suchkriterien begrenzen die Auswahl der Beispielbilder beträchtlich.

Dateien filtern

Seine wirklichen Stärken offenbart das Filterfenster aber erst, wenn es darum geht, verschiedene Filterfunktionen gemeinsam zu nutzen. Dazu müssen Sie nämlich nacheinander nur auf die Einträge klicken, die Sie in die Filterung aufnehmen wollen. Suchen Sie doch einmal nach TIFF-Bildern ❶, deren Seitenverhältnis dem Kleinbildformat 3:4 ❷ entspricht. Bevor Sie 3:4 anhaken können, müssen Sie die Liste SEITENVERHÄLTNIS zunächst öffnen.

Am Ende sollten Sie die Sucheinträge allerdings wieder verwerfen. Um die Filterung aufzuheben, drücken Sie auf das kleine Halt-Symbol unten rechts ❹.

2.4 Dateien suchen

Nun ist die oben erwähnte Suchmethode lediglich dazu geeignet, Fotos aus dem aktuell gewählten Verzeichnis ausfindig zu
machen. Wenn Sie aber einmal in Ihrem gesamten unerschöpflichen Fundus nach bestimmten Dateien fahnden müssen (beispielsweise auf der Festplatte), hilft Adobe Bridge mit einer cle-
veren Suchfunktion weiter. Dazu definieren Sie Suchkriterien, um
Treffer möglichst einzugrenzen.

Bilder/
(Alle Bilder dieses Ordners)

Schritt für Schritt
Bilder suchen

Ich möchte die Datei »Marionette.tif« finden. Klar: Bis eben
wusste ich noch, dass die Datei im heruntergeladenen BILDER-
Ordner der Materialien zum Buch liegt. Plötzlich jedoch, ein lauter
Knall – und die Synapsen melden: »Betriebsstörung.« Was tun? Ich
habe sowohl den Speicherort als auch den Dateinamen vergessen.
Shit happens …

1 Die Suchmaske starten
Glücklicherweise kann ich mich noch an das Tastaturkürzel ⌨Strg⌨/
⌨cmd⌨ + ⌨F⌨ (Finden) erinnern, weil das ja in jeder Anwendung zum
Starten der Suchmaske verwendet wird. (BEARBEITEN • SUCHEN
hätte im Übrigen auch funktioniert.)

Suchen	✕

Quelle

Suchen in   Bilder

Kriterien

| Dateiname | enthält | Text eingeben | — + |

Ergebnisse

Treffer   Wenn ein Kriterium zutrifft

☑ Alle Unterordner einbeziehen
☑ Nicht-indizierte Dateien einschließen (eventuell langsam)

(Suchen)   (Abbrechen)

◄ **Abbildung 2.16**
Der SUCHEN-Dialog hilft auch
in schwierigen Situationen
weiter.

2 Speicherort wählen

Für den Fall, dass ich den Speicherort vergessen habe, stelle ich ganz oben unter SUCHEN IN die Festplatte ein, von der ich vermute, dass sie sich noch in meinem Rechner befindet. Im konkreten Beispiel belassen wir es aber beim Ordner mit den Beispieldateien zum Buch (Bilder). Anderenfalls könnte das Suchergebnis auf Ihrem Rechner ganz anders ausfallen als in diesem Beispiel gewünscht – zumindest dann, wenn Ihre eigenen Fotos den Suchfunktionen entsprechen.

3 Quelle festlegen

Vorsichtshalber wähle ich ALLE UNTERORDNER EINBEZIEHEN ❶ aus, damit wirklich jeder Ordner innerhalb des Speicherort-Verzeichnisses durchsucht wird. NICHT-INDIZIERTE DATEIEN EINSCHLIESSEN (EVENTUELL LANGSAM) ❷ deaktiviere ich, denn irgendwie habe ich das Gefühl, das gesuchte Foto schon einmal in Bridge aufgenommen zu haben.

4 Erstes Suchkriterium festlegen

Im Frame KRITERIEN kann ich nun alles das festlegen, was mich irgendwie weiterbringt – z. B. den Dateinamen. Da ich Bilder oft im Format TIFF speichere, lege ich das in der ersten Zeile nun fest, weshalb ich DOKUMENTTYP – IST GLEICH – TIFF-BILD einstelle.

▲ **Abbildung 2.17**
Die erste Suchzeile ist formuliert. Damit ist die Aktion aber noch nicht abgeschlossen.

5 Weitere Kriterien festlegen

Nun hilft jeder Punkt weiter, der Rückschlüsse auf die Datei zulässt, denn mit dem TIFF-Kriterium allein würde ich ja nicht wirklich weit kommen. Um nun ein weiteres Kriterium hinzuzufügen, widme ich mich der zweiten Zeile (die durch einen Klick auf das Plus-Symbol ❸ eingeblendet werden muss, das sich neben meinem ersten Kriterium befindet). Ich weiß noch ganz genau, dass es sich um eine recht kleine Datei gehandelt hat – kleiner als 1 MB, glaube ich. Also lege ich den zweiten Suchsatz entsprechend an: DATEIGRÖSSE – IST KLEINER ALS – 1024 KB.

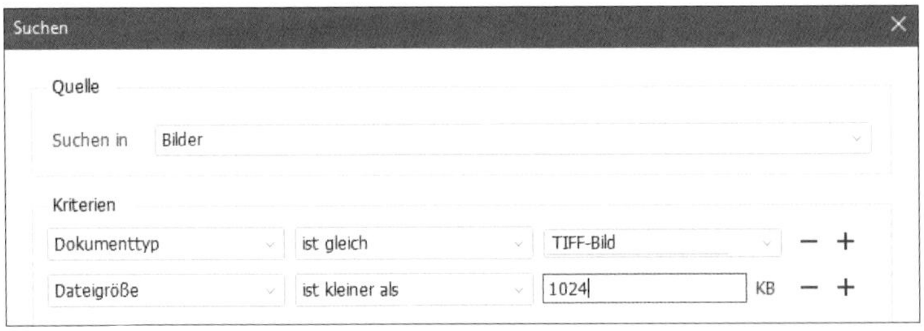

◀ **Abbildung 2.18**
Zwei Suchoptionen dürften das Auffinden des Fotos bereits beträchtlich vereinfachen.

Ich muss das Foto irgendwann im Jahr 2006 erstellt haben. Aber wenn ich wenigstens den Monat noch wüsste! Normalerweise frage ich in solchen Fällen ja meine Frau. Die weiß so etwas – immer. Selbst unseren Hochzeitstag hat sie spontan drauf. Bewundernswert. Aber wehe, ich vergesse mal ein Datum … Okay, das führt zu weit. Ich gebe mich mit 2006 zufrieden.

Mein dritter Satz heißt also: ERSTELLUNGSDATUM – IST GRÖSSER ALS – 31.12.2005. Natürlich muss ich zuvor wieder auf das kleine Plus am Ende der zweiten Zeile klicken.

Zuletzt eröffne ich noch einen vierten Satz, der da lautet: ERSTELLUNGSDATUM – IST KLEINER ALS – 01.01.2007. Wenn diese vier Kriterien nicht reichen, können weitere hinzugefügt werden.

6 Übereinstimmung festlegen

Am Schluss ist aber noch das Steuerelement ÜBEREINSTIMMUNG wichtig. Prüfen Sie, dass hier WENN ALLE KRITERIEN ZUTREFFEN aufgelistet ist. Anderenfalls müsste nämlich nur eine der vier Optionen erfüllt sein, und das würde wohl eine Flut von Resultaten mit sich bringen. Zum Schluss klicken Sie auf SUCHEN.

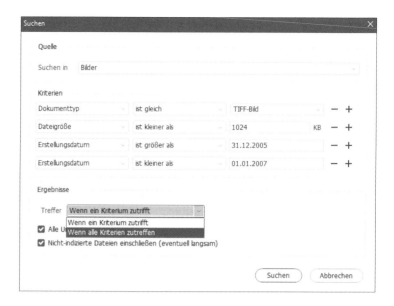

Abbildung 2.19 ▶
Für das Suchergebnis muss jedes der vier zuvor aufgestellten Kriterien erfüllt sein.

Na, bitte! Die Ansicht ist in null Komma nichts auf wenige Bilder reduziert worden. Das gesuchte Foto ist dabei, und ich bin wirklich froh darüber. Das vergesse ich aber gleich wieder, weil sich meine Synapsen ja noch immer in einer Art Wachkoma befinden.

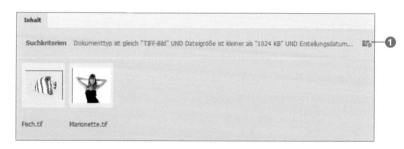

Abbildung 2.20 ▶
Jetzt werden nur noch die Fotos gelistet, die allen vier Suchoptionen entsprechen.

7   Optional: Smart-Album anlegen

Also klicke ich beherzt auch das kleine Smart-Sammlungen-Symbol ❶ in der Zeile der Suchkriterien an und erhalte daraufhin die Möglichkeit, das Ergebnis zunächst zu benennen und anschließend zu speichern. Diese sogenannten Smart-Sammlungen unterscheiden sich von herkömmlichen dadurch, dass sie auf Grundlage einer Suche erzeugt werden (so wie gerade geschehen).

Wenn Sie in der Fußleiste des Sammlungen-Bedienfelds auf Neue Smart-Sammlung ❷ gehen, wird demzufolge auch das bereits bekannte Suchfenster geöffnet.

▲ **Abbildung 2.21**
Smart-Sammlungen sollten aussagekräftig benannt werden.

▲ **Abbildung 2.22**
Das Suchergebnis bleibt als Sammlung erhalten.

8 Suchergebnis editieren

Das Zahnrad-Symbol mutiert nach Abschluss der Bearbeitung zu einem kleinen Bleistift. Wann immer Sie ihn anklicken, können die Suchoptionen, die zur Erstellung der aktuellen Sammlung geführt haben, individuell angepasst werden.

2.5 Fotos kennzeichnen und bewerten

Selbstverständlich haben nicht alle Bilder den gleichen Stellenwert. Ein Bewertungsschema hilft hier weiter und vereinfacht eine spätere Anzeige oder Suche enorm. Außerdem können Sie die Dateien mit Schlüsselwörtern versehen, um sie später isoliert von den anderen anzuzeigen.

Schritt für Schritt
Personenaufnahmen mit Stichwörtern kennzeichnen

In diesem Mini-Workshop wollen wir jene Fotos des Beispielordners Bilder markieren, die eindeutig als Urlaubsfotos durchgehen.

1 Bilder markieren

Klicken Sie mit gedrückter Taste Strg/cmd alle Fotos an, auf denen Sie Strände, Hotels, schöne Landschaften, interessante Gebäude oder Ähnliches ausfindig machen können. Die Miniaturen werden anschließend umrandet dargestellt und in der Vorschau oben rechts gesammelt.

Bilder/
(Alle Bilder dieses Ordners)

▲ **Abbildung 2.23**
Die markierten Fotos tauchen im Bedienfeld Vorschau auf.

2 Stichwort vergeben

Falls die Registerkarte STICHWÖRTER ❶ nicht sichtbar ist, klicken Sie in der Menüleiste auf FENSTER, gefolgt von STICHWÖRTER-FENSTER. Markieren Sie eine Kategorie, wie z. B. ORTE ❷, und betätigen Sie danach das kleine Plus-Symbol unten rechts ❻. Danach tragen Sie das Stichwort »Urlaub« in die frei gewordene Zeile weiter oben ein ❹. Bestätigen Sie die Eingabe mit ⏎ . Für den Fall, dass Sie einem bereits untergeordneten Eintrag einen weiteren untergeordneten Begriff zuweisen wollen, benutzen Sie statt ❻ bitte ❼.

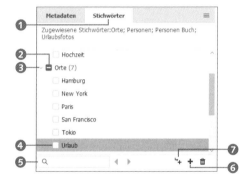

Abbildung 2.24 ▶
So erzeugen Sie einen neuen Eintrag.

Die spätere Suche nach einem entsprechenden Stichwort kann auch mit Hilfe des Eingabefelds ❺ erfolgen – für den Fall, dass der Begriff nicht gleich im Bedienfeld STICHWÖRTER gefunden werden kann; denn es ist ja durchaus möglich, dass die Liste über das vorangestellte Pfeil-Symbol ❸ verschlossen wurde oder der Inhalt durch Eingabe weiterer Suchbegriffe angepasst worden ist.

Abbildung 2.25 ▶
Die Suchbegriffe können ruckzuck wiedergefunden werden.

3 Stichwort übergeben

Zuletzt aktivieren Sie das Häkchen vor dem Begriff »Urlaub«. Alle aktuell markierten Bilder werden daraufhin mit diesem Stichwort ausgestattet.

4 Bildersuche vorbereiten

Falls Sie irgendwann nach genau diesen Fotos Ausschau halten wollen, hilft das Suchfeld oben rechts weiter. Klicken Sie auf die Lupe, die sich ganz links im Suchfeld befindet, und entscheiden Sie sich im Menü für BRIDGE-SUCHE: AKTUELLER ORDNER.

◄ **Abbildung 2.26**
Stellen Sie die Such-
präferenz um.

5 Bilder suchen

Geben Sie nun das Stichwort ein (»urlaub«) ❽, wobei Sie Groß- und Kleinschreibung durchaus vernachlässigen dürfen. Schließen Sie die Eingabe mit ⏎ ab. Der Lohn: Sämtliche Motive, denen dieses Stichwort zugeordnet worden ist, werden daraufhin angezeigt.

▼ **Abbildung 2.27**
Hoffentlich haben wir keines der Fotos übersehen. Wenn doch, wissen Sie ja, wie Sie diesem ebenfalls noch das Stichwort zuweisen können – markieren und das Häkchen voranstellen.

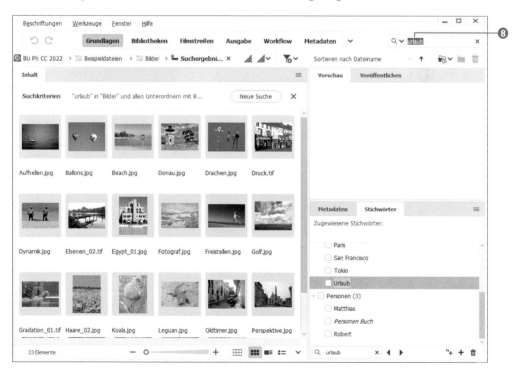

Fotos bewerten

Sie können ein markiertes Foto bewerten, indem Sie einen der Sterne unterhalb der Miniatur anklicken. Markieren Sie den linken Stern, gibt's »einen« für das Foto, während der mittlere beispielsweise für die Kategorie »drei Sterne« sorgt. Entscheiden Sie sich für das Halt-Symbol ganz links, werden zuvor vergebene Sterne wieder entfernt. Die Vergabe der Sterne kann übrigens auch im Menü BESCHRIFTUNGEN oder direkt mit Hilfe der Tastatur vorgenommen werden. Dazu halten Sie ⌈Strg⌉/⌈cmd⌉ gedrückt und tippen zusätzlich ⌈1⌉–⌈5⌉ (für die Anzahl der Sterne). ⌈Strg⌉/⌈cmd⌉+⌈0⌉ würde vorhandene Sterne wieder komplett entfernen. Es kann hilfreich sein, Fotos der Schwiegermama oder des Chefs nur dann zu bewerten, wenn sie nicht in der Nähe sind.

Tipp: Wählen Sie mehrere Fotos gemeinsam aus, ehe Sie Sterne vergeben, um allen markierten Bildern in einem Arbeitsgang die gleiche Anzahl an Sternen zukommen zu lassen.

Abbildung 2.28 ▸
Ein Klick auf den mittleren der kleinen Sterne bewirkt, dass alle derzeit markierten Fotos mit drei Sternen ausgezeichnet werden.

Fotos markieren

Nicht zuletzt lassen sich Bilder auch noch farbig auszeichnen. Das ist vor allem dann sinnvoll, wenn Sie eine Fülle von Bildern durchsehen müssen und das eine oder andere später weiterverarbeiten wollen. Sie können ein Foto beispielsweise rot markieren, indem Sie `Strg`/`cmd`+`6` drücken. Die gleiche Markierung erreichen Sie, indem Sie BESCHRIFTUNG • AUSWÄHLEN einstellen.

▲ **Abbildung 2.29**
Die rote Markierung könnte beispielsweise Indiz dafür sein, dass das Foto noch nachbearbeitet werden muss.

2.6 Fotos stapeln

Mit der Zeit wird das Archiv aus allen Nähten platzen. Dann kann es der Übersicht dienen, wenn sämtliche zusammengehörigen Bilder gestapelt werden. Sie sehen dann in Bridge nur eine einzige Miniatur, wobei sich alle anderen Fotos darunter befinden. Sie können den Stapel aber auch in die Hand nehmen und die Fotos nebeneinanderlegen – und wieder zusammenschieben. Und genau wie im richtigen Leben geht das auch in Bridge. Nur natürlich viel schneller.

Beschriftung entfernen
Entfernen Sie eine zuvor festgelegt Beschriftung, indem Sie KEINE BESCHRIFTUNG aus dem Menü BESCHRIFTUNGEN selektieren.

Stapel erzeugen

Markieren Sie alle Fotos, die Sie zu stapeln gedenken. Klicken Sie mit der rechten Maustaste auf eines der markierten Bilder, und entscheiden Sie sich im Kontextmenü für STAPEL • ALS STAPEL GRUPPIEREN. Alternativ erledigen Sie das über den gleichlautenden Menübefehl oder indem Sie `Strg`/`cmd`+`G` drücken.

Was übrig bleibt, ist ein etwas veränderter Miniaturrahmen mit einem Hinweis auf die Anzahl der im Stapel befindlichen Fotos an der oberen linken Ecke der Miniatur ❶ (Abbildung 2.30). Dabei wird das Foto, das Sie zuerst markiert haben, den Stapel als oberstes Bild repräsentieren.

Oberstes Stapelfoto ändern
Sie möchten ein anderes Foto zuoberst haben, das den geschlossenen Stapel repräsentiert? Dann öffnen Sie den Stapel, wählen das gewünschte Bild an, öffnen das Kontextmenü (per Rechtsklick) und wählen STAPEL • ANS OBERE STAPELENDE.

Stapel öffnen, schließen und auflösen

Wollen Sie einen Stapel öffnen? Dann klicken Sie auf die Ziffer ❶, die sich oben links befindet. Sie verrät außerdem, wie viele Fotos gestapelt sind. Ein erneuter Mausklick auf die Ziffer schließt den Stapel wieder.

Sobald Sie sich mit der Maus auf einem Stapel befinden, erhalten Sie ganz oben auf der Miniatur einen kleinen Balken, mit dessen Hilfe Sie durch den geschlossenen Stapel scrollen können. Dazu ziehen Sie den Punkt ❸ nach rechts. Wer sich hingegen eine recht zügige Diashow ansehen möchte, der betätigt die Play-Schaltfläche ❷. Bitte beachten Sie, dass sowohl der Balken als auch die Play-Schaltfläche nicht zu sehen sind, wenn die Miniaturgröße für die Vorschaubilder zu klein gewählt ist. Sollten die Elemente also nicht sichtbar sein, ziehen Sie den Regler für die Miniaturgröße in der Fußleiste der Anwendung etwas nach rechts.

Abbildung 2.30 ▶
Vier Fotos sind zu einem Stapel zusammengewachsen.

Möchten Sie einen Stapel auflösen? Dann markieren Sie ihn mit der rechten Maustaste und gehen über STAPEL • AUS STAPELGRUPPIERUNG LÖSEN. Entsprechendes funktioniert zudem über das Kontextmenü. Danach stehen alle enthaltenen Dateien wieder als einzelne Bilder zur Verfügung.

Fotos weiterleiten

Sobald Sie einen Doppelklick auf eine der Miniaturen setzen, wird das entsprechende Foto in Photoshop bereitgestellt. Sollte es sich dabei um eine Raw-Datei handeln, wird das Bild konsequenterweise auch in der Camera-Raw-Umgebung geöffnet. Wer ein herkömmliches Foto (z. B. TIFF oder JPEG) im Raw-Converter nachbearbeiten möchte, betätigt nach Selektion des Bildes Strg/cmd+R, oder drückt auf den Camera Raw-Schalter oben in der

Werkzeugleiste. Außerdem lassen sich (nach Anwahl mehrerer Miniaturen) über WERKZEUGE • PHOTOSHOP und die gewünschte Anschlussaktion direkt aus Bridge heraus Automatisierungsfunktionen von Photoshop anwenden. Diese Funktion ist äußerst zeitsparend.

◀ **Abbildung 2.31**
Fotos lassen sich direkt an Photoshop Camera Raw übergeben.

2.7 Aufgaben erstellen

Die Workflow-Bearbeitung ist eine noch recht junge Routine, die ich Ihnen keinesfalls vorenthalten möchte. Ich denke, dass sie gerade dann sinnvoll einzusetzen ist, wenn Sie große Mengen an Fotos für individuelle Verwendungen vorbereiten wollen.

Stellen wir uns einmal folgendes Szenario vor: Sie haben zahlreiche Fotos mit Ihrer Megapixel-Kamera geschossen, die nun auf einer Website veröffentlicht werden sollen. Das Problem: Die Originalfotos sind viel zu groß für eine Website – nicht nur was die Dateigröße angeht, sondern auch die Abmessungen sind für eine Website unnötig groß. Mehr als 5000 Pixel Seitenlänge sind ja heutzutage durchaus gängig. Nun gibt es in Photoshop eine Art Stapelverarbeitung, die wir uns auf Seite 461 noch genauer ansehen werden. Die Technik ist im Kern gleich, wobei hier in der Bridge insgesamt weniger Möglichkeiten zur Verfügung stehen als in Photoshop. Dafür ist die Vorgehensweise hier aber auch wesentlich intuitiver. Es lohnt sich also, das Ganze etwas näher zu betrachten.

Schritt für Schritt
Einen Workflow generieren

Ich möchte dieses Beispiel so allgemein wie möglich halten, um Ihnen vor allem die Bandbreite der Routine näherbringen zu können. Deshalb werden wir kein konkretes Projekt angehen, sondern eher die Funktionsvielfalt anreißen.

1 Oberfläche anpassen

Der Workflow der Bridge ist so angelegt, dass Sie im Prinzip von links nach rechts arbeiten können. Voraussetzung hierfür ist allerdings, dass Sie oben zunächst auf den Arbeitsbereich WORKFLOW umschalten. Das hat zur Folge, dass links, in der Mitte und rechts Workflow-Fenster nach vorne gestellt werden.

2 Neuen Workflow erstellen

Abbildung 2.32 ▼
Der Arbeitsbereich WORK-
FLOW sorgt für eine übersichtliche Gruppierung der Bedienfelder.

Wie gesagt, wollen wir in der linken Spalte der Bridge beginnen. Klicken Sie bitte auf die Zeile NEUEN WORKFLOW ERSTELLEN ❶, die sich im Bedienfeld WORKFLOW befindet. Das Ergebnis: Im selben Bedienfeld wird MY WORKFLOW 1 ❷ angelegt. Außerdem erhalten Sie in der mittleren Spalte der Bridge, im Bedienfeld AUFGABEN-DIAGRAMM, ein kleines Flyout-Menü ❸.

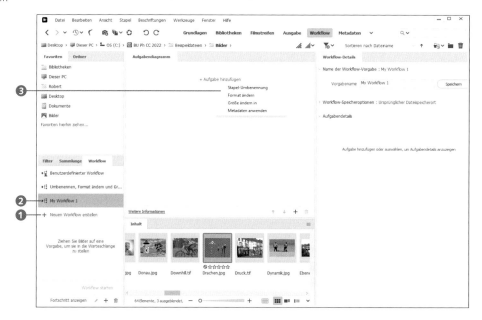

3 Aufgabe hinzufügen

Sollte das Menü nicht mehr sichtbar sein, beispielsweise weil Sie versehentlich an eine andere Stelle geklickt haben, entscheiden Sie sich für AUFGABE HINZUFÜGEN im Bedienfeld AUFGABENDIA-GRAMM. Grundsätzlich stehen vier Aufgaben zur Verfügung – und zwar STAPEL-UMBENENNUNG, FORMAT ÄNDERN, GRÖSSE ÄNDERN IN und METADATEN ANWENDEN, die innerhalb eines Workflows

alle miteinander kombiniert werden können. Ich entscheide mich
zunächst für die STAPEL-UMBENENNUNG.

4 Workflow umbenennen

Sie sehen, dass STAPEL-UMBENENNUNG im Bedienfeld AUFGABEN-
DIAGRAMM umrandet ist ❹, ein Indiz dafür, dass Sie die Aufgabe
nun individuell anpassen können. Das wiederum erledigen Sie
in der rechten Spalte der Bridge, genauer gesagt im Bedienfeld
WORKFLOW-DETAILS ❺. Ich empfehle, zunächst den Namen zu
ändern und im Eingabefeld VORGABENAME ❻ beispielsweise »Bilder für Website konvertieren« festzulegen und danach auf SPEI-
CHERN zu klicken. Die neue Bezeichnung wird auch gleich im
Bedienfeld WORKFLOW (links) aktualisiert.

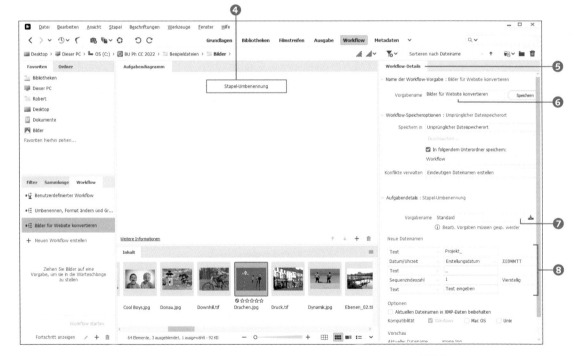

▲ **Abbildung 2.33**
Gestalten Sie die erste Work-
flow-Aufgabe nach Ihren
Wünschen.

5 Speicherort festlegen

Standardmäßig speichert Bridge die Ergebnisse in einem Unterordner des Quellordners ab, also des Ordners, in dem sich die
zu bearbeitenden Fotos befinden. Das würde bei der Arbeit mit
unserem Beispielbildern bedeuten, dass Bridge einen Unterordner im Ordner BILDER anlegt. Die Originale blieben dort erhalten,

während die Ergebnisse im Unterordner WORKFLOW zu finden wären. So soll es auch sein. Möchten Sie daran etwas ändern, müssen Sie die Liste WORKFLOW-SPEICHEROPTIONEN im Bedienfeld WORKFLOW-DETAILS öffnen und entsprechende Änderungen vornehmen.

6 Aufgabendetails festlegen

Bleiben Sie bitte in der rechten Spalte und schauen Sie sich die AUFGABENDETAILS an. Möchten Sie die Ergebnis-Fotos beispielsweise umbenennen, müssen Sie im Feld VORGABENAME nun STANDARD ❼ (Abbildung 2.33) einstellen. Danach können Sie weitere Anpassungen im Bereich NEUE DATEINAMEN ❽ festlegen. Hier bietet es sich beispielsweise an, im Feld rechts neben TEXT (aktuell steht dort PROJEKT_) den Namen der Website einzugeben. Sie sollten den Begriff stets mit einem Unterstrich enden zu lassen, damit eine Trennung zwischen dem Namen und den SEQUENZINDEX-ZAHLEN (siehe dritte Spalte in NEUE DATEINAMEN) vergeben wird. Dabei handelt es sich übrigens um fortlaufende Nummerierungen, die in diesem Beispiel vierstellig wären, also mit »0001« beginnen.

7 Aufgabe hinzufügen

Wann immer Sie nun eine weitere Aufgabe hinzufügen wollen, klicken Sie bitte auf das kleine Plus-Symbol ❶ im Fuß des Bedienfelds AUFGABENDIAGRAMM. Es ist mit NEUE AUFGABE betitelt. Entscheiden Sie sich zum Beispiel für FORMAT ÄNDERN ❷.

Abbildung 2.34 ▶
Jetzt wird die zweite Workflow-Aufgabe generiert.

8 Dritte Aufgabe hinzufügen

Schauen Sie sich auch hier wieder den unteren Bereich des Bedienfelds WORKFLOW-DETAILS an, in der sich die Bildqualität und das Format (z. B. JPEG) anpassen ließe.

Wir wollen eine dritte Aufgabe hinzufügen, nämlich die Größenänderung. Wiederholen Sie daher den vorangegangenen Schritt, wobei Sie sich diesmal im Aufklappmenü bitte für GRÖSSE ÄNDERN IN ❸ entscheiden. In den WORKFLOW-DETAILS auf der rechten Seite wählen wir im Bereich AUFGABENDETAILS ❹ beispielsweise eine DIMENSION von 900 Pixeln, was dazu führt, dass die Bilder an ihrer längsten Seite nicht größer als 900 Pixel werden – das ist groß genug für unsere Website. Die AUFLÖSUNG soll 72 dpi betragen. All das können Sie jedoch erst einstellen, nachdem Sie den Radio-Button GRÖSSE ÄNDERN IN ❺ aktiviert haben.

▼ **Abbildung 2.35**
Die Liste des Aufgabendiagramms wird immer größer.

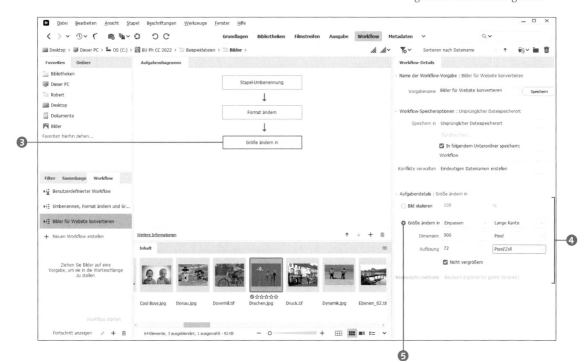

9 Nachträgliche Änderungen vornehmen

Wann immer Sie eine Aufgabe nachträglich noch anpassen wollen, beachten Sie, dass Sie diese zunächst im Bedienfeld AUFGABENDIAGRAMM auswählen. Wer also nachträglich doch noch das Format ändern will, muss demzufolge zunächst auf FORMAT ÄNDERN klicken.

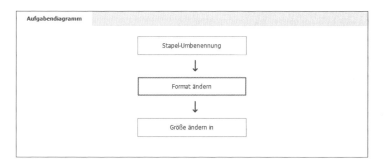

Abbildung 2.36 ▶
Jetzt kann die Aufgabe »Format ändern« nachträglich angepasst werden.

10 Workflow anwenden

Nun haben Sie einen Workflow erzeugt und wollen sicher auch wissen, wie Sie die Aufgabe auf bestimmte Dateien oder Ordner übertragen können. Dazu bietet es sich beispielsweise an, auf den Arbeitsbereich GRUNDLAGEN umzuschalten, unten links das Bedienfeld WORKFLOW nach vorne zu stellen und danach alle Bilder oder Ordner, auf die der Workflow angewendet werden soll, auf den Workflow-Eintrag zu ziehen und dort fallenzulasssen. Zuletzt klicken Sie unten links auf WORKFLOW STARTEN ❶.

Worflow duplizieren

Für den Fall, dass Sie weitere, ähnliche Workflows generieren wollen, ist es nicht erforderlich, sämtliche Schritte erneut zu durchlaufen. Klicken Sie stattdessen mit rechts auf einen Workflow und wählen Sie DUPLIZIEREN im Kontextmenü. Danach passen Sie nur die relevanten Schritte entsprechend an.

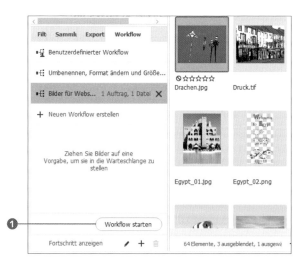

Abbildung 2.37 ▶
Starten Sie den Workflow.

Photoshop-Basiswissen:
Malen, auswählen, freistellen

Photoshop-Techniken verstehen und umsetzen

- ▸ Wie funktionieren Malwerkzeuge und Pinselspitzen?
- ▸ Wie werden Farben ausgewählt?
- ▸ Wie erzeuge ich einen Verlauf?
- ▸ Wie werden Ränder bei Fotos abgeschnitten?
- ▸ Wie können Fotos gedreht und in der Größe geändert werden?
- ▸ Wie kann ich auch komplizierte Elemente, z. B. Haare, auswählen und freistellen?

3 Photoshop-Basiswissen: Malen, auswählen, freistellen

Schnelles und effizientes Arbeiten mit Photoshop setzt auch den gewandten Umgang mit Werkzeugen, Pinselspitzen und Farben voraus. Das ist gewissermaßen das Rüstzeug, auf das Sie immer wieder zurückgreifen werden. Wenn Sie die damit verbundenen Kniffe kennen (und dazu ist dieses mächtige Kapitel schließlich da), wird jede Aufgabenstellung zu einer Herausforderung, die sich mit Bravour meistern lässt. Mit Hilfe dieser Techniken können Sie aus einem Foto im wahrsten Sinne des Wortes machen, was Sie wollen. Sie werden sehen …

3.1 Malwerkzeuge und Pinselspitzen

Pinsel-Werkzeug ist Standard
Sollten Sie im Pinsel-Menü der Werkzeugleiste noch keine Einstellungen vorgenommen haben, wird automatisch das Pinsel-Werkzeug angeboten. Da es das oberste ist, gilt es auch als Standard.

Machen wir uns an die Arbeit. Zuerst einmal sollten Sie die Malwerkzeuge und die damit auch zum Einsatz kommenden Pinselspitzen kennenlernen. Wer an dieser Stelle sagt: »Ich will nicht malen, sondern Fotos korrigieren«, tappt in eine Falle. Denn gerade der Einsatz von Malwerkzeugen ist unerlässlich bei der anspruchsvollen Bildkorrektur.

Werkzeugspitzen aktivieren

Zunächst einmal müssen Sie wissen, dass Sie viele Werkzeuge innerhalb der Werkzeugleiste mit einer Spitze nach Wahl ausstatten können. Denken Sie an normale Malpinsel. Auch dort gibt es unterschiedliche Größen. Einige Pinsel sind weich, andere hart. In Photoshop ist ein schier unerschöpfliches Sortiment mit an Bord. Aktivieren Sie doch, um die nachfolgenden Schritte exakt nachvollziehen zu können, das Pinsel-Werkzeug B. Die Auswahl des Werkzeugs ist ja, wie Sie längst wissen, *immer* der erste Schritt. Achten Sie aber darauf, dass wirklich der Pinsel ausgewählt ist und nicht beispielsweise der Buntstift. Wenn Sie unsicher sind, über-

▲ **Abbildung 3.1**
Das oberste Pinsel-Werkzeug soll jetzt aktiv sein. Das verrät auch das vorangestellte Quadrat im Flyout-Menü.

prüfen Sie das mit Hilfe des Flyout-Menüs. Hier muss der oberste Eintrag aktiv sein.

Als Nächstes muss das Werkzeug angepasst werden. Öffnen Sie dazu das Flyout-Menü PINSELVORGABEN in der Optionsleiste über die kleine Dreieck-Schaltfläche ❶. Hier gilt es, eine Pinselform zu wählen ❹. Sofern Sie in dieser Liste fündig werden, reicht ein einzelner Mausklick auf eine der angebotenen Spitzen (hier RUND WEICH).

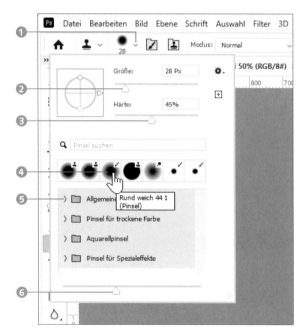

▲ **Abbildung 3.2**
In der ersten Zeile finden Sie einige Spitzen.

Wer hier noch nicht das Richtige gefunden hat, sollte sich um die Ordner kümmern, die weiter unten abgebildet sind. Klicken Sie beispielsweise auf die Pfeilspitze vor ALLGEMEINE PINSEL ❺, werden weitere vordefinierte Spitzen angeboten. Es empfiehlt sich, das Fenster am Anfasser unten rechts ein bisschen größer aufzuziehen, damit Sie den Inhalt des Ordners besser sehen können. Achten Sie auch einmal auf den Schieberegler ❻ ganz unten in der Palette. Damit kann die Größendarstellung der Ordnerinhalte individuell angepasst werden.

Direktauswahl im Bild
Wer viel mit dem Pinsel arbeitet, wird die Möglichkeit zu schätzen wissen, das Menü auch direkt auf dem Bild öffnen zu können. Mittels Rechtsklick wird das Menü an Ort und Stelle eingeblendet. Dies spart den Gang in die Optionsleiste.

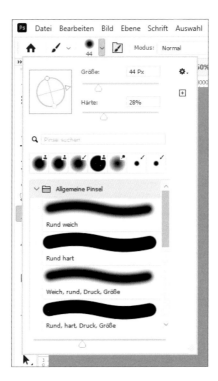

Abbildung 3.3 ▶
Die Ordner verfügen über
weitere Spitzen.

Werkzeugspitzen einstellen

Nachdem die Vorauswahl einer Pinselspitze erfolgt ist, wird diese an die Bedürfnisse angepasst. Ganz oben finden Sie Einstelloptionen für GRÖSSE ❷ (also den Durchmesser) und HÄRTE ❸. Letzteres ist nicht bei allen Pinselspitzen optional. Sollte die Härte nicht einstellbar sein, erscheint das Steuerelement ausgegraut. Die Härte regelt, ob die Ränder des Pinsels für einen harten (scharfkantigen) oder weichen Kantenübergang sorgen.

Abbildung 3.4 ▶
Der Punkt links wurde mit
einer Härte von 100 %
erzeugt, der rechte mit 0 %.
Bei beiden Werkzeugspitzen
ist der Durchmesser gleich.

Es liegt auf der Hand, dass Größe und Härte einer Pinselspitze während des Malens immer wieder angepasst werden müssen. Zu diesem Zweck lässt sich der angesprochene Dialog jederzeit über einen Rechtsklick auf dem Foto darstellen (allerdings nur, wenn auch einer der Pinsel gewählt ist). Zur schrittweisen Größenänderung ist der Dialog jedoch gar nicht erforderlich. Drücken Sie ⬚ auf Ihrer Tastatur, um den Durchmesser zu erhöhen. Das Verringern des Durchmessers gelingt auf Windows-Rechnern mit ⬚, während Sie auf dem Mac ⬚+⬚ wählen müssen.

Pinsel schnell einstellen

Achtung – es wird noch besser. Wenn Sie nämlich auf dem Foto am Windows-Rechner ⬚ bzw. am Mac ⬚+⬚ gedrückt halten und am PC einen Rechtsklick bzw. am Mac einen normalen Mausklick auf das Foto setzen (bitte die Maustaste ebenfalls gedrückt halten), lassen sich Größe und Härte sogar stufenlos einstellen. Na, ist das komfortabel? Im Einzelnen sieht das so aus:

- ▶ Maus nach links schieben: Die Pinselspitze wird kleiner.
- ▶ Maus nach rechts schieben: Die Pinselspitze wird größer.
- ▶ Maus nach oben schieben: Die Pinselspitze wird weicher.
- ▶ Maus nach unten schieben: Die Pinselspitze wird härter.

Auch die kleine Hinweistafel mit Informationen zum Pinseldurchmesser, zur Härte sowie zur Deckkraft des Werkzeugs ist sehr interessant. Sie soll für mehr Komfort bei der Einstellung der Spitze sorgen.

Weiter geht es mit den Einstellungen innerhalb der Optionsleiste: Ändern Sie gegebenenfalls den Modus ❶ Ihrer Pinselspitze. Er sagt etwas über die Kombination mit der darunter befindlichen Ebene aus. Nähere Hinweise dazu finden Sie in Abschnitt 4.5, »Mischmodi«. In den allermeisten Fällen werden Sie den Modus aber auf Normal stehen lassen – zumindest sofern Farben aufgetragen werden sollen.

Dialog zuerst schließen
Veränderungen via Tastatur funktionieren nur, wenn der Pinsel-Dialog nicht geöffnet ist. Sollte dieser jedoch angezeigt werden, klicken Sie zunächst auf einen freien Bereich Ihrer Arbeitsfläche.

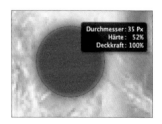

▲ **Abbildung 3.5**
Das kleine Overlay-Bedienfeld neben dem Pinsel verrät, welche Einstellungen gerade Gültigkeit haben.

▲ **Abbildung 3.6**
Die Optionsleiste ist auch bei den Pinseln außerordentlich wichtig.

Wie wird gemalt und gezeichnet?

Die einfachste Form des Malens ist folgende: Ziehen Sie eine freie Form, indem Sie die Maustaste gedrückt halten. Lassen Sie die Taste los, wenn die gewünschte Figur erzeugt ist.

Abbildung 3.7 ▶
Freies Malen (links), einzelne Geraden (Mitte) und verbundene Geraden (rechts)

Hot-Text-Steuerelemente

Viele der Steuerelemente (nicht nur innerhalb der Optionsleiste) sind sogenannte Hot-Text-Steuerelemente. Bei ihnen reicht es, auf den Namen zu klicken (Maustaste gedrückt halten) und durch Verschieben der Maus nach links bzw. rechts die Werte zu verändern (siehe DECKKRAFT und FLUSS in der Optionsleiste).

Wenn Sie die Umschalttaste zum Zeichnen verwenden, erzeugen Sie gerade Linien. Und das geht so: Klicken Sie zunächst auf die Arbeitsfläche, halten Sie dann die Maustaste gedrückt, ohne jedoch eine Bewegung auszuführen. Nun halten Sie ⌂ gedrückt und bewegen die Maus. Damit erreichen Sie exakt horizontal oder vertikal angeordnete gerade *Linien*.

Halten Sie ⌂ während des gesamten Zeichenvorgangs gedrückt, und klicken Sie dann mehrmals kurz auf unterschiedliche Stellen der Arbeitsfläche, um Verbindungen zwischen den Zeichenpunkten zu erzeugen.

Der Misch-Pinsel

Photoshop besitzt auch einen sogenannten Misch-Pinsel. Er befindet sich in einer Gruppe mit den bereits erwähnten Pinseln und hat die Besonderheit, dass sich mit ihm verschiedene Muster zusammenfügen lassen. Sie müssen sich das vorstellen wie bei einem Stempel. Zunächst einmal müssen Sie die Farbe (aus dem Stempelkissen) aufnehmen. Wenn Sie jetzt noch ein weiteres Stempelkissen hätten (mit einer anderen Farbe), könnten Sie auch daraus eine Aufnahme folgen lassen. So würde sich eine Mischstruktur aus beiden Quellen ergeben.

Und wie funktioniert das nun in Photoshop? Halten Sie ⌐Alt⌐ gedrückt, und klicken Sie anschließend auf einen Bereich des Bildes, den Sie aufnehmen möchten. Danach lassen Sie ⌐Alt⌐ los. Nun klicken Sie mit der Maus dorthin, wo Sie sich das neue Muster wünschen. Weitere Infos zu dieser Technik entnehmen Sie bitte Abschnitt 7.1, »Bildbereiche entfernen, klonen und verschieben«.

Pinselspitzen speichern und laden

Sie haben ja bereits erfahren, dass die zuletzt eingestellten Pinselspitzen in einer speziellen Zeile des Pinsel-Dialogs gelistet werden.
In dieser Zeile werden allerdings nicht unentwegt Spitzen abgelegt. Vielmehr wird die älteste verworfen, sobald die Reihe voll
ist und eine weitere Spitze definiert wird. Also ist es sehr wahrscheinlich, dass die seinerzeit benutzte Spitze irgendwann nicht
mehr abrufbar ist. Aus diesem Grund empfiehlt es sich, häufig
zum Einsatz kommende Spitzen zu speichern. Klicken Sie auf den
Button NEUE VORGABE AUS DIESEM PINSEL ERSTELLEN ❷. Im nachfolgenden Dialog kann die Spitze entsprechend benannt werden.

◀ **Abbildung 3.8**
Die richtige Benennung
macht das spätere Auffinden
zum Kinderspiel.

Pinsel abrufen

Das Sortiment an Pinseln ist ja nicht zu verachten. Wem das aber
nicht reicht, der findet im Bedienfeldmenü (kleines Zahnrad) ❶
noch jede Menge weiterer Sätze, die sich online herunterladen
lassen. Gehen Sie dazu auf WEITERE PINSEL ABRUFEN ❸.

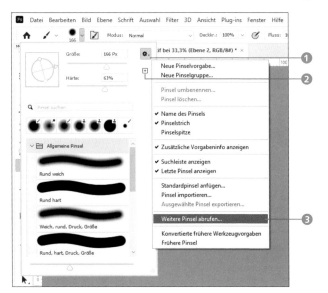

◀ **Abbildung 3.9**
Freie Auswahl für freie Künst-
ler – die Sortimente der mit-
gelieferten Spitzen

Pinsel-Bedienfeld

In diesem Zusammenhang wird es Sie interessieren, wie Sie Ihrer Pinselspitze zahllose weitere Attribute zuordnen können – und zwar über das Pinsel-Bedienfeld. Verwenden Sie zum Öffnen die Taste F5 , oder wählen Sie Pinseleinstellungen aus dem Menü Fenster.

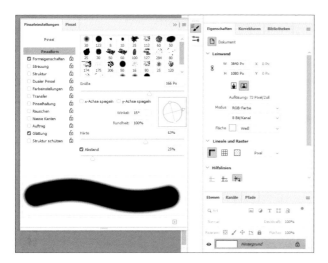

▲ **Abbildung 3.10**
So stellt sich das Bedienfeld dar, wenn der oberste Eintrag, Pinselform, eingestellt ist.

▲ **Abbildung 3.11**
Ein Klick auf den Namen einer Pinselvorgabe (nicht auf die Checkbox!) innerhalb der linken Spalte bringt rechts daneben die entsprechende Steuerelementgruppe zur Anzeige. Hier ist beispielsweise Formeigenschaften ausgesucht.

Im Bereich Pinselform lassen sich zahlreiche Parametergruppen anwählen, indem Sie die jeweilige Checkbox vor dem Listeneintrag aktivieren. Um jedoch die zugehörigen Steuerelemente rechts daneben anzeigen zu lassen, klicken Sie bitte nicht auf die Checkbox, sondern immer direkt auf den Namen der Gruppe.

Tipp: Sie sollten die Register Pinsel und Pinseleinstellungen grundsätzlich im Kontext benutzen. Praktischerweise werden beide Register nebeneinander geöffnet, so dass Sie mit Pinsel zunächst die gewünschte Spitze auswählen können (hier Kyles Konzeptpinsel Allzweckfüllung) und danach die Pinseleinstellungen vornehmen. Hier lässt sich auch viel besser beurteilen, wie der Pinsel strukturell aufgebaut ist. Achten Sie auf die Grafik ganz unten (im Bedienfeld PINSELEINSTELLUNGEN). Sie reagiert kontextsensitiv, das bedeutet, wenn Änderungen vorgenommen werden, verändert sich auch die Vorschaugrafik entsprechend.

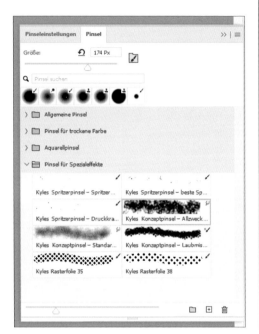

▲ **Abbildung 3.12**
Pinsel und Pinseleinstellungen bilden eine gemeinsame Bedienfeldgruppe.

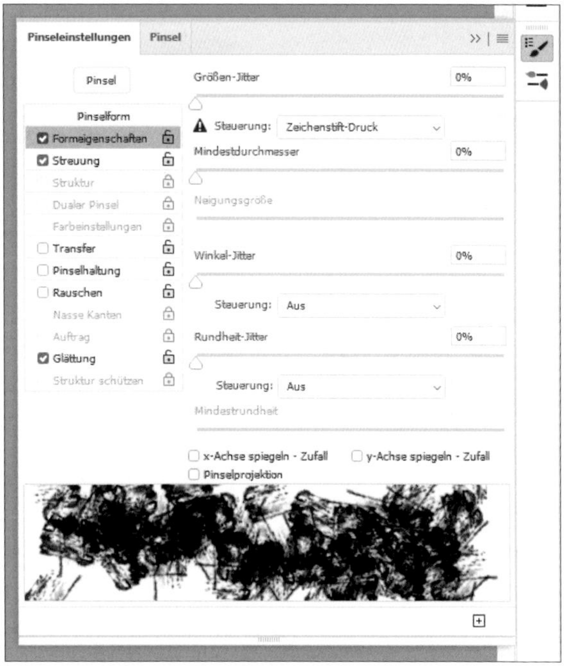

▲ **Abbildung 3.13**
Unten in der Grafik sehen Sie die Auswirkungen Ihrer Einstellungen.

Nun können Sie den Pinsel mit Hilfe der Steuerelemente, die sich auf den Bedienfeldern befinden, nach Wunsch einstellen. Während Sie das tun, verändert sich die Pinselspitze synchron. Die Änderung der Größe gelingt überdies mit der ⌜Alt⌟-Taste zusammen mit der rechten Maustaste. Das konnten Sie ja bereits im Abschnitt »Pinsel schnell einstellen« auf Seite 97 in Erfahrung bringen.

Aber es kommt noch besser. Wollen Sie eine Pinselfarbe direkt aus dem Bild aufnehmen? (Wir greifen hier bereits ein wenig vor.) Halten Sie ⌜Alt⌟ gedrückt, und klicken Sie dann auf das Bild. Lassen Sie weder ⌜Alt⌟ noch die linke Maustaste los. Bewegen Sie die Maus über das Bild. Stoppen Sie, wenn die gewünschte Farbe in der oberen Hälfte des Farbkreises angezeigt wird, und lassen Sie

Alte Pinsel aktivieren
Wer bereits seit langer
Zeit mit Photoshop zu-
gange ist, wird einige
(vielleicht liebgewonne-
ne) Pinsel vermissen. Der
»alte« Pinselsatz ist nicht
mehr vorhanden. Das
können Sie jedoch än-
dern, indem Sie das Be-
dienfeldmenü des Pinsel-
Bedienfelds öffnen und
darin den Eintrag FRÜHE-
RE PINSEL auswählen.
Nach Bestätigung einer
Kontrollabfrage werden
die »alten Bekannten«
wieder gelistet – und
zwar in einem Ordner,
der mit FRÜHERE PINSEL
betitelt ist.

zunächst die Maustaste wieder los – erst danach die $\boxed{\text{Alt}}$-Taste.
Der Pinsel hat jetzt die gewünschte Farbe. (Weitere Infos zu diesem Thema finden Sie im Abschnitt »Farben aus dem Bild aufnehmen« auf Seite 107.)

▲ **Abbildung 3.14**
Die Farbe kann direkt im Bild aufgenommen werden.

Farbauftrag einstellen

Mit der Einstellung des Pinsels ist längst noch nicht alles zum
Thema Pinsel gesagt. Werfen Sie einmal einen Blick auf die Optionsleiste des Pinsels. Dort kann nämlich neben der Deckkraft auch
der Fluss bestimmt werden. Oder wollen Sie lieber »airbrushen«?

▼ **Abbildung 3.15**
Die Optionsleiste gestattet
weitere Feineinstellungen.

▶ DECKKR. ❶: Bestimmen Sie, mit welcher Intensität die Farbe
aufgetragen werden soll. Bei 100 % Deckkraft wird die Farbe
mit maximaler Intensität aufgetragen. Verringern Sie die Deckkraft, ist entsprechend auch die Intensität der Farbe geringer
– darunter befindliche Objekte bleiben sichtbar.

▸ DRUCK ❷: Wenn die Taste eingedrückt ist, wird der Druck z. B. mit dem eingesetzten Zeichenstift reguliert. Bei inaktiver Funktion wird der Druck über die Einstellungen im Bedienfeld PINSELVORGABE reguliert.

▸ FLUSS ❸: Hier legen Sie fest, mit welcher Geschwindigkeit die Farbe auf das Bild gebracht wird. Bei verringertem Fluss-Wert tritt die Farbe langsamer aus.

◂ **Abbildung 3.16**
Zeichnen mit 100 % (links)
und 25 % Fluss

▸ AIRBRUSH ❹: Aktivieren Sie AIRBRUSH, um die gleichen Funktionen zu nutzen, die auch mit einer Sprühpistole erreicht werden. Je länger Sie die Maustaste gedrückt halten, desto mehr Farbe wird aufgetragen. Falls die Funktion deaktiviert ist, hat die Dauer, wie lange die Maustaste gedrückt bleibt, keine Auswirkung auf das Ergebnis.

◂ **Abbildung 3.17**
Je länger die Maustaste
gedrückt wird, desto mehr
Farbe tritt aus.

▸ GLÄTTUNG ❺: Das Glätten sorgt für eine ordentlichere Pinselführung. Das bedeutet: Erhöhen Sie den Wert, wirkt das Verwacklungen entgegen. Wünschen Sie sich während des Malens eine kleine Linie, welche die Richtung des Glättens anzeigt? Dann gehen Sie bitte auf BEARBEITEN • VOREINSTELLUNG • ZEIGERDARSTELLUNG und aktivieren PINSELLEINE BEI GLÄTTUNG ANZEIGEN.

▸ GLÄTTUNGSOPTIONEN ❻: Hinter dem Zahnrad verbergen sich noch einige Checkboxen, mit denen festgelegt wird, auf welche Weise die Glättung vorgenommen werden soll.

▸ WINKEL ❼: Stellen Sie ein, in welchem Winkel ein elliptischer Pinsel entlang seiner längsten Achse gedreht werden soll, wenn er auf die Zeichenfläche wirkt.

▸ DRUCK FÜR DIE GRÖSSE ❽: Dieses Steuerelement funktioniert wie DRUCK ❷, wobei hier nicht die Intensität des Farbauftrags, sondern die Größe der Pinselspitze berücksichtigt wird. Ist die

Funktion aktiv, wird der Durchmesser des Pinsels bei stärkerem Druck (z. B. mit dem Zeichenstift) ebenfalls größer.

▸ SYMMETRIE-OPTIONEN ❽: Diese Funktion müssen Sie unbedingt selbst einmal ausprobieren. Hier sagt sprichwörtlich ein Bild mehr als 1000 Worte. Öffnen Sie das Menü, das sich hinter diesem Schalter verbirgt, und entscheiden Sie sich für VERTIKAL. Sie finden dann auf dem Bild zunächst einmal nur eine vertikale Hilfslinie vor. Wenn Sie anschließend mit dem Pinsel neben der Linie malen, wird auf der anderen Seite der Linie ein gespiegeltes Abbild erzeugt. Nach Anwahl einiger Optionen (wie z. B. RADIAL oder MANDALA) können Sie sogar noch die Anzahl der Segmente festlegen (im folgenden Beispiel rechts sind es acht). Denken Sie aber bitte daran, dass der Pinsel im Anschluss an diese Justage in der Regel zunächst erneut aktiviert werden muss, ehe Sie malen können.

Abbildung 3.18 ▸
Mit Hilfe der Symmetrie gelingen mehr oder weniger eindrucksvolle Objekte.

▲ **Abbildung 3.19**
Für die radiale Symmetrie (rechts) wurden acht Segmente verwendet.

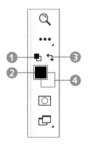

▲ **Abbildung 3.20**
Vorder- und Hintergrundfarbe werden im Fuß der Werkzeugleiste eingestellt.

3.2 Farben einstellen

Glücklicherweise sind Ihnen in Bezug auf die Farbwahl fast keine Grenzen gesetzt. Bei über 16,7 Millionen Möglichkeiten (im 8-Bit-RGB-Modell) sollte die Selektion der gewünschten Farbe nun wirklich keine Schwierigkeiten bereiten. Zunächst schauen wir uns an, wie das grundsätzliche Handling in Bezug auf Vorder- und Hintergrundfarben funktioniert. Auf Seite 107 zeige ich Ihnen dann noch, wie Sie Farben direkt aus dem Bild aufnehmen können.

Vorder- und Hintergrundfarbe

Die Werkzeugleiste gibt Auskunft über die aktuell eingestellten Farben. Dabei wird grundsätzlich zwischen Vorder- und Hintergrundfarbe unterschieden.

- VORDERGRUNDFARBE EINSTELLEN ❷: Stellen Sie hier die aktuell gewünschte Mal- und Füllfarbe ein.
- STANDARDFARBEN FÜR VORDERGRUND UND HINTERGRUND ❶: Setzt die Vordergrundfarbe auf Schwarz und die Hintergrundfarbe auf Weiß. Diese Funktion hat den Shortcut [D].
- VORDER- UND HINTERGRUNDFARBE VERTAUSCHEN ❸: Macht die aktuell eingestellte Vorder- zur Hintergrundfarbe und umgekehrt. Dieser Funktion ist der Shortcut [X] zugewiesen.
- HINTERGRUNDFARBE EINSTELLEN ❹: Stellen Sie die aktuelle Hintergrundfarbe ein.

Farbwähler

Um die Vorder- oder Hintergrundfarbe zu verändern, reicht ein Klick auf das entsprechende Farbfeld. Im Farbwähler kann dann der Ton selektiert werden. Dazu gibt es, wie sollte es anders sein, mehrere Möglichkeiten.

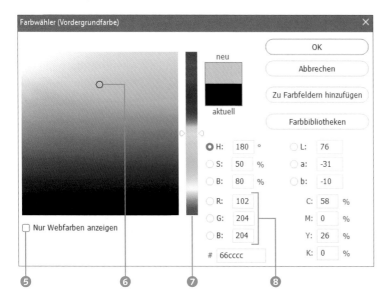

▲ **Abbildung 3.21**
Mit dem Farbwähler lassen sich Hintergrund- und (wie hier) Vordergrundfarbe einstellen.

Nur Webfarben anzeigen
Falls Sie Dateien für einen Internetauftritt anfertigen, markieren Sie vor der Farbwahl die Checkbox NUR WEBFARBEN ANZEIGEN ❺. Dadurch ist gewährleistet, dass Sie immer eine Farbe wählen, die in Standardbrowsern korrekt angezeigt wird. Legen Sie jetzt die Farben aber nicht über die RGB-Werte, sondern per Mausklick fest. Bedenken Sie, dass damit die Anzahl der zur Verfügung stehenden Farben drastisch reduziert ist.

Zunächst die einfachste Möglichkeit: Geben Sie über die RGB-Eingabefelder ❽ die gewünschten Werte ein. Dabei erstreckt sich das Spektrum auf Werte zwischen 0 und 255 (0 = Farbe nicht vorhanden, 255 = Farbe in voller Güte vorhanden). Für reines Rot geben Sie unter R demnach 255 ein, wobei G (= Grün) und B (= Blau) jeweils 0 sein sollten. Der Vorteil dieser Methode: Sie ist die genaueste! Außerdem lässt sie sich durch die Tatsache, dass das erste Eingabefeld beim Öffnen des Dialogs schon vorselektiert ist (die Einfügemarke blinkt dort), ruck, zuck mit der Tastatur anwenden. Mit ⎀ können Sie übrigens komfortabel von Eingabefeld zu Eingabefeld springen.

Die zweite Möglichkeit: Treffen Sie per Mausklick eine Vorauswahl im kleinen Farbfeld ❼ (siehe Abbildung 3.21), um dann im großen ❻ die Feinjustierung vorzunehmen. In beiden Fällen verlassen Sie den Dialog anschließend mit OK.

Das Farbe-Bedienfeld

Ebenso komfortabel ist das Bedienfeld Farbe (FENSTER • FARBE oder F6). Hierüber lassen sich ebenfalls Farben einstellen, wobei Sie den Grundton zunächst aus dem rechten Balken herausnehmen und die Feinabstimmung im großen Rechteck erledigen. Bei dieser Vorgehensweise wird übrigens die Vordergrundfarbe in der Werkzeugleiste angepasst. Mit Hilfe des Bedienfeldmenüs (die drei horizontalen Striche oben rechts im Dialog) lassen sich hier zudem noch andere Ansichten einstellen. Wählen Sie beispielsweise statt des erwähnten FARBTONWÜRFELS einmal den FARBKREIS an.

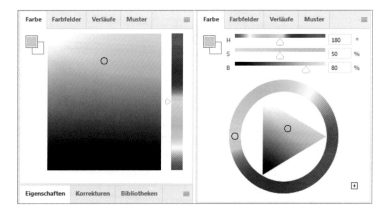

Abbildung 3.22 ▸
Welche Ansicht liegt Ihnen mehr?

Farben aus dem Bild aufnehmen

Sie werden des Öfteren eine Farbe aus einem vorhandenen Bild verwenden wollen. Diese Vorgehensweise eignet sich immer dann, wenn ein Pinsel aktiv ist. In anderen Fällen, wenn Sie z. B. eine Ebene oder Auswahl mit Farbe füllen wollen (siehe »Eine Auswahlkombination aus Kreis und Rechteck erstellen« ab Seite 143), bietet sich ein spezielles Werkzeug an.

Stellen Sie das Pipette-Werkzeug ⎯I⎯ ein (wenn Sie das mittels Shortcut machen, kann die Maus auf dem Bild bleiben), und klicken Sie auf den Bereich, der als Farbe definiert werden soll. Drücken Sie danach ⎯B⎯, um den Pinsel wieder zu aktivieren.

Bei derartigen Farbaufnahmen müssen Sie allerdings einiges beachten: Stellen Sie auch hier zunächst das Werkzeug über die Optionsleiste ein. Mit AUFN.-BEREICH ❶ (für »Aufnahmebereich«) definieren Sie, ob einzelne oder mehrere nebeneinander befindliche Pixel den Farbton ergeben sollen. Falls Sie sich für einen der anderen Einträge entscheiden, werden Durchschnittswerte des Aufnahmebereichs ermittelt.

Die Anwendung wartet außer mit 1 Pixel auch mit 3 × 3 Pixeln, aber auch noch mit größeren Durchschnittswerten auf, die es auf komfortable Weise ermöglichen, neutrale Mischfarben zu finden und so die Stimmung innerhalb einer Bildkomposition zu verbessern. Der größte Aufnahmebereich liegt bei 101 × 101 Pixeln.

▲ **Abbildung 3.23**
Vergrößern Sie den Aufnahmebereich der Pipette.

Ein größerer Auswahlbereich als 1 Pixel wird in den meisten Fällen die bessere Wahl sein, da das Ergebnis immer einen Durchschnittswert des Aufnahmebereichs liefert. Schauen Sie sich die folgenden Abbildungen an. Wenn Sie Pixel beispielsweise genau am Übergang zwischen weißer und roter Fläche aufnehmen, werden Sie im 1-Pixel-Modus entweder die weiße oder die rote Farbe ❸ (Abbildung 3.24) erwischen. Stellen Sie aber auf 3 × 3 oder 5 × 5 Pixel um, liefert Photoshop einen Durchschnittswert aus Weiß und Rot als Ergebnis ❹ (Abbildung 3.25).

Bilder/Pipette.gif

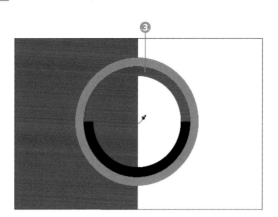

▲ **Abbildung 3.24**
Wenn Sie mit der Vorwahl 1 Pixel genau auf den Übergang klicken, wird entweder Rot oder Weiß aufgenommen.

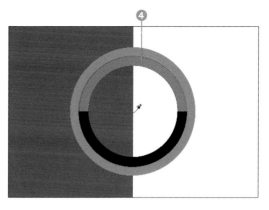

▲ **Abbildung 3.25**
Mit einem Aufnahmebereich von 5 × 5 Pixel Durchschnitt wird das Resultat eine Mischfarbe aus Rot und Weiß sein.

Ring deaktivieren
Sollte der Ring stören, deaktivieren Sie ihn ganz einfach über die Checkbox Auswahlring anzeigen in der Optionsleiste. Durch erneute Anwahl des Häkchens schalten Sie ihn wieder ein.

Welche Farbe Sie getroffen haben, verrät Ihnen der Farbring. Die Pipette wird zum Zeitpunkt des Mausklicks nämlich von einem mehrfarbigen Ring umgeben – zumindest dann, wenn Auswahlring anzeigen ➋ (Abbildung 3.23) in der Optionsleiste aktiv ist. Von Bedeutung ist der innere zweifarbige Kreis. Darin lässt sich stets der Vergleich zwischen zuletzt aufgenommener Farbe bzw. aktueller Vordergrundfarbe (unten) und neu selektierter Farbe ziehen (oben). Falls Sie sich also noch Gedanken über den aufzunehmenden Farbton machen wollen, behalten Sie den oberen Halbkreis im Auge, lassen Sie die Maustaste nach dem Klick noch nicht los, und verschieben Sie das Zeigegerät ein wenig. Dabei wird der obere Halbkreis permanent aktualisiert. Erst wenn die gewünschte Farbe auftaucht, lassen Sie los.

Auch noch gut zu wissen: Bei der Farbaufnahme sind Sie keinesfalls an das aktive Bild gebunden. Sie können durchaus auch Farben eines anderen Bildes aufnehmen und danach auf das gerade aktive Bild übertragen. Schließlich arbeiten Sie ja mit Photoshop.

3.3 Farbverläufe

▲ **Abbildung 3.26**
Das Verlaufswerkzeug ist in dieser Gruppe das Standard-Tool.

Den Abschluss im Segment Farbe bilden Verläufe. Wie heißt es doch so schön: »Hat der Gestalter grad nix drauf, macht er erst mal 'nen Verlauf.« Wie auch bei allen anderen Tools gilt: Zuerst das Werkzeug einstellen! Wählen Sie daher das Verlaufswerkzeug [G].

Danach lässt sich der Verlauf individuell einstellen, indem Sie auf das Verlaufsfeld ❶ der Optionsleiste klicken. Falls Sie sich mit den Verläufen begnügen möchten, die in Photoshop integriert sind, öffnen Sie einen der Vorgabenordner (im Beispiel BLAUTÖNE) und klicken anschließend auf die gewünschte Kachel.

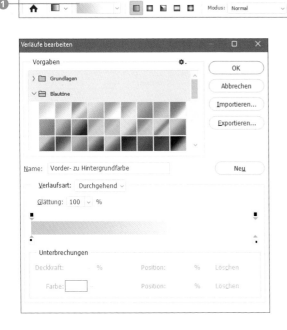

▲ **Abbildung 3.27**
Auch die Verläufe werden über die Optionsleiste eingestellt.

◄ **Abbildung 3.28**
Die Vorgabenordner sind prall gefüllt mit vordefinierten Verläufen.

Farbunterbrechungen

Wer selbst einen Verlauf generieren möchte, sollte sich den Spektralbalken in der unteren Hälfte des Dialogs ansehen. Stellen Sie die Maus doch einmal unter den Balken (siehe Abbildung 3.29). Führen Sie dort einen Mausklick aus, wird ein Farbsymbol platziert, das die Verlaufsfarbe an dieser Position entsprechend ändert. Sie haben damit eine sogenannte *Farbunterbrechung* ❷ (Abbildung 3.29) eingefügt. Doppelklicken Sie auf dieses Symbol, können Sie die gewünschte Farbe über den Farbwähler ändern.

Verschieben Sie das Symbol, um die Farbe im Spektralbereich des Verlaufs anzuordnen. In der Mitte zwischen diesen Symbolen befinden sich die sogenannten *Farbmittelpunkte* ❶. Sie werden nach der Platzierung einer Unterbrechung automatisch hinzugefügt. Je mehr Sie sie an eine Farbunterbrechung heranführen,

Verläufe sichern
Sichern Sie interessante Verläufe, indem Sie auf SPEICHERN klicken. Fortan wird Ihr Verlauf in der Auswahlliste aufgeführt.

desto härter wird der Übergang. Der Verlauf wird außerdem zur gegenüberliegenden Seite weicher.

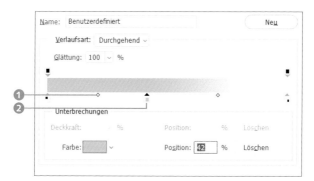

▲ **Abbildung 3.29**
Unterhalb des Balkens lassen sich die Farbunterbrechungen und deren Übergänge beeinflussen.

Deckkraftunterbrechungen

Farben aus dem Verlauf entfernen
Wenn Sie eine Farbe aus dem Verlauf entfernen möchten, ziehen Sie das Symbol einfach per Drag & Drop nach oben bzw. unten. Bedenken Sie, dass die Symbole ganz links und ganz rechts nicht entfernt werden können, da Start und Ende des Verlaufs natürlich generiert sein müssen.

Während Sie unterhalb des Spektralbalkens Farben hinzufügen, ändern und verschieben können, lassen sich oberhalb des Spektralbalkens Deckkraftunterbrechungen einsetzen, die den Verlauf in dessen Deckkraft punktuell beeinflussen. Das ist vor allem dann interessant, wenn Bildbereiche unterhalb eines Verlaufs weiterhin sichtbar bleiben sollen.

Nachdem Sie also einen Mausklick oberhalb des Farbbalkens platziert haben, erscheint dort ebenfalls ein »Häuschen« ❸, das sich anschließend noch verschieben lässt. Außerdem sind auch hier zwei kleine Rauten auszumachen ❹, welche die Funktion haben, die Übergänge zwischen den unterschiedlichen Deckkräften härter oder weicher zu gestalten. Auch hier reicht das bloße Verschieben.

Und wie wird nun die eigentliche Deckkraft eingestellt? Indem Sie zunächst den kleinen Dreieck-Button ❺ betätigen, um einen Schieberegler ❻ zugänglich zu machen. Durch Bewegen dieses Reglers nach links kann die Sichtbarkeit der Farbe verringert werden. Es erscheint zudem ein Schachbrettmuster, das stets auf Transparenzen hindeutet (siehe dazu auch Kapitel 4, »Ebenen«).

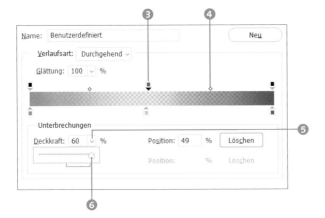

◄ **Abbildung 3.30**
Oberhalb des Balkens wird die Deckkraft des Verlaufs angepasst.

Verläufe erstellen

Die Übertragung eines eingestellten Verlaufs funktioniert, indem Sie mit dem Verlaufswerkzeug eine Linie über den gewünschten Bereich ziehen. Bevor Sie das tun, wählen Sie in der Menüleiste noch, welcher Verlaufstyp angewandt werden soll.

Auch hier Hot-Text
Wie vorab bereits erwähnt, wartet Photoshop allerorts mit Hot-Text-Steuerelementen auf. Die Regler DECKKRAFT und POSITION beispielsweise lassen sich ebenfalls durch Verschieben der Maus nach links und rechts verstellen, nachdem Sie (bei gehaltener linker Maustaste) auf den Steuerelement-Titel geklickt haben. Es ist also nicht zwingend erforderlich, den Regler ❻ dafür zu bedienen. Wieder ein Mausklick gespart.

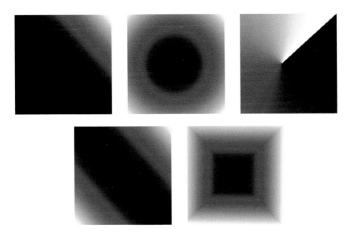

▲ **Abbildung 3.31**
Oben (von links nach rechts): linearer Verlauf, Radialverlauf, Verlaufswinkel
– unten (von links nach rechts): reflektierter Verlauf, Rauteverlauf

3.4 Bilder freistellen

Wie groß war doch einst das gemeinsame Glück! Seit der bitteren Trennung jedoch wird die verflossene, ehemals bessere Hälfte mit Konsequenz und Schere des Bildes verwiesen. Sicher mögen Sie es kaum glauben, aber selbst in solch schwierigen Lebenssituationen hilft Photoshop weiter: *Freistellen* heißt die Methode, die aus ganzen Bildern halbe Bilder und aus glücklosen Paaren fröhliche Singles macht. Das Freistellen ist aber auch unabhängig von Beziehungsdramen eine nützliche Technik, wie Ihnen nun der folgende Workshop zeigt.

Schritt für Schritt
Bild freistellen und gleichzeitig Horizont begradigen

Bilder/Freistellen.jpg

Das Beispielfoto hinterlässt einen starken Eindruck. Es repräsentiert Wohlbefinden, Reinheit, Ruhe. Dieser positive Eindruck wird durch das Zusammenspiel zwischen der Frau und der Landschaft erreicht. Dennoch gibt es etwas zu bemängeln. Das Panorama befindet sich nämlich leider in Schieflage – und das trübt den ansonsten perfekten Gesamteindruck. Gleichen wir den Mangel also aus.

1 Datei bereitstellen
Lassen Sie das Foto in der maximal darstellbaren Gesamtansicht anzeigen. Sie erreichen das bekanntermaßen mit `Strg`/`cmd`+`0`.

© IKO / fotolia.com

Abbildung 3.32 ▶
Der schiefe Horizont muss
begradigt werden.

2 Bild duplizieren
Wenn Sie das Original erhalten wollen, fertigen Sie zunächst eine Kopie des Fotos an. Das geht ganz einfach, indem Sie BILD • DUPLIZIEREN auswählen. Die Anwendung meldet sich daraufhin

mit einem Abfragedialog. Hier haben Sie die Möglichkeit, einen anderen Namen einzugeben. Für unsere Arbeit ist das jedoch nicht erheblich, so dass Sie den Dialog mit OK verlassen können. Das Originalfoto (»Freistellen.jpg«) benötigen wir zu einem späteren Zeitpunkt noch, da ich Ihnen noch eine interessante Funktion präsentieren möchte. Zunächst einmal arbeiten wir aber mit der Kopie.

◄ **Abbildung 3.33**
Erstellen Sie eine Kopie des Bildes.

3 Freistellungsrahmen aktivieren

Aktivieren Sie das Freistellungswerkzeug, indem Sie es in der Werkzeugleiste markieren oder (was wesentlich komfortabler ist) [C] auf Ihrer Tastatur drücken. Mittlerweile ist es übrigens nicht mehr notwendig, einen Freistellungsrahmen aufzuziehen. Er wird nämlich ganz automatisch erzeugt und erstreckt sich jetzt über das gesamte Foto. Dazu später mehr.

4 Begradigung aktivieren

Eine ebenfalls interessante Funktion sorgt dafür, dass sich Fotos anhand einer Linie im Bild ausrichten lassen. Im konkreten Fall ist das die Horizontlinie, die begradigt werden soll. Bevor Sie diese Funktion jedoch nutzen können, müssen Sie zunächst einmal auf Gerade ausr. innerhalb der Optionsleiste klicken.

Automatische Namensvergabe

Wenn Sie von der Option der manuellen Namensvergabe keinen Gebrauch machen, nummeriert Photoshop die Dateien automatisch durch. Die erste Datei heißt dann »Freistellen Kopie.tif«, die zweite »Freistellen Kopie 2.tif« usw.

▲ **Abbildung 3.34**
Aktivieren Sie diese Schaltfläche, bevor Sie ein Foto begradigen.

5 Foto begradigen

Stellen Sie die Maus jetzt ziemlich weit links auf den Horizont des Fotos. Bitte sorgen Sie dafür, dass sich das kleine Fadenkreuz des Tools tatsächlich »auf« der Horizontlinie befindet ❶. Wenn Sie genau drauf sind, platzieren Sie einen Mausklick, wobei Sie die Maustaste unbedingt gedrückt halten müssen. Ziehen Sie nach rechts herüber. Lassen Sie die Maustaste bitte erst wieder los, wenn sich das Fadenkreuz des Mauszeigers ziemlich weit rechts auf dem Horizont befindet ❷.

Abbildung 3.35 ▸
Das Gerade-ausrichten-Werkzeug ermöglicht die exakte horizontale Positionierung des Horizonts.

Kein Rand sichtbar?
Für den Fall, dass Ihre Fotos in eigenständigen Fenstern dargestellt werden (in BEARBEITEN/PHOTOSHOP • VOREINSTELLUNGEN • ARBEITSBEREICH ist das Häkchen vor DOKUMENTE ALS REGISTERKARTEN ÖFFNEN bereits vor dem Öffnen des Fotos inaktiv gewesen), müssen Sie das Fenster, in dem das Bild angezeigt wird, an der unteren rechten Ecke ein wenig aufziehen.

Abbildung 3.36 ▸
Der Freistellungsrahmen bleibt immer exakt waagerecht, während das Foto gedreht wird.

6 Zwischenergebnis begutachten

Ebenfalls praktisch ist, dass das Foto in der Ansicht gedreht werden kann. Das sorgt für zusätzlichen Komfort bei der Beurteilung des Ergebnisses.

7 Freistellungsrahmen einstellen

Der Freistellungsrahmen ist immer noch aktiv, also die Freistellung selbst noch gar nicht erfolgt. (Bisher ist ja lediglich der Horizont begradigt worden.) Nun dürfen Sie einen der Anfasser betätigen. Das sind die kleinen Winkel in den Ecken des Rahmens sowie die Striche jeweils in der Mitte der vier Seitenränder. Wenn Sie darauf klicken und die Maustaste gedrückt halten, ziehen Sie den Rahmen nach Wunsch in Form. Im Beispiel ist es sinnvoll, den Anfasser ❶ etwas in Richtung Bildmitte zu verschieben. Orientieren Sie sich an der Abbildung.

◄ **Abbildung 3.37**
Dieser Bildausschnitt ist zweifellos besser.

8   Rahmen optimieren

Zu bemängeln wäre nun noch, dass die Frau sehr weit rechts am
Bildrand angeordnet ist. Nun können wir die Dame trotz ihrer
gewaltigen Sprungkraft nicht einfach neu positionieren. Aber wir
können den Rahmen noch ein wenig anpassen. Mein Vorschlag:
Ziehen Sie doch den Anfasser ❷ etwas weiter nach unten und ❸
mehr nach oben, so dass das Bild in der Höhe reduziert wird.

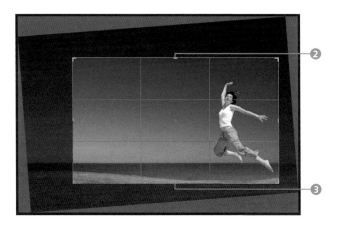

◄ **Abbildung 3.38**
Die Bildfläche wird in der
Höhe verringert.

Rahmen drehen
Sie möchten den Rahmen
von Hand drehen? Kein
Problem. In diesem Fall
müssen Sie die Maus au-
ßerhalb des Freistellungsrahmens ansetzen, dort
klicken und wie üblich
die Maustaste gedrückt
halten. Fahren Sie nun
nach oben oder unten,
um das Foto um den Mit-
telpunkt des Rahmens ro-
tieren zu lassen.

9   Rahmen verschieben

Da wir oben und unten Platz gewonnen haben, kann nun das
Foto noch ein wenig verschoben werden. Das gelingt, indem Sie
in den Rahmen hineinklicken, die Maustaste gedrückt halten und
die Maus nach links bewegen, bis sich die obere rechte Ecke des
Freistellungsrahmens mit der rechten Kante des Fotos deckt.

10 Nach Drittelregel freistellen

Danach korrigieren Sie den zuerst betätigten Anfasser (Mitte des linken Bildrandes ❶). Schieben Sie ihn so weit nach rechts, bis sich die rechte Vertikallinie innerhalb des Rahmens ❷ mittig auf der Person befindet. Bildwichtige Inhalte sind dort nämlich bestens aufgehoben, wie Sie im Abschnitt »Nach Drittelregel freistellen« auf Seite 119 noch erfahren werden.

Abbildung 3.39 ▶
Die rechte Vertikale liegt mittig über der Person. So soll es sein.

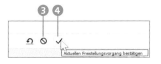

▲ **Abbildung 3.40**
Am Ende wird die Freistellung bestätigt.

11 Freistellung bestätigen

Zuletzt muss die Freistellung (genauer gesagt, der richtige Sitz des Freistellungsrahmens) noch an das Foto übergeben werden. Das gelingt auf zweierlei Art: Entweder klicken Sie ganz rechts in der Optionsleiste auf das kleine Häkchen ❹, oder Sie drücken ⏎ auf Ihrer Tastatur.

12 Optional: Freistellung verwerfen

Wollen Sie anstelle einer Bestätigung den Freistellungsvorgang verwerfen und lieber noch einmal von vorne anfangen, betätigen Sie das Stopp-Symbol ❸ in der Optionsleiste (links neben dem Häkchen) oder drücken ⌈Esc⌉. Wenn Sie sich aber an die Schritte gehalten haben, wird das natürlich nicht nötig sein.

Abbildung 3.41 ▶
Gönnen Sie sich einen Vorher-Nachher-Vergleich. Das Resultat (das Sie übrigens im Ergebnisse-Ordner unter »Freistellen-bearbeitet.jpg« finden) sieht wesentlich geordneter und dynamischer aus.

Schritt für Schritt
Bild inhaltsbasiert freistellen und Horizont begradigen

Ich möchte Ihnen gerne präsentieren, wie sich Fotos inhaltsbasiert begradigen lassen. Doch zuvor müssen wir klären, was eine inhaltsbasierte Freistellung überhaupt ist. Wie Sie im vorangegangenen Workshop gesehen haben, entsteht beim Freistellen immer ein Rand, der abgeschnitten werden muss. Ansonsten könnte ja kein neuer rechter Winkel zur Bildbegrenzung entstehen. Genau hier greift die inhaltsbasierte Freistellung. Diese analysiert nämlich das Foto und versucht selbstständig, die fehlenden Bildinformationen zu ergänzen. Das Ergebnis: Das freigestellte und gedrehte Foto bleibt an den Rändern in der ursprünglichen Größe erhalten, muss also nicht beschnitten werden.

Bilder/Freistellen.jpg

1 Beispieldatei öffnen
Sie hatten ja zu Beginn des letzten Workshops ein Duplikat des Beispielfotos erzeugt. Greifen Sie nun auf das Original zurück – also auf das, dessen Horizont noch immer erschreckend schief ist.

2 Optionen einstellen
Aktivieren Sie zunächst wieder das Freistellungswerkzeug in der Toolbox. Alternativ drücken Sie C. Danach widmen Sie sich der Optionsleiste. Wählen Sie die Checkbox INHALTSBASIERT ❻ an, und selektieren Sie zuletzt die Funktion GERADE AUSRICHTEN ❺.

▼ **Abbildung 3.42**
Wenn inhaltsbasiert freigestellt werden soll, muss die Funktion zunächst aktiviert werden.

3 Freistellen und ausrichten
Zunächst gehen Sie so vor, wie im vorangegangenen Workshop beschrieben. Ziehen Sie erneut eine Linie über den Horizont. Schauen Sie, was passiert, wenn Sie die Maustaste anschließend loslassen. Zunächst einmal hat es den Anschein, als entstünden auch hier inhaltslose Ecken. Wenn Sie jedoch anschließend ↵ betätigen, um die Freistellung zu bestätigen, werden die Ecken gefüllt – oben wird der Himmel ergänzt, unten das Gras. Perfekt, oder? Im ERGEBNISSE-Ordner finden Sie zum Vergleich eine Datei namens »Freistellen_inhaltsbasiert.jpg«.

Abbildung 3.43 ▶
Die inhaltsbasierte Freistellung sorgt für ausgefüllte Ecken.

Nun wird die Ergänzung von Bildinformationen durch die Software nicht immer so reibungslos vonstattengehen wie in diesem Beispiel, bei dem die Strukturen am Bildrand sehr gleichmäßig sind. Sollte sich dort beispielsweise eine weit weniger harmonische Gesteinsformation zeigen, müssen Sie eventuell Abstriche machen. In diesem Fall empfiehlt es sich, den Hintergrund vor Anwendung der inhaltsbasierten Freistellung in eine Ebene zu konvertieren. (Keine Sorge, dieses Thema vertiefen wir im folgenden Kapitel.) Danach können Sie die Ecken mit den Retusche-Werkzeugen nacharbeiten, indem Sie Unregelmäßigkeiten am Rand z. B. mit dem Kopierstempel ausgleichen (siehe Kapitel 7, »Retusche und Reparatur«). In Kapitel 8, »Montage«, werden Sie übrigens ein Panoramafoto mit inhaltsbasierter Füllung bearbeiten.

Außerhalb liegende Pixel löschen

Das vorherige Deaktivieren der Checkbox AUSSERH. LIEG. PIXEL LÖSCHEN ❷ in der Optionsleiste sorgt dafür, dass das Foto auch nach der Freistellung komplett erhalten bleibt. Sie sehen zwar nur noch den Bildbereich, der zuvor innerhalb des Freistellungsrahmens gelegen hat, haben aber real nichts vom ursprünglichen Bildbereich verloren. Sie können das prüfen, indem Sie nach der Freistellung BILD • ALLES EINBLENDEN wählen. Wenn Sie diese Bereiche beim Freistellen lieber entfernen wollen, müssen Sie AUSSERH. LIEG. PIXEL LÖSCHEN aktiv lassen.

Weitere wichtige Freistellungsfunktionen

Bevor Sie mit diesem schönen Tool weiterarbeiten, noch einige wichtige Infos dazu. Die tief in Photoshop verbaute *Mercury Graphics Engine* verdient eine Erwähnung. Sie ermöglicht nämlich eine flüssige Darstellung des Fotos z. B. während der Bewegung des Rahmens.

◀ Abbildung 3.44
Im klassischen Freistellungsmodus bewegt sich das Bild beim Verschieben des Rahmens nicht mit.

Wer die dabei in Erscheinung tretende Bewegung des Fotos statt des Freistellungsrahmens nicht haben möchte, der kann selbstverständlich auf die klassische Variante umstellen. In diesem Fall betätigen Sie bei aktiviertem Freistellungswerkzeug das Zahnrad ❶ in der Optionsleiste und aktivieren dort CLASSIC-MODUS VERWENDEN ❸. In diesem kleinen Menü gibt es zahlreiche Darstellungsoptionen, die sich per Checkbox ein- oder ausschalten lassen.

Zoomen und Verschieben während der Freistellung

Falls Sie in einem Freistellungsvorgang einmal etwas genauer hinsehen oder den Bildausschnitt skalieren oder gar verschieben wollen, ist das leider auf die herkömmliche Art nicht von Erfolg gekrönt. Solange Sie die Freistellung noch nicht bestätigt haben, können Sie nämlich nicht auf ein anderes Werkzeug (beispielsweise die Lupe oder die Hand) umschalten. Sie können allerdings mit der Tastatur zoomen: Strg/cmd+[+] vergrößert die Ansicht. Zum Auszoomen wird Strg/cmd+[-] benutzt. Verschieben können Sie das Bild, indem Sie die Leertaste gedrückt halten und mit ebenfalls gedrückter Maustaste die Bildfläche nach Ihren Wünschen verschieben. Na also – geht doch!

Nach Drittelregel freistellen

Oftmals erreichen Sie eine besonders ansprechende Bildaufteilung, wenn Sie die sogenannte Drittelregel in Anwendung bringen. Sie sagt aus, dass sich der bildrelevante Inhalt nicht, wie man vielleicht vermuten sollte, genau in der Mitte, sondern eher auf einer Drittelteilung des Fotos befinden soll. Zu diesem Zweck ist der Freistellungsrahmen auch mit den bereits erwähnten zusätzlichen Linien ausgestattet. Bei den Linien handelt es sich um eine reine Überlagerungsoption. Wie diese geändert werden kann, erfahren Sie gleich. Die besagten Linien teilen das Bild in je drei Drittel horizontal und vertikal. Wie diese positioniert werden, haben Sie ja bereits im vorangegangenen Workshop in Erfahrung gebracht. Dort haben Sie dafür gesorgt, dass der Körper der Frau mit der rechten Vertikalen in Einklang war.

Freistellungsvorschau
Solange der Freistellungsrahmen aktiv ist, zeigt sich im Ebenen-Bedienfeld temporär eine neue Ebene, die sogenannte FREISTELLUNGSVORSCHAU. Sie verschwindet, sobald Sie den Freistellungsvorgang bestätigen. (Übrigens erscheint die FREISTELLUNGSVORSCHAU auch, wenn Sie nach Aktivierung des Werkzeugs einen Mausklick auf das Bild setzen.)

Abbildung 3.45 ▶
Hier ist die Drittelregel gut
umgesetzt worden.

Andere Bildaufteilungen
Wohl gemerkt: Die Drittelregel ist kein Dogma! Aber in den meisten Fällen erreicht man damit eine wesentlich interessantere Bildaufteilung als mit mittig platzierten Objekten.

Aber warum rechts? Das liegt daran, dass die Frau von rechts nach links springt – also ins Bild hinein. Es ist nämlich so: Grundsätzlich sollte in Blick- oder Bewegungsrichtung mehr Platz sein als hinter einem derart wichtigen Bildobjekt wie der Person. Prinzipiell kann man sagen: Wir lassen die Frau in den freien Raum des Fotos springen und nicht in Richtung Bildrand. Das öffnet das Bild und irritiert den Betrachter nicht.

Hätte es sich hier um eine personenfreie Aufnahme gehandelt, wäre es durchaus zuträglich gewesen, den Horizont auf eine der beiden horizontalen Linien zu legen. Aber auf welche? Die obere oder die untere? Der Horizont auf der oberen Linie sorgt dafür, dass das Land, die Rasenfläche, der Strand, das Meer (oder was auch immer sich dort gerade befinden mag) in den Vordergrund tritt. Der Himmel wird zur Nebensache. Haben Sie es allerdings mit einem markanten Himmel zu tun (z. B. einer dramatischen Wolkenstruktur oder aufziehendem Unwetter), wäre der Horizont auf der unteren Linie wesentlich besser aufgehoben. Zurück zu unserem Beispielfoto. Durch die Tatsache, dass sich der Kopf der jungen Dame nicht nur auf der rechten Vertikalen, sondern zudem noch auf der oberen Horizontalen befindet, ergibt sich eine perfekte Bildaufteilung. Denn der Kopf ist ja nun einmal das Wichtigste – wenngleich er beim Beispielmotiv aufgrund des dynamischen Sprungs ein wenig in den Hintergrund tritt.

Überlagerungsoption ändern

Erwähnenswert ist auch der Button ÜBERLAGERUNGSOPTIONEN. Sie finden ihn links neben dem bereits erwähnten Zahnrad. Ein

Klick darauf eröffnet den Zugang auf unterschiedliche Optionen. So ist es beispielsweise möglich, statt der voreingestellten Drittelregel auf den viel gerühmten Goldenen Schnitt umzustellen.

Selbst Diagonale und Dreiecksformen sind möglich. (Zwar lässt sich ein Foto generell nur rechteckig oder quadratisch freistellen, doch kann man sich während der Freistellung und der damit verbundenen Positionierung der Bildelemente ruhig an einer Diagonalen orientieren.) Beachten Sie, dass die neue Überlagerungsoption erst angezeigt wird, wenn ein Freistellungsrahmen aktiv ist.

Goldener Schnitt
Der Goldene Schnitt ist eine besonders ästhetisch wirkende Aufteilung einer Fläche. Im Verhältnis zur Drittelregel rücken die beiden inneren Linien (sowohl horizontal als auch vertikal) etwas mehr in Richtung Bildmitte.

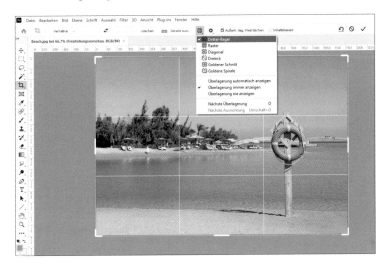

◄ **Abbildung 3.46**
Die Umstellung der Anzeige ist sogar während des aktiven Freistellungsvorgangs möglich.

Auf feste Seitenverhältnisse freistellen

Die zuvor beschriebene Technik ist immer dann interessant, wenn Sie sich nicht an einheitliche Maße halten müssen. Was aber, wenn all Ihre Fotos identische Seitenverhältnisse aufweisen sollen? Möglicherweise benötigen Sie eine derartige Übereinstimmung ja, um einen Bildband oder eine Webseite zu produzieren. Dann müssen Sie einen Schritt weitergehen.

Mit C aktivieren Sie ja nicht nur das Freistellungswerkzeug, sondern können auch die Steuerelemente innerhalb der Optionsleiste ändern. Damit lässt sich das Tool an die individuellen Bedürfnisse anpassen. Dafür öffnen Sie das erste Pulldown-Menü Verhältnis ❶ (Abbildung 3.47). Daraufhin öffnet sich ein Menü, in dem populäre Seitenverhältnisse gelistet sind.

Proportionale Freistellung von Hand
Halten Sie während des Ziehens am Freistellungsrahmen ⬦ gedrückt, wenn Sie erreichen wollen, dass sich die eingestellten Proportionen (Verhältnis von Breite zu Höhe) nicht mehr verändern.

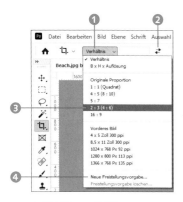

▲ **Abbildung 3.47**
Im Menü befinden sich zahlreiche Vorgaben.

Entscheiden Sie sich für 2:3 (4:6) ❸, erhalten Sie das populäre Kleinbild-Seitenformat. Da es jedoch im Hochformat angeboten wird, müssen Sie, sofern Sie eher am Querformat (3:2) interessiert sind, anschließend noch beide Werte miteinander tauschen. Dazu betätigen Sie den kleinen Doppelpfeil ❷.

Wer gerne das Seitenverhältnis des Originalfotos beibehalten möchte, der wählt die Option ORIGINALE PROPORTION. Mehr Freiheit gibt B × H × AUFLÖSUNG. Nach Anwahl dieses Eintrags legen Sie Breite, Höhe und Auflösung manuell mit Hilfe der Eingabefelder in der Optionsleiste fest. Doch Vorsicht: Wenn Sie keine Maßeinheit hinzufügen, geht die Anwendung immer von Zentimetern aus. Anders ist das, wenn Sie VERHÄLTNIS aktiviert lassen. Dann nämlich lassen sich durch bloße Zifferneingabe lediglich Seitenverhältnisse eintragen. Geben Sie also beispielsweise 12 × 9 ein, wird das Foto nicht etwa auf 12 × 9 cm zugeschnitten, sondern im Seitenverhältnis 12:9 (was 4:3 entspräche).

Haben Sie ein individuelles Maß verwendet, das immer wieder benötigt wird, empfiehlt es sich, über NEUE FREISTELLUNGSVORGABE ❹ dieses Maß zu sichern. Vergeben Sie einen entsprechenden Namen. Wenn Sie das Steuerelement später erneut öffnen, werden Sie den erstellten Eintrag in der Liste finden.

Schritt für Schritt
Freistellung mit Mustermaß

Bilder/Cool Boys.jpg

Möglicherweise ist das tatsächliche Maß gar nicht so interessant für Sie, oder? Immerhin wollen Sie doch lediglich erreichen, dass alle Bilder die gleichen Abmessungen bekommen. Ob das nun 5 cm oder 700 Px sind, ist doch dann unerheblich, finden Sie nicht auch?

1 Duplikate anlegen

Schließen Sie alle Bilder, und öffnen Sie stattdessen »Cool Boys. jpg«. Schauen Sie sich das Foto an. Sollen wir die beiden trennen? Nein, niemals! Dennoch wollen wir von jedem dieser echt coolen Jungs zusätzlich noch ein Einzelfoto anfertigen. Außerdem soll erreicht werden, dass beide neuen Fotos am Ende gleich groß sind und darüber hinaus exakt dasselbe Seitenverhältnis aufweisen.

© White 77 / pixabay.com

◄ **Abbildung 3.48**
Diese zwei Gesichter sollen
einzeln freigestellt werden.

2 Datei duplizieren

Zunächst einmal müssen Sie dafür sorgen, dass zwei neue Fotos entstehen. Das Original muss demzufolge über BILD • DUPLIZIE-REN zweimal geklont werden. Bestätigen Sie die jeweils folgende Kontrollabfrage mit OK. (Es ist nicht erforderlich, einen anderen Namen als den vorgeschlagenen zu vergeben.)

3 Optional: Eingaben löschen

Lassen Sie uns mit dem letzten Duplikat beginnen, da es ohnehin an vorderster Stelle positioniert ist. Wir entscheiden uns für den bildrechten Jungen. Aktivieren Sie das Freistellungswerkzeug, und löschen Sie, falls erforderlich, alle in den Eingabefeldern befindlichen Werte, indem Sie auf LÖSCHEN gehen.

Kippen des Rahmens möglich
Je nachdem, wie Sie den Rahmen verziehen, kann es passieren, dass die Abmessungen plötzlich miteinander vertauscht werden – dass der Rahmen also auf einmal querformatig wird. Wenn Ihnen das passiert, ziehen Sie den Rahmen horizontal schmaler – dann springt er automatisch zurück ins Hochformat.

▲ **Abbildung 3.49**
Die Eingabefelder müssen leer sein.

4 Erste Freistellung durchführen

Klicken Sie zunächst auf das Foto. Danach bringen Sie den vorhandenen Freistellungsrahmen so in Form, dass er das Gesicht des Jungen großzügig umschließt. Alternativ ziehen Sie mit gedrückter Maustaste einen Rahmen auf, welcher der folgenden Abbildung in etwa entspricht. Bestätigen Sie mit ⏎.

Abbildung 3.50 ▶
So oder zumindest so ähnlich sollte der Rahmen vor Bestätigung der Freistellung aussehen.

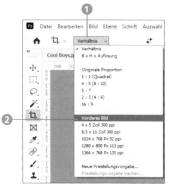

▲ Abbildung 3.51
Wählen Sie im Pulldown-Menü Verhältnis den Eintrag Vorderes Bild.

▲ Abbildung 3.52
So sollte der zweite Rahmen sitzen, ehe die Freistellung bestätigt wird.

5 Abmessungen übernehmen

Dieses war der erste Streich. Jetzt sollten Sie die Abmessungen dieses Bildes in die Optionsleiste übernehmen. Dazu öffnen Sie das Pulldown-Menü Verhältnis ❶ und entscheiden sich dort für Vorderes Bild ❷.

6 Zweites Foto freistellen

Aktivieren Sie jetzt das zweite, duplizierte Foto, und bringen Sie den dortigen Rahmen so in Form, dass der Junge links in etwa den gleichen Ausschnitt bekommt wie der bildrechte. Dazu müssen Sie jedoch zum einen den Rahmen verkleinern, zum anderen aber auch den Bildausschnitt mit gedrückter Maustaste in Form bringen. Sicher haben Sie sofort festgestellt, dass sich der Rahmen nur noch proportional verschieben lässt. Recht so, denn am Ende müssen ja beide Fotos nicht nur gleich groß sein, sondern auch ein identisches Seitenverhältnis aufweisen. Bestätigen Sie zuletzt mit ↵ .

7 Ergebnisse vergleichen

Stellen Sie doch einmal beide Ergebnisse nebeneinander, indem Sie zunächst das Original schließen und anschließend Fenster • Anordnen • 2 Nebeneinander einstellen. Vergleichen Sie die Größen. Zur Kontrolle ist auch der jeweilige Zoomfaktor ❸ interessant, der unten links im Register des Bildes aufgeführt ist. Dort sollten jetzt alle Zoomwerte gleich groß sein (im Beispiel 100 %).

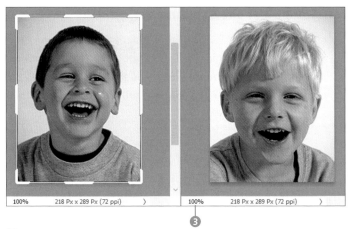

So passt es – beide Porträts sind exakt gleich groß. Die Ergebnisse (siehe gleichnamigen Ordner) finden Sie unter den Bezeichnungen »Boy-left.jpg« und »Boy-right.jpg«.

Seitenverhältnis auf dem Bild wählen
Solange der Freistellungsrahmen noch aktiv ist, lässt sich auch prima mit dem Kontextmenü arbeiten. (So ersparen Sie sich den Gang über die Optionsleiste.) Klicken Sie einfach mit rechts in den geöffneten Freistellungsrahmen, und selektieren Sie das gewünschte Seitenverhältnis. Dort steht neben den gängigen Seitenverhältnissen auch der Eintrag VORDERES BILD zur Disposition.

8 Werte löschen

Schauen Sie sich noch einmal das Pulldown-Menü in der Optionsleiste an. Dort sind die Abmessungen noch immer vermerkt ❹ – genauso wie in den daneben befindlichen Eingabefeldern ❺. Mit diesen Parametern könnten Sie also nun unentwegt weitere Bilder mit den gleichen Abmessungen freistellen – allerdings nie wieder andere Maße verwenden. Äußerst ungünstig! Glücklicherweise existiert aber, wie Sie ja bereits wissen, eine Schaltfläche zum Zurücksetzen der Werte ❻. Ein Klick darauf bereinigt sämtliche Steuerelemente – und Sie können wieder bei null anfangen. Alternativ dazu stellen Sie das vordere Pulldown-Menü wieder auf VERHÄLTNIS um.

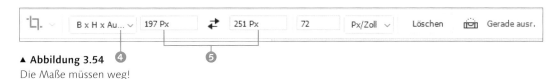

▲ **Abbildung 3.54** ❹   ❺
Die Maße müssen weg!

3.5 Arbeitsfläche verändern

Mitunter müssen Sie die Arbeitsfläche eines Fotos vergrößern – beispielsweise um Elemente hinzuzufügen oder einen Rand zu erstellen. Dabei wird das eigentliche Foto in der Größe gar nicht verändert, wohl aber die Fläche, auf der es sich befindet. Die Auflösung ist von derartigen Veränderungen ausgenommen; Sie sorgen mit einer solchen Aktion lediglich für mehr Raum.

Arbeitsfläche per Freistellung vergrößern

Es gibt eine sehr einfache Lösung, eine farbige Fläche um ein Foto herum zu konstruieren – und zwar mit dem Freistellungswerkzeug. Damit haben Sie ja bereits Erfahrungen gemacht. Was Sie aber vielleicht noch nicht wissen: Sie können diesen Rahmen auch nach außen ziehen.

Schritt für Schritt
Ein einfacher Bilderrahmen – Arbeitsfläche durch Freistellung vergrößern

Bilder/Beach.jpg

Dieser Workshop zeigt, wie Sie ein Foto ganz schnell mit einem Rahmen versehen können. Ach, übrigens: Habe ich Sie eigentlich schon für Tastaturkürzel begeistern können? Falls nicht, sehe ich große Chancen, dass sich das in den nächsten Minuten ändern wird. Dieser Workshop ist nämlich eine nicht zu verachtende Übung für angehende Tasten-Freaks – ich freue mich schon. Öffnen Sie die Datei »Beach.jpg«, und trocknen Sie Ihre Tränen (falls auch Sie in absehbarer Zeit keinen Urlaub haben).

▲ **Abbildung 3.55**
Das Foto soll mit einem Rahmen ausgestattet werden.

1 Ansichtsgröße verändern
Stellen Sie das Foto so dar, dass jenseits noch etwas von der Montagefläche von Photoshop zu sehen ist. Falls erforderlich, verkleinern Sie die Darstellungsgröße etwas. Möglicherweise reicht ein Druck auf F, was das Foto mit einem dunkelgrauen Montagerand umgibt. (Um wieder zur ursprünglichen Ansicht zu wechseln, betätigen Sie die Taste noch zweimal.)

▲ **Abbildung 3.56**
Kontrollieren Sie unten in der Werkzeugleiste die Vorder- und Hintergrundfarbe.

2 Hintergrundfarbe einstellen
Unser Bild soll einen weißen Rand bekommen. Daher stellen Sie nun die Hintergrundfarbe ein. Ohne großen Schnickschnack geht das über D (setzt die Farben in der Werkzeugleiste auf Schwarz als Vordergrundfarbe und Weiß für den Hintergrund). Kontrollieren Sie doch eben, ob die Farbeinstellungen mit Ihren übereinstimmen. Falls Weiß oben steht, drücken Sie X (das vertauscht Vorder- und Hintergrundfarbe miteinander).

© Renate Klaßen

3 Freistellungsrahmen ausdehnen

Lassen Sie souverän einen Finger auf [C] niedergleiten (aktiviert das Freistellungswerkzeug). Halten Sie jetzt [Alt]+[⇧] gedrückt, ehe Sie auf eine der vier Ecken klicken und sie nach außen ziehen. Wenn Sie mit der Position des Rahmens zufrieden sind, lassen Sie zunächst die Maustaste wieder los und erst im Anschluss die Tasten Ihres Keyboards.

Durch das Halten von [Alt] erreichen Sie übrigens, dass sich der Rahmen auch zur gegenüberliegenden Seite ausdehnt. [⇧] hingegen sorgt dafür, dass das Bildseitenverhältnis eingehalten wird. (Dies wäre zwar im Beispiel nicht unbedingt erforderlich gewesen, aber wo hätte ich Ihnen diese Funktion sonst vorstellen können?)

◄ **Abbildung 3.57**
Der Rahmen sorgt für eine Vergrößerung der Bildfläche, obwohl die ursprüngliche Fotofläche beibehalten wird.

Das ging ja schnell. Prima Sache, das mit dem Freistellen. Aber wir stoßen dabei auf zwei Probleme. 1. Die Farbe des Rahmens hängt von der aktuell eingestellten Hintergrundfarbe ab. 2. Die Erweiterungen fallen womöglich unterschiedlich groß aus. Beides wäre zwar einstellbar gewesen (Definition einer neuen Hintergrundfarbe sowie Festlegung einer bestimmten Abmessung für die Freistellung), allerdings nicht mit dem nötigen Komfort. Deshalb wollen wir uns eine andere Möglichkeit ansehen.

Arbeitsfläche per Dialog vergrößern

Photoshop bringt einen Dialog mit, der die individuelle Gestaltung einer solchen Fläche unterstützt – und zwar sowohl was die zu verwendende Farbe als auch exakte Größenangaben betrifft. Sogar die Ausdehnungsrichtung lässt sich hier festlegen.

Schritt für Schritt
Arbeitsfläche exakt erweitern

Bilder/Egypt_01.jpg,
Egypt_02.png

Wir werden eine erste Bildmontage anfertigen. Dabei steht die Veränderung der Arbeitsfläche natürlich im Vordergrund. Sie werden aber noch zwei weitere interessante Funktionen kennenlernen, nämlich das exakte parallele Verschieben von Bildteilen und das Verbinden zweier Fotos über die Zwischenablage. Sie werden garantiert Spaß daran haben. Hier sehen Sie schon mal, wie das Foto am Ende dieses Workshops aussehen wird:

▲ **Abbildung 3.58**
So soll das Foto am Ende dieses Workshops aussehen.

1 Dialog öffnen

Nehmen Sie sich zunächst »Egypt_01.jpg« vor. Wählen Sie über die Menüleiste BILD • ARBEITSFLÄCHE aus. Zuallererst können hier die Maße des Bildes abgelesen werden. Doch das ist nicht alles, denn das Dialogfenster enthält zwei Frames. Der obere Frame ist mit AKTUELLE GRÖSSE, der untere mit NEUE GRÖSSE betitelt – ein Indiz dafür, dass sich die Arbeitsfläche hier auch verändern lässt.

◀ **Abbildung 3.59**
Der Dialog ARBEITSFLÄCHE
präsentiert die aktuell gültigen Bildabmessungen.

2 Erweiterung eingeben

Wir wollen erreichen, dass das Foto sowohl horizontal als auch
vertikal um jeweils 2 cm erweitert wird. Nun könnten Sie die beiden angezeigten Werte entsprechend erhöhen, aber das ist gar
nicht nötig. Wenn Sie nämlich die Checkbox RELATIV ❸ mit Häkchen versehen, springen beide Werte auf »0«, und Sie können
anschließend die Maße für die reine Erweiterung festlegen. Sollte
der erste Wert ❶ nicht bereits markiert sein (blau hinterlegt), setzen Sie einen Doppelklick in das Eingabefeld und tragen »2« ein.
Betätigen Sie anschließend ⬚, um ins nächste Eingabefeld ❷
zu springen. Auch hier geben Sie »2« ein. Bitte jetzt noch *nicht* mit
OK bestätigen.

Mathematische Eingabe
Photoshop ist in der
Lage, kleinere Grund-
rechenaufgaben zu lösen.
Lassen Sie die Checkbox
RELATIV abgewählt und
geben hinter einem Wert
beispielsweise +2 oder /2
(für dividiert durch 2) ein,
wird dies von Photoshop
angenommen und ent-
sprechend umgesetzt.

◀ **Abbildung 3.60**
Relative Werte werden immer
von der aktuell gültigen
Arbeitsfläche ausgehend
genommen.

3 Farbwähler öffnen

Schieben Sie den Dialog ein wenig zur Seite. Dazu ziehen Sie
ihn an der Kopfleiste so weit herüber, dass Sie das gesamte Foto
noch einsehen können. Schauen Sie einmal in die unterste Zeile

des Dialogs. Dort kann nun noch eine andere Farbe angegeben werden. Dazu klicken Sie entweder auf das Pulldown-Menü ❹ und stellen dort Andere ein, oder Sie setzen einen Klick auf das nebenstehende Farbfeld ❺. Wie auch immer Sie sich entscheiden: Am Ende erscheint der bereits bekannte Farbwähler.

4 Farbe einstellen

Falls der Dialog jetzt über dem Foto erscheint, ziehen Sie auch ihn zur Seite. Das Schöne am Farbdialog ist: Es lassen sich auch Farben aus dem Foto aufnehmen. (Deswegen war das vorherige Verschieben der Fenster erforderlich.) Sobald Sie nämlich aus dem Dialog herausfahren, mutiert der Mauszeiger zur Pipette. Klicken Sie mit ihrer Spitze auf die Fassade, und bestätigen Sie mit OK. Danach dürfen Sie auch das Fenster Arbeitsfläche mit OK verlassen.

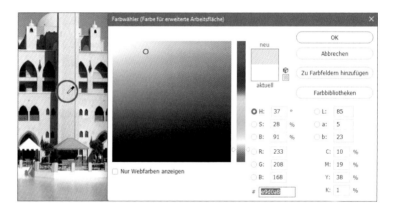

Abbildung 3.61 ▸
Hier wird eine passende Farbe aus dem Bild aufgenommen.

5 Ausdehnung in Prozent festlegen

Wenn Sie unser Endergebnis betrachten, werden Sie feststellen, dass die Fläche rechts sehr viel weiter ausgedehnt werden muss als alle anderen, um Platz für den Text zu machen. Dazu ist ein zweiter Arbeitsgang erforderlich, weshalb Sie jetzt abermals Bild • Arbeitsfläche betätigen sollten. Diesmal wollen wir aber nicht mit Zentimetern arbeiten. Vielmehr soll die Arbeitsfläche in der Breite um 50 % zunehmen. Stellen Sie daher das danebenbefindliche Menü zunächst auf Prozent um, und tragen Sie anschließend im Feld Breite den Wert »50« ein. Auch hier bitte zunächst noch nicht auf OK klicken!

◄ **Abbildung 3.62**
Somit wird die Arbeitsfläche um die Hälfte seiner aktuellen Größe erweitert.

6 Ausdehnungsrichtung festlegen

Das grafische Steuerelement Anker spielt jetzt eine wesentliche Rolle. Es zeigt einen schwarzen Punkt, umgeben von acht Pfeil-schaltflächen. Jetzt kommt etwas ganz Wichtiges: Dieser Punkt spiegelt die Position Ihres ursprünglichen Bildes auf der neuen (erweiterten) Arbeitsfläche wider. Standardmäßig ist diese Position immer mittig angeordnet. Das heißt: Vergrößerungen der Arbeitsfläche würden sich zu allen Seiten hin gleichmäßig auswirken – wie bisher.

▲ **Abbildung 3.63**
Die Arbeitsfläche kann sich zu allen Seiten hin ausdehnen.

▲ **Abbildung 3.64**
»Verankern« Sie die Position des Bildinhalts. Die Arbeits-fläche soll nur nach rechts erweitert werden.

◄ **Abbildung 3.65**
Nun fehlt nur noch der Text.

Erweiterung nach oben

Rein theoretisch könnte sich die Arbeitsfläche bei dieser Einstellung auch nach oben und unten ausdehnen. Da Sie jedoch das Eingabefeld HÖHE nicht verändert haben, fällt eine Expansion in diese Richtungen aus.

Schachbrettmuster

Das grau-weiße Karomuster ist nichts weiter als die grafische Darstellung einer Transparenz – Inhaltslosigkeit also. Das bedeutet: Wo in Photoshop solche Karos auftauchen, ist in Wirklichkeit nichts. Das Muster wird demzufolge auch nicht mit ausgedruckt.

Jetzt bestimmen Sie allerdings selbst, in welche Richtung sich die Änderung auswirken soll. Ließen Sie das Steuerelement unverändert, würden links und rechts neben dem Bild jeweils 25 % der aktuellen Breite eingefügt. Wir wollen dies jedoch nur rechts vom Bild zulassen. Welchen Pfeil müssen Sie markieren? Genau, den linken in der mittleren Zeile. Nach dem Klick auf diesen Button wird nämlich der Punkt dorthin verschoben. Eine Ausdehnung ist nur noch nach rechts möglich. Im Anschluss klicken Sie auf OK.

7 Text kopieren

Damit die Erweiterung der Arbeitsfläche auch sinnvoll ist, muss noch der Text eingefügt werden. Dazu stellen Sie zunächst »Egypt_02.png« nach vorne und drücken Strg/cmd+A (alternativ AUSWAHL • ALLES AUSWÄHLEN), gefolgt von Strg/cmd+C (BEARBEITEN • KOPIEREN).

Die erste Tastenkombination sorgt dafür, dass die gesamte Bildfläche ausgewählt wird, während der zweite Befehl alles zuvor Ausgewählte in die Zwischenablage des Betriebssystems kopiert.

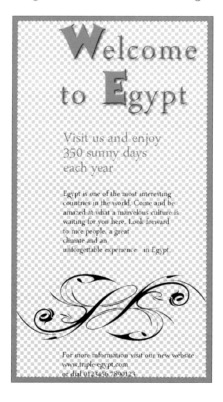

Abbildung 3.66 ▶
Der gesamte Text befindet sich in einer fertigen Datei.

8 Text einfügen

Zuletzt müssen Sie nichts weiter tun, als wieder auf das andere Bild zu gehen und dort ⌜Strg⌝/⌜cmd⌝+⌜V⌝ zu betätigen. Alternativ ginge auch BEARBEITEN • EINFÜGEN, um den Inhalt der Zwischenablage auf das Foto zu packen.

9 Text verschieben

Dummerweise liegt der Text nun mitten auf der Datei. Der Höhe kommt das zugute (immerhin passt er oben und unten zum Foto), jedoch muss er in der Breite noch verschoben werden. Dazu aktivieren Sie das Verschieben-Werkzeug ⌜V⌝. Auch hier gibt es nun wieder mehrere Möglichkeiten: Entweder Sie klicken auf den Text (am besten auf einen der großen Buchstaben) und ziehen ihn mit gedrückter Maustaste sowie ⌜⇧⌝ nach rechts. ⌜⇧⌝ sorgt dafür, dass sich die Bewegungsrichtung nur zu einer Seite hin ändern kann (in diesem Fall horizontal, nicht jedoch vertikal).

Die zweite Möglichkeit: Halten Sie ⌜⇧⌝ gedrückt, und betätigen Sie ⌜→⌝. Stoppen Sie, wenn Sie mit der Position zufrieden sind. In letzterem Fall hat es mit der Umschalttaste die Bewandtnis, dass Sie mit den Pfeiltasten schneller am Ziel sind.

Bilder spiegeln
Auf *www.rheinwerk-verlag.de/5595* finden Sie den Workshop »Ein Kaleidoskop erzeugen – Bilder spiegeln«, der im Zusammenhang mit Arbeitsflächenerweiterungen auch das Thema Spiegeln behandelt.

3.6 Bilder drehen und Größe ändern

Die richtige Größe zum richtigen Bild – was dahintersteckt, ist umfangreicher, als es auf den ersten Blick scheinen mag. Neben zahlreichen Optionen, die bei Bildgrößen für die jeweilige Verwendung zu beachten sind (z. B. Druck oder Internet), ist häufig aber nur die Ausgabegröße entscheidend. Im Workshop kümmern wir uns um elegante Bilddrehungen. Anschließend wird die Bildgröße thematisiert.

Schritt für Schritt
Arbeitsfläche drehen und erweitern

Das Bild »Drachen.jpg« ist zwar nett anzuschauen, hat aber zwei nicht unerhebliche Makel: Zum einen verläuft die Drachenschnur quer durchs Bild. Das ist an sich nichts Schlimmes, beeinträchtigt

Bilder/Drachen.jpg

jedoch die Bildwirkung. Aktuell gleicht sie eher einer Wäscheleine. Das macht das Bild uninteressant und wenig dynamisch. Die Information, dass sich das Szenario in großer Höhe abspielt, wird komplett untergraben. Zudem wird auch die Weite des Himmels nicht deutlich. Dazu ist der Bildausschnitt zu eng gewählt. Lassen Sie uns Abhilfe schaffen.

1 Arbeitsfläche drehen

Machen Sie aus der Wäscheleine zunächst eine Drachenschnur. Das erreichen Sie durch eine Drehung des Fotos. Über BILD • BILDDREHUNG werden verschiedene Optionen angeboten. Unser Foto muss um 90° IM UZS (Uhrzeigersinn) gedreht werden. Drücken Sie anschließend `Strg`/`cmd`+`0` (Null), damit sich das Foto in der größtmöglichen vollständigen Darstellung präsentiert.

Abbildung 3.67 ▶
Dieses schöne Foto ist Ausgangsbasis für unseren Workshop.

© Steppinstars / pixabay.com

2 Datei speichern

Damit wäre der erste Schritt getan. Speichern Sie das Ergebnis, wenn Sie es denn wünschen, unter einem eindeutigen Namen ab. Damit das Original nicht überschrieben wird, nehmen Sie den Befehl DATEI • SPEICHERN UNTER. Vergeben Sie den gewünschten Namen, und legen Sie den Speicherort fest. So bleibt das Original unangetastet.

▲ Abbildung 3.68
Das Foto ist um 90° im Uhrzeigersinn gedreht worden.

3 Hintergrund umwandeln

Nun ist das zweite Problem an der Reihe – die Veränderung des engen Bildschnitts. Dazu müssen Sie zunächst einmal den Hintergrund in eine Ebene umwandeln. Das haben Sie ja im vorangegangenen Workshop ebenfalls gemacht (EBENE • NEU • EBENE AUS HINTERGRUND, gefolgt von OK). Diese Umwandlung ist zwingend erforderlich, da der nächste Schritt ansonsten nicht funktioniert.

4 Seitenverhältnis deaktivieren

Mit BEARBEITEN • INHALTSBASIERT SKALIEREN können Sie das Bild nun strecken, ohne dass der relevante Bildinhalt mit gestreckt wird. (Das wäre übrigens bei BEARBEITEN • TRANSFORMIEREN • SKALIEREN anders: Hier würde alles gestreckt, auch der Drachen.) Bevor Sie das Bild jedoch verziehen, ist es wichtig, dass Sie die Funktion SEITENVERHÄLTNIS ERHALTEN in der Werkzeugmenüleiste deaktivieren. Ansonsten verziehen Sie das Bild in alle Richtungen gleichmäßig – auch nach oben und unten und das ist in unserem Beispiel ausdrücklich nicht gewünscht.

◀ **Abbildung 3.69**
Deaktivieren Sie den Knopf mit dem Kettensymbol, bevor Sie das Bild verziehen.

5 Inhaltsbasiert skalieren

Greifen Sie jetzt den mittleren Anfasser auf der linken Begrenzungslinie, und ziehen Sie ihn weit nach außen. Wiederholen Sie diesen Schritt auch auf der gegenüberliegenden Seite.

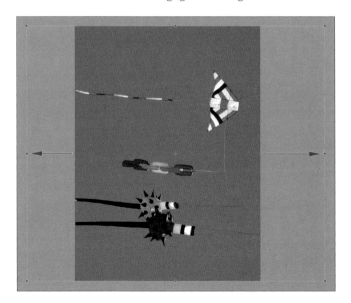

◀ **Abbildung 3.70**
Schon beim Ziehen sehen Sie, dass sich die relevanten Bildinhalte kaum verändern.

6 Alles einblenden

Am Schluss bestätigen Sie mit ⏎ . So weit, so gut, aber wo ist nun der gestreckte Inhalt? Den sehen Sie, wenn Sie BILD • ALLES EINBLENDEN wählen (siehe Abbildung 3.71 rechts). Das ist wirklich interessant, oder?

7 Ergebnis analysieren

Was war da los? – Nun, Sie können sich denken, dass sich nicht jedes Foto für derartige Arbeitsflächenerweiterungen eignet. Vielmehr benötigen Sie ein Foto mit einheitlichem Hintergrund. Vereinfacht gesagt, sucht Photoshop nämlich nach sich gleichenden Bildinformationen am Bildrand und benutzt sie zur Streckung des Bildes. Jene Bereiche, die sich stark davon abheben (wie der Drachen), bleiben weitgehend außen vor.

Unser Ergebnis wäre besser ausgefallen, wenn auch am linken Bildrand noch etwas vom Himmel zu sehen gewesen wäre. Da aber die Drachenschweife bis zum Rand ragen, sind diese nun ebenfalls skaliert worden. Damit können wir jedoch gut leben, wie ich meine.

Abbildung 3.71 ▶
Vergleichen Sie das Original mit »Drachen-bearbeitet.jpg« aus dem ERGEBNISSE-Ordner.

Schritt für Schritt
Bildgröße ändern

Bilder/Bluete.jpg

Neben der zuvor beschriebenen Änderung der Arbeitsfläche wird es auch häufig vonnöten sein, die Gesamtgröße eines Fotos zu verändern. Zur Präsentation im Internet ist ein Foto, das einer zeitgemäßen Kamera entstammt, viel zu groß.

◄ **Abbildung 3.72**
Das Foto hat monströse Abmessungen, wie Sie gleich sehen werden.

1 Bilddaten einsehen

Öffnen Sie die Beispieldatei. Wählen Sie BILD • BILDGRÖSSE. Sie werden feststellen, dass das Foto riesig ist. Lesen Sie die Breite und Höhe im Dialogfenster ab. Die Breite liegt bei 4500, die Höhe bei 3000 Pixeln. Lassen Sie den Dialog noch geöffnet.

Details erhalten
BIKUBISCH GLATTER und DETAILS ERHALTEN kommen immer dann zum Einsatz, wenn es um Vergrößerungen geht. Besonders die Funktion DETAILS ERHALTEN schärft Bereiche mit stärkeren Kontrasten nach, so dass Bilder beim Vergrößern ordentlich scharf bleiben.

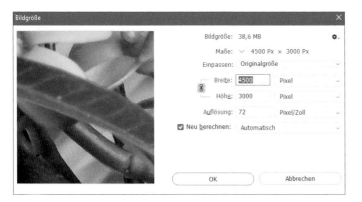

◄ **Abbildung 3.73**
Das Foto ist riesengroß.

2 Berechnungsmethode ändern

Um eine Datei zu verkleinern, kontrollieren Sie zunächst, dass NEU BERECHNEN ❶ (Abbildung 3.74) aktiv ist. Das macht eine Größenänderung im Verhältnis zur Auflösung überhaupt erst möglich. Prinzipiell müssen Sie gleich daneben nichts mehr einstellen, da Photoshop anhand Ihrer Veranlassung automatisch »weiß«, welche Art der Interpolation die richtige ist. Natürlich dürfen Sie das gerne umstellen, doch verlassen Sie sich ruhig auf AUTOMATISCH ❷.

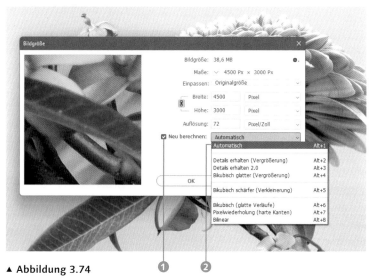

▲ **Abbildung 3.74**
Der Bildgröße-Dialog bietet zahlreiche Optionen. Wenn Sie nicht sicher sind, was Sie einstellen sollen, wählen Sie die Berechnungsmethoden AUTO-MATISCH.

**Automatische
Neuberechnung**
Die Option AUTOMATISCH ❷ nimmt Ihnen die Entscheidung über die am besten geeignete Methode ab. Je nach gewünschtem Resultat und Dateibeschaffenheit wird die Methode angewendet, die Photoshop am geeignetsten erscheint.

3 Optional: Feste Maße benutzen

Kümmern Sie sich jetzt um die eigentliche Verkleinerung. Dazu lässt sich ein vorgefertigtes Maß benutzen. Um es auszuwählen, müssen Sie lediglich das Menü EINPASSEN öffnen und einen dort gelisteten Untereintrag aussuchen (hier: 1024 × 768 Px 72 PPI). Das ist jedoch nur ein Beispiel. Lassen Sie bitte ORIGINALGRÖSSE stehen.

4 Größe eingeben

In den Feldern BREITE und HÖHE lässt sich zudem die aktuelle Größe des Bilddokuments ablesen. Welchen der beiden Werte Sie beeinflussen, ist unerheblich, da sich beide Werte bei einer Neueingabe proportional zueinander verhalten, solange das vorangestellte Verkettungssymbol aktiviert ist (siehe Kasten). Im Beispiel wollen wir das Foto auf eine Breite von 30 Zentimeter bringen (das entspricht 850 Pixel bei einer Auflösung von 72 Pixel/Zoll). Grundsätzlich muss zunächst die Maßeinheit auf ZENTIMETER gestellt werden. Im Anschluss daran geben Sie die BREITE mit 30 an. Klicken Sie dazu doppelt in das gleichnamige Eingabefeld, und tragen Sie die neue Abmessung ein. Noch nicht auf OK klicken!

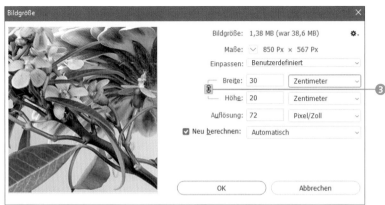

◄ **Abbildung 3.75**
Sobald Sie einen Wert
verändern, erscheint im
Bereich EINPASSEN: BENUTZER-
DEFINIERT.

5 Bilder proportional verkleinern

Bevor Sie den Dialog verlassen, sollten Sie noch einen Blick auf
weitere Steuerelemente dieses Fensters werfen. Sie sehen nämlich, dass sich der Wert im Eingabefeld BREITE ebenfalls verändert
hat, obwohl Sie dort gar keine Änderungen vorgenommen haben.
Das macht Photoshop automatisch. Diese Maßnahme soll sicherstellen, dass sich das Bild stets proportional (also im korrekten
Seitenverhältnis) verändert. Jetzt dürfen Sie gerne auf OK klicken.

Unproportional verkleinern

Wollten Sie das Bild ver-
zerren (z. B. nur die Höhe
ändern, dabei aber die
Breite beibehalten),
müssten Sie vor der Ein-
gabe das kleine Ketten-
Symbol ❸ neben den
Eingabefeldern für Breite
und Höhe deaktivieren.

Korrekt skalieren

Sie müssen wissen, dass sich bei jeder Skalierung (prinzipiell sogar
beim Verkleinern) Qualitätseinbußen ergeben. Wenn Sie die
Abmessungen geringfügig verändern, sind die Verschlechterungen
meist nicht wirklich dramatisch, da optisch kaum wahrnehmbar.
Wenn Sie jedoch eine Briefmarke auf Postergröße hochrechnen
wollen, werden Unschärfe und Farbverfälschungen die Folgen
sein. Um diese unschönen Begleiterscheinungen zu minimieren,
sind seinerzeit neue Algorithmen in Photoshop integriert worden.
Hier ist jedoch ausdrücklich zu erwähnen, dass auch sie nicht zaubern können. Aber besser als zuvor klappt's allemal.

Um eine Vergrößerung in die Wege zu leiten, wählen Sie zunächst
BILD • BILDGRÖSSE und geben anschließend die gewünschte Vergrößerung mit Hilfe der Steuerelemente BREITE oder HÖHE an, wobei
die Checkbox NEU BERECHNEN ❶ (Abbildung 3.76) angewählt sein
muss. Anderenfalls würde auch die Auflösung korrigiert. Und das
hätte im Endeffekt keine reelle Veränderung der Größe zur Folge.

▲ **Abbildung 3.76**
In der Standardansicht des Dialogs ist die Qualität noch nicht gut abzuschätzen.

Ausschnitt vergrößern oder verkleinern
Solange Sie sich mit der Maus auf der Vorschau- miniatur befinden, wird ein Overlay-Bedienfeld eingeblendet, mit dem sich der Ausschnitt ver- größern oder verkleinern lässt. Verschieben Sie den Ausschnitt zudem, falls gewünscht, per Drag & Drop.

Eine klitzekleine, aber unglaublich effektive Funktion besteht darin, dass der Dialog durch Ziehen an den Rändern skaliert wer- den kann. Angenehmer Nebeneffekt: Dadurch vergrößert sich auch die Vorschauminiatur.

▲ **Abbildung 3.77**
So sieht das schon besser aus.

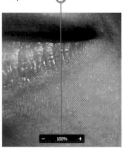

▲ **Abbildung 3.78**
Der Ausschnitt im Vor- schaubereich lässt sich ver- größern und verkleinern.

Um Ihre Einstellungen zu testen, stellen Sie den Zoom-Faktor ❷ der Miniatur auf 100 %, und wählen Sie einen bildrelevanten Aus- schnitt (z. B. das Gesicht des Models, die Haare). Öffnen Sie die Liste neben NEU BERECHNEN. Schalten Sie auf BIKUBISCH GLATTER um, danach auf DETAILS ERHALTEN und zuletzt wieder auf AUTO- MATISCH. Letztere Option sorgt in der Regel für gute Ergebnisse. Sollten Sie jedoch mit einer der beiden zuvor genannten Einstel- lungen zufriedener sein, dürfen Sie das Steuerelement ruhigen Gewissens entsprechend umstellen, ehe Sie mit OK bestätigen.

3.7 Auswahltechniken im Überblick

Bislang haben Sie stets das gesamte Foto bearbeitet. Nun gibt es aber zahllose Fälle, in denen nur ein bestimmter Bereich des Bildes eine Veränderung erfahren soll, während andere unangetastet bleiben. Hier hilft eine Auswahl weiter.

Geometrische Auswahlen

Die zweite Schaltfläche der Werkzeugleiste (bei zweispaltiger Ansicht der Toolbox ist es die erste) stellt vier Auswahlwerkzeuge zur Verfügung. Mit ihnen fertigen Sie sogenannte Standardauswahlen bzw. geometrische Auswahlen an. Die Namen der einzelnen Tools sind Programm, denn sie beschreiben schon recht gut, wozu sich das jeweilige Tool einsetzen lässt.

- ▶ AUSWAHLRECHTECK-WERKZEUG: Ziehen Sie rechteckige oder quadratische Rahmen auf.
- ▶ AUSWAHLELLIPSE-WERKZEUG: Erzeugen Sie Ovale oder exakte Kreise.
- ▶ AUSWAHLWERKZEUG: EINZELNE ZEILE: Klicken Sie auf Ihr Bilddokument, um eine einzelne Pixelreihe horizontal auszuwählen.
- ▶ AUSWAHLWERKZEUG: EINZELNE SPALTE: Ein Mausklick auf das Bild reicht, um eine Reihe einzelner senkrechter Pixel zu markieren.

Neben diesen geometrischen Auswahlwerkzeugen gibt es noch weitere Werkzeuge, die Ihnen vor allem beim Auswählen komplizierterer Bildbereiche mit unregelmäßigen Kanten helfen sollen: das Lasso, das Schnellauswahlwerkzeug und der Zauberstab. Sie werden weiter unten, in Abschnitt 3.8, »Bildbereiche auswählen«, vorgestellt. Lesen Sie hier zunächst, wie Sie die Auswahlwerkzeuge generell einstellen und nutzen.

Das Auswahlwerkzeug einstellen

Nun wissen Sie aber bereits, dass es mit der bloßen Selektion eines Tools lange noch nicht getan ist. Einmal mehr ist auch hier die Optionsleiste von großer Bedeutung, mit der Sie letztendlich das Werkzeug an Ihre individuellen Bedürfnisse anpassen. Je nach

▼ Abbildung 3.79
In der Optionsleiste passen Sie das Auswahlwerkzeug Ihren Bedürfnissen an.

gewähltem Werkzeug werden unterschiedliche Steuerelemente zur Verfügung gestellt. Grundsätzlich gleich sind aber die Elemente, die Auswahlkombinationen zulassen.

❶ NEUE AUSWAHL: Es kann nur eine einzelne Auswahl erzeugt werden. Ziehen Sie einen zweiten Rahmen auf, wird der erste gelöscht.

❷ DER AUSWAHL HINZUFÜGEN: Erzeugen Sie mehrere Auswahlen durch Kombination verschiedener Auswahlbereiche.

❸ VON AUSWAHL SUBTRAHIEREN: Entfernen Sie einzelne Bereiche einer bereits vorhandenen Auswahl.

❹ SCHNITTMENGE MIT AUSWAHL BILDEN: Erzeugen Sie durch eine zweite Auswahl einen Bereich, der nur aus dem Überlappungsbereich der beiden Auswahlen besteht.

❺ WEICHE KANTE (nicht Zauberstab): Erzeugen Sie eine Auswahl, die zum Rand hin zunehmend transparent wird.

❻ GLÄTTEN: Diese Option glättet den Übergang zwischen zwei Kanten, so dass er weicher erscheint.

❼ ART (nicht Lasso und nicht Zauberstab): Stellen Sie eine feste Größe (Höhe × Breite) oder ein festes Seitenverhältnis (z.B. 4:3) ein.

❽ AUSWÄHLEN UND MASKIEREN: Hier wird ein Dialog nachgeschaltet, der die individuelle Verfeinerung der Auswahl unterstützt. Weitere Erklärungen dazu finden Sie in diesem Kapitel auf Seite 156. Zudem können Sie das Werkzeug in Kapitel 8, »Montage«, in der Praxis testen.

❾ TOLERANZ (nur Zauberstab): Legen Sie fest, wie groß der Farbunterschied zwischen markierten Pixeln und angrenzenden Farbwerten sein darf.

Abbildung 3.80 ▶
Die Einstellung der Toleranz beim Zauberstab

Auswahlen aufziehen

Für alle Auswahlformen gilt: Ohne Zuhilfenahme der Tastatur werden die Formen nicht geometrisch exakt aufgezogen. Für ein

Rechteck oder eine Ellipse ist das auch nicht unbedingt erforderlich. Sie halten die Maustaste gedrückt – so wie Sie das schon vom Freistellungsrahmen her kennen. Möchten Sie jedoch exakte Kreise oder Quadrate erzeugen, führt kein Weg an der Tastatur vorbei.

▼ **Tabelle 3.1**
Tasten für die spezielle Auswahlerzeugung

Taste	Bewirkt
ohne Tasten	Erzeugen Sie geometrisch nicht exakte Formen, wobei alle Elemente von einer Ecke aus erzeugt werden.
⇧	Erzeugen Sie mit dem Auswahlrechteck-Werkzeug ein geometrisch exaktes Quadrat und mit dem Auswahlellipse-Werkzeug einen exakten Kreis.
Alt	Erzeugen Sie geometrisch nicht exakte Figuren aus ihrer Mitte heraus.
Alt + ⇧	Erzeugen Sie geometrisch exakte Figuren aus ihrer Mitte heraus.
↑, ↓, ←, →	Bewegen Sie die Auswahl nach Fertigstellung mit den Pfeiltasten in die gewünschte Richtung.
↑, ↓, ←, → + ⇧	Bewegen Sie die Auswahl nach Fertigstellung in großen Schritten in die gewünschte Richtung.

Schritt für Schritt
Eine Auswahlkombination aus Kreis und Rechteck erstellen

Bevor Sie sich an komplizierte Auswahlen machen, sollten Sie die einfachen geometrischen Auswahlen beherrschen, denn sie werden Ihnen später oft die Arbeit an Ihren Bildern vereinfachen. So erproben Sie auch den generellen Umgang mit den Auswahlwerkzeugen.

1 Neue Datei erstellen
Erzeugen Sie über Strg/cmd+N bzw. über Datei • Neu eine neue leere Bilddatei. Alternativ klicken Sie auf das Häuschen oben links, um auf die Startseite zu gelangen und betätigen dann Neue Datei. Entnehmen Sie die Parameter bitte der folgenden Abbildung (rechte Spalte). Zuletzt klicken Sie auf Erstellen.

Abbildung 3.81 ▶
Vergeben Sie die angegebene Größe.

Vorgabe speichern
Wenn Sie häufig wiederkehrende Bildformate nutzen möchten, ist es sinnvoll, sich der Funktion Vorgabe speichern zu bedienen. Nach einem Klick auf den gleichnamigen Button lässt sich die Vorgabe logisch benennen. Wenn Sie künftig den Neu-Dialog öffnen, steht das gesicherte Format im Flyout-Menü Vorgabe zur Verfügung.

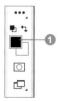

▲ Abbildung 3.83
Zunächst betätigen Sie das Vordergrund-Farbfeld.

Sehen Sie sich die folgende Grafik an, und versuchen Sie, sie zu erzeugen. Überlegen Sie, mit welchen geometrischen Figuren die Erstellung gelingen wird. Falls Sie sich noch keine Gedanken darüber machen wollen, wenden Sie folgende Schritte an.

▲ Abbildung 3.82
So soll das Objekt am Ende des Workshops aussehen.

2 Vordergrundfarbe einstellen

Und jetzt zur Auflösung: Klicken Sie in der Werkzeugleiste auf den Button Vordergrundfarbe einstellen ❶. Im Farbwähler stellen Sie ein sattes Rot ein, indem Sie in das Eingabefeld R ❷ einen Wert von »255« und in G und B jeweils »0« eintragen. Bestätigen Sie mit OK.

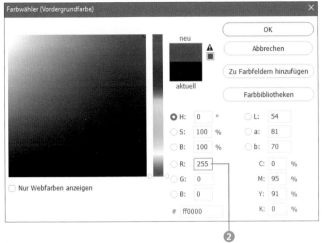

◄ **Abbildung 3.84**
Anschließend stellen Sie die gewünschte Farbe ein.

3 Werkzeug einstellen

Aktivieren Sie nun das Auswahlellipse-Werkzeug, und kontrollieren Sie, dass in der Optionsleiste der Button NEUE AUSWAHL ❸ oder DER AUSWAHL HINZUFÜGEN ❹ aktiv ist. WEICHE KANTE ❺ sollte auf 0 Px stehen, da eine glatte, saubere Außenkante erzeugt werden soll.

◄ **Abbildung 3.85**
So sollten die Optionen eingestellt sein.

4 Kreis aufziehen

Stellen Sie das Fadenkreuz des Mauszeigers auf die Bildmitte. Klicken Sie einmal, und halten Sie die Maustaste anschließend gedrückt. Halten Sie zusätzlich noch ⌐Alt⌐ und ⌐⇧⌐ gedrückt, ehe Sie die Maus Richtung Bildrand bewegen. Lassen Sie die Maustaste los, wenn der Kreis groß genug ist (siehe Abbildung 3.86). Erst im Anschluss dürfen Sie die Tasten des Keyboards loslassen.

5 Rechteck von der Auswahl entfernen

Aktivieren Sie jetzt das Auswahlrechteck-Werkzeug, und markieren Sie anschließend den Button VON AUSWAHL SUBTRAHIEREN in der Optionsleiste. Ziehen Sie (diesmal ohne die Tastatur zu Hilfe zu nehmen) ein schmales Rechteck vertikal durch den gesamten Kreis, wobei Sie unbedingt außerhalb des Kreises ansetzen sollten. Beachten Sie, dass das Fadenkreuz nun mit einem kleinen Minuszeichen versehen ist. Wählen Sie ❻ als Start- und ❼ als Endpunkt.

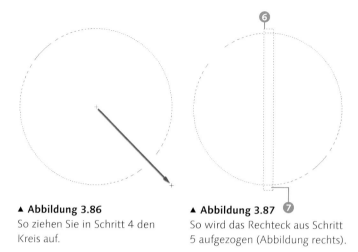

▲ **Abbildung 3.86**
So ziehen Sie in Schritt 4 den Kreis auf.

▲ **Abbildung 3.87**
So wird das Rechteck aus Schritt 5 aufgezogen (Abbildung rechts).

6   Auswahl einfärben

Das war es eigentlich schon. Damit die Auswahl nun auch farbig wird, wählen Sie lediglich BEARBEITEN • FLÄCHE FÜLLEN oder drücken ⌂+F5. Unter VERWENDEN stellen Sie VORDERGRUNDFARBE ein und belassen den MODUS auf NORMAL sowie die DECKKRAFT auf 100 %. (Alternativ ließe sich eine Fläche übrigens auch mit dem Füllwerkzeug G einfärben.)

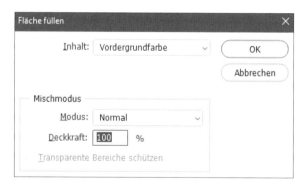

▲ **Abbildung 3.88**
Zuletzt wird die ausgewählte Fläche mit Farbe gefüllt.

7   Auswahl aufheben

Nun möchten Sie auch bestimmt diese blinkenden Auswahl-linien wieder loswerden, oder? Nichts leichter als das: Mit Strg/ cmd+D bzw. über AUSWAHL • AUSWAHL AUFHEBEN gehören die Striche der Vergangenheit an.

Flächen und Konturen füllen

Sie haben gesehen, dass sich Auswahlen mit Hilfe des Befehls Fläche füllen mit Farbe versehen lassen. Hätten Sie vorab keine Auswahl aufgezogen, wäre die gesamte Bildfläche mit der Farbe gefüllt worden. Erzeugen Sie doch einmal eine Auswahl, und wenden Sie anstelle von Fläche füllen die Option Bearbeiten • Kontur füllen an. Auf diese Weise sollte Ihnen dann auch die Konstruktion aus Abbildung 3.90 keinerlei Schwierigkeiten bereiten, oder?

Und so geht's: Erzeugen Sie zunächst eine Rechteckauswahl. Mit der Funktion Von Auswahl subtrahieren entfernen Sie anschließend die untere rechte Ecke und füllen die verbliebene Fläche mit der eingestellten Vordergrundfarbe. Heben Sie die Auswahl danach auf, und erzeugen Sie das kleine Rechteck, dessen Auswahllinien Sie nun füllen (Bearbeiten • Kontur füllen).

◀ **Abbildung 3.89**
Wie stark die Kontur sein soll, legen Sie im Feld Breite fest.

▲ **Abbildung 3.90**
Erzeugen Sie eine Kombination aus gefüllter Fläche und gefüllter Kontur.

Achten Sie bei diesem Dialog darauf, dass Sie entscheiden können, ob die Mitte der gestrichelten Auswahllinie als Kontur dienen soll oder ob die Farbe außerhalb bzw. innerhalb der Auswahl aufgetragen wird. Legen Sie im Frame Position als Option Innen, Mitte oder Aussen fest.

Weiche Auswahlkanten

Sie wünschen sich eine weiche Auswahlkante, in der Vorder- und Hintergrund weich ineinander übergehen? Nichts leichter als das: Dazu ist lediglich zu bedenken, dass das Steuerelement Weiche Kante *vor* der Erzeugung der Auswahl eingestellt werden muss.

Neue Auswahl ohne Umstellung erzeugen
Solange keine Auswahl aufgezogen ist, kann sie immer erzeugt werden – egal, welche Aktion in der Optionsleiste gewählt ist. Das bedeutet, dass Sie auch dann eine neue Auswahl aufziehen können, wenn beispielsweise Von Auswahl subtrahieren aktiv ist. Erst wenn Sie eine zweite Auswahl erstellen, wäre Von Auswahl subtrahieren relevant.

Verfügbarkeit der Befehle
Die Optionen Fläche füllen und Kontur füllen stehen auch zur Verfügung, wenn keine Auswahl aktiv ist. In diesem Fall wird Photoshop die aktive Ebene (Fläche füllen) oder deren Randbegrenzung (Kontur füllen) mit Farbe versehen.

▲ **Abbildung 3.91**
Stellen Sie die Größe des weichen Übergangs ein (hier 20 Px).

3.8 Bildbereiche auswählen

Photoshop ist eine Bildbearbeitungssoftware. Und als solche soll sie natürlich auch genutzt werden – und nicht, um irgendwelche Rechtecke oder Kreise mit Farbe zu füllen. Gehen wir also in die Praxis und sehen uns an, wann Auswahlen real zum Tragen kommen.

Lasso-Auswahlen

Nachdem Sie geometrisch vordefinierte Formen angewendet haben, kommen wir nun zu freien Formen, die das individuelle Markieren eines bestimmten Bildbereichs unterstützen. Und da sind die Lasso-Auswahlen ganz nah.

▶ LASSO-WERKZEUG: Kreisen Sie mit diesem Tool Objekte ein, die keine einheitliche Struktur aufweisen.

▶ POLYGON-LASSO-WERKZEUG: Erzeugen Sie Auswahlpunkte, die durch Geraden miteinander verbunden werden.

▶ MAGNETISCHES-LASSO-WERKZEUG: Dieses wirklich interessante Tool orientiert sich an kontrastierenden Kanten innerhalb des Bildes.

Schritt für Schritt
Hintergrundfarbe ändern (Lasso-Methode)

Bilder/Schneckenhaus.jpg

Sie kennen diese Technik aus jedem Produktkatalog. Der Hintergrund des Objekts ist dort meist entfernt bzw. stark kontrastierend eingefärbt. Wenn Sie die Datei »Schneckenhaus.jpg« betrachten, werden Sie schnell feststellen, dass zur Erzeugung einer Auswahl mit den klassischen Rechteck- bzw. Ellipsenformen nicht viel zu machen ist. Hier müssen andere Tools die Arbeit übernehmen.

Um Objekte vom Hintergrund zu separieren, gibt es verschiedene Möglichkeiten, wobei eine ganz besonders heraussticht. Bevor wir uns dieser Methode jedoch widmen, möchte ich Ihnen alternative Wege zeigen, damit Sie auch diese Wege kennenlernen.

© Leszek Schluter

▲ **Abbildung 3.92**
Hier wird es nicht so leicht sein, die Kanten zu finden.

1 Lasso einstellen

Aktivieren Sie das Magnetische-Lasso-Werkzeug. Auch hier gilt wieder: Nach der Selektion des Tools muss es eingestellt werden. Entnehmen Sie die Werte der Abbildung. Falls Sie seit der Installation der Anwendung noch keine Änderungen vorgenommen haben, sollten die Werte bereits übereinstimmen.

Kontrast einstellen
Mit KONTRAST wird festgelegt, wie groß die Farbunterschiede zwischen benachbarten Pixeln sein dürfen. Daraus lässt sich ableiten: Je höher der Wert eingestellt ist, desto größer ist auch der Bereich, der als »ähnliche Farbe« mit in die Auswahl aufgenommen wird.

Frequenzwert
Die Frequenz (FREQ. ❶) regelt, mit welcher Häufigkeit automatisch Zwischenpunkte in die Lassolinie eingefügt werden. Je höher die Frequenz ist, desto mehr Punkte (Quadratflächen auf der Auswahllinie) werden platziert. Demnach gilt auch: Je größer der Frequenzwert ist, desto öfter stellt Photoshop eine Prüfung der kontrastierenden Kanten an.

❶

▲ **Abbildung 3.93**
Die ursprünglichen Werte sind optimal, um im Folgenden eine Auswahl zu erstellen.

Setzen Sie nun das Tool auf das Bild, wobei Sie eine Kante zwischen Objekt und Hintergrund wählen. Ich habe mich bei dieser Übung für ❶ (Abbildung 3.94) entschieden. Setzen Sie dort einen Mausklick, und fahren Sie anschließend die Kontur des Schneckenhauses ab (die Maustaste ist dabei nicht gedrückt). Lassen Sie sich Zeit dabei, und fahren Sie das Objekt langsam ab. Wenn Sie merken, dass sich die Linie von der Kontur wegbewegt (❷ ist ein kritischer Bereich), gehen Sie mit dem Lasso ein Stück zurück, bis

Sie sich wieder auf der Kontur befinden. Platzieren Sie anschließend dort einen Mausklick.

Abbildung 3.94 ▶
Fahren Sie die Kontur des
Schneckenhauses ab.

2   Lasso-Auswahl schließen

Die Auswahl können Sie nicht verlassen. (Würden Sie sich vom Schneckenhaus wegbewegen, würde auch die Kontur mitlaufen.) Sie müssen nämlich den Kreis zunächst schließen. Achten Sie darauf, dass Sie in schwach kontrastierenden Bereichen (❸ ist problematisch) möglichst viele Zwischenpunkte setzen. Falls die Auswahl nicht hundertprozentig gelingt, ist das kein Beinbruch. Sie muss dann im Anschluss korrigiert werden. Sobald Sie wieder am ersten Punkt der Lasso-Auswahl angelangt sind, klicken Sie erneut, um die Auswahl zu schließen.

▲ **Abbildung 3.95**
Das Werkzeug steht auf Von
der Auswahl subtrahieren.

3   Optional: Auswahl nachträglich korrigieren

Möglicherweise müssen Sie jetzt die Auswahl noch bereinigen, da Sie zu viel oder zu wenig mit eingeschlossen haben. Schalten Sie auf das Polygon-Lasso oder das Freihand-Lasso um. Des Weiteren aktivieren Sie, falls Bereiche des Schneckenhauses fehlen, in der Optionsleiste Der Auswahl hinzufügen ❹ und grenzen den fehlenden Bereich zusätzlich ein.

Sollten Sie teilweise den Hintergrund mit eingefangen haben, müssen Sie entsprechend Von Auswahl subtrahieren ❺ aktivieren und eine Lasso-Auswahl um alle Bereiche legen, die nicht zum Schneckenhaus gehören und entfernt werden müssen.

Beachten Sie aber in beiden Fällen, dass Sie unbedingt einen in sich geschlossenen Auswahlkreis erzeugen müssen, ehe der zuletzt definierte Bereich hinzugefügt bzw. subtrahiert werden kann.

Kurzzeitig zum Polygon-Lasso wechseln
Halten Sie Alt gedrückt. Danach lassen Sie die Maustaste los, wodurch das POLYGON-LASSO aktiv wird. Zurück auf das Lasso schalten Sie so: Klicken Sie abermals, halten Sie nun die Maustaste gedrückt, und lassen Sie Alt los.

◄ **Abbildung 3.96**
So soll die Auswahl am Schluss aussehen.

4   Auswahl umkehren

Da wir aber nicht das Schneckenhaus, sondern den Hintergrund färben wollen, muss die Auswahl zunächst umgekehrt werden. Drücken Sie dazu Strg/cmd+⇧+I, oder wählen Sie AUS-WAHL • AUSWAHL UMKEHREN aus dem Menü. Die Folge: Alle Bild-bereiche mit Ausnahme der Schnecke sind nun ausgewählt.

5   Hintergrund einfärben

Entscheiden Sie sich nun für BEARBEITEN • FLÄCHE FÜLLEN (alter-nativ drücken Sie ⇧+F5), und füllen Sie die Auswahl mit der Vordergrundfarbe. Rot dürfte ja noch eingestellt sein, sofern Sie den letzten Workshop durchgeführt haben. Zuletzt heben Sie die Auswahl auf (Strg/cmd+D bzw. AUSWAHL • AUSWAHL AUFHE-BEN). Hier sehen Sie das Ergebnis in der Vorher-Nachher-Ansicht.

◄ **Abbildung 3.97**
Im Schneckentempo zum roten Hintergrund

Objekte auswählen

Bildobjekte können (sofern sie sich gut vom Hintergrund abheben) ganz einfach mit einer Auswahl versehen werden. Viel leichter als in der vorangegangenen Anleitung beschrieben. Ich glaube, hätte ich Ihnen dieses Werkzeug vorab gezeigt, hätten Sie sich nicht mehr sonderlich für das Magnetische Lasso interessiert. Da dieses aber immer dann zum Einsatz kommt, wenn die folgende Routine versagt, wollte ich es Ihnen vorab präsentieren. Doch schauen wir uns dieses Wundertool, das Objektauswahlwerkzeug, jetzt genauer an. Dazu öffnen Sie die Werkzeuggruppe in der sich auch der Zauberstab befindet und entscheiden sich für das oberste Tool in der Liste, OBJEKTAUSWAHLWERKZEUG. Übrigens sollten Sie das Werkzeug nicht am überarbeiteten Foto anwenden, sondern am Original »Schneckenhaus.jpg«. Falls erforderlich, speichern Sie Ihre Arbeit aus dem letzten Workshop und öffnen Sie die Originaldatei dann erneut.

Jetzt klicken Sie bitte einmal beherzt auf die Muschel. Sie müssen sich anschließend einige Sekunden gedulden, dann Photoshop analysiert das Foto zunächst und erzeugt dann eine entsprechende Auswahl. – Und? Was meinen Sie? Das stellt die magnetische Lassoauswahl ziemlich in den Schatten, oder?

▲ **Abbildung 3.98**
Aktivieren Sie das Objekt-auswahlwerkzeug.

▲ **Abbildung 3.99**
Ein Klick und die Auswahl ist fertig.

Motive auswählen

Ich weiß, das Objektauswahlwerkzeug ist nicht zu toppen. Dennoch möchte ich Ihnen eine weitere Methode vorstellen, mit der man Objekte schnell von einem ebenmäßigen Hintergrund trennen kann.

Öffnen Sie die Datei »Ballons.jpg«, und wählen Sie AUSWAHL • MOTIV. Wenn Sie die Auswahl anschließend umkehren (siehe Schritt 4 des vorangegangenen Workshops) und dann eine andere Farbe für den Himmel einstellen, überzeugt die Sache schon eher.

Bilder/Ballons.jpg

◄ **Abbildung 3.100**
Hier klappt die Trennung von Objekten und Hintergrund ganz hervorragend.

Farbbereich, Fokus und Himmel auswählen

Sicher ist Ihnen aufgefallen, dass im Menü AUSWAHL neben dem MOTIV auch noch FARBBEREICH und FOKUS existieren. Letztere Funktion eignet sich immer dann, wenn ein Objekt scharf abgebildet ist, während der Hintergrund eher unscharf ist. Die Funktion kommt allerdings an ihre Grenzen, wenn beide Bereiche ähnliche Farben aufweisen. Ebenso verhält es sich beim FARBBEREICH. Hier werden auch fortgeschrittene Kenntnisse in Sachen Maskierung vorausgesetzt. Die besser geeignete Methode nennt sich AUSWÄHLEN UND MASKIEREN und wird in diesem Kapitel ab Seite 156 erläutert. Entscheiden Sie sich hingegen für HIMMEL, gelangen Sie zu einem ähnlich guten Ergebnis wie bei der Motivauswahl. Bei derartigen Fotos findet Photoshop den Bereich des Himmels problemlos. Bitte achten Sie allerdings darauf, dass in diesem Fall nicht die Objekte (die Ballons), sondern tatsächlich der Himmel ausgewählt wird.

Zauberstab-Auswahlen

Eine Alternative zu Auswahlen mit dem Lasso stellt der Zauberstab dar. Er befindet sich in einer Gruppe mit dem Schnellauswahlwerkzeug. Damit erzeugen Sie eine Auswahl in Abhängigkeit von der Pixelfarbe. Anders als mit einem Lasso, mit dem Sie das Auswahlobjekt umkreisen, werden mit dem Zauberstab Farbbereiche markiert.

Das Schnellauswahlwerkzeug

Das Schnellauswahlwerkzeug hilft beim Finden von Kanten. Zeichnen Sie mit gedrückter Maustaste über den auszuwählenden Bereich, werden Sie sehen, dass sich die Auswahl fast wie von selbst an Farbwerten und geeigneten Kanten orientiert. Nun sollten Sie sich jedoch noch mit der nachträglichen Korrektur einer einmal erstellten Auswahl beschäftigen.

3.9 Auswahlen nachträglich ändern

Sollten Sie bereits eine Auswahl aufgezogen haben und erst im Anschluss den Wert WEICHE KANTE in der Optionsleiste ändern, hat dies keinerlei Einfluss mehr auf die bestehende Auswahl. Dennoch besteht die Möglichkeit, aktive Auswahlen nachträglich zu verändern und sogar eine weiche Kante zu vergeben.

- ▶ AUSWAHL • ALLES AUSWÄHLEN: Erzeugen Sie aus der kompletten Bildfläche eine Auswahl.
- ▶ AUSWAHL • AUSWAHL UMKEHREN (Strg/cmd+⇧+I): Ausgewählte und nicht ausgewählte Bereiche werden miteinander vertauscht. Wenn Sie eine Auswahl erzeugen und anschließend diese Option benutzen, sind alle Bereiche mit Ausnahme des zuvor selektierten Bereichs ausgewählt.

▲ **Abbildung 3.101**
Die Auswahl erhält einen farbigen Rand.

▸ AUSWAHL • AUSWAHL VERÄNDERN • RAND: Außerhalb der erzeugten Auswahl wird ein Rahmen (ähnlich der Kontur) erzeugt, der als neue Auswahlfläche definiert ist. Die Bereiche innerhalb der ursprünglichen Auswahl sind nun abgewählt.

▸ AUSWAHL • AUSWAHL VERÄNDERN • ABRUNDEN: Die Ecken der Auswahl werden abgerundet. Dabei ändert sich der Wert der weichen Kante nicht.

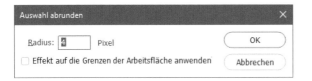

▲ **Abbildung 3.102**
Runde Ecken für die Auswahl

▸ AUSWAHL • AUSWAHL VERÄNDERN • ERWEITERN: Die bestehende Auswahl kann entsprechend der Eingabe vergrößert werden. Der Maximalwert ist dabei auf 100 Px beschränkt.

▸ AUSWAHL • AUSWAHL VERÄNDERN • VERKLEINERN: Die bestehende Auswahl kann entsprechend der Eingabe verkleinert werden. Sollte der angegebene Wert größer sein als die eigentliche Auswahl, erscheint eine Fehlermeldung.

▸ AUSWAHL • AUSWAHL VERÄNDERN • WEICHE KANTE (Strg / cmd + ⇧ + D): Mit diesem Befehl vergeben Sie nachträglich noch eine weiche Auswahlkante. Stellen Sie im Dialog die entsprechende Größe ein.

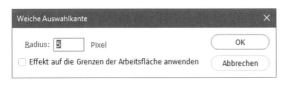

▲ **Abbildung 3.104**
So wirkt sich eine weiche Auswahlkante aus.

▸ AUSWAHL • AUSWAHL VERGRÖSSERN: Ähnliche (angrenzende) Farbwerte werden in die bestehende Auswahl aufgenommen.

▸ AUSWAHL • AUSWAHL TRANSFORMIEREN: Die vorhandene Auswahl wird um einen Skalierrahmen erweitert und kann an den Anfassern nun nach Wunsch skaliert werden.

Auswahl gleichmäßig verziehen

Im Transformationsstatus lässt sich eine Auswahl auch gleichmäßig verziehen. Halten Sie ⇧ gedrückt, bleiben die Proportionen (Breite zu Höhe) beim Ziehen erhalten. Bei der Verwendung von Alt erreichen Sie, dass sich die Auswahl gleichmäßig zu allen Seiten ausdehnt, sofern Sie einen der Eckanfasser betätigen. Ergreifen Sie stattdessen nur einen Seitenanfasser, wird lediglich die gegenüberliegende Seite mit skaliert. Denken Sie daran, dass Sie zuerst die Maustaste und erst danach die Taste Ihrer Tastatur loslassen.

▲ **Abbildung 3.103**
Photoshop konnte den Befehl nicht ausführen.

Auswahl manuell skalieren

Zuletzt darf ein wichtiger Hinweis nicht fehlen: Photoshop erlaubt es nämlich auch, eine aktive Auswahl ganz individuell per Drag & Drop zu verändern. Dazu müssen Sie lediglich erneut in das Menü Auswahl gehen und dort Auswahl transformieren einstellen. Die Auswahlkante wird daraufhin mit einer zusätzlichen Umrandung versehen, die mit den bereits bekannten quadratischen Anfassern ausgestattet ist. Wenn Sie die Maus dort hineinstellen, lässt sich das gute Stück prima hin und her schieben. Ja, und wenn Sie daran ziehen, können Sie die Auswahl nach Wunsch strecken, ziehen, stauchen, ja sogar drehen!

Da fragt man sich doch, wo denn wohl die Grenzen der Anwendung erreicht sein mögen, was? Gut, neigen bzw. kippen kann man die Auswahl nicht. Oder doch? Verziehen Sie doch einmal einen der Anfasser (am besten einen Eckpunkt), während Sie Strg/cmd gedrückt halten.

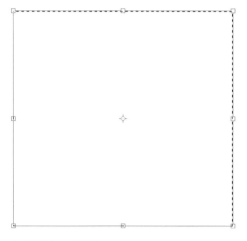

▲ **Abbildung 3.105**
Der Auswahlrahmen wird um einen Transformationsrahmen erweitert.

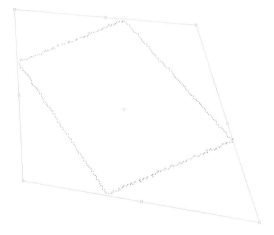

▲ **Abbildung 3.106**
Diese Auswahl wurde im ersten Arbeitsgang gedreht und im zweiten transformiert.

Der Dialog »Auswählen und maskieren«

Auswahlbereiche lassen sich jederzeit noch individuell anpassen. Das ist vor allem dann interessant, wenn sich der Übergang zwischen ausgewähltem und nicht ausgewähltem Objekt schwierig gestaltet. Um die Funktion nutzen zu können, muss nur eine einzige Bedingung erfüllt sein: Innerhalb der Werkzeugleiste muss eines der Auswahlwerkzeuge aktiv sein.

▲ **Abbildung 3.107**
Hier können Sie die Auswahl weiter verfeinern.

Im Anschluss daran betätigen Sie die Schaltfläche AUSWÄHLEN UND MASKIEREN innerhalb der Optionsleiste, oder entscheiden sich für ⌷Strg⌷/⌷cmd⌷+⌷Alt⌷/⌷⌥⌷+⌷R⌷. Nun stehen Ihnen folgende Optionen (siehe Abbildung 3.108 auf Seite 159) zur Verfügung.

❶ ANSICHTSMODUS: Lassen Sie die ausgewählten und nicht ausgewählten Bereiche des Fotos in unterschiedlichen Darstellungen erscheinen, um die Trennung beider Bereiche besser beurteilen zu können. Wenn Sie zudem KANTE ANZEIGEN einschalten, wird der Bildbereich entlang der Auswahl sichtbar. ORIGINAL ANZEIGEN präsentiert den ausgewählten Bereich wieder als geschlossene Form. QUALITATIV HOCHWERTIGE VORSCHAU sorgt während der Bearbeitung für ein detailreicheres Bild. Sollten Sie mit einem Rechner arbeiten, dessen Leistung stark begrenzt ist, könnten Verzögerungen beim Bildaufbau in Erscheinung treten. Deaktivieren Sie die Funktion in diesem Fall.

❷ Mit TRANSPARENZ (nur sichtbar, wenn ZWIEBELSCHICHT im Menü ANSICHT aktiv ist) legen Sie fest, wie stark die zu bearbeitende Ebene sichtbar sein soll. Freistellungen werden oftmals passend zum Hintergrund erzeugt. Durch die teilweise Transparenz der zu bearbeitenden Ebene halten Sie den Hintergrund immer im Blick. Beachten Sie jedoch, dass dieser Schieberegler nicht mit der Deckkraft gleichzusetzen ist. Gehen Sie ganz nach rechts, auf 100 % Transparenz, ist das Objekt komplett unsichtbar. Bei 0 % Transparenz deckt die obere Ebene die darunter befindliche folgerichtig komplett ab. (Sofern Sie im Menü ANSICHT entweder ÜBERLAGERUNG, AUF SCHWARZ oder AUF WEISS eingestellt haben, erhalten Sie an dieser Stelle einen Deckkraftregler, mit dessen Hilfe Sie festlegen, wie stark der maskierte Bereich deckend angezeigt werden soll.)

❸ VORGABE: Solange Sie noch keine Einstellungen vorgenommen haben, steht diese auf STANDARD. Sobald Sie jedoch eine Einstellung ändern, wird BENUTZERDEFINIERT angewählt. Für den Fall, dass Sie Einstellungen vornehmen, die Sie erhalten wollen, empfiehlt es sich, das Menü VORGABE zu öffnen und VORGABE SPEICHERN zu wählen. Vergeben Sie einen aussagekräftigen Namen. Bei Korrektur des nächsten Fotos gehen Sie erneut in die Liste und wählen VORGABE LADEN. Das erspart die oft mühselige Einstellung sämtlicher Parameter. Mit Aktivierung der Checkbox EINSTELLUNGEN SPEICHERN werden die aktuell eingestellten Werte innerhalb des Dialogs beibehalten und bei der nächsten Korrektur automatisch sofort angeboten.

❹ Mit dem VERFEINERUNGSMODUS legen Sie fest, auf welche Weise die Kantenerkennung optimiert wird. Wählen sie FARBBASIERT, wenn Sie es mit eher glatten und kontrastreichen Kanten zu tun haben (wie z. B. bei unseren Ballons). OBJEKTBASIERT bietet sich hingegen immer an, wenn die Hintergründe detailreich sind, oder andere schwierig freizustelle Elemente, wie z. B. Haare oder das Fell eines Tiers bearbeitet werden müssen.

❺ Sollte das Feld KANTENERKENNUNG geschlossen sein, öffnen Sie es durch einen Klick auf die vorangestellte Pfeilspitze. Anderenfalls können Sie die darunter befindlichen Steuerelemente nicht bedienen. Schalten Sie SMARTRADIUS ein, wenn die gesuchten Kanten nicht einheitlich scharf oder weich gezeichnet sind. Dies ist insbesondere bei Bildobjekten der Fall, die geneigt oder gekippt zur Kamera stehen, also deren Kanten in unterschiedlicher Entfernung zum Objektiv stehen. Nähere Kanten sind in der Regel schärfer abgebildet als weiter entfernte. Der Smartradius versucht, das auszugleichen.

Die Rubrik GLOBALE VERBESSERUNGEN hilft beim Anpassen der Kanten. Dabei bewirken die Schieberegler Folgendes:

❻ WEICH: Die Auswahl wird an eckigen, ausgefransten Stellen rundlicher und erscheint damit geglätteter.

❼ WEICHE KANTE: Der Übergang zwischen ausgewähltem und nicht ausgewähltem Bereich wird weicher dargestellt.

❽ KONTRAST: Die Auswahlkante wird schärfer, und auftretende Störungen werden entfernt (insbesondere wenn Sie mit größeren Radien arbeiten).

❾ KANTE VERSCHIEBEN: Wenn Sie den Schieber nach links bewegen, verschiebt sich die Auswahlkante nach innen, und der

ausgewählte Bereich wird kleiner. Nach rechts hin wird der
Auswahlbereich mehr und mehr ausgedehnt. Im Bereich von
»0« ist die Auswahl unverändert.

🔟 Mit AUSWAHL LÖSCHEN verwerfen Sie die Auswahl und beginnen
noch einmal von vorn. Mit UMKEHREN vertauschen Sie
ausgewählte und nicht ausgewählte Bildbereiche miteinander.
Stellen Sie sich vor, Sie wollen einen bunten Schmetterling
vor einer grünen Wiese ausschneiden. Dann ist es einfacher,
zunächst die Wiese aufzunehmen und anschließend die Auswahl umzukehren.

▼ **Abbildung 3.108**
Der Dialog AUSWÄHLEN UND
MASKIEREN

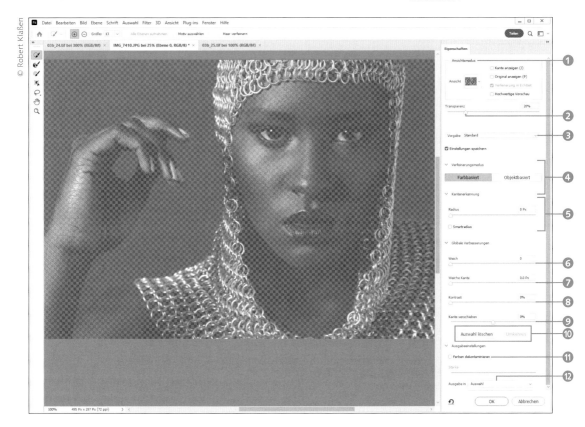

Mit den AUSGABEEINSTELLUNGEN regeln Sie, wie die Auswahl
letztendlich auf die Bildebene wirken soll. Die verschiedenen
Optionen bewirken Folgendes:

⑪ FARBEN DEKONTAMINIEREN: Diese Checkbox sorgt dafür, dass
Farbveränderungen (ausgefranste Farbbereiche) entlang der

Auswahlkante durch jene Farben ersetzt werden, die sich etwas weiter innerhalb der Auswahl befinden. So wird Farbverfälschungen entlang der Kante entgegengewirkt. Nach der Anwahl der Checkbox kann der Grad der Beeinflussung mit Hilfe des unterhalb befindlichen Reglers eingestellt werden.

⑫ Ausgabe in: Bestimmen Sie, was nach dem Klick auf OK mit dem ausgewählten Bereich geschehen soll. Er lässt sich beispielsweise als eigene Ebene, als Maskenebene oder sogar als neues Bilddokument ausgeben. (Beachten Sie zum Thema Ebenen auch Kapitel 4.)

Auf der linken Seite des Dialogs finden Sie eine kleine Werkzeugleiste mit folgenden Funktionen:

▸ Schnellauswahlwerkzeug: Hiermit nehmen Sie schnell große Bildbereiche in die Auswahl auf (mit gedrückter Maustaste wischen oder einzelne Mausklicks ausführen). Photoshop »hilft« bei der Kantenfindung erstaunlich gut mit.

▸ Kante-verbessern-Pinselwerkzeug: Verbessert den Übergang besonders im Bereich feiner Linien, z. B. Haare.

▸ Pinsel-Werkzeug: Mit diesem Tool lässt sich lediglich eine grobe Auswahl erzeugen, da eine Kantensuche nicht stattfindet. Wenn es auf Feinarbeit ankommt, ist der Pinsel außen vor.

▸ Lasso-Werkzeug: Dieses Tool hilft, wenn Sie ohne Hilfe von Photoshop auskommen wollen. In der Regel werden Sie das Werkzeug nur dann einsetzen, wenn die anderen Tools eine Kante erkennen, die nicht Ihren Vorstellungen entspricht.

▸ Hand- und Zoom-Werkzeug: Sie funktionieren wie in der Standardumgebung und helfen, den richtigen Bildausschnitt einzustellen.

▸ Alle Auswahlwerkzeuge verfügen innerhalb der Optionsleiste über einen Plus- und einen Minus-Schalter. Hier legen Sie fest, ob Auswahlbereiche hinzugefügt oder bereits ausgewählte Bereiche wieder entfernt werden sollen. In der Praxis werden Sie sich die manuelle Umschaltung ersparen, da der Wechsel auch mit gedrückter ⌈Alt⌉-Taste möglich ist. Halten Sie ⌈Alt⌉ gedrückt, während Der Auswahl hinzufügen aktiv ist, wird automatisch auf Von Auswahl subtrahieren umgeschaltet – und zwar so lange, bis Sie ⌈Alt⌉ wieder loslassen.

Schritt für Schritt
Haare freistellen

Als Königsdisziplin in Sachen Freistellung gelten zweifellos Haare. Im Detail hilft nämlich keines der bekannten Auswahlwerkzeuge weiter. Der Dialog AUSWÄHLEN UND MASKIEREN hingegen schon. In diesem Workshop wollen wir versuchen, das Model vom ursprünglichen Hintergrund zu lösen, um es anschließend auf das Blumen-Foto zu montieren. Die wehenden Haare sind dabei in der Tat das größte Problem.

Bilder/Haare_01.jpg, Haare_02.jpg

◄ **Abbildung 3.109**
Der Hintergrund des Model-Fotos soll verschwinden. Im nächsten Schritt wird das Model auf das Sonnenblumen-Foto montiert.

1 Dialog öffnen
Aktivieren Sie das Model-Foto. Jetzt sorgen Sie dafür, dass innerhalb der Werkzeugleiste ein Auswahlwerkzeug aktiv ist. Welches das ist, spielt keine Rolle. Betätigen Sie den Schalter AUSWÄHLEN UND MASKIEREN innnerhalb der Optionsleiste.

2 Grobe Auswahl erstellen
Aktivieren Sie das oberste Tool in der Werkzeugleiste des Folgedialogs, und fahren Sie mit gedrückter Maustaste über Gesicht, Haare und Körper des Models. Sie dürfen das gerne in mehreren Schritten machen, indem Sie die Maustaste zwischendurch loslassen und wieder neu ansetzen. Dass dabei auch der Hintergrund mit aufgenommen wird, lässt sich kaum vermeiden. Entfernen Sie

▲ **Abbildung 3.110**
Die freundliche Lady ist mit einer Art Schachbrettmuster umrandet worden – was auf Transparenzen hindeutet.

diese Teile, indem Sie Alt gedrückt halten und sie noch einmal überpinseln. Dabei wird wahrscheinlich der rechte Arm der Dame wieder abgewählt. Diesen müssen Sie dann abermals hinzufügen (ohne Alt). Am Ende sollte Ihnen eine recht grobe Auswahl gelungen sein (siehe Abbildung 3.110).

3   Ansichtsmodus verändern

Gehen Sie nun in die EIGENSCHAFTEN, also in die rechte Spalte des Dialogs. Öffnen Sie das Pulldown-Menü ANSICHT ❶, indem Sie auf die Bildminiatur oder die rechts daneben befindliche Pfeilspitze klicken. Entscheiden Sie sich für SCHWARZWEISS. Alternativ betätigen Sie K. Das hat den Vorteil, dass Sie direkt im Bild sehen, welche Bereiche noch nicht in die Auswahl gelangt sind. Sollten sich innerhalb des weißen Bereichs nun noch schwarze Bildelemente befinden, übermalen Sie diese anschließend.

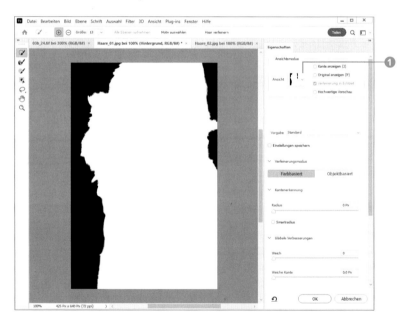

Abbildung 3.111 ▶
Hier sehen Sie buchstäblich schwarz auf weiß, welche Bereiche aufgenommen worden sind und welche noch nicht.

4   Optional: Von Auswahl subtrahieren

Für den Fall, dass Bildbereiche des Hintergrunds aufgenommen worden sind, die nicht mit in die Auswahl gehören, halten Sie Alt gedrückt und wischen abermals über diese Bereiche. Sie sollten dann schwarz werden.

5 Ansicht ändern

Am Schluss schalten Sie im Menü ANSICHT erneut um. Wählen Sie diesmal den Eintrag ÜBERLAGERUNG. Dieser zeigt nicht zur Auswahl gehörende Bereiche mit einer rot gefärbten Abdeckung.

▼ **Abbildung 3.112**
Nicht ausgewählte Bildbereiche sind rot überlagert.

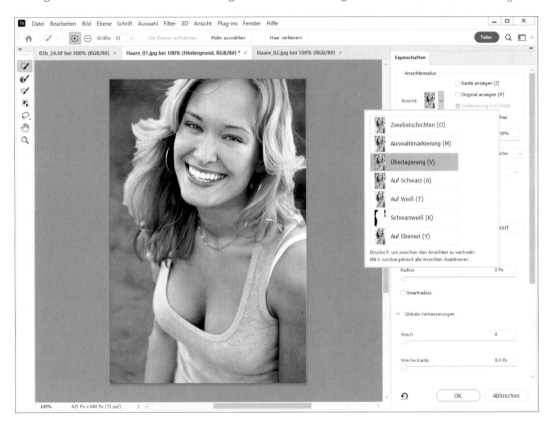

Schritt für Schritt
Haar verfeinern

Wie Sie sehen, lässt sich der Hintergrund recht gut trennen. Schwierig wird es allerdings bei den Haaren. Besonders zwischen den Strähnen will die Trennung zwischen Haar und Hintergrund nicht recht gelingen. Jetzt wird es Zeit, sich von Photoshop unter die Arme greifen zu lassen. Klicken Sie daher oben in der Optionsleiste einmal auf HAAR VERFEINERN. Das sieht doch schon wesentlich besser aus.

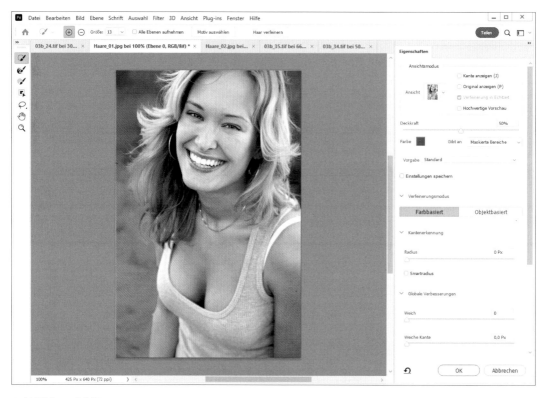

▲ **Abbildung 3.113**
Die letzte Korrektur hat der Freistellung der Haare noch einmal einen ordentlichen Schub verliehen.

1 Pinselgröße korrigieren

Schalten Sie jetzt um auf das Kante-verbessern-Pinselwerkzeug, und stellen Sie in der Optionsleiste eine Pinselgröße von etwa 13 bis 15 Px ein. Letzteres erledigen Sie mit Hilfe des Steuerelements GRÖSSE.

◀ **Abbildung 3.114**
Die Spitze sollte auch jetzt noch 20 Px betragen.

2 Auswahl bearbeiten

Konzentrieren Sie sich auf das Foto, und fahren Sie mit dem Werkzeug bei gedrückter Maustaste langsam über die Bereiche, an denen sich die Haare des Models befinden sollten. Sobald Sie die Maustaste loslassen, »sucht« Photoshop nach den Haaren und entfernt jene Bereiche, die offenbar nicht dazugehören. Zoomen Sie zur Feinarbeit stark in das Foto ein. Wenn Sie dazu nicht extra das Werkzeug wechseln wollen, drücken Sie (gegebenenfalls mehrfach) `Strg`/`cmd`+`+`. Anschließend halten Sie die Leertaste gedrückt und verschieben den Bildausschnitt mit gedrückter Maustaste. Wischen Sie über die Haaransätze und die feinen Strähnen. Sie werden erstaunt sein, wie diffizil das Werkzeug – auch bei der Suche nach einzelnen Haaren – zu Werke geht.

▼ **Abbildung 3.115**
Photoshop versucht, die Haare selbstständig freizustellen.

3 Auswahl verfeinern

Übermalen Sie auf diese Weise sämtliche Ränder entlang der Haare und des Körpers. Sollten Bereiche entfernt worden sein, die zur Person gehören, schalten Sie das Werkzeug durch Halten von `Alt` temporär um und übermalen die Stelle abermals (beim bildlinken Arm könnte das beispielsweise ebenso nötig sein, wie bei Teilen des Haars, die durch den Klick auf Haare verfeinern leicht rot eingefärbt worden sind).

4 Letzte Einstellungen vornehmen

Aktivieren Sie Farben dekontaminieren ❶ (Abbildung 3.116), das reduziert die Grünfärbung in den Haarspitzen. Bevor Sie mit OK bestätigen, stellen Sie Ausgabe in ❷ noch auf Neue Ebene mit Ebenenmaske. Zuletzt klicken Sie auf OK.

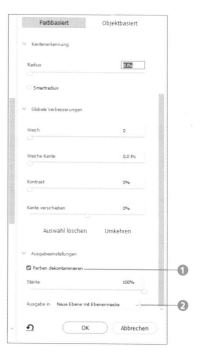

Abbildung 3.116 ▲
Nachdem Sie diese Einstellungen gewählt haben, können Sie den Dialog mit OK verlassen.

5 Hintergrund weichzeichnen

Damit ist das Model-Foto fertig. Stellen Sie beide Fotos nebeneinander. Zunächt sollten Sie dafür sorgen, dass der Hintergrund von »Haare_02.jpg« ein wenig weicher wird. Aktivieren Sie dieses Bild, und betätigen Sie FILTER • WEICHZEICHNUNGSFILTER • GAUSSSCHER WEICHZEICHNER. Legen Sie einen RADIUS von ca. 1,8 Px fest. Danach fällt die Wahl erneut auf den OK-Schalter.

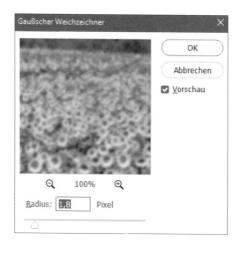

◄ **Abbildung 3.117**
Danach soll der Hintergrund leicht unscharf werden.

6 Bilder zusammenfügen

Im Anschluss daran kann das Model-Foto (»Haare_01.jpg«) auf den neuen Hintergrund übertragen werden. Aktivieren Sie das Bild, und schalten Sie anschließend das Verschieben-Werkzeug ein. Klicken Sie damit auf das Model-Foto – und zwar innerhalb eines Bereichs, auf dem sich Bildinhalte befinden. Halten Sie die Maustaste gedrückt, und ziehen Sie das Bild bis zum rechten Bildrand der Datei »Haare_02.jpg« herüber. Dort angelangt lassen Sie los.

▼ **Abbildung 3.118**
Tatsächlich. Die Haare sind wunschgemäß freigestellt.

Das Ergebnis kann sich sehen lassen. Aber Sie können sich vorstellen: Je detailreicher der Hintergrund ist und vor allem je mehr er farblich den Haaren gleicht, desto schwieriger wird die Freistellung. Erwarten Sie also bitte keine Wunder. Aber der Einsatz lohnt sich – selbst wenn man das eine oder andere Mal vielleicht auf eine Strähne verzichten muss. Noch ein Tipp zum Schluss: Falls möglich, verwenden Sie Hintergründe, die sich farblich nicht allzu dramatisch vom Originalhintergrund unterscheiden.

Auswahlkante vorübergehend ausblenden

Mitunter ist es wirklich störend, wenn die Auswahlkanten fröhlich vor sich hin blinken. Sie können dann nämlich nicht zweifelsfrei erkennen, ob die Auswahl auch einen sauberen Übergang zum Hintergrund bildet. In diesem Fall empfiehlt es sich, die Auswahlkante vorübergehend unsichtbar zu machen, indem Sie `Strg`/`cmd`+`H` drücken. Bedenken Sie dabei aber unbedingt, dass die Auswahl immer noch aktiv ist – sie ist derzeit lediglich unsichtbar. Am Schluss Ihrer Arbeit sollten Sie die Tastenkombination erneut betätigen, um die Auswahl wieder sichtbar zu machen.

Auswahlen speichern

Auswahl verschwunden

Noch ein Tipp zum Schluss: Die Auswahl hat sich wie von selbst aufgelöst? Das passiert vielleicht unbeabsichtigt, nachdem Sie einen falschen Befehl ausgeführt haben. Öffnen Sie einfach das Menü AUSWAHL, und klicken Sie auf ERNEUT AUSWÄHLEN.

Falls Sie eine aufwendige Auswahl erzeugt haben, ist es immer ratsam, diese über AUSWAHL • AUSWAHL SPEICHERN zu sichern. Wenn sich später herausstellt, dass Sie doch noch Änderungen vornehmen müssen, ist die ursprüngliche Form gleich verfügbar, indem Sie AUSWAHL • AUSWAHL LADEN anwählen.

Darüber hinaus lassen sich viele Auswahlformate auf weitere Bilddateien anwenden. Die Auswahl selbst kann per Drag & Drop auf eine andere Datei übertragen werden. (Dabei muss NEUE AUSWAHL in der Optionsleiste aktiv sein.) Wichtig ist, dass Sie Dateien, die Auswahlen enthalten, immer als PSD- oder TIFF-Dokument sichern. Andere Formate (wie JPEG oder BMP) unterstützen diese Funktion nämlich nicht.

Ebenen

Das Fundament aller Bildmontagen

- ▸ Was sind Ebenen, und wie wird mit Ebenen gearbeitet?

- ▸ Wie funktionieren Ebenenmasken?

- ▸ Wie werden Ebenenstile hinzugefügt und eingestellt?

- ▸ Was sind Mischmodi?

- ▸ Wie arbeite ich mit Smartobjekt-Ebenen?

- ▸ Wie setze ich ebenenbasierte Filter ein?

- ▸ Was sind Neurale Filter?

4 Ebenen

Ohne Ebenen geht gar nichts! Kaum eine andere Technik hat die elektronische Bildbearbeitung seinerzeit derart revolutioniert. Mit nur wenigen Mausklicks waren plötzlich effektvolle Arrangements möglich, die zuvor kaum denkbar gewesen waren. Im Laufe der Jahre wurde dieses Instrumentarium immer mehr erweitert. Ebenenmasken, Ebenenstile und Mischmodi sorgen heute für grenzenlose Vielfalt in der Pixelwelt.

4.1 Wie funktionieren Ebenen?

Masken
Besonders Einsteiger haben großen Respekt vor der Masken-Thematik. Das ist aber eigentlich unbegründet, da das Handling im Prinzip sehr einfach ist. Es wird in diesem Kapitel noch genauer erläutert. Bedenken Sie, dass Maskierungen für die effektvolle Bildbearbeitung elementar sind. Sie sollten nicht darauf verzichten!

Zuallererst müssen zwei Begriffe näher erläutert werden: *Ebenen* und *Masken*. Was hat es damit auf sich? Stellen Sie sich Ebenen wie übereinander angeordnete transparente Folien vor. Auf jede einzelne Folie lassen sich nun verschiedene Objekte aufkleben, mit einem Stift bemalen, beschreiben oder Ähnliches. Danach legen Sie alle Folien in einer bestimmten Reihenfolge übereinander. Wenn Sie jetzt von oben durchschauen, ergibt sich aus allen einzelnen Folien heraus ein Gesamtbild.

Abbildung 4.1 ▶
Die übereinander angeordneten Folien ergeben das Gesamtbild.

Außerdem ist es möglich, die einzelnen Folien zu bearbeiten. So lassen sich beispielsweise Bereiche einer bestimmten Folie ganz einfach verdecken, was Auswirkungen auf das Gesamtergebnis hätte. Das sind dann die sogenannten Maskierungen. Doch das

Beste ist: Sie bestimmen selbst, mit welcher Intensität die jeweilige Folie dargestellt wird, das heißt, wie stark sie sichtbar wird und an welcher Stelle die einzelnen Elemente platziert werden sollen.

Das Ebenen-Bedienfeld im Detail

Es ist an der Zeit, sich etwas intensiver mit dem Ebenen-Bedienfeld zu beschäftigen. Dazu haben wir es hier einmal aus der Bedienfeldgruppe herausgelöst.

Bilder/Ebenen.tif

◀ **Abbildung 4.2**
Die Beispieldatei besteht aus zahlreichen einzelnen Folien – den sogenannten Ebenen.

© Robert Klaßen

① Registerkarte der Ebene
② Filtertyp (Suchfunktionen – siehe auch nebenstehende Buttons)
③ Mischmodus der Ebene
④ Fixiermöglichkeiten (Sperren und vor unbeabsichtigter Bearbeitung schützen)
⑤ Bedienfeldmenü
⑥ Ebenendeckkraft
⑦ Flächendeckkraft der Ebene
⑧ Sichtbarkeit der Ebene (Ein- und Ausblenden)
⑨ Ebenenstile ein- und ausklappen
⑩ Zugewiesener Ebenenstil
⑪ Ebenenminiatur
⑫ Aktivierte Ebene (farbig hinterlegt)
⑬ Scrollbalken
⑭ Maskenminiatur
⑮ Fußleiste des Ebenen-Bedienfelds

Öffnen Sie die Beispieldatei »Ebenen.tif«, und skalieren Sie das Bedienfeld, indem Sie am Anfasser der unteren rechten Ecke ziehen. Egal, wie groß Ihr Monitor auch sein mag – es ist unwahrscheinlich, dass Sie alle im Foto befindlichen Ebenen sehen können. Scrollen Sie bis ganz nach unten.

Jede einzelne Zeile, die dort zu sehen ist, ist eine eigenständige Folie (sprich: Ebene) innerhalb der Gesamtkomposition. Auf dem Foto selbst stellen sich die einzelnen Ebenen auch als einzelne Elemente dar (z. B. das Logo, die Überschrift, der Fließtext – sogar die beiden dünnen roten Linien sind eigenständige Ebenen).

Ebenenbasierte Dateien speichern

Sie können selbstverständlich Fotos speichern, die aus mehreren Ebenen bestehen. Damit die Ebenen jedoch auch in Zukunft editierbar bleiben, müssen Sie das Ganze als TIFF oder PSD sichern. Andere Formate, z. B. JPEG oder BMP, unterstützen keine Ebenentechnologien. Da sich jedoch bei solchen Fotos die Dateigröße erhöht, gibt Photoshop vorsichtshalber beim Speichern eine Warnmeldung aus – und zwar jedes Mal! Das nervt! Deswegen sollten Sie NICHT WIEDER ANZEIGEN mit einem Häkchen versehen, ehe Sie mit OK bestätigen.

Abbildung 4.3 ▶
Wenn Sie hier kein Häkchen setzen, werden Sie immer wieder auf die erhöhten Dateigrößen aufmerksam gemacht.

4.2 Mit Ebenen arbeiten

Die vorangegangene Kompaktübersicht macht noch nicht wirklich Mut, sich auf Ebenen einzulassen, oder? Es existieren viele ungeklärte Begriffe, und die Bedienbarkeit dieses monströsen Bedienfelds ist auch noch nicht nachvollziehbar, oder? Schauen Sie also etwas genauer hin.

Ebenen filtern

Die in Photoshop integrierte Such- und Filteroption ❶ ist sehr hilfreich. Umfangreiche Bilddokumente, die nicht selten aus 100 und mehr Ebenen bestehen, können so systematisch durchsucht oder deren Darstellung auf bestimmte Ebenenarten (z. B. Effekte, Mischmodi, bestimmte Attribute usw.) beschränkt werden. Wollen Sie z. B. nur die Einstellungsebenen sehen, markieren Sie zunächst die entsprechende Schaltfläche ❷. Auch mehrere Optionen sind möglich, z. B. neben den Einstellungsebenen noch die Formebenen ❸. Um das Suchergebnis anschließend zu löschen, reicht ein Klick auf ❹. In diesem Zusammenhang ist auch noch wichtig, zu erwähnen, dass sich nach zuvor benannten Ebenen suchen lässt. Stellen Sie dazu unter ❺ NAME ein. Das hat zur Folge, dass rechts daneben ein kleines Eingabefeld erscheint, mit dessen Hilfe nun der Name (oder Teile dessen) eingegeben werden können. Starten Sie die Suche mit ⏎. Weitere Infos dazu finden Sie im Abschnitt »Ebenen benennen« auf Seite 177.

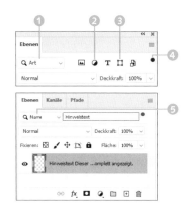

▲ **Abbildung 4.4**
Die Filteroption ist praktisch. Sie können auch nach Benennungen ❺ filtern. Jetzt wird nur die Ebene angezeigt, die dem Suchbegriff entspricht.

Ebenen markieren

Grundsätzlich muss die Ebene, mit der Sie arbeiten wollen, innerhalb des Ebenen-Bedienfelds markiert sein. Dazu klicken Sie sie einfach an. Sie wird daraufhin grau hinterlegt. (Je nach verwendeten Einstellungen kann auch ein anderer Farbton zum Tragen kommen.)

Wenn Sie das Verschieben-Werkzeug aktiviert und in der Optionsleiste zudem AUTOM. AUSW. ❻ angewählt haben, können Sie die Ebene auch auswählen, indem Sie deren Inhalt direkt im Foto markieren. Bei wenigen Ebenen ist das kein Problem. Im Beispielfoto könnte das jedoch schwierig werden, und Sie sollten grundsätzlich prüfen, ob die Ebene auch im Ebenen-Bedienfeld in einer anderen Farbe (hier: mittleres Grau) angezeigt wird.

▲ **Abbildung 4.5**
Die Ebene mit dem Titel YOUR SELECTION wurde per Mausklick ausgewählt.

▲ **Abbildung 4.6**
Danach lassen sich Ebenen auch direkt im Bild anwählen.

Bei aktivierter Transformationssteuerung ⑦ werden um den Ebeneninhalt herum Rahmenlinien sowie Anfasser abgebildet. Hierüber ließe sich der Inhalt der Ebene dann direkt im Bild skalieren, wobei der Vorgang am Ende mit Klick auf das Häkchen in der Optionsleiste oder [↵] bestätigt werden muss.

Ebenenreihenfolge verändern

Falls Sie einmal mehrere Ebenen markieren wollen (beispielsweise um diese gemeinsam auf der Bildfläche zu verschieben), klicken Sie die erste wie gewohnt mit der Maus an. Halten Sie jetzt [Strg]/[cmd] gedrückt, und klicken Sie damit auf weitere Ebenen. Dadurch lassen sich zahlreiche Ebenen markieren, die nicht direkt übereinander angeordnet sind (Abbildung 4.7, links). Möchten Sie mehrere übereinanderliegende Ebenen markieren, reicht es, wenn Sie zunächst die oberste anklicken, dann [⇧] gedrückt halten und jetzt die unterste Ebene per Mausklick selektieren. In diesem Fall werden alle dazwischenliegenden Ebenen ebenfalls selektiert (Abbildung 4.7, rechts).

Viele Ebenen ein- und ausblenden
Wenn Sie es mit zahlreichen Ebenen zu tun haben, ist es recht mühsam, sämtliche Augen-Symbole anzuklicken. Hier können Sie aber die Maustaste nach dem Markieren des ersten Auges gedrückt halten und dann über die anderen fahren. So deaktivieren Sie zahlreiche Ebenen »mit einem Wisch«. Das Wiedereinschalten funktioniert genauso.

Abbildung 4.7 ▶
Sie dürfen auch durchaus mehrere Ebenen auswählen.

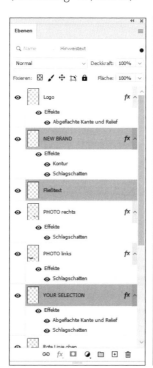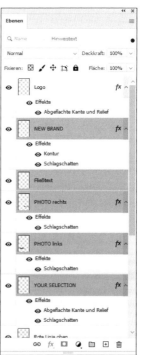

Sie müssen wissen, dass das Auswählen mehrerer Ebenen in der Regel nur zum Verschieben innerhalb der Ebenenhierarchie verwendet wird. Zur gemeinsamen Bearbeitung ist diese Funktion nicht vorgesehen. So ist es beispielsweise nicht möglich, mehrere Ebenen zu markieren und dann gleichzeitig zu bemalen.

Ebenen schnell auswählen

Bei der Arbeit mit Photoshop steht der Komfort immer im Vordergrund – so auch in Sachen Ebenen. Klar, bevor Sie eine Ebene bearbeiten können, muss diese natürlich im Ebenen-Bedienfeld angewählt werden. Für Einstellungsebenen gilt dies gleichermaßen. Wer dazu das Bild nicht extra verlassen möchte, wählt die Ebene einfach nach einem Rechtsklick bei aktiviertem Auswahlwerkzeug aus – direkt auf dem Foto. Allerdings ist zu berücksichtigen: Bei älteren Dateien, die erzeugt worden sind, bevor diese nützliche Funktion in Photoshop integriert wurde (wie z. B. »Ebenen.tif«), funktioniert es leider nicht – wohl aber beim Beispielfoto »Ebenen_02.tif«.

▲ **Abbildung 4.8**
Wählen Sie die Ebene einfach auf dem Bild aus.

Ebenen isolieren

Ebenen isolieren ist vor allem dann interessant, wenn Sie mit zahlreichen Ebenen arbeiten und nur einzelne im Ebenen-Bedienfeld anzeigen lassen wollen. Beispiel: Die Datei besteht aus 100 Ebenen, Sie wollen jedoch temporär nur die Ebenen 3, 55 und 92 bearbeiten. Stellen Sie sich einmal vor, wie viel Sie jedes Mal scrollen müssten, um an die betreffenden Einträge im Ebenen-Bedienfeld zu gelangen. Für derart gelagerte Fälle wurde die Möglichkeit der Isolation geschaffen. Wählen Sie nach einem Rechtsklick auf

▲ **Abbildung 4.9**
Die Isolation von Ebenen hilft, sich in komplexen Dateien mit zahlreichen ebenen besser zurechtzufinden.

▲ **Abbildung 4.10**
Die Ebenen können auch deaktiviert werden.

Kontrollabfrage umgehen
Möchten Sie auf die Kontrollabfrage verzichten, halten Sie während des Löschvorgangs Alt gedrückt. Alternativ ziehen Sie die Ebene auf den Papierkorb.

dem Foto (mit aktiviertem Auswahlwerkzeug) eine der relevanten Ebenen an. Danach öffnen Sie das Kontextmenü erneut und entscheiden sich für EBENEN ISOLIEREN. Im nächsten Schritt wählen Sie nach erneutem Rechtsklick auf dem Foto die nächste Ebene an, die in die Isolation soll. Schauen Sie sich das Ebenen-Bedienfeld an. Sie werden feststellen, dass dort am Ende nur die isolierten Ebenen angezeigt werden.

Nun sind die anderen Ebenen natürlich nicht verloren. Oben rechts finden Sie einen kleinen Schalter ❶ (Abbildung 4.11), mit dessen Hilfe Sie nach getaner Arbeit wieder zur Ursprungsansicht zurückkehren können. Entsprechendes wird erreicht, wenn Sie erneut einen Klick auf EBENEN ISOLIEREN im Kontextmenü setzen.

Ebenensichtbarkeit

Sind Ihnen schon die Augen-Symbole vor jeder Ebene aufgefallen? Hier können Sie eine Ebene sichtbar oder unsichtbar machen, ohne sie entfernen zu müssen. Vereinfacht gesagt: Auge = sichtbar; kein Auge = unsichtbar. Ein Mausklick auf das Symbol genügt.

Ebenen löschen

Natürlich können Sie sich auch von nicht benötigten Ebenen trennen. Markieren Sie sie, und klicken Sie anschließend auf das Papierkorb-Symbol. Gründlich, wie Photoshop nun einmal ist, startet die Anwendung gleich eine Kontrollabfrage. Bestätigen Sie die, wird die Ebene entfernt. Die Ebene HINTERGRUND ist allerdings von der Löschoption ausgenommen. Um sich von ihr zu trennen, müssen Sie sie vorab in eine Ebene umwandeln.

Hintergrund umwandeln

Ein kleines Schloss-Symbol kennzeichnet Hintergrundebenen. Aus gutem Grund, denn sie können nur bedingt bearbeitet werden. Doppelklicken Sie auf die Ebene im Ebenen-Bedienfeld (nicht auf den Namen klicken!), um aus dem Hintergrund eine voll bearbeitbare Ebene zu machen.

Neue Ebenen erstellen

Links neben dem Papierkorb findet sich die Schaltfläche NEUE EBENE ERSTELLEN, mit deren Hilfe es möglich ist, dem Bild eine neue Ebene mit transparentem Inhalt hinzuzufügen. Dabei ist zu beachten, dass die neue Ebene stets oberhalb der markierten eingefügt wird (im Beispiel oberhalb der Ebene NEW BRAND).

Ebenen benennen

Benennen Sie die Ebene gleich neu, sobald Sie sie erstellt haben. Ansonsten verlieren Sie schnell den Überblick. Dazu reicht ein Doppelklick auf den Namenszug. Beenden Sie die Eingabe mit ⏎ .

Prinzipiell ist auch gegen einen ellenlangen Namen nichts einzuwenden. Sie können sich jedoch vorstellen, dass in diesem Fall nicht die komplette Bezeichnung angezeigt werden kann. Scrollen Sie im Ebenen-Bedienfeld der Beispieldatei »Ebenen.tif« einmal nach unten, finden Sie eine entsprechende Ebene; sie beginnt mit HINWEISTEXT. Die Beschriftung lässe erahnen, dass aktuell nur ein Teil der Bezeichnung angezeigt wird. Parken Sie jedoch die Maus auf dem Namen, erscheint eine Quickinfo – und diese präsentiert die komplette Beschriftung.

▲ **Abbildung 4.11**
Die neue Ebene wird oberhalb der Ebene BALKEN erscheinen.

▲ **Abbildung 4.12**
Nach dem Doppelklick wird der Name via Tastatur eingegeben.

◀ **Abbildung 4.13**
Auch lange Bezeichnungen sind kein Problem.

Ebenen aus anderen Bildern einfügen

Wenn Sie dem aktuellen Bilddokument eine Ebene aus einem anderen Foto hinzufügen wollen, können Sie das ganz fix per Drag & Drop erledigen. Stellen Sie dazu beide Fotos nebeneinander. Aktivieren Sie das VERSCHIEBEN-Werkzeug, und klicken Sie damit im Quellfoto auf jene Ebene, die Sie in das Zielfoto integrieren wollen. Bevor Sie nun auf das Quellbild klicken und mit dem Ziehen beginnen, können Sie noch eine Ebene im Zielfoto markieren. Das bewirkt dann, dass die neu zu integrierende Ebene oberhalb der markierten eingefügt wird.

Auf diesem Weg lassen sich sogar Fotos als Ebene integrieren, die aktuell in Photoshop gar nicht geöffnet sind. Auch das funktioniert simpel per Drag & Drop, und zwar sowohl aus einem Ordner heraus als auch direkt vom Desktop/Schreibtisch. Ziehen Sie die Bilddatei mit gedrückter Maustaste auf das in Photoshop geöffnete Bild, und lassen Sie sie dort fallen. Schwups, haben Sie das Foto als eigenständige Ebene integriert – und zwar als sogenannte Smartobjekt-Ebene. Was es damit auf sich hat, erfahren Sie in diesem Kapitel in Abschnitt 4.6.

Abbildung 4.14 ▼
Hier wurde eine Bilddatei (hier: »Anna« ❶) vom Desktop aus auf ein in Photoshop geöffnetes Dokument gezogen. Das Erfreuliche: Übergeordnete Bildebenen bleiben erhalten.

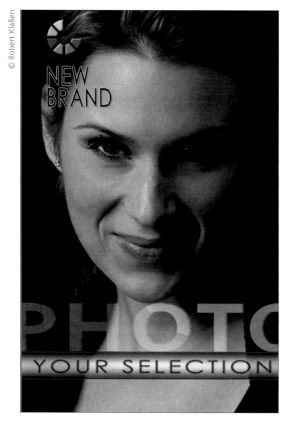

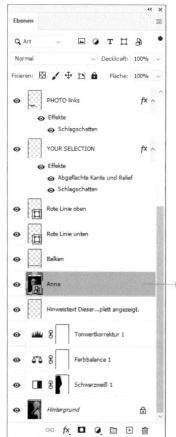

Bilder in Ebenenrahmen einfügen

Eine weitere Möglichkeit, Bilder in bereits vorhandene Dateien einzufügen, ist der sogenannte Ebenenrahmen. Das dazu benötigte Rahmen-Werkzeug ❷ lässt sich in der Toolbox oder mit Hilfe von K aktivieren. Nachdem das geschehen ist, müssen Sie die Rahmenform in der Optionsleiste anwählen. Zur Disposition stehen RECHTECK ❸ und ELLIPSE ❹.

Ziehen Sie anschließend mit gedrückter Maustaste einen Rahmen auf dem geöffneten Foto auf. Im Anschluss daran bestimmen Sie, welches Foto eingefügt werden soll. Für den Fall, dass sich Dateien im Bedienfeld BIBLIOTHEK befinden, können diese direkt per Drag & Drop in den Rahmen transportiert werden. Wollen Sie hingegen auf ein Bild zurückgreifen, das sich auf der Festplatte befindet, wählen Sie DATEI • PLATZIEREN UND EINBETTEN. Wer an dem zu importierenden Original später noch Veränderungen vornehmen möchte, die sich synchron auch auf das Zielbild auswirken sollen, wählt hingegen PLATZIEREN UND VERKNÜPFEN.

▲ **Abbildung 4.15**
Zunächst muss das Rahmen-Tool eingestellt werden.

◄ **Abbildung 4.16**
Im zuvor festgelegten Rahmenformat erscheint ein neues Foto.

Wählen Sie das eingefügte Bild anschließend ab, indem Sie einen Mausklick jenseits der soeben hinzugefügten Bilddatei vornehmen. Nun gibt es sowohl für das Verschieben als auch fürs Skalieren zwei Möglichkeiten: Wollen Sie das Bild mitsamt Rahmen verschieben, klicken Sie es an und ziehen es mit gedrückter Maustaste an die gewünschte Stelle. Es ist jedoch auch denkbar, dass Sie den Rahmen an Ort und Stelle belassen wollen, während lediglich

der Inhalt verschoben werden soll, beispielsweise um den Aus-
schnitt zu optimieren. Dazu müssen Sie einen Doppelklick auf der
Datei ausführen. Anstelle des üblichen blauen Rahmens erscheint
nun ein brauner Rahmen. Klicken Sie anschließend erneut auf das
Foto im Rahmen, und verschieben Sie den Inhalt daraufhin nach
Wunsch.

Und skalieren? Auch hier existieren zwei Möglichkeiten: Markieren Sie den Rahmen mittels einfachem Mausklick. Danach drü-
cken Sie $\boxed{\text{Strg}}$+$\boxed{\text{T}}$. Ziehen Sie den Rahmen an den Eckanfassern
in Form. Die Änderungen wirken sich sowohl auf den Rahmen als
auch auf das darin befindliche Foto aus. Führen Sie jedoch vor
Betätigung des erwähnten Tastaturbefehls einen Doppelklick auf
dem Rahmen-Foto aus, bleibt der Rahmen beim Skalieren unangetastet. Sie skalieren anschließend also nur den Inhalt, während
der Rahmen unverändert bleibt. Eine letzte Info noch: Rahmen-
ebenen unterscheiden sich innerhalb des Ebenen-Bedienfelds
auch optisch von herkömmlichen Ebenen. Zudem werden die
Bilder als Smartobjekte hinzugefügt. Was es damit auf sich hat,
erfahren Sie ab Seite 199.

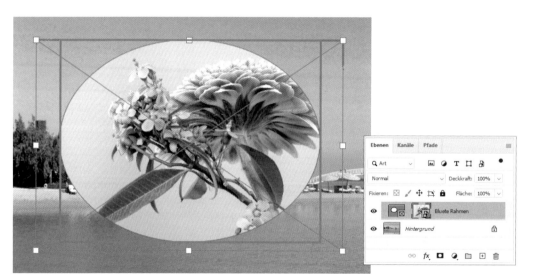

▲ **Abbildung 4.17**
Doppelklick = brauner Rahmen = Skalierung des Fotos ohne den dazugehö-
rigen Rahmen. Einzelner Mausklick = blauer Rahmen = Skalierung von Foto
und Rahmen gemeinsam.

▲ **Abbildung 4.18**
Das Rahmen-Bild wurde als
Smartobjekt eingefügt.

Auswahl aus Ebeneninhalt erzeugen

Klicken Sie einmal, während Sie ⌜Strg⌟/⌜cmd⌟ gedrückt halten, auf die Miniatur einer Ebene. Achten Sie darauf, dass Sie unbedingt die Miniatur erwischen – also weder den Namen noch die graue Fläche daneben. Wenn Sie die richtige Position erreicht haben, erweitert sich der Mauszeiger (Hand) um ein kleines Rechteck. Mit einem Klick auf die Ebenenminiatur bei gedrückter Taste ⌜Strg⌟/⌜cmd⌟ werden daraufhin nämlich alle Pixel der Ebene, die nicht transparent sind, als Auswahl geladen.

So können Sie schnell komplexe Auswahlen aus Ebeneninhalten erzeugen. Nützlich, oder? Eine solche Auswahl heben Sie übrigens wieder auf, indem Sie ⌜Strg⌟/⌜cmd⌟+⌜D⌟ drücken.

▲ Abbildung 4.19
Ein Klick auf die Ebenenminiatur mit ⌜Strg⌟/⌜cmd⌟ bewirkt, …

▲ Abbildung 4.20
… dass die Inhalte der betreffenden Ebene als Auswahl geladen werden.

Ebenen verbinden

Nun kann es sein, dass Sie mehrere Ebenen generell miteinander verbinden möchten. Denkbar ist z. B., dass ab sofort nur noch beide Ebenen gemeinsam verschoben werden dürfen – auch dann, wenn nur eine der beiden Ebenen markiert wird. Dazu wählen Sie zunächst eine der gewünschten Ebenen aus. Halten Sie anschließend ⌜Strg⌟/⌜cmd⌟ bzw. ⌜⇧⌟ gedrückt (je nachdem, ob die Ebenen zusammenliegen oder nicht), und klicken Sie auf die Ebenen, die mit der zuerst ausgewählten verbunden werden sollen. Danach betätigen Sie die Kettensymbol-Schaltfläche unten links in der Fußleiste.

Auf Hintergrund reduzieren
Dateien, die aus mehreren Ebenen bestehen, beanspruchen mehr Speicherplatz. Daher ist es mitunter sinnvoll, Bilder zu reduzieren. Im Fenstermenü schlummert die Funktion AUF HINTERGRUNDEBENE REDUZIEREN. Beachten Sie aber, dass Transparenzen der untersten Ebene dann zugunsten der aktuell eingestellten Hintergrundfarbe geschluckt werden. Außerdem sind die Ebenen dann miteinander verschmolzen und lassen sich nicht mehr separat bearbeiten.

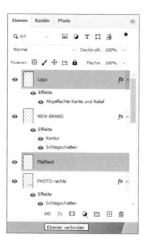

Gruppen benennen
Wie auch bei Ebenen sollte bei Gruppen von Beginn an eine Namens-vergabe erfolgen. Dop-pelklicken Sie dazu auf den Namen der Gruppe, und bestätigen Sie Ihre Eingabe mit ⏎.

▲ **Abbildung 4.21**
Die Verbindung wird durch Ketten-Symbole kenntlich gemacht.

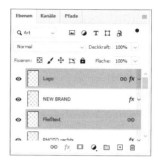

▲ **Abbildung 4.22**
Zuerst markieren, dann ver-binden

Um derartige Verbindungen wieder aufzuheben, markieren Sie eine der verbundenen Ebenen und klicken im Anschluss erneut auf das Ketten-Symbol in der Fußleiste.

Ebenen gruppieren

Ebenen, so weit das Auge reicht. Irgendwann verliert auch der gewandteste Bildgestalter die Übersicht. Ordnen Sie daher Ihre Ebenen in Gruppen ein. Über NEUE GRUPPE ERSTELLEN (das Ord-ner-Symbol in der Fußleiste) ❶ erzeugen Sie einen Ordner, den Sie dann mit Ebenen füllen können, indem Sie sie einfach auf den neuen Ordner ziehen.

Über das kleine vorangestellte Dreieck kann der Ordner geöff-net bzw. geschlossen werden. Alternativ können Sie eine Ebenen-gruppe auch über Strg/cmd+G oder EBENE • EBENEN GRUPPIE-REN anlegen, nachdem Sie sie markiert haben. Eine Ebenengruppe lässt sich übrigens auch wieder auflösen, und zwar über EBENE • EBENENGRUPPIERUNG AUFHEBEN.

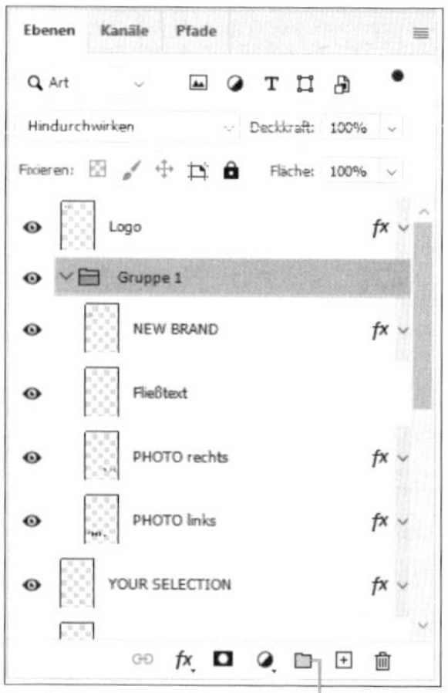

▲ **Abbildung 4.23** ❶
Durch die Einrückung wird deutlich: Die vier Ebenen unterhalb des Ordners gehö-ren zur Gruppe. Die Ebenen LOGO und YOUR SELECTION sind jedoch nicht dabei.

Ebenen zusammenfügen

Wenn einzelne Ebenen nicht mehr separat bearbeitet werden müssen, bietet es sich an, Ebenen miteinander zu verbinden. Eine

»kleine« Verbindung gehen dabei Ebenen ein, die direkt übereinander angeordnet sind. Markieren Sie die obere, und entscheiden Sie sich im Fenstermenü für MIT DARUNTER LIEGENDER AUF EINE EBENE REDUZIEREN. Strg/cmd+E bewirkt das Gleiche, macht die Sache aber wesentlich einfacher, wie ich meine.

Wollen Sie mehrere Ebenen in einem Arbeitsgang verbinden, sollten Sie zunächst alle Ebenen unsichtbar schalten, die nicht verbunden werden sollen. Markieren Sie anschließend eine noch sichtbare Ebene, und entscheiden Sie sich für SICHTBARE AUF EINE EBENE REDUZIEREN. Alternativ können Sie auch die Tasten Strg/cmd+⇧+E betätigen.

Ebenen fixieren

Beachten Sie die Möglichkeiten, Ebenen gegen unbeabsichtigte Bearbeitungen schützen zu können. Die Funktionen sind wirklich sehr hilfreich und ersparen das Restaurieren unabsichtlich veränderter Bildbereiche.

◄ **Abbildung 4.24**
Ein Schutzschild für Ihre Ebenen – die Fixieroptionen

▶ TRANSPARENTE PIXEL FIXIEREN: Alle transparenten Bereiche der Ebene bleiben vor Bearbeitungen geschützt. Die Funktion ist hilfreich, wenn Sie beispielsweise Farbe nur auf vorhandene Objekte auftragen wollen.

▶ BILDPIXEL FIXIEREN: Die Ebene ist vor der Bearbeitung mit Malwerkzeugen geschützt. Optionen wie das Verschieben der Ebene bleiben erhalten.

▶ POSITION SPERREN: In der Umkehrwirkung zu BILDPIXEL FIXIEREN kann die Ebene hier nicht bewegt, wohl aber mit Malwerkzeugen bearbeitet werden.

Ebenenkompositionen
Im Menü FENSTER finden Sie ein Bedienfeld mit dem schönen Namen EBENENKOMP. Damit können verschiedene Zustände eines Bildes gesichert werden. Dies ist vor allem dann sinnvoll, wenn Sie noch nicht genau wissen, wie das Endergebnis aussehen soll, oder Sie Ihrem Kunden mehrere Entwürfe zeigen möchten. Für jede Variante legen Sie eine eigene Ebenenkomposition an. Der Button zum Speichern einer Komposition steht jedoch nur zur Verfügung, wenn Sie bereits Arbeiten an Ihrem Bild vorgenommen haben.

▶ Automatisches Verschachteln in und aus Zeichenflächen verhindern: Beim Hinzufügen eines Zeichenflächen-Elements wird dieses automatisch der geöffneten Zeichenfläche hinzugefügt. Unterbinden Sie dies, indem Sie den Button vor dem Hinzufügen neuer Elemente aktivieren. Daraufhin können keine neuen Elemente hinzugefügt werden. Ebenso wird durch diese Funktion verhindert, dass Elemente aus der Zeichenfläche herausgezogen werden können. Das Verschieben der Elemente ist zwar weiterhin möglich – allerdings nur innerhalb der Zeichenfläche.

▶ Alle sperren: Die Ebene ist gegen sämtliche Bearbeitungen geschützt. Wenn Sie versuchen, eine fixierte Ebene zu bewegen, gibt Photoshop eine Warnmeldung aus.

Abbildung 4.25 ▶
Hilfsbereit wie immer – die Anwendung informiert auch gleich, warum die gewünschte Aktion nicht möglich ist.

Beachten Sie, dass die Ebenen innerhalb des Ebenen-Bedienfelds dennoch verschoben werden können – egal, welche Schutzfunktion aktiv ist. Die Stapelreihenfolge der Ebenen lässt sich also immer ändern.

4.3 Mit Ebenenmasken arbeiten

Im vorangegangenen Abschnitt haben Sie erfahren, wie sich Ebenen bedienen lassen. Allerdings sind die Möglichkeiten in Bezug auf das Gesamtergebnis aller Ebenen noch stark beschränkt. Was ist beispielsweise zu tun, wenn nur ein bestimmter Bereich einer Ebene sichtbar sein soll? Die Antwort: Sie müssen eine Ebenenmaske erzeugen.

Ebenenmasken anlegen

Um eine Ebene teilweise sichtbar bzw. unsichtbar zu machen, bedarf es einer Maskierung. Dazu betätigen Sie nach Anwahl der betreffenden Ebene den Button Ebenenmaske hinzufügen ❶ in der Fußleiste des Ebenen-Bedienfelds. Bedenken Sie jedoch, dass die Maskierung eines Hintergrunds nicht möglich ist. Aktivieren Sie ihn dennoch und betätigen anschließend besagten Button, wandelt Photoshop den Hintergrund zunächst in eine Ebene um ❷.

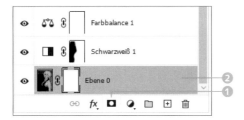

▲ **Abbildung 4.26**
Der Hintergrund wird vor Erzeugung einer Ebenenmaske zunächst in eine Ebene konvertiert.

Ebenenmasken bearbeiten

Sobald Sie eine Ebenenmaske hinzufügen, erscheint neben der Ebenenminiatur eine zweite, die sogenannte Maskenminiatur. Sie ist zudem ausgewählt, was sich an der weißen Umrandung erkennen lässt. Das bedeutet: Alles, was Sie nun machen, wird sich auf die Ebenenmaske auswirken. Sollten Sie zwischendurch eine andere Ebene aktivieren und danach weiter an der Maske arbeiten wollen, müssen Sie diese auch mit einem Mausklick auswählen. Das normale Markieren der Ebene reicht nicht aus. Missachten Sie das, arbeiten Sie auf der Ebene – und nicht auf der Maske.

Nun zur eigentlichen Bearbeitung von Masken: Sobald Sie eine Maske aktivieren, werden die Farben innerhalb der Werkzeugleiste auf Schwarz und Weiß eingestellt. Kontrollieren Sie das. Sollten hier andere Farben eingestellt sein, obwohl Sie eine Maskenminiatur angewählt haben, drücken Sie D. Das macht Weiß zur Vordergrund- und Schwarz zur Hintergrundfarbe. Dabei gilt: Alles, was auf der Maske in Schwarz eingefärbt wird, ist unsichtbar, alles Weiße ist hingegen sichtbar.

Um also eine sichtbare Ebene teilweise zu maskieren, müssen Sie Schwarz in den Vordergrund holen. Das gelingt mit X. Wann immer Sie diese Taste betätigen, wechseln Vorder- und Hintergrundfarbe miteinander.

Miniaturen vergrößern
Falls Ihnen die Miniaturen zu klein sind, öffnen Sie das Bedienfeldmenü des Ebenen-Bedienfelds und selektieren BEDIENFELDOPTIONEN. Dort lassen sich verschiedene MINIATURGRÖSSEN einstellen.

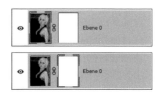

▲ **Abbildung 4.27**
Hier wird der Unterschied deutlich. Links ist die Ebene aktiv, rechts die Ebenenmaske. Achten Sie auf die weißen Eckumrandungen.

Bilder/Ebenen.tif

▲ **Abbildung 4.28**
Die Ebene wird mit dem Pinsel und schwarzer Vordergrundfarbe maskiert.

Zum Maskieren eignen sich Malwerkzeuge und Verläufe. Aktivieren Sie doch einmal das Pinsel-Werkzeug ⌷B⌷, und malen Sie mit Schwarz über die betreffende Ebene ❶ (hier den in eine Ebene umgewandelten Hintergrund der Beispieldatei »Ebenen.tif« mit anschließender Maskierung). Beachten Sie auch, wie sich die Maskenminiatur an diesen Stellen mit Schwarz füllt ❷. (Übrigens könnten Sie nach der Maskierung Weiß als Vordergrundfarbe wählen, also ⌷X⌷ drücken und dann den maskierten Bereich abermals übermalen. Dann würde dieser Bereich wieder demaskiert.)

Das Eigenschaften-Bedienfeld

Mit Hilfe des sogenannten Eigenschaften-Bedienfelds (FENSTER • EIGENSCHAFTEN oder Klick auf eine Maskenminiatur im Ebenen-Bedienfeld) ist es zudem noch möglich, die Maske nachträglich zu bearbeiten.

◄ **Abbildung 4.29**
Hier kann z. B. die Dichte
heruntergesetzt werden, was
die Sichtbarkeit des zuvor
maskierten Bereichs wieder
erhöhen würde.

▶ AUSWÄHLEN UND MARKIEREN ❻: Hiermit lässt sich das Dialogfeld MASKE VERBESSERN öffnen. Es gestattet eine Optimierung
der bisher erzeugten Maske. Die Steuerelemente sind identisch
mit denen im bereits bekannten Dialog AUSWÄHLEN UND MAS-
KIEREN (siehe Seite 156).

▶ FARBBEREICH ❼: Hierüber kann eine bestimmte Farbe oder ein
Farbbereich per Pipette aus dem Bild aufgenommen und als
Maske verwendet werden.

▶ UMKEHREN ❽: Eine Maske wird dahingehend umgekehrt, dass
sichtbare Bereiche unsichtbar und unsichtbare Bereiche sichtbar werden. Prinzipiell werden hier Schwarz und Weiß miteinander vertauscht.

▶ AUSWAHL AUS MASKE LADEN ❾: Erzeugen Sie aus der aktuellen
Maske (schwarze Bereiche) eine Auswahl.

▶ MASKE ANWENDEN ❿: Beim Klick auf diese Schaltfläche wird
die Maske direkt auf die Ebene angewendet. Die Ebenenmaske
selbst wird dabei aufgehoben.

▶ MASKE AKTIVIEREN/DEAKTIVIEREN ⓫: Lassen Sie die oberste
Ebene vorübergehend unmaskiert anzeigen. Ein erneuter Klick
auf das Auge macht die Maske wieder sichtbar.

▶ MASKE LÖSCHEN ⓬: MASKE LÖSCHEN verwirft die gesamte Maskierung und löscht zudem die Ebenenmaske selbst.

**Vektormaske
hinzufügen**

Hier ❸ lassen sich Mas-
ken mit Hilfe der Pfad-
werkzeuge generieren.
(Weitere Informationen
zu Pfaden erhalten Sie in
Kapitel 10, »Text, Formen
und Pfade«.)

Doppelklick-Auswahl

Bitte achten Sie darauf, dass Sie zum Auswählen einer Ebenenmaske stets einen herkömmlichen Mausklick auf das Masken-
symbol setzen. Wenn Sie nämlich stattdessen einen Doppelklick
ausführen, fragt Photoshop nach, was künftig in diesem Fall
geschehen soll. Sie haben dann die Wahl, mit besagtem Doppelklick ebenfalls die EIGENSCHAFTEN anzeigen zu lassen oder den
Dialog AUSWÄHLEN UND MASKIEREN zu öffnen. Letzteres erscheint
sinnvoller, da sich das Eigenschaften-Bedienfeld ja, wie Sie bereits
wissen, auch über den herkömmlichen Mausklick aktivieren lässt.

▲ **Abbildung 4.30**
Treffen Sie eine Auswahl.

Wie Sie sehen, ist auch diese Entscheidung nicht in Stein gemei-
ßelt. Denn sollten Sie es sich irgendwann anders überlegen, kön-
nen Sie jederzeit auf BEARBEITEN/PHOTOSHOP • VOREINSTELLUN-
GEN • WERKZEUGE gehen und dort die Checkbox DOPPELKLICK
AUF EBENENMASKE STARTET ARBEITSBEREICH »AUSWÄHLEN UND
MASKIEREN« ein- oder ausschalten, ehe Sie mit OK bestätigen.

Maskendichte und Kantenschärfe ändern

Bilder/Haende.jpg,
Platine.jpg

Sie können die DICHTE ❹ der Maske verändern. Das wirkt dann
so, als hätten Sie die Maske mit einem deckkraftverminderten
Pinsel erzeugt. So lässt sich festlegen, dass die Maske nur zum
Teil sichtbar ist – und somit Teiltransparenzen erzeugt werden.
Außerdem dürfen Sie jetzt auch nachträglich noch die Kantenschärfe der Maske ändern. Dazu ein Beispiel: Sie haben mit einer
harten Pinselspitze gearbeitet und müssen jetzt feststellen, dass
der Übergang eigentlich viel weicher sein müsste. Dann ziehen Sie
einfach den Regler WEICHE KANTE ❺ (siehe Abbildung 4.29) nach
rechts, bis Ihnen der Übergang gefällt.

Ebenen maskieren – eine einfache Montage

Sie haben wieder einmal sehr viel Theorie über sich ergehen lassen müssen. Zur Entschädigung gibt es jetzt einen Workshop, der Ihnen gefallen wird. Öffnen Sie die beiden Beispielbilder. (Sollte die Datei »Ebenen.tif« noch geöffnet sein, schließen Sie das Foto – und zwar am besten, ohne die Änderungen zu speichern.) Wir werden nun mit einer interessanten Montage starten.

© S. Hofschlaeger / pixelio.de

© Margot Kessler / pixelio.de

▲ **Abbildung 4.31**
Dieses Bild dient als Grundlage.

▲ **Abbildung 4.32**
Dieses Foto wird auf das erste »montiert«.

1 Dateien verbinden

Stellen Sie das Bild »Platine.jpg« nach vorne. Betätigen Sie ⌷Strg⌷/⌷cmd⌷+⌷A⌷, gefolgt von ⌷Strg⌷/⌷cmd⌷+⌷C⌷. Sie wissen ja: Der erste Befehl wählt alles aus, während der zweite den Inhalt der Auswahl in die Zwischenablage befördert. Stellen Sie nun »Haende.jpg« in den Vordergrund, und betätigen Sie ⌷Strg⌷/⌷cmd⌷+⌷V⌷. Danach dürfen Sie das Platinen-Foto schließen.

> **Ebene automatisch ausgewählt**
> Im nächsten Schritt ist auf der obersten Ebene zu arbeiten. Da sie aber nach einer Einfügung, wie Sie sie gerade vollzogen haben, automatisch aktiv ist, muss die separate Anwahl nicht mehr erfolgen.

◄ **Abbildung 4.33**
Von jetzt an arbeiten Sie nur noch auf dem Grundlagen-Foto.

▲ **Abbildung 4.34**
Die Deckkraft der oberen
Ebene wurde hier auf 42 %
reduziert.

2   Deckkraft verringern

Sie müssen den Durchmesser der Platinen-Kugel noch auf den der
Glaskugel anpassen. Da das obere Foto das untere jedoch verdeckt, sollten Sie zunächst die Deckkraft der oberen Ebene etwas
absenken. Dazu stellen Sie den Mauszeiger auf den Begriff DECK-
KRAFT ❶ innerhalb des Ebenen-Bedienfelds, klicken mit der Maus
darauf und schieben das Zeigegerät langsam nach links. Beobachten Sie dabei das nebenstehende Eingabefeld. Wenn es etwa 40 %
zeigt, lassen Sie die Maustaste wieder los.

3   Obere Ebene transformieren

Damit ist der Weg frei, die eigentliche Größenanpassung vorzunehmen. Wählen Sie daher BEARBEITEN • FREI TRANSFORMIEREN
aus dem Menü, oder drücken Sie ⌈Strg⌉/⌈cmd⌉+⌈T⌉. Photoshop präsentiert daraufhin einen Transformationsrahmen mit den bereits
bekannten quadratischen Anfassern.

Ergreifen Sie einen der Eckanfasser. Bevor Sie ihn jedoch verschieben, halten Sie zusätzlich noch ⌈⇧⌉ gedrückt, damit sich die
Proportionen des oberen Bildes nicht verändern können. Wenn
Sie fertig sind oder unterbrechen wollen, lassen Sie stets zuerst
die Maustaste und erst im Anschluss ⌈⇧⌉ los.

Abbildung 4.35 ►
Verkleinern Sie die obere
Bildebene, ohne dabei die
Proportionen zu verändern.

4   Ebene verschieben

Sicher müssen Sie die obere Bildebene (Platine) noch verschieben, damit sie auch wirklich mittig über der Glaskugel liegt. Das
können Sie machen, indem Sie in den Transformationsrahmen
hineinklicken und das Bild dann per Drag & Drop nach Wunsch
bewegen.

Am Ende bestätigen Sie die Transformation mit einem Klick auf das Häkchen in der Optionsleiste oder indem Sie ⏎ betätigen. Übrigens müssen Sie nicht 100%ig exakt arbeiten, da der Rand nicht explizit bearbeitet wird. Wenn die obere Kugel also »in etwa« der unteren entspricht, haben Sie den Job optimal erledigt.

◄ **Abbildung 4.36**
So ist die Transformation durchaus in Ordnung.

5   Deckkraft erhöhen

Nachdem Sie die Transformation bestätigt haben, sollten Sie die Deckkraft der oberen Ebene wieder auf 100 % erhöhen. Setzen Sie die Maus also wieder auf die Bezeichnung DECKKRAFT im Ebenen-Bedienfeld, und ziehen Sie mit gedrückter Maustaste nach rechts. Die Platine deckt daraufhin die Glaskugel wieder vollständig ab.

6   Ebenenmaske anlegen

Jetzt müssen Sie die oberste Ebene mit einer Maske versehen. Dadurch haben Sie nämlich die Möglichkeit, bestimmte Bereiche dieser Ebene nachträglich zu entfernen. Würden Sie jetzt einfach auf das Masken-Symbol in der Fußleiste der Anwendung klicken, so entstünde eine weiße Maske. Die obere Ebene wäre voll deckend. Wir wollen jedoch mit einer schwarzen Maske beginnen, die zunächst die gesamte obere Ebene unsichtbar macht. Dazu halten Sie Alt gedrückt und betätigen EBENENMASKE HINZUFÜGEN.

▲ **Abbildung 4.37**
Die Maskenminiatur ist pechschwarz. Die Folge: Die Ebene ist komplett unsichtbar.

Maske umkehren

Sollten Sie versehentlich eine weiße Maske erzeugt haben, ist das kein Beinbruch. Mit ⌈Strg⌉/⌈cmd⌉+⌈I⌉ lässt sich eine Maske nämlich jederzeit invertieren. Aus Schwarz wird Weiß – und umgekehrt.

7   Werkzeug einstellen

Jetzt müssen Sie noch das Werkzeug einstellen, mit dem Sie maskieren wollen. Wir benutzen dazu einen Pinsel. Drücken Sie ⌈B⌉, und stellen Sie sicher, dass auch wirklich der Pinsel ausgewählt ist. Sollte ein anderes Tool gelistet sein, betätigen Sie so oft ⌈⇧⌉+⌈B⌉, bis sich das gewünschte Tool in der Werkzeugleiste zeigt.

In der Optionsleiste wählen Sie zudem eine weiche Pinselspitze mit einem Durchmesser von etwa 180 Px. Die weiteren Einstellungen innerhalb der Optionsleiste lauten: Modus NORMAL sowie DECKKR. und FLUSS jeweils 100 %.

▲ Abbildung 4.38
So muss der Pinsel eingestellt sein.

8   Ebene demaskieren

Sorgen Sie zudem dafür, dass Weiß als Vordergrundfarbe gelistet ist, indem Sie ⌈D⌉ betätigen. Da die Ebene ja komplett unsichtbar ist, müssen Sie »demaskieren« – und zwar mit Weiß. Wischen Sie langsam über die Glaskugel. Das bewirkt, dass sich die Platine nach und nach zeigt.

▲ Abbildung 4.39
Durch Auftragen von weißer Farbe wird die obere Ebene demaskiert.

9   Maske korrigieren

Wischen Sie die Platine nach und nach frei, wobei Sie aber darauf achten sollten, dass Sie nicht zu dicht an die Hände gelangen. Sollte das dennoch passieren, ist das kein Beinbruch. Drücken Sie in diesem Fall einfach ⌧ auf Ihrer Tastatur (daraufhin wird Schwarz zur Vordergrundfarbe), und übermalen Sie den Bereich, den Sie zuvor versehentlich freigelegt hatten. Danach drücken Sie abermals ⌧ (jetzt wird wieder Weiß als Vordergrundfarbe definiert), und legen Sie die Platine weiter frei.

Und noch eine Info: Dadurch, dass Sie zuvor eine weiche Pinselspitze eingestellt haben, werden die Übergänge zwischen den beiden Ebenen weich ineinanderfließen.

◀ **Abbildung 4.40**
Die obere Ebene liegt stellenweise frei.

10   Auf Hintergrundebene reduzieren

Gehen Sie jetzt noch einmal in das Bedienfeldmenü, und wählen Sie den Eintrag AUF HINTERGRUNDEBENE REDUZIEREN. Das hat den Vorteil, dass die Dateigröße geringer wird (je mehr Ebenen, desto größer das Dateivolumen). Einen Nachteil hat das aber auch: Die Maskierung wird dadurch aufgelöst, und Sie können sie danach nicht weiter ausgestalten. Machen Sie diesen Schritt also bitte nur dann, wenn Sie genau wissen, dass die Maskierung nicht noch einmal korrigiert werden muss.

Ich habe die Ergebnis-Datei »Haende-bearbeitet.tif«, die Sie wie gewohnt im Ordner ERGEBNISSE finden, nicht auf die Hintergrundebene reduziert, damit Sie auch die Maske selbst noch begutachten können.

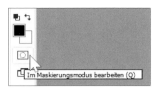

▲ **Abbildung 4.41**
Schalten Sie nach Erstellung
einer Auswahl den Maskie-
rungsmodus ein.

Maskierungsmodus

An dieser Stelle möchte ich Ihnen noch kurz eine weitere Mas-
kierungsoption vorstellen. In Photoshop ist es nämlich möglich,
eine Auswahl als Maske zu nutzen. So ließe sich beispielsweise
ein schwierig zu maskierender Bereich zunächst mit einer Auswahl
einfangen und anschließend ⎡Q⎤ drücken. Stattdessen dürfen Sie
aber auch auf den Maskierungsmodus-Button unten in der Toolbox klicken. Die Schaltfläche sieht aus wie ein Europafähnchen,
gell?

Abbildung 4.42 ▶
So sieht die Auswahl der
Blüte bei aktiviertem Maskie-
rungsmodus aus.

Sie sehen jetzt sämtliche ausgewählten Bereiche in Normalfarbe,
während nicht ausgewählte Bereiche teiltransparent rot überlagert sind. Mit Hilfe des Pinsel-Werkzeugs lassen sich nun ausgewählte Bereiche durch bloßes Malen von der Auswahl abziehen.
Voraussetzung dafür ist, dass Schwarz als Vordergrundfarbe eingestellt ist. Mit weißer Vordergrundfarbe hingegen ließen sich der
Auswahl weitere Bereiche hinzufügen. Durch erneuten Klick auf
das Eurofähnchen oder ⎡Q⎤ verlassen Sie den Maskierungsmodus
und kehren zurück zur Auswahl.

Und was hat diese Auswahl nun mit Ebenenmasken zu tun?
Nun, Sie wären nach der Erstellung der Auswahl imstande, durch
bloßes Klicken auf das Ebenenmasken-Symbol der Ebene eine
entsprechende Maske hinzuzufügen. Sollten Sie die Auswahl auf
einem Hintergrund erstellt haben, wird sie beim Klick auf das Ebenenmasken-Symbol automatisch eine Ebene.

▲ **Abbildung 4.43**
Aus der zuvor erzeugten Auswahl wird eine präzise Maske.

4.4 Ebenenstile

Ebenenstile (auch Ebeneneffekte genannt) werden stets auf die gesamte Ebene angewendet. Dabei stehen dem Anwender mächtige Tools und umfangreiche Optionen zur Verfügung.

Wenden Sie z. B. einen Schlagschatten auf eine Ebene an, sieht es so aus, als fiele der Schatten auf die unterhalb angeordneten Ebenen. In Wahrheit ist der Schatten aber Bestandteil der Ebene, auf die er angewendet wird.

Ebenenstile hinzufügen

Um einen Ebenenstil zuzuweisen, gibt es folgende Möglichkeiten: Entweder Sie entscheiden sich im Menü Ebene • Ebenenstil für einen der folgenden Einträge, oder Sie setzen einen Doppelklick auf die gewünschte Ebene innerhalb des Ebenen-Bedienfelds. Es erscheint ein umfangreiches Fenster, in dem Sie den gewünschten Effekt per Checkbox bestimmen. Prinzipiell dürfen das übrigens auch mehrere Effekte sein.

Wie wäre es, wenn Sie dazu einen Workshop absolvieren würden? Dann können Sie sich auch direkt mit den Erfordernissen für derartige Arbeitsschritte vertraut machen. Es ist nämlich z. B. nicht möglich, Ebenenstile auf Hintergrundebenen zu übertragen. Sie finden den Workshop »Plastische_Wirkung.pdf« bei den Beispielmaterialien des Buchs.

Ebenenstile nachträglich ändern

Wenn Sie mit OK bestätigt haben, ist der Effekt zugewiesen. Dennoch lässt er sich jederzeit nachjustieren – und zwar verlustfrei. Dazu reicht ein Doppelklick auf das fx-Symbol der Ebene.

Zudem lassen sich die direkt unterhalb angeordneten Augen-Symbole anklicken, wodurch einzelne Effekte oder alle (oberstes Auge) deaktiviert werden. Ein erneuter Klick auf diese Stelle macht die Ebeneneffekte wieder sichtbar. – Sie möchten die Effekte nachträglich doch wieder löschen? Nichts leichter als das. Betätigen Sie dazu den fx-Schalter mit rechts, und entscheiden Sie sich im Kontextmenü für Ebenenstil löschen.

Hintergrund umwandeln
Durch das Duplizieren der Ebene ist eine Umwandlung des Hintergrunds nicht mehr erforderlich. Um jedoch Ebenenstile auf eine Hintergrundebene anzuwenden, muss sie zunächst in eine normale Ebene konvertiert werden (Ebene • Neu • Ebene aus Hintergrund oder Doppelklick auf die Hintergrundebene im Ebenen-Bedienfeld).

Zusatzmaterial/
Plastische_Wirkung.pdf

▲ **Abbildung 4.44**
Ein Doppelklick auf fx bringt Sie zurück zum Effekt-Dialog.

4.5 Mischmodi

Ebeneneffekte deaktivieren
Der Eintrag EBENENEFFEK-
TE DEAKTIVIEREN, der im
Kontextmenü ganz oben
steht, entfernt die Effekte
nicht, wie man vielleicht
annimmt. Vielmehr wird
dadurch lediglich eine
Ausblendung der Effekte
erreicht – so als wenn Sie
das Augen-Symbol betä-
tigten.

Bilder/Ergebnisse/
Haende-bearbeitet.tif

Mischmodi (früher Füllmethoden genannt) gehören sicherlich zu den anspruchsvolleren Themen rund um die Bildbearbeitung. Bei ihrer Anwendung werden die Farb- und/oder Helligkeitsinformationen zweier oder mehrerer Ebenen miteinander verrechnet. Das hört sich kompliziert an, oder? Und leider ist es das auch – zumindest auf den ersten Blick. Einziger Trost: Ist Ihnen das System, das dahintersteckt, erst einmal in Fleisch und Blut übergegangen, werden Sie mit Mischmodi einzigartige Bildkompositionen erstellen. Dann macht das Anwenden dieser befremdlich klingenden Ebenenvarianten richtig Spaß.

Das Mischmodus-Prinzip

Wenn zwei Ebenen übereinanderliegen, deckt die obere die untere ab – zumindest an den Stellen, an denen die obere Ebene nicht transparent ist. Dort, wo sich zu 100 % deckende Pixel befinden, sind die Pixel der darunterliegenden Ebene im Bild nicht zu sehen. Das ist ja nicht wirklich spektakulär. Interessanter ist, dass Sie die Abdeckwirkung der oberen Ebene in dem Moment aufheben, in dem Sie sich für einen anderen Mischmodus als NORMAL entscheiden. Die obere Ebene bildet daraufhin mit der darunterliegenden eine Mischung – das Resultat ist ein »Gesamtbild« aus beiden Ebenen, so wie beispielsweise die Ebene PHOTO RECHTS im Bild »Ebenen.tif«. Sie steht auf DIVIDIEREN.

▲ **Abbildung 4.45**
Durch die Veränderung des Mischmodus verändert sich auch die Darstellung der darunter befindlichen Ebenen.

Interessant ist, dass sich die Auswirkungen einer Mischmodus-Veränderung bereits im Bild begutachten lassen, bevor Sie eine Auswahl per Mausklick treffen. Wenn Sie den Mauszeiger nämlich auf einen anderen Eintrag verschieben, sehen Sie im Bild sofort, was diese Einstellung bewirkt. Das bedeutet: Sie können in aller Ruhe aussuchen, welcher Mischmodus sich für Ihr Bild am besten eignet, indem Sie die Maus langsam nach oben und unten bewegen und den Mausklick erst ausführen, wenn Sie sicher sind, den besten Modus gefunden zu haben.

▲ **Abbildung 4.46**
Beim INEINANDERKOPIEREN wirken andere Parameter als beim DIVIDIEREN.

Mischmodus: Multiplizieren

Grundsätzlich können Sie zwei beliebige RGB-Dateien miteinander verbinden, indem Sie das eine Bild per Drag & Drop auf das andere ziehen (mit einer einzelnen Ebene funktioniert das im Übrigen auch). Im folgenden Beispiel sehen Sie die Datei »Haende-bearbeitet.tif« aus dem ERGEBNISSE-Ordner. Ändern Sie den Mischmodus der oberen Ebene in MULTIPLIZIEREN. Sofort ist zu erkennen, dass die untere Ebene durchschimmert. Verstärken Sie den Effekt noch, indem Sie die Deckkraft der obersten Ebene auf die Hälfte reduzieren.

© Margot Kessler / pixelio.de

◄ **Abbildung 4.47**
Links: Mischmodus NORMAL, rechts: MULTIPLIZIEREN – die Hintergrundebene schimmert durch.

Deckkraft der Füllebene ändern
Nun erreichen Sie bereits durch bloße Mischmodus-Änderung ein Resultat. Bedenken Sie aber, dass sich in diesem Zusammenhang auch die Deckkraft der oberen Ebene noch absenken lässt. Dadurch kann der Effekt gewissermaßen stufenlos eingestellt werden.

Diese interessante Konstellation ist nur möglich, weil die Farbwerte beider Ebenen miteinander verrechnet werden. Das Resultat ist bei dieser Methode übrigens immer dunkler als das Original. Dabei gilt auch: Beim Multiplizieren einer Farbe mit Schwarz bleibt Schwarz erhalten, und beim Multiplizieren mit Weiß bleibt die Ergebnisfarbe unverändert.

Mischmodus: Negativ multiplizieren

Die Umkehrwirkung dieser Methode wäre Negativ multiplizie-ren. Hier werden die Farben im Ergebnis stets heller sein. Und wie verhält sich das hier mit Schwarz und Weiß? Wenden Sie die umgekehrte Multiplikation auf Schwarz an, ist die Ergebnisfarbe heller. Und was passiert nun, wenn Sie eine Farbe mit Weiß nega-tiv multiplizieren? – Richtig, das Ergebnis ist Weiß.

Mischmodus: Ineinanderkopieren

Dieser Modus ist sehr interessant, da er in Abhängigkeit von der Ausgangsfarbe eine Multiplikation oder Negativ-Multiplikation durchführt. Dabei bleiben die Tiefen und Lichter der Ausgangs-farbe (untere Ebene) erhalten, während die Farben (obere Ebene) überlagert werden.

Wozu Mischmodi?

Wenn Sie jetzt die Frage stellen, wozu Mischmodi überhaupt benötigt werden, sollten Sie unbedingt weiterlesen. In den kom-menden Workshops werden Sie sie nämlich anwenden, um inter-essante Kompositionen zu erzeugen. Selbst bei der Beleuchtungs-korrektur kann diese Art der Bildmanipulation Verwendung finden. Welcher Mischmodus für welches Ergebnis der bessere ist, kann aber nicht pauschal gesagt werden. Das hängt nämlich immer von den Farb- und Luminanzwerten der einzelnen Ebenen ab.

Weitere Mischmodi im Überblick

▸ Sprenkeln: Bei dieser Methode wird per Zufall generiert, wel-che Pixel der oberen Ebene erhalten bleiben. So entsteht der Eindruck, als seien die Inhalte der Ebene »aufgesprüht« worden.
▸ Abdunkeln: Anhand der Kanalinformationen wird die jeweils dunklere Farbe zur Ergebnisfarbe. Hellere Pixel werden dabei ersetzt, dunklere bleiben unverändert erhalten.
▸ Aufhellen: Anhand der Kanalinformationen wird die jeweils hellere Farbe zur Ergebnisfarbe. Dunklere Pixel werden ersetzt, hellere bleiben unverändert erhalten.

▲ **Abbildung 4.48**
Hier wird der Unterschied besonders deutlich: Beim negativen Multiplizieren (Ebe-nendeckkraft = 100%) wirken beide Ebenen gemeinsam heller.

Effekt verstärken oder abschwächen
Bei vielen Mischmodi lässt sich eine Verstär-kung des Effekts erzielen, indem die Ebene, auf die der Mischmodus ange-wendet wurde, dupliziert wird (Strg/cmd+J). Zur Abschwächung des Effekts reicht oftmals das Herabsetzen der Deck-kraft.

▸ Weiches Licht: Die Farben werden je nach Farbe der oberen Ebene aufgehellt oder abgedunkelt. Bei hellen Farben der oberen Ebene ist auch das Ergebnis heller, bei dunkleren Farben ist das Ergebnis dunkler.

▸ Farbton: Hier sorgen Luminanz und Sättigung für die Farbgebung des Ergebnisses.

▸ Sättigung: Die Luminanz der oberen sowie der Farbton der unteren Ebene sorgen für das Ergebnis.

4.6 Smartobjekt-Ebenen

Die Technik rund um Smartobjekte ist nicht nur sehr interessant, sondern bringt auch einen unverzichtbaren Nutzen in Sachen Individualität. Bevor es jedoch ins Detail geht, fassen wir noch einmal zusammen: Was passiert, wenn Sie Änderungen an einer Ebene vornehmen? Natürlich: Die Inhalte der Ebene werden entsprechend geändert. Wenn Sie später entscheiden (sagen wir einmal, so nach hundert weiteren Bearbeitungsschritten), eine an der Ebene durchgeführte Änderung noch einmal nachzustellen, geht das nicht mehr. Sie können nicht mehr so viele Schritte rückgängig machen. Und selbst wenn – dann hätten Sie alle dahinter liegenden Bearbeitungsschritte ebenfalls wieder verloren.

Genau hier kommen Smartobjekte ins Spiel. Smartobjekte sind nämlich keine festen Bestandteile des Fotos, sondern Referenzen (auf dateiinterne oder externe Inhalte). Stellen Sie sich vor, Sie arbeiten an einem Bild, das aus fünf verschiedenen Fotos und somit aus fünf Ebenen besteht. Aber nur vier davon sind tatsächlich Bestandteil des Fotos. Beim fünften Foto verweisen Sie lediglich auf das Original. Da Sie damit stets den Zugriff auf das unveränderte Quellmaterial aufrechterhalten, können Sie die Reihenfolge oder die Einstellungsparameter jederzeit wieder ändern. Auch Mischmodi oder Filter lassen sich einzeln ein- oder ausblenden und sogar nachbearbeiten. Ein wenig Geduld noch. Sie werden gleich damit zu tun bekommen.

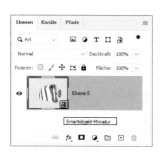

▲ **Abbildung 4.49**
Smartobjekte sind in der
Ebenenminiatur entsprechend
gekennzeichnet.

Smartobjekt erzeugen

Der Unterschied zum normalen Import von Ebenen ist der, dass
Sie die Ebene im Regelfall bereits zu Beginn als Smartobjekt definieren. Sie können also statt des herkömmlichen Öffnen-Dialogs
den Befehl DATEI • ALS SMARTOBJEKT ÖFFNEN anwählen.

Danach sollten Sie einen Blick auf das Ebenen-Bedienfeld werfen. Die untere rechte Ecke der Ebenenminiatur deutet nämlich
darauf hin, dass es sich dabei nicht mehr um eine herkömmliche
Ebene, sondern um ein Smartobjekt handelt.

Ebenen in Smartobjekte konvertieren

Das ist aber nicht die einzige Möglichkeit, um aus einer herkömmlichen Ebene ein Smartobjekt zu machen. Auch wenn das Bild
bereits auf normalem Weg geöffnet wurde, können Sie es noch
entsprechend umwandeln. Das machen Sie über EBENE • SMART-
OBJEKTE • IN SMARTOBJEKT KONVERTIEREN.

Smartfilter

Richtig interessant wird die Arbeit mit Smartobjekten durch das
Prinzip der Smartfilter. Dazu noch einmal ein kleines bisschen
Theorie: Wenn Sie einen Filter anwenden, wirkt sich das (wie bei
einem Ebenenstil) direkt auf eine Ebene aus. Sie können einen
zweiten Filter hinzufügen, der dann aber auf Grundlage des ersten hinzugerechnet wird. Sie wenden den zweiten Filter also auf
Grundlage des ersten an. Das ist mit den Smartfiltern anders. Es
lassen sich nämlich mehrere Filter anwenden, in ihrer Reihenfolge
tauschen und sogar editieren (auch noch nach Hunderten von
Zwischenschritten). Das wäre ohne Smartfilter nicht möglich. So,
genug Theorie gepaukt – jetzt sind Sie wieder dran.

Schritt für Schritt
Einen Blendenfleck hinzufügen

Bilder/Bass.jpg

Dieser Workshop soll Ihnen nicht nur zeigen, wie effektiv das
Arbeiten mit Smartobjekten in Bezug auf Filter ist, sondern auch
direkte Vergleiche zu herkömmlichen Techniken liefern. Sie wer-

den deutlich sehen, warum es so sinnvoll ist, eine Bildebene in ein Smartobjekt zu konvertieren.

1 Neue Ebene erzeugen

Ziel des Workshops ist es, diesem Foto einen Blendenfleck hinzuzufügen. Sie kennen das vielleicht vom Fotografieren ins Gegenlicht. Der erste Schritt besteht darin, eine neue Ebene zu erzeugen. Erledigen Sie das doch diesmal mit einem Tastaturkürzel, nämlich ⌈Strg⌉/⌈cmd⌉+⌈⇧⌉+⌈N⌉. Bestätigen Sie den folgenden Dialog mit OK.

2 Fläche füllen

Im Anschluss drücken Sie ⌈⇧⌉+⌈F5⌉ oder wählen Bearbeiten • Fläche füllen. Unter Inhalt stellen Sie Schwarz ein. Die übrigen Steuerelemente bleiben unangetastet (siehe Abbildung 4.56). Verlassen Sie den Dialog mit OK.

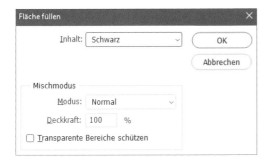

▲ **Abbildung 4.51**
Die Fläche der Ebene soll mit schwarzer Farbe versehen sein.

3 Mischmodus ändern

Zu dumm nur, dass jetzt das gesamte Foto schwarz ist. Stellen Sie daher den Mischmodus der obersten Ebene auf Negativ multiplizieren. Sie erinnern sich? Bei der Negativ-Multiplikation mit Schwarz ist die Ergebnisfarbe heller als die überlagernde Ebene. Und da auf der unteren Ebene so ziemlich alles heller ist als auf der oberen, wirkt sich das Schwarz nicht auf das Foto aus.

Frage: Wozu benötigen wir überhaupt eine Ebene, wenn sie doch gar nicht sichtbar ist? Antwort: Um dort einen Filter zu integrieren. Ein Filter auf transparenten Bildpixeln ist unnütz, da man ihn nicht sehen würde. Ein Filter auf einer multiplizierten Ebene

▲ **Abbildung 4.50**
Dieses Foto ist ein Fall für Smartfilter.

Transparente Bereiche schützen
Aktivieren Sie diese Checkbox, wenn Sie erreichen wollen, dass nicht die gesamte Fläche einer Ebene mit Farbe versehen wird, sondern nur Bereiche, auf denen sich auch Bildinhalte befinden. Im Beispiel muss die Checkbox inaktiv bleiben, da ansonsten keine Farbe aufgetragen würde (die Ebene ist ja komplett transparent).

▲ **Abbildung 4.52**
Vom Schwarz der oberen
Ebene ist bedingt durch die
Negativ-Multiplikation nichts
mehr zu sehen.

Alle Filter
Im Menü FILTER werden
nicht alle Filter aufgelis-
tet, die innerhalb von
Photoshop zur Verfügung
stehen. Einige lassen sich
lediglich über FILTER •
FILTERGALERIE aufspüren.
Sofern Sie es befürwor-
ten, alle Filter auch im
Menü zu sehen, gehen
Sie auf BEARBEITEN/PHO-
TOSHOP • VOREINSTELLUN-
GEN • ZUSATZMODULE und
aktivieren die Checkbox
ALLE FILTERGALERIEGRUP-
PEN UND –NAMEN ANZEI-
GEN.

ist hingegen sehr wohl sichtbar. Warten Sie bitte noch einen
Moment, dann wird es deutlich.

4   Bild duplizieren
Bevor Sie nun fortfahren, sollten Sie das Foto kopieren. Immerhin
hatte ich Ihnen ja versprochen, die unmittelbaren Vorteile von
Smartebenen zu präsentieren. Entscheiden Sie sich für BILD •
DUPLIZIEREN, und klicken Sie den Folgedialog mit OK weg.

5   Filter »Blendenflecke« direkt zuweisen
Auf der Kopie stellen Sie FILTER • RENDERFILTER • BLENDENFLE-
CKE ein. Der Anschlussdialog interessiert uns noch nicht wirklich,
weshalb Sie sich direkt für OK entscheiden können. Und schon
prangt der angekündigte Blendenfleck auf unserem Foto. Das mit
den Mischmodi ist eine tolle Sache. Das Problem ist, dass dieser
Blendenfleck sich nun nicht mehr neu positionieren lässt.

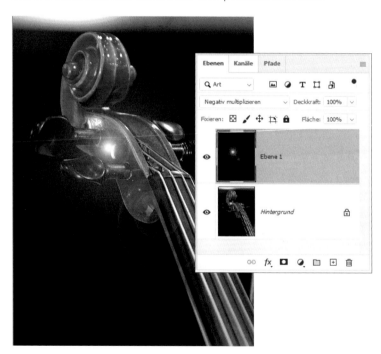

▲ **Abbildung 4.53**
Das Nachjustieren des Filters ist kaum noch möglich.

Sie könnten zwar die obere Ebene mit dem Verschieben-Werkzeug bewegen, jedoch ließe sich beispielsweise die Intensität nicht mehr erhöhen. Warum nicht? Weil Sie den Filter nicht mehr erneut bedienen können. Schauen Sie auf die obere Ebene des Ebenen-Bedienfelds. Hier gibt es nur die Ebene – sonst nichts.

6 Ebene konvertieren

Also müssen wir einen anderen Weg gehen. Schließen Sie die Bildkopie, ohne sie zu speichern. Auf dem Originalfoto entscheiden Sie sich bitte zunächst für einen Rechtsklick auf der obersten Ebene. Im Kontextmenü wählen Sie IN SMARTOBJEKT KONVERTIEREN aus. Wer das nicht so mag, wählt den bereits bekannten Weg über EBENE • SMARTOBJEKTE • IN SMARTOBJEKT KONVERTIEREN.

7 Filter erneut anwenden

Fügen Sie abermals den vorangegangenen Filter hinzu. Da die Anwendung noch *weiß*, welches der zuletzt benutzte Filter war, dürfen Sie [Strg]/[cmd]+[Alt]/[⌥]+[F] betätigen. Normalerweise würde er direkt und ohne Zwischenfrage der Ebene zugewiesen. Da Sie jedoch eine Smartobjekt-Ebene benutzen, öffnet sich zeitgleich auch der Dialog BLENDENFLECKE.

Per Klick positionieren
Für schwierige Positionierungen dürfen Sie auch einfach kurz irgendwo in die Miniatur klicken. Das Kreuz wird dann automatisch dorthin verlagert.

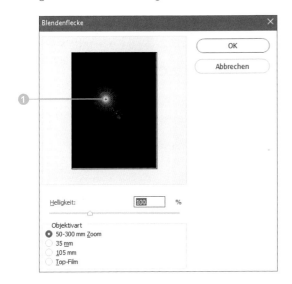

◄ **Abbildung 4.54**
Der Blendenfleck lässt sich per Drag & Drop positionieren.

Sehen Sie das kleine Kreuz ❶ in der Mitte des kleinen Vorschaubildes? Klicken Sie einmal darauf, halten Sie die Maustaste gedrückt, und positionieren Sie den Fleck weiter nach rechts (siehe Abbildung 4.55). Bestätigen Sie mit OK, und schauen Sie sich das Ergebnis im Foto an.

8 Filter nachjustieren

Jetzt kommt einer der markanten Unterschiede zwischen Smartebenen und normalen Ebenen zum Tragen. Wenn Sie nämlich jetzt einen Doppelklick auf die Zeile BLENDENFLECKE ❺ setzen, öffnet sich erneut der Filterdialog. Wiederholen Sie den vorangegangenen Schritt, und versuchen Sie, mit dem Zentrum des Blendenflecks genau den oberen rechten Wirbel des Instruments ❶ zu treffen. Das passt, da sich dort ja bereits ein Lichtpunkt befindet. Es ist nicht schlimm, wenn Sie mehrere Anläufe nehmen. Den Dialog dürfen Sie ja so oft wie nötig öffnen. Probieren Sie, wenn Sie mögen, auch einmal eine andere HELLIGKEIT ❷ und OBJEKTIVART ❸ aus.

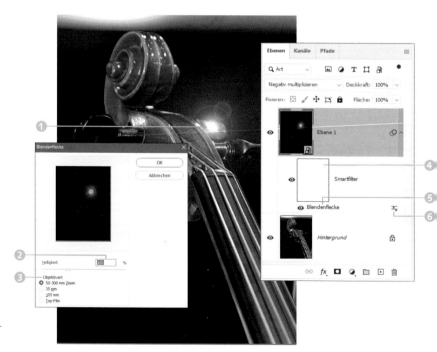

Abbildung 4.55 ▶
Langsam passt der Blendenfleck zur Lichtstimmung.

9 Optional: Ebene maskieren

Einen markanten Unterschied zur normalen Ebene haben Sie im vorangegangenen Schritt kennengelernt. Hier ist der zweite: Wenn

Sie mögen, können Sie nämlich die Smartobjekt-Ebene noch maskieren. Dazu müssen Sie die Maskenminiatur ❹ anwählen.

Für meinen Geschmack sind die Linsenspiegelungen unten links (die kleinen Kreise) etwas zu stark. Aktivieren Sie daher einen Pinsel mit einer weichen Spitze und ca. 400 bis 450 Px Durchmesser sowie einer Deckkraft von 50 %. Ernennen Sie Schwarz zur Vordergrundfarbe, und klicken Sie einmal auf die Kreise. Darüber hinaus dürfen Sie, falls erforderlich, auch die Ebenendeckkraft (im Ebenen-Bedienfeld) noch ein wenig reduzieren.

Modus und Deckkraft ändern

Falls Sie den Mischmodus der Ebene (Modus) und/oder die Deckkraft ändern wollen, setzen Sie einen Doppelklick auf ❻. Bedenken Sie jedoch, dass sich derartige Einstellungen auch im Ebenen-Bedienfeld vornehmen lassen.

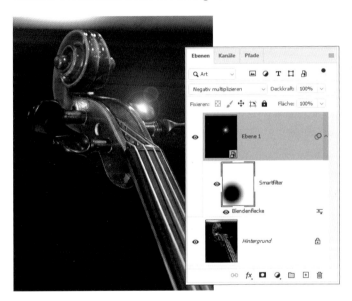

◄ **Abbildung 4.56**
Dieses Endergebnis ist gewünscht.

Smartobjekte umwandeln

Bleibt nur noch die Frage: Warum ist nicht jede Ebene automatisch eine Smartobjekt-Ebene? Nun, das wäre schön. Nur leider können Sie eine Smartobjekt-Ebene nicht grenzenlos weiterbearbeiten. So stehen beispielsweise die gängigen Korrekturoptionen (BILD • KORREKTUREN) bei Smartobjekt-Ebenen gar nicht zur Disposition.

Deswegen ist es mitunter nötig, Smartobjekt-Ebenen in normale Ebenen zurückzukonvertieren. Dazu stellen Sie EBENE • SMARTOBJEKTE • RASTERN oder EBENE • RASTERN • SMARTOBJEKT ein. Ein Rechtsklick auf die Ebene, gefolgt von EBENE RASTERN, funktioniert ebenso.

4.7 Neurale Filter

Da Sie sich jetzt bereits mit Filtern und deren Einstelloptionen auskennen, ist es an der Zeit, sich mit den sogenannten »Neuralen Filtern« zu beschäftigen. Der Begriff Neural entstammt eigentlich der Medizin und bedeutet so viel wie »den Nerv betreffend«. Sie werden auch gleich sehen, warum dieser Begriff wirklich treffend ist. Doch zuvor wollen wir einige grundlegende Aspekte der neuralen Filter ansprechen.

Wenn Sie in das Menü FILTER gehen, finden Sie den Eintrag NEURAL FILTERS oder NEURALE FILTER. (Ob Neural Filters irgendwann »eingedeutscht« wird, kann ich Ihnen leider nicht sagen. Zur Drucklegung dieses Buches jedenfalls wurde noch der englische Begriff angezeigt.)

Neurale Filter – Die Grundlagen

Wenn Sie die neuralen Filter erstmals öffnen, wird Ihnen eine kleine Tour angeboten. Photoshop erklärt hier in fünf Schritten, worum es bei NEURAL FILTERS geht. Klicken Sie auf WEITER, wenn Sie die Infos erhalten wollen. Wer lieber ohne Umwege in die Filter-Thematik einsteigt, klickt hingegen auf TOUR ÜBERSPRINGEN.

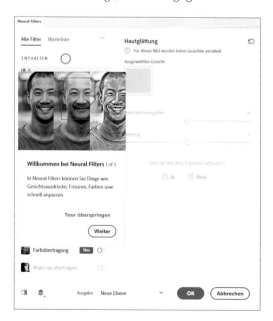

Abbildung 4.57 ▶
Einsteiger können sich über
Grundlagen der neuralen
Filter informieren.

Wählen Sie den Filter, den Sie verwenden wollen, zunächst in der linken Spalte der Registerkarte NEURAL FILTERS an (hier SUPER ZOOM). Allerdings muss jeder neurale Filter zunächst einmal heruntergeladen werden. Sie finden deshalb auf der rechten Seite einen Button, der mit HERUNTERLADEN ❶ betitelt ist. Die gute Nachricht: Ist der Filter erst einmal heruntergeladen, kann er in Zukunft direkt angewendet werden.

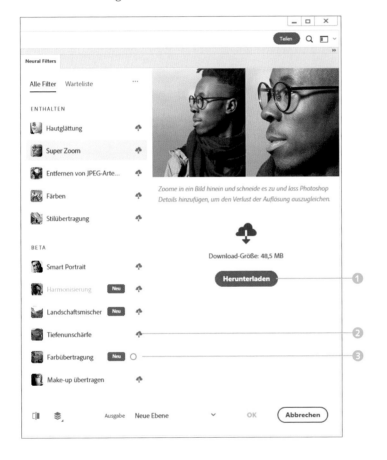

◄ **Abbildung 4.58**
Jeder neurale Filter muss vor seiner ersten Verwendung heruntergeladen werden.

▲ **Abbildung 4.59**
Der Filter SUPER ZOOM ist bereits heruntergeladen worden und wird aktuell angewendet.

Das kleine Wolke-Symbol ❷ mit nach unten weisendem Pfeil deutet übrigens darauf hin, dass der Filter aktuell noch nicht zur Verfügung steht und zunächst per Download hinzugefügt werden muss. Ist das erst einmal geschehen, weicht die Wolke einem Schalter ❸, mit dem sich der Filter dann ganz einfach aktivieren lässt. Ist der Schalter farbig hinterlegt und nach rechts ausgerichtet, bedeutet dies, dass der Filter aktiv ist.

In der Liste BETA, die Sie etwas weiter unten finden, sind Filter hinterlegt, deren Programmierarbeit zwar bereits weit vorange-schritten, aber dennoch nicht abgeschlossen ist. Es kann also sein, dass Fehler enthalten sind. Trotzdem können diese Filter bereits heruntergeladen und ausprobiert werden. Das ist bei den Filtern in der WARTELISTE ❶ (oben neben ALLE FILTER) noch nicht der Fall. Hier können Sie lediglich Informationen über die Wirkungsweise des jeweiligen Filters einholen und Ihr Interesse bekunden, ihn alsbald ausprobieren zu wollen, jedoch stehen diese Filter aktuell noch nicht zur Disposition.

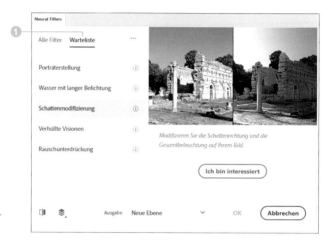

Abbildung 4.60 ▶
Diese Filter werden erst spä-ter zur Verfügung gestellt.

Neurale Filter in der Praxis

Genug gepaukt! Jetzt sind Sie wieder dran. Ich möchte Ihnen gern einen Filter vorstellen, der sich vor allem für Landschaftsaufnah-men eignet. Sie werden erstaunt sein, was man so alles einstellen und forcieren kann und ganz nebenbei feststellen, wie einfach es ist, zu wirklich kreativen Resultaten zu gelangen.

Schritt für Schritt
Einen kreativen Bildstil erzeugen

Bilder/Stilübertragung.jpg

Öffnen Sie bitte die Datei »Stilübertragung.jpg«, die Sie in den Beispieldateien finden. Aus diesem alles in allem doch recht tris-ten Foto wollen wir ein »kleines Kunstwerk« machen.

1 Filter-Dialog öffnen

Unser erster Schritt ist normalerweise, die Bildebene zu duplizieren, damit eine Original-Bildebene erhalten bleibt. Dies ist aber bei der Arbeit mit neuralen Filtern nicht erforderlich, da Photoshop uns diese Arbeit abnnimmt und selbständig eine Filter-Ebene erzeugt. Das sehen Sie in der Ebenen-Palette allerdings erst, nachdem der Filter anggewendet wurde. Der sonst übliche Schritt über Strg/cmd+J zur Produktion eines Ebenen-Duplikats darf hier also ausbleiben. Öffnen Sie die neuralen Filter mit Anwahl von NEURAL FILTERS im Menü FILTER.

2 Filter herunterladen

Zeigen Sie zunächst auf die Zeile STILÜBERTRAGUNG und beachten Sie die kleine Hinweistafel, die sich auf der rechten Seite öffnet. Hier wird in einem kurzen Satz erklärt, worum es geht. Danach klicken Sie (sofern noch nicht geschehen) auf HERUNTERLADEN. Gedulden Sie sich einen Augenblick bis der Download abgeschlossen ist.

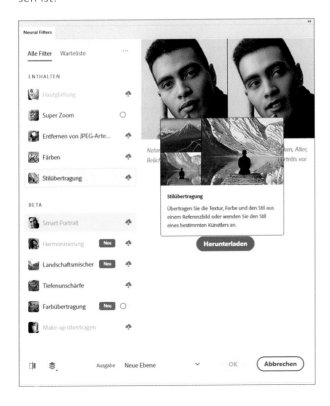

◀ **Abbildung 4.61**
Laden Sie den Filter STIL-ÜBERTRAGUNG herunter.

3 Stilübertragung anwenden

Falls Sie den Filter soeben heruntergeladen haben, wird dieser automatisch aktiviert. Für den Fall jedoch, dass Sie den Dialog NEURAL FILTERS anschließend verlassen und erst später wieder erneut öffnen, müssen Sie den Filter zunächst einschalten, indem Sie auf den Button in der Zeile STILÜBERTRAGUNG klicken.

4 Stil anwenden

Widmen Sie sich nun der rechten Spalte der neuralen Filter. Zunächst ist zwischen PRESETS ❶ und BENUTZERDEFINIERT ❷ zu unterscheiden. Da letzteres dafür sorgen würde, dass lediglich ein Stil aus einem anderen geöffneten oder auf dem Rechner befindlichen Bild übertragen werden kann, jedoch keine vordefinierten Stile, belassen wir es bei PRESETS. Gehen Sie einmal kurz auf BILDSTILE ❸ (eine Zeile tiefer). Sie sehen anhand der Miniaturen (die obersten drei sind bereits auf Ihrem Rechner installiert, alle weiteren müssten zunächst heruntergeladen werden), wie sich der eine oder andere Bildstil auswirkt. Klicken Sie auf die Miniatur oben rechts. Das Ergebnis dürfte nach wenigen Sekunden vorliegen.

▼ **Abbildung 4.62**
Der Stil ist zwar schön bunt, hat aber nicht wirklich viel mit Landschaften zu tun.

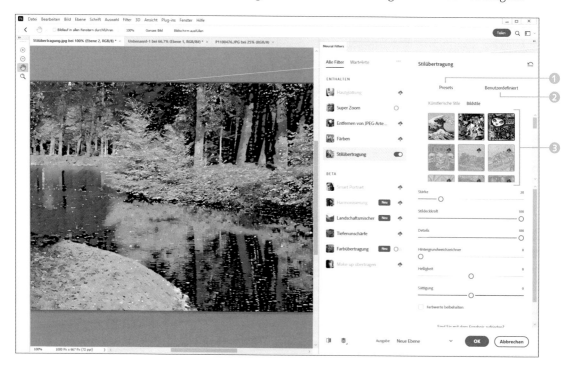

5 Stil ändern

Na ja. Schön bunt ist es, aber mehr leider nicht. Gehen Sie deshalb lieber wieder auf KÜNSTLERISCHE STILE und wählen Sie die mittlere Miniatur in der obersten Zeile an. Schon besser, oder?

6 Stiel einstellen

Als nächstes stellen Sie den Stil anhand der Schieberegler ein. Mit STÄRKE legen Sie fest, wie intensiv der Stil (in diesem Fall der Ölgemälde-Stil) in Anwendung gebracht werden soll. Ich habe mich hier für 30% entschieden. Je mehr Sie die STILDECKKRAFT verringern, desto mehr schimmert das Original durch. Hier bleiben wir aber bei 100%, zumal die Original-Ebene ja erhalten bleibt. Je mehr Sie die DETAILS verringern, desto abstrakter werden die einzelnen Bildelemente (im Beispiel ein Wert von 63).

▼ **Abbildung 4.63**
Neurale Filter sorgen für imposante Ergebnisse.

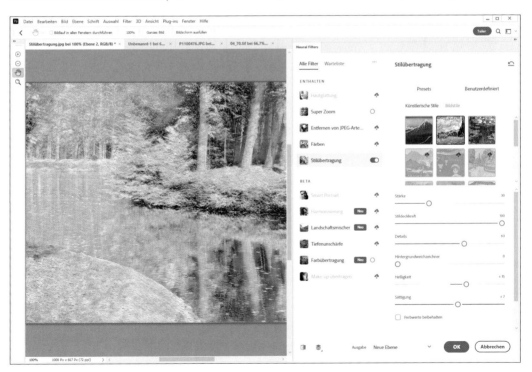

Der HINTERGRUNDWEICHZEICHNER ist mit Vorsicht zu benutzen. Sie sollten ihn generell nur dann verwenden, wenn klare Vorder- und Hintergründe im Bild auszumachen sind, was in unserem Beispielfoto leider nicht der Fall ist. Die Regler HELLIGKEIT und SÄTTI-

GUNG erklären sich praktisch von selbst. Nach rechts wird das Bild heller, bzw. kräftiger in den Farben, nach links nehmen Helligkeit und Farbkraft ab. Bitte wählen Sie die Checkbox FARBWERTE BEI-BEHALTEN nicht an, da ansonsten die doch recht beeindruckende Farbverfremdung in Richtung Gelb und Blau verlorenginge. Übernehmen Sie die Werte aus Abbildung 4.63 und klicken Sie auf OK.

7   Deckkraft reduzieren

Zuletzt sollten Sie vorsichtig die DECKKRAFT der obersten Ebene reduzieren. Bei etwa 78 % bekommt das Bild etwas mehr räumliche Tiefe in den dunklen Bildbereichen. So sieht es gut aus.

Ausgabeoptionen

In der Fußleiste der neuralen Filter finden Sie noch einige Tasten, die einer Erwähnung bedürfen. Ganz links schalten Sie die Ansicht bei jedem Klick zwischen Originalfoto und Bearbeitung um, während der Schalter daneben es erlaubt, alle Ebenen eines Bildes oder nur die aktive Ebene einzublenden, was vor allem dann wichtig ist, wenn Sie die Filter auf Ebenen anwenden, deren MISCHMODI zuvor geändert worden sind (z. B. NEGATIV MULTIPLI-ZIEREN).

Von besonderer Bedeutung ist das Menü AUSGABE ❶. Hier regeln Sie, ob das Ergebnis als NEUE EBENE erscheinen soll (deshalb mussten wir zu Beginn kein Ebenen-Duplikat erzeugen), oder beispielsweise ein SMARTFILTER in Anwendung gebracht werden soll. Die Vorteile von Smartfiltern haben Sie in diesem Kapitel ja bereits kennengelernt. Wer eine komplett neue Bilddatei anfertigen möchte, entscheidet sich für NEUES DOKUMENT.

▲ **Abbildung 4.64**
Mit Hilfe der neuralen Filter lassen sich interessante Bildkreationen realisieren.

Abbildung 4.65 ▶
Nach Anwendung des Filters sollten Sie die Optionen in der Fußleiste beachten.

Abschließend möchte ich Sie noch auf Kapitel 7 einstimmen. Hier werden wir die neuralen Filter noch einmal thematisieren, denn ich möchte Ihnen nicht vorenthalten, was diese bei der Porträt-Optimierung in petto haben.

Licht und Schatten korrigieren

Effektive Belichtungskorrekturen

- ▸ Wie werden Fotos richtig aufgehellt?
- ▸ Was verbirgt sich hinter Abwedeln und Nachbelichten?
- ▸ Wie funktioniert die Tonwertkorrektur?
- ▸ Wie funktionieren Einstellungsebenen?
- ▸ Was sind Schnittmasken?
- ▸ Wie wird mit Gradationskurven gearbeitet?
- ▸ Wie kann der Kontrast eines Bildes verbessert werden?

5 Licht und Schatten korrigieren

Mal ehrlich – zu dunkle Bilder als Papierabzüge landen doch meist im Schuhkarton oder fristen als Datei ihr digitales Dasein im Bildordner VERSCHIEDENES. Lediglich der Bildinhalt (also das Motiv selbst) und die damit verbundene Erinnerung haben die Schnappschüsse bis heute vor dem »Tod durch Papierkorb« retten können. – Doch das Schattendasein findet nun ein jähes Ende. Geben Sie Ihren Bildern die Erleuchtung, die sie verdienen.

5.1 Klassische Korrekturen

Zum Nachlesen
Wer Genaueres über die Wirkungsweise der verschiedenen Mischmodi erfahren möchte, schlägt auf Seite 196 nach. Dort werden auch die für die Belichtungskorrektur wichtigen Mischmodi MULTIPLIZIEREN und NEGATIV MULTIPLIZIEREN vorgestellt.

Um es gleich vorwegzunehmen: Das Maß aller Dinge in Sachen Helligkeitskorrekturen sind die sogenannten Einstellungsebenen. Einsteiger sollten sich jedoch zunächst mit den klassischen Korrekturoptionen auseinandersetzen, um zu verstehen, wie sich Verbesserungen handhaben lassen.

Außerdem führen die klassischen Korrekturoptionen schneller zum Ziel. (Dass eine schnelle Korrektur nicht immer die beste ist, soll uns zunächst nicht stören.) Bringen wir als Erstes einmal (im wahrsten Sinne des Wortes) Licht ins Dunkel.

Fotos mit Mischmodi aufhellen

Bei klassischen Gegenlichtaufnahmen (z. B. von unten nach oben in Richtung Himmel fotografiert) sowie in dunklen Räumen und Ecken ist es oft so, dass der relevante Bildinhalt im Dunkel verschwindet. Trotzdem lassen sich aus diesen Fotos noch attraktive Aufnahmen machen. Mit den Mischmodi kennen Sie sich ja seit dem vorangegangenen Kapitel bestens aus. Diese lassen sich praktischerweise auch zur Hell-Dunkel-Korrektur verwenden. Schauen Sie doch mal.

Schritt für Schritt
Dunkle Fotos schnell aufhellen

»Anna.jpg« ist am Morgen in einer Burgschleuse aufgenommen worden. Obwohl die Morgensonne seitlich einfällt und das Gesicht ein wenig aufhellt, ist das Foto viel zu dunkel. Das kann so natürlich nicht bleiben. Wir wollen lieber dieses Resultat erzielen:

Bilder/Anna.jpg

◄ **Abbildung 5.1**
Das Original (links) ist viel zu dunkel. Das Ergebnis dieses Workshops sehen Sie rechts.

1 Ebene duplizieren

Der erste Schritt besteht darin, den Hintergrund zu duplizieren. So erhalten wir über der eigentlichen Bildebene ein Duplikat. Sie wissen ja: Das ist nötig, um zwei Ebenen ineinanderwirken zu lassen. Betätigen Sie [Strg]/[cmd]+[J], oder gehen Sie über das Menü, indem Sie EBENE • NEU • EBENE DURCH KOPIEREN auswählen.

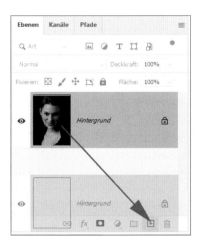

◄ **Abbildung 5.2**
Ziehen Sie den Hintergrund auf das Plus-Symbol.

Helle Fotos abdunkeln
Mitunter werden Sie es auch mit zu hellen Fotos zu tun bekommen. Die Vorgehensweise ist die gleiche, mit der Ausnahme, dass Sie MULTIPLIZIEREN anstelle von NEGATIV MULTIPLIZIEREN einstellen müssen. Dann wird das Foto im Ergebnis dunkler.

Abbildung 5.3 ▶
Schalten Sie auf NEGATIV MULTIPLIZIEREN um.

Noch eine Alternative für Drag-&-Drop-Fans: Ziehen Sie den Hintergrund im Ebenen-Bedienfeld auf den Button NEUE EBENE ERSTELLEN (das Plus-Symbol), und lassen Sie die Maustaste los, wenn der Button eingedrückt erscheint. Je nachdem, für welche Methode Sie sich entschieden haben, heißt die übergeordnete Ebene jetzt »Hintergrund Kopie« oder »Ebene 1«, was aber für die weitere Vorgehensweise vollkommen unerheblich ist.

2 Mischmodus ändern

Ändern Sie danach den MISCHMODUS der oberen Ebene. Ihnen ist ja bereits geläufig, dass Sie dazu das Pulldown-Menü innerhalb des Ebenen-Bedienfelds öffnen und von NORMAL auf NEGATIV MULTIPLIZIEREN umschalten müssen. Achten Sie beim Scrollen doch auch einmal auf das Foto. Sie sehen die Auswirkungen der jeweiligen Mischung sofort im Bild. Das ist besonders bei der Korrektur von Licht und Schatten hilfreich, da Sie sofort beurteilen können, ob der eine oder andere Mischmodus geeignet ist oder nicht.

3 Pinsel vorbereiten

Sie sehen schon, dass das Foto merklich heller geworden ist. Gut, am Ziel sind wir noch nicht, aber bevor es nun noch weiter aufgehellt wird, sollten Sie sich die bildlinke Gesichtshälfte genauer ansehen. Sie ist fast schon zu hell, weshalb diese teilmaskiert werden sollte. Erzeugen Sie eine Ebenenmaske für die obere Ebene. Danach aktivieren Sie das Pinsel-Werkzeug, legen einen Durchmesser von etwa 200 Px fest und sorgen für eine weiche Pinselspitze, indem Sie die HÄRTE auf 0% stellen. Die Deckkraft soll bei etwa 50% liegen.

◄ **Abbildung 5.4**
Mit diesen Voreinstellungen
geht es an die Maskierung.

4   Ebene maskieren

Wischen Sie jeweils einmal über die zu helle Gesichtshälfte sowie
das Dekolleté. Kleinere Korrekturen, z. B. am bildlinken Ohr, erledigen Sie mit einem entsprechend kleineren Pinsel.

◄ **Abbildung 5.5**
Die beiden Gesichtshälften
sind damit fast gleich hell.

▲ **Abbildung 5.6**
Ursächlich dafür ist die
Teilmaskierung der oberen
Ebene.

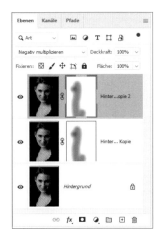

5   Ebene erneut duplizieren

Eingangs hatten wir ja erschüttert festgestellt, dass das Foto noch
nicht hell genug ist. Das sollten Sie jedoch nicht tatenlos hinneh-
men. Duplizieren Sie die obere Ebene erneut, indem Sie abermals
Strg/cmd+J drücken. Dadurch wird die negativ multiplizierte
Ebene mit all ihren Eigenschaften noch einmal kopiert – und sorgt
automatisch für eine weitere Aufhellung des Fotos.

Wenn Sie mögen, dürfen Sie übrigens die helle Gesichtshälfte
abermals mit dem Pinsel übermalen. Aber Vorsicht! Nach dem
Duplizieren der Ebene ist sie ausgewählt. Um maskieren zu können, müssen Sie zunächst auf die Maskenminiatur im Ebenen-

▲ **Abbildung 5.7**
Das zweifache Kopieren der
negativ multiplizierten Ebene
hat das Foto noch einmal aufgehellt.

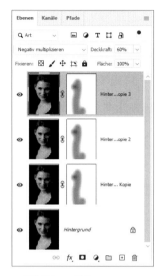

▲ **Abbildung 5.8**
Jetzt passt es. Die Deckkraft der obersten Ebene wurde reduziert.

Vorher-Nachher-Vergleich
Übrigens: Einen Vorher-Nachher-Vergleich errei-chen Sie, indem Sie tem-porär alle Ebenen oberhalb des Hinter-grunds deaktivieren.

Bedienfeld klicken. – Reicht die bisherige Arbeit aus? Ich denke, die Ebene dürfte noch ein weiteres Mal kopiert werden.

6 **Der Trick mit der halben Ebene**
Vor diesem Problem werden Sie nur allzu oft stehen: Nach zwei Ebenenduplikaten ist das Bild noch immer zu dunkel, aber nach dreien plötzlich zu hell. Eine halbe Ebene müsste her. Nur die gibt es in Photoshop nicht. Jedoch dürfen Sie gerne die Sichtbarkeit der obersten Ebene reduzieren. Bei 50 % Deckkraft wäre genau eine halbe Ebene erreicht. Im Beispiel ist das aber zu wenig, wes-halb die oberste Ebene 60 % Deckkraft erhalten sollte.

7 **Ebenen reduzieren**
Da die Dateigröße durch das permanente Hinzufügen von Ebenen mittlerweile beträchtlich angewachsen ist, ist eine Ebenenreduk-tion anzuraten. Wählen Sie aus dem Bedienfeldmenü des Ebenen-Bedienfelds den Eintrag Auf Hintergrundebene reduzieren, ehe Sie die Datei speichern. Zum besseren Nachvollziehen der einzel-nen Schritte ist das Ergebnisfoto (im Ordner Ergebnisse dieses Workshops) ebenenbasiert geblieben.

Fotos individuell aufhellen (Tiefen/Lichter)

Der vorangegangene Workshop hat es gezeigt: Bei Anwendung der Modusänderung Negativ multiplizieren werden alle Bildin-formationen aufgehellt (also auch jene, die eigentlich gar nicht so stark angehoben werden müssen wie der Rest des Fotos). Dem mussten wir mit einer Maskierung begegnen, die aber im Foto von Anna recht simpel war. Was aber, wenn die Bereiche derart komplex sind, dass sie nicht mal eben so nachgewischt (sprich: maskiert) werden können?

Es müsste also eine Routine geben, mit der man dunkle Bild-informationen mehr aufhellen kann als helle. Und die, Sie ahnen es, gibt es natürlich. Technisch gesehen, sind nämlich oft nur die dunklen Pixel (sie nennen sich *Tiefen*) zu dunkel, während die hel-len (die sogenannten *Lichter*) völlig in Ordnung sind. Würden Sie nun alle Pixel des Bildes gleichmäßig aufhellen, wären die Tiefen zufriedenstellend, die Lichter aber viel zu hell. Photoshops Ant-wort darauf ist die Funktion Tiefen/Lichter.

▲ **Abbildung 5.9**
Das Motiv ist etwas zu dunkel.

▲ **Abbildung 5.10**
In den hellen Bildbereichen ist keine
Zeichnung mehr zu erkennen.

Schauen Sie sich aber zunächst an, wo die zuvor beschriebene
Methode an ihre Grenzen stößt. Dazu öffnen Sie bitte »Ente.jpg«
und erzeugen ein Ebenenduplikat, das Sie auf NEGATIV MULTIPLI-
ZIEREN stellen. – Besser, oder? Doch schauen Sie sich den Kamm
an. Dort ist nun keine *Zeichnung* mehr zu erkennen. Mit Zeichnung
sind Konturen und Bilddetails gemeint. Sie sind durch das Aufhellen komplett weggebrochen.

Eine Maskierung ist hier nur schwerlich möglich. Hier haben wir
es also mit einer Korrektur zu tun, die im wahrsten Sinne des Wortes »verschlimmbessert«. Mischmodi sind demzufolge hier ungeeignet.

Schritt für Schritt
Tiefen aufhellen

Falls die Beispieldatei noch geöffnet ist und Sie die zuvor beschriebenen Schritte bereits vollzogen haben, machen Sie doch bitte
alles via Protokoll rückgängig. Alternativ schließen Sie das Foto,
ohne es zu speichern, und öffnen es anschließend erneut.

Bilder/Ente.jpg

1 Tiefen aufhellen

Öffnen Sie den Dialog TIEFEN/LICHTER, den Sie über BILD • KOR-
REKTUREN erreichen. Betrachten Sie die Auswirkungen auf das
Bild, indem Sie mehrmals das Steuerelement VORSCHAU ❶ ab-
und wieder anwählen. Standardmäßig bietet Photoshop nämlich

eine sofortige Erhöhung der Tiefen (also der dunklen Bildbereiche) um 35 % an. Das ist jedoch zu wenig. Ziehen Sie den oberen Regler STÄRKE (im Bereich TIEFEN) bis auf etwa 90 % hoch. Bitte noch nicht mit OK bestätigen!

2 Lichter abdunkeln

Sie sehen: Das Bild hat sich merklich aufgehellt, ohne dass dabei die zuvor angesprochenen Bilddetails zerstört wurden. Ein klarer Vorteil also gegenüber den Mischmodi. Dunkeln Sie jetzt bitte noch die LICHTER ein wenig ab. Das wirkt sich vor allem auf das Grün im Hintergrund (unten rechts) aus, das merklich hervorsticht. Schließen Sie das Dialogfeld mit Klick auf OK.

Abbildung 5.11 ▶
Mit dieser Einstellung wird das Foto deutlich aufgehellt.

3 Foto begutachten

Vergleichen Sie das Foto noch einmal mit dem Original. Es ist zweifellos besser (nämlich heller) geworden. Doch leider ist das nicht ganz ohne weitere Beeinträchtigungen abgelaufen. Stimmen Sie mir zu, wenn ich sage, dass das Foto jetzt viel zu bunt ist? Das sieht zwar generell schick aus, erinnert aber eher an eine der CSI-Miami-Folgen, bei denen man glaubt, dass jeden Moment der Fernseher explodiert, da die Farben übernatürlich grell herüberkommen. Genau das ist mit unserem Beispielbild passiert.

Abbildung 5.12 ▶
Der Himmel ist trotz der Aufhellung blau geblieben.

Sie kennen jetzt also die grundsätzlichen Probleme, die bei der herkömmlichen Licht-Schatten-Korrektur auftreten können. Wir müssen also nach geeigneteren Methoden Ausschau halten. Bevor wir das jedoch tun, sollten Sie noch einen Blick auf den TIEFEN/ LICHTER-Dialog werfen.

Tiefen/Lichter im Detail

In diesem Dialogfeld gibt es noch mehr Optionen. Photoshop offeriert jedoch freiwillig weit weniger. Wenn Sie aber bei geöffnetem Dialog die Checkbox WEITERE OPTIONEN EINBLENDEN ❻ anwählen, erfährt das Dialogfenster eine umfangreiche Erweiterung.

◄ **Abbildung 5.13**
Von wegen nur zwei Schieberegler. Der TIEFEN/LICHTER-Dialog hat eine Menge mehr zu bieten.

Sehen wir uns die Einstellungen im Dialog TIEFEN/LICHTER jetzt noch einmal genauer an:

▶ TON ❷: Bestimmen Sie, wie stark sich die Tonwertveränderungen auf die Tiefen auswirken sollen. Je höher der Wert ist, desto weniger werden die Veränderungen auf die wirklich dunklen Pixel beschränkt. Halten Sie den Wert also klein, wenn die Tiefen wirklich sehr dunkel sind, erhöhen Sie ihn, wenn die Tiefen nicht sehr dunkel sind.

Lichter abdunkeln

Gewissermaßen als Umkehrwirkung könnten zu helle Bereiche eines ansonsten gut ausgeleuchteten Bildes beeinflusst werden. Stellen Sie dazu die Stärke für die TIEFEN vorab auf 0. Nun bleiben dunkle Bereiche unverändert, und zu helle lassen sich über die Steuerelemente im Frame LICHTER abdunkeln.

▶ RADIUS ❸: Hier stellen Sie ein, was als dunkel betrachtet werden soll und was nicht. Je größer der Wert ist, desto mehr wird die Aufhellung auch auf hellere Bildpixel ausgedehnt.

▶ KORREKTUREN ❹: Hier ließen sich zusätzlich noch Farben im Bereich der veränderten Tiefen korrigieren. Das Problem, dass bei einer Tiefen/Lichter-Veränderung auch die Farben variieren, kann damit ein Stück weit kompensiert werden.

▶ SCHWARZ BESCHNEIDEN und LICHTER BESCHNEIDEN ❺: Hier können Sie festlegen, wie stark die Tiefen und Lichter das durch die Korrektur neu festgesetzte reine Schwarz und reine Weiß im Bild beschneiden sollen. Je höher der Wert ist, desto mehr Kontrast gibt es; je niedriger der Wert ist, desto geringer wird der Kontrast. Achten Sie jedoch darauf, keine zu hohen Werte einzugeben, da ansonsten Details in den Tiefen oder Lichtern abgeschnitten werden.

Veränderungen im Frame LICHTER wirken nach dem gleichen Prinzip, wobei sich die Werte auf die hellen Bildbereiche beziehen – und dann natürlich keine Aufhellung, sondern eine Abdunkelung entsteht.

Ein wesentlicher Nachteil bleibt jedoch beim Korrigieren von Tiefen und Lichtern. Die Farbwerte verändern sich nämlich. In vielen Fällen ist das vertretbar, jedoch leider nicht immer. Mit den unteren beiden Reglern (im Frame KORREKTUREN) kann man dem zwar ein Stück entgegenwirken, jedoch leider nicht komplett.

Professionell abwedeln und nachbelichten

Neben den klassischen Korrekturmöglichkeiten hält Photoshop auch Werkzeuge bereit, die sich direkt auf das Bild anwenden lassen. Damit können Sie die Belichtung ganz individuell steuern und geradezu auf das Bild »auftragen«. Allerdings ergibt sich daraus ein Nachteil: Wenn Sie nämlich direkt auf der Bildebene arbeiten, werden die dort befindlichen Bildpixel unmittelbar in Mitleidenschaft gezogen. Diese Vorgehensweise ist destruktiv (zerstört die Bildinformationen). Bei kleineren Korrekturen mag das vertretbar sein. Wenn das Foto jedoch höheren Korrekturbedarf hat, sollten Sie eine Extra-Ebene hinzufügen.

Schritt für Schritt
Belichtung punktuell verbessern

Das Foto »Quelle.jpg« soll jetzt punktuell bearbeitet werden – genauer gesagt, dort aufgehellt werden, wo wir uns mehr Helligkeit wünschen, und dunkler werden, wo es zu hell ist.

Bilder/Quelle.jpg

© Rainer Sturm / pixelio.de

▲ **Abbildung 5.14**
Der Bachlauf ist ganz nett anzuschauen, doch es geht noch besser.

1 Ebene erzeugen

Öffnen Sie das Beispielfoto. Nur noch einmal zum besseren Verständnis: Sie könnten diesen Schritt weglassen und direkt auf dem Foto arbeiten. Da wir jedoch eine jederzeitige »Korrektur der Korrektur« erhalten und zudem die Original-Bildpixel nicht in Mitleidenschaft ziehen wollen (nicht-destruktive Bildbearbeitung), werden wir eine neue Ebene hinzufügen. Dazu halten Sie [Alt] gedrückt und klicken auf das Plus-Symbol im Fuß des Ebenen-Bedienfelds.

Daraufhin öffnet sich ein Dialog, in dem Sie den MODUS zunächst von NORMAL auf INEINANDERKOPIEREN umstellen müssen. Bevor Sie mit OK bestätigen, aktivieren Sie noch die Checkbox MIT NEUTRALER FARBE FÜR DEN MODUS INEINANDERKOPIEREN FÜLLEN (50 % GRAU) ❶ (Abbildung 5.15). Beachten Sie dazu bitte auch die Hinweise im Kasten. Schauen Sie sich auch das Ebenen-Bedienfeld an.

Warum Modusänderung und 50 % Grau?

Auf Seite 198 haben Sie erfahren, dass der Mischmodus INEINANDERKOPIEREN entweder eine Multiplikation (Verdunkelung) oder negative Multiplikation (Aufhellung) hervorruft – und zwar in Abhängigkeit von der Ausgangsfarbe. Die ist aber in unserem Fall nun neutralgrau. Das liegt jedoch genau in der Mitte – führt also zu keinerlei Veränderung. Erst durch das spätere Auftragen eines helleren oder dunkleren Grautons (bis hin zu Schwarz und Weiß) werden Änderungen sichtbar. Somit haben wir die ideale Ausgangsposition für Helligkeitsveränderungen im Bild erreicht.

▲ **Abbildung 5.15**
Modus und Füllung der Ebene werden verändert.

2 Nachbelichter aktivieren

Stellen Sie das Foto zunächst in 100% Größe dar, damit Sie die Details gut erkennen können. Sie erreichen das schnell über einen Doppelklick auf das Zoom-Werkzeug. Suchen Sie in der Toolbox das Nachbelichter-Werkzeug aus. Es befindet sich hinter dem Abwedler ⟨o⟩.

3 Werkzeug einstellen

▲ **Abbildung 5.16**
Mit dem Nachbelichter geht es weiter.

Der Nachbelichter erlaubt es, Fotos stellenweise abzudunkeln. Zunächst müssen Sie das Tool aber in der Optionsleiste einstellen. Nehmen Sie eine weiche Pinselspitze von etwa 100 Px. Stellen Sie zudem die MITTELTÖNE ein, und verwenden Sie eine BELICHTUNG von 50% (dies regelt die Intensität des Werkzeugs). Achten Sie darauf, dass TONWERTE SCHÜTZEN aktiv ist. Das sorgt dafür, dass die Beschneidung von Tiefen und Lichtern bei der anschließenden Korrektur möglichst gering gehalten wird. So bleiben die Strukturen bestehen.

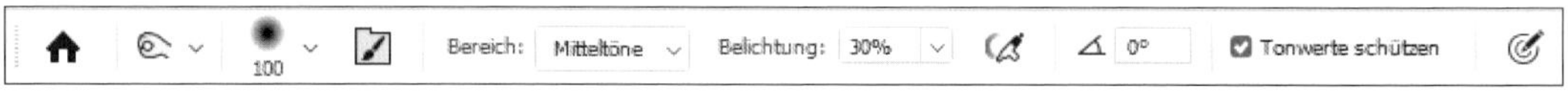

▲ **Abbildung 5.17**
So sollte der Nachbelichter eingestellt sein.

4 Abwedeln und nachbelichten

Wischen Sie jetzt vorsichtig über das dunkle Moos (gerne auch mehrfach). Wenn Sie das Gewässer, das helle Moos sowie die Sträucher im Gegenzug etwas aufhellen wollen, schalten Sie vorab auf den Abwedler um und benutzen auch hier eine weiche Spitze. Allerdings sollten Sie die BELICHTUNG auf 30% heruntersetzen. Der Abwedler reagiert ansonsten zu stark.

5 Bilder vergleichen

Einen Vorher-Nachher-Vergleich erhalten Sie, indem Sie die oberste Ebene vorübergehend ausschalten. Der direkte Vergleich:

◄ **Abbildung 5.18**
Mit Abwedler und Nachbelichter lässt sich eine sehr viel dynamischere und lebendigere Szene schaffen.

Die klassische Tonwertkorrektur

Bevor es weitergeht, greifen wir noch einmal die Begriffe *Tiefen* und *Lichter* auf. Tiefen sind ja bekanntlich die dunklen Bildbereiche, Lichter die hellen. Die neutralen Bereiche (also die dazwischen) werden als *Mitteltöne* bezeichnet. Die Spanne zwischen dem dunkelsten und dem hellsten Bereich eines Bildes stellt den *Tonwertumfang* dar. Im Idealfall ist der dunkelste Ton Schwarz, der hellste erstrahlt in reinem Weiß. Leider ist das die Theorie. Wenn der dunkelste Punkt nicht schwarz und der hellste nicht weiß ist, wirken Bilder oft flau und matt – ihnen fehlt die sogenannte *Zeichnung* (also die Kontrastbildung entlang der Konturen). Doch Photoshop wäre nicht Photoshop, gäbe es nicht auch dafür eine Lösung: die Tonwertkorrektur.

Schritt für Schritt
Eine einfache Tonwertkorrektur

Tonwertkorrekturen können Sie auch dann vornehmen, wenn ein Foto ausgewaschen, gräulich anmutet – so wie das in der Beispieldatei der Fall ist. Dieses Bild weist die typischen Beschränkungen

Bilder/Koala.jpg

in der Tonwertspreizung auf – und darum soll es nun gehen. Kitzeln wir doch etwas mehr Zeichnung aus dem Bild heraus.

Abbildung 5.19 ▸
Das Original (links) ist blassgrau. Mit Hilfe einer Tonwertkorrektur soll das Foto optimiert werden (rechts).

1 Dialog öffnen

Öffnen Sie den Dialog TONWERTKORREKTUR, indem Sie Strg/ cmd+L drücken. Nur der Ordnung halber muss noch erwähnt werden, dass Sie rein theoretisch auch den Weg über BILD • KORREKTUREN • TONWERTKORREKTUR gehen könnten.

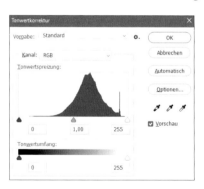

Abbildung 5.20 ▸
So sieht das Histogramm des Fotos aus.

2 Histogramm interpretieren

Was da im Bereich TONWERTSPREIZUNG als schwarze Wellenlinie erscheint, ist ein Histogramm. Es zeigt, welche Tonwerte wie oft im Bild vorhanden sind. Je höher die Kurve an einer bestimmten Stelle nach oben ragt, desto öfter ist dieser Tonwert im Bild vorhanden. Die Tiefen befinden sich dabei ganz links; nach rechts hin finden sich zunehmend hellere Pixel – bis hin zu reinem Weiß ganz rechts. Damit sehen Sie nun auch grafisch, was Sie schon längst wahrgenommen haben: Es sind keine wirklichen Tiefen im Bild vorhanden, und wirkliche Lichter finden sich auch nicht.

3 Tonwertspreizung vornehmen

Im Idealfall beginnt das Histogramm ganz links und endet ganz rechts. Zudem stiege die Kurve noch von der rechten und linken Begrenzung aus langsam an. Das ist hier aber nicht so, also müssen wir selbst Hand anlegen.

Schauen Sie sich die kleinen »Häuschen« unterhalb des Histogramms an. Das sind Schieberegler. Bewegen Sie nun den linken (schwarzen) ❶ nach rechts. Stoppen Sie, wenn der Beginn der Histogrammerhebung erreicht ist. Das dürfte bei etwa 74 der Fall sein. Das linke der drei Eingabefelder unterhalb des Histogramms zeigt ja während des Verstellens permanent einen anderen Wert an, der jetzt repräsentiert, dass Sie die vorhandenen (grauen) Bildbereiche mehr und mehr in Richtung Schwarz verschieben.

Fassen Sie danach den rechten (weißen) Regler ❹ an, und ziehen Sie ihn nach links – ebenfalls bis zum Beginn der Erhebung, die bei 240 erreicht sein dürfte.

Den mittleren (grauen) Schieberegler ❷ stellen Sie etwas nach rechts. Behalten Sie dabei das mittlere Eingabefeld im Auge, und stoppen Sie, wenn Sie bei 0,90 sind. Das hat zur Folge, dass die Mitteltöne im Bild, die durch Verstellung des schwarzen Reglers mit abgedunkelt wurden, wieder etwas aufgehellt werden. Falls die VORSCHAU ❸ rechts im Dialogfenster angewählt ist, sehen Sie die Auswirkungen direkt im Bild. Bestätigen Sie mit OK. Das sieht doch schon wesentlich besser aus, oder?

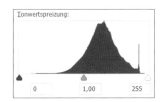

▲ **Abbildung 5.21**
Links und rechts sind keinerlei Erhebungen auszumachen.

Mitteltöne anpassen
Durch das Verschieben des mittleren (grauen) Reglers haben Sie die Mitteltöne ausgerichtet. Als Faustregel sollte dabei gelten: Versuchen Sie immer, den grauen Regler so einzustellen, dass sich links und rechts von ihm eine gleich große schwarze Histogrammfläche befindet – sofern es sich um eine Aufnahme handelt, die nicht von besonderen Höhen oder Tiefen lebt. Nacht- oder Gegenlichtaufnahmen haben natürlich ihre eigenen Regeln. Verlassen Sie sich bei solchen Bildern lieber auf Ihr »Augenmaß«.

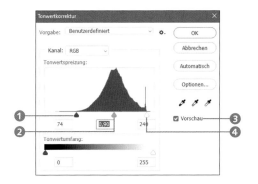

◀ **Abbildung 5.22**
Nachdem Sie die Regler so eingestellt haben, dürfen Sie den Dialog mit OK verlassen.

Schritt für Schritt
Eine Tonwertkorrektur mit Pipetten

Bilder/Downhill.tif

Der letzte Schritt aus der vorangegangenen Schritt-für-Schritt-Anleitung war die Arbeit »fürs Grobe«. Oft reicht eine solche Korrektur schon aus. Wenn Sie es aber ganz genau wissen wollen und vielleicht noch analysieren möchten, wo denn der dunkelste oder hellste Punkt des Fotos zu finden ist, dann gehen Sie so vor:

1   Aufnahme begutachten

Öffnen Sie »Downhill.tif«, und begutachten Sie das Bild. Zu wenig Zeichnung? Da schließe ich mich an. Die Farben leuchten nicht, das Foto hat einen Grauschleier.

2   Schwellenwert benutzen

Zunächst muss der Schwarzpunkt (dunkelster Bereich der Tiefen) gefunden werden. Denn genau diesen Bereich wollen wir als Schwarz definieren. Aber welcher Bildbereich sollte das sein? Vielleicht die Hose des Radlers? Oder die Reifen? Der Rahmen des Rades? Schwer zu sagen. Wenn der Schwarzpunkt nicht eindeutig zu ermitteln ist, bedienen Sie sich eines einfachen Tricks. Wählen Sie BILD • KORREKTUREN • SCHWELLENWERT. (Zu meiner Bestürzung muss ich Ihnen mitteilen, dass es dafür gar keine Tastenkombination gibt.)

▲ **Abbildung 5.23**
Leider ist dieses Foto ziemlich grau.

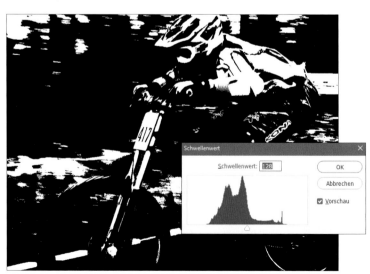

Abbildung 5.24 ▶
Der recht überschaubare SCHWELLENWERT-Dialog verwandelt das Foto in reales Schwarzweiß.

3 Schwarzpunkt ermitteln

Achten Sie auf das Histogramm im Schwellenwert-Dialog. Dort stellen Sie nämlich den darunter befindlichen Schieber zunächst ganz nach links. Daraufhin dürfte das Foto komplett weiß sein. Regeln Sie nun vorsichtig zurück nach rechts. Stoppen Sie, sobald die ersten Konzentrationen schwarzer Bildelemente auftauchen.

Aber welche Stelle ist das nun? Anhand der wenigen Bildinformationen kann man das ja gar nicht genau sagen. Schalten Sie deshalb Vorschau im Dialogfeld mehrmals kurzzeitig aus. Aha, es handelt sich also um den Rahmen des Bikes. Ohne temporäre Abschaltung der Vorschau hätte ich auf den Knieschoner getippt. Sie auch?

4 Weißpunkt ermitteln

Nachdem Sie nun wissen, wo der dunkelste Punkt des Bildes ist, ermitteln Sie den hellsten (den Weißpunkt). Dazu bewegen Sie den Schwellenwert-Schieber ganz nach rechts. Eine anschließende Feinjustierung (nach links zurück) fördert das Ergebnis zutage: das Trikot des Sportlers. Merken wir uns diesen Punkt also. (Die Ecke oben links im Foto dürfen Sie vernachlässigen, da es sich hierbei um den ohnehin überstrahlten Himmel handelt. Doch der bildet nicht den relevanten Inhalt des Fotos.)

▲ **Abbildung 5.25**
Hier sollten die ersten schwarzen Bildbereiche sichtbar werden.

▲ **Abbildung 5.26**
Der hellste Punkt des Fotos

5 Schwellenwert-Dialog abbrechen

So seltsam es sich anhört: Der wichtigste Schritt ist nun, auf Abbrechen zu klicken. Ansonsten wäre eine Rückgewinnung der Bildinformationen im weiteren Verlauf ausgeschlossen. (Von Rückgängig-Funktionen einmal abgesehen.)

Schwellenwert
Bei Anwendung der Schwellenwert-Methode werden alle im Bild befindlichen Pixel auf Schwarz und Weiß reduziert. Je mehr der Schieber unterhalb des Histogramms nun nach links verschoben wird, desto mehr Pixel werden nach Weiß umgewandelt. Eine Verstellung nach rechts bedeutet, dass zunehmend schwarze Pixel eingerechnet werden.

Reflexionen ignorieren
Bei der Aufnahme des Weißpunktes soll ja immer der hellste Punkt des Bildes ermittelt werden. Dabei gilt aber: Lassen Sie stark reflektierende oder extreme Helligkeiten heraus. Das Innere einer hell erleuchteten Glühlampe sollten Sie ebenso wenig zum Weißpunkt-Abgleich heranziehen wie Sonnenreflexionen oder die chromblitzende Stoßstange eines Autos. Anderenfalls würde das Bild zu dunkel – und solche Punkte *sollen* ja überstrahlen.

▲ **Abbildung 5.27**
Die Pipetten in der
Tonwertkorrektur

6 Schwarzpunkt setzen

Öffnen Sie den Dialog TONWERTKORREKTUR über ⌈Strg⌉/⌈cmd⌉+⌈L⌉. Rechts sehen Sie drei kleine Pipetten. Klicken Sie die linke (schwarz gefüllte) ❶ an, und markieren Sie den Punkt, der soeben als Schwarzpunkt definiert wurde.

7 Weißpunkt setzen

Schalten Sie anschließend im TONWERTKORREKTUR-Dialog auf die rechte (weiß gefüllte) Pipette ❸ um, und klicken Sie auf den zuvor ermittelten Weißpunkt des Bildes, also das Shirt des Fahrers.

Abbildung 5.28 ▶
Dieser Mausklick wird das
Foto enorm kräftigen.

Abbildung 5.29 ▶ ▶
Setzen Sie einen Mausklick
auf diese Stelle.

▲ **Abbildung 5.30**
Jetzt wird sogar noch die
Farbe korrigiert.

Abbildung 5.31 ▶
Hier sehen Sie das Ergebnis
im direkten Vorher-Nachher-
Vergleich.

8 Graupunkt setzen

Den folgenden Schritt sollten Sie nur dann machen, wenn Sie sicher sind, dass Sie eine Stelle im Foto ausfindig machen können, die exakt neutralgrau ist. Wenn Sie nämlich hier statt eines neutralen Grautons eine Farbe erwischen, bringen Sie einen Farbstich ins Bild. Und das kann ja unmöglich Sinn und Zweck einer Korrektur sein.

Aktivieren Sie die mittlere Pipette ❷, und klicken Sie damit auf den Schoner am Ellenbogen des Fahrers. Schauen Sie sich dazu die Abbildung an. Bestätigen Sie anschließend mit OK. (Sollten Sie jetzt einen Farbstich herbeigeführt haben, wiederholen Sie den Mausklick an einer leicht versetzten Stelle.)

5.2 Mit Einstellungsebenen arbeiten

Sie haben in den vorangegangenen Workshops erfahren, wie Sie Tonwerte, Tiefen und Lichter sowie Schwellenwerte direkt beeinflussen und Tonwertspreizungen vornehmen können. Das Problem ist aber, dass diese Korrekturen stets direkt auf das Bild einwirken.

Einstellungsebenen statt Direktkorrektur

Stellen Sie sich vor, Sie haben ein Foto auf herkömmlichem Weg korrigiert und wollen es später noch einmal nachkorrigieren. Vielleicht haben Sie etwas übersehen, oder Sie bearbeiten das Foto für einen Auftraggeber, der plötzlich einwendet, dass ihm die Korrektur doch ein wenig zu stark sei. Dann stehen Sie vor dem Problem, dass Sie eine erneute Korrektur am Foto nur noch auf Grundlage des bisherigen Ergebnisses vornehmen können – alternativ müssen Sie sich das Original abermals vornehmen und noch einmal ganz von vorne beginnen.

Dazu ein Beispiel: Öffnen Sie »Downhill.tif«. Drücken Sie [Strg]/[cmd]+[L], um den TONWERTKORREKTUR-Dialog zu öffnen, und betrachten Sie das Histogramm. Danach machen Sie das Gleiche mit dem Histogramm von »Downhill-bearbeitet.tif« aus dem ERGEBNISSE-Ordner.

Punkte korrigieren
Falls Sie versehentlich einmal einen falschen Punkt angewählt haben, klicken Sie einfach erneut auf die richtige Stelle. Möchten Sie zum ursprünglichen Zustand zurückkehren, ohne den TONWERTKORREKTUR-Dialog verlassen zu müssen, halten Sie einfach [Alt] gedrückt. Dadurch wird die Schaltfläche ABBRECHEN zu ZURÜCK.

Bilder/Downhill.tif, Bilder/Ergebnisse/Downhill-bearbeitet.tif

▼ **Abbildung 5.32**
Das Histogramm des Originals (links) und des nachbearbeiteten Fotos (rechts)

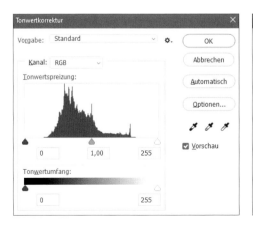
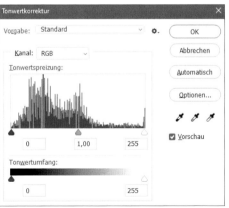

Ebenen reduzieren
Prinzipiell lässt sich aber auch mit einer Einstellungsebene arbeiten und das Foto anschließend über das Bedienfeldmenü des Ebenen-Bedienfelds AUF HINTERGRUNDEBENE REDUZIEREN. Das löst die Einstellungsebene auf (sie geht also verloren) und übergibt die Werte direkt an das Foto.

Nun sehen Sie im rechten Histogramm (es repräsentiert das nachbearbeitete Foto) vertikal verlaufende graue Linien. Sie sind Indiz dafür, dass es durch die Korrektur (die Tonwertspreizung) zu Bildverlusten gekommen ist. Das Histogramm ist gestreckt worden und somit auch auseinandergerissen. Bildinformationen sind verloren gegangen. Und Sie können sich denken, was passiert, wenn Sie eine erneute Korrektur vornehmen: Es kommt abermals zu Verlusten. Und außerdem korrigieren Sie auf Grundlage des bereits beschädigten Histogramms. Man spricht hier auch von einer »destruktiven« Bildkorrektur.

Genau an diesem Punkt setzen die sogenannten Einstellungsebenen an. Sie schweben gewissermaßen wie eine eigene Ebene über dem Original und verändern das Gesamtbild – nicht jedoch die Originalebene. Hier haben Sie es dann mit der sogenannten nicht-destruktiven Bildkorrektur zu tun. Allerdings funktioniert das nur bei Dateiformaten, die auch Ebenen unterstützen, nämlich PSD und TIFF.

Sie können Folgendes daraus ableiten: Wenn Sie noch nicht genau wissen, ob Sie das Foto noch einmal nachjustieren müssen, sollten Sie auf jeden Fall eine Einstellungsebene sowie ein ebenenbasiertes Dokumentformat verwenden. Wenn Sie das Foto hingegen definitiv nicht mehr nachkorrigieren werden, ist der direkte Weg über die Menükorrekturen durchaus gestattet.

Noch eine Tonwertkorrektur – diesmal mit Einstellungsebenen

Aufgrund der Tatsache, dass die Einstelloptionen bei Verwendung von Einstellungsebenen nicht direkt an das Bild übergeben werden, sondern das Foto einfach nur überlagern, bleibt das Original unangetastet. Die Korrektur ist zudem verlustfrei.

Schritt für Schritt
Mit Einstellungsebenen korrigieren

Bilder/Belichtung.jpg

Öffnen Sie das Beispielbild »Belichtung.jpg«, und begutachten Sie es. Problematische Witterungsbedingungen sowie eine falsch eingestellte Kamera haben ein gewisses Waschküchen-Flair hinterlassen. Das muss sich ändern! Geben Sie dem Foto die Dynamik, die es verdient.

▲ **Abbildung 5.33**
Waschküchen-Atmosphäre – hier muss eine Tonwertkorrektur her.

1 Einstellungsebene erstellen

Nun sind Einstellungsebenen in Photoshop ein alter Hut (aber unglaublich effektiv). Sie lassen sich einsetzen, indem das kleine Icon NEUE MISCH- ODER EINSTELLUNGSEBENE ERSTELLEN in der Fußleiste des Ebenen-Bedienfelds markiert wird (das schwarz-weiße Kreis-Symbol) ❶. In dem Menü könnten Sie sich nun für TONWERTKORREKTUR entscheiden. Ebenso steht das Bedienfeld KORREKTUREN (FENSTER • KORREKTUREN) zur Verfügung. Es bietet die gleichen Optionen wie der Button in der Fußleiste. Klicken Sie doch einmal auf die zweite Schaltfläche ❷.

▲ **Abbildung 5.34**
Der schwarzweiße Kreis in der Fußleiste des Ebenen-Bedienfelds führt zu den Einstellungsebenen. Wählen Sie TONWERTKORREKTUR.

Histogramm aktualisieren

Das Histogramm repräsentiert die aktuellen Werte des Fotos. Allerdings sind diese nicht 100 % exakt. Wer es also ganz genau wissen will, betätigt vor der Tonwertspreizung ❸ (Abbildung 5.37). Dadurch wird das Histogramm noch einmal exakt errechnet.

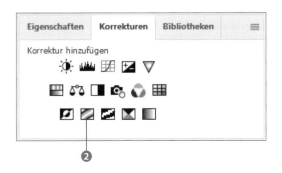

◀ **Abbildung 5.35**
Das Korrekturen-Bedienfeld präsentiert ebenfalls die Korrekturoptionen per Einstellungsebenen.

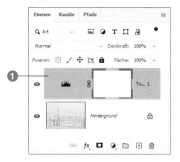

▲ **Abbildung 5.36**
Die Einstellungsebene TON-
WERTKORREKTUR wurde hinzu-
gefügt.

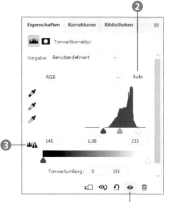

▲ **Abbildung 5.37**
Das Foto wird im Eigenschaften-Bedienfeld eingestellt.

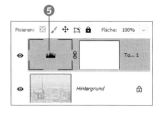

▲ **Abbildung 5.39**
Zum Nachkorrigieren klicken
Sie doppelt auf das Symbol in
der Einstellungsebene.

Werfen Sie auch mal einen Blick auf das Ebenen-Bedienfeld. Hier wurde jetzt eine neue Ebene ❶ hinzugefügt, nämlich die EINSTEL-LUNGSEBENE mit der Eigenschaft TONWERTKORREKTUR. Sie ist markiert, so dass Sie gleich loslegen können.

2 Tonwerte einstellen

Zudem ist das Eigenschaften-Bedienfeld aktiviert worden. Hier sehen Sie ebenfalls ein Histogramm sowie die drei bereits bekannten Schieberegler (Schwarz, Weiß und Grau) unterhalb. Damit lässt sich auch hier eine Tonwertspreizung vornehmen. Schieben Sie die äußeren Regler an das Histogramm heran. Für den Schwarzpunkt wäre das bei etwa 145, während der Weißpunkt bei etwa 233 landen dürfte.

3 Graupunkt einstellen

Jetzt bewegen Sie den Graupunkt etwas nach links. Ein Wert um 1,08 sollte ausreichen. Das war's schon. Einen Vorher-Nachher-Vergleich können Sie erhalten, indem Sie das Augen-Symbol der Einstellungsebene kurzzeitig deaktivieren. In der Fußleiste des Bedienfelds gibt es ebenfalls ein entsprechendes Symbol ❹.

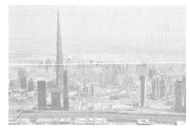

▲ **Abbildung 5.38**
So soll es sein: kräftige Kontraste für eine imposante Kulisse.

4 Optional: Nachkorrigieren

Wie Sie sehen, ist das Histogramm trotz der Korrektur nicht auseinandergerissen worden. Das liegt daran, dass die Korrektur nicht direkt auf der Bildebene stattgefunden hat, sondern darüber liegt. Nachträgliches Korrigieren ist also jederzeit auf Grundlage des Originals möglich (nicht-destruktiv) – selbst wenn das Eigenschaften-Bedienfeld zwischenzeitlich geschlossen worden ist. Setzen

Sie in diesem Fall einen Doppelklick auf das linke Symbol ❺ der Ebene. Das gilt im Übrigen für alle Einstellungsebenen.

Tipp: Bedienfeldoptionen ändern

Möglicherweise werden Sie einwenden, dass die Einstellungsebene im Bedienfeld EBENEN gar nicht (wie hier im Buch) mit dem Symbol einer Krone ausgestattet ist, sondern mit dem Hell-Dunkel-Kreis, der dem Schalter in der Fußleiste gleicht. Die Ursache: Die Darstellungsoptionen sind anders eingestellt. Öffnen Sie einmal das Bedienfeldmenü des Ebenen-Bedienfelds, und entscheiden Sie sich für BEDIENFELDOPTIONEN. Hier lässt sich nämlich die Miniaturgröße einstellen. Ist das kleinste Bild eingestellt, erscheint der Kreis; wählen Sie hingegen das nächstgrößere, wird die Krone ausgegeben. Wir haben uns im Buch an den meisten Stellen für die größere Darstellung entschieden.

◀ **Abbildung 5.40**
Wählen Sie das nächstgrößere Bild an, um eine vergrößerte Ansicht im Bedienfeld zu erreichen.

Auto-Tonwertkorrektur
Im Eigenschaften-Bedienfeld finden Sie auch den Schalter AUTO ❷. Wenn Sie diese Option einsetzen, regelt Photoshop die Tonwertkorrektur automatisch. Bedenken Sie aber, dass Auto-Funktionen niemals das kritische Auge des Betrachters ersetzen können. Klicken Sie mit ⌐Alt⌐ darauf, lassen sich per Anwahl der gleichnamigen Checkbox nun auch HELLIGKEIT UND KONTRAST VERBESSERN. Früher wurde hier standardmäßig nur der Kontrast verbessert – und zwar kanalweise.

▲ **Abbildung 5.41**
Je nach gewählter Miniaturgröße ändert sich auch die Darstellung der Symbole.

Einstellungsebene »Belichtung«

In Verbindung mit dem vorangegangenen Workshop möchte ich Ihnen gerne noch eine weitere leistungsfähige Korrekturoption präsentieren. Die Rede ist von der Einstellungsebene BELICHTUNG. Genau genommen handelt es sich dabei um eine Korrektur der HDR-Belichtung.

Schritt für Schritt
Belichtung korrigieren

Bilder/Ergebnisse/
Belichtung-Tonwert.psd

Im vorangegangenen Workshop ist unsere Skyline weitgehend aus ihrem gräulichen Dasein befreit worden. Mehr ist jedoch mit der Tonwertkorrektur nicht möglich. Um die Lichtwirkung im Foto zu erhöhen, müssen wir eine zweite Korrektur anwenden. Verwenden Sie bitte das Resultat der Tonwertkorrektur. Sollten Sie den Workshop nicht durchgeführt haben, dürfen Sie gerne »Belichtung-Tonwert.psd« aus dem Ergebnisse-Ordner dazu verwenden.

1 Einstellungsebene hinzufügen

Nachdem Sie sich vergewissert haben, dass die Einstellungsebene Tonwertkorrektur innerhalb des Ebenen-Bedienfelds markiert ist, erzeugen Sie eine Einstellungsebene Belichtung ❶. Ob Sie dazu über die Ebenen-Fußleiste oder das Korrekturen-Bedienfeld gehen, bleibt natürlich Ihnen überlassen.

HDR-Belichtung
Normalerweise werden die Belichtungswerte im aktuell für das Foto gültigen Farbraum berechnet (meist 8-Bit-Bilder mit 256 möglichen Abstufungen). Bei der HDR-Belichtung ist das anders. Hier wird auf Grundlage von bis zu 32 Bit korrigiert, was eine sehr viel feinere Abstimmung ermöglicht. Zwar bleibt das Beispielfoto im 8-Bit-Modus, jedoch lassen sich bei der Korrektur dem HDR-Verfahren nahekommende Resultate erzielen. HDR ist übrigens eine Abkürzung für **H**igh **D**ynamic **R**ange und steht für einen enorm hohen Kontrastumfang.

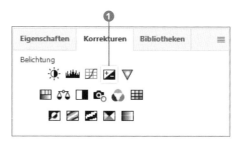

◄ **Abbildung 5.42**
Fotografen dürfte dieses Symbol bekannt vorkommen. Es regelt die Belichtung auch am Aufnahmegerät.

2 Belichtung korrigieren

Durch Verstellung des Graupunkt-Reglers während der Tonwertkorrektur ist es uns zwar gelungen, das Foto ein wenig aufzuhellen, aber leider nur in den Mitteltönen. Ziehen Sie die Belichtung deshalb jetzt im Eigenschaften-Bedienfeld ein wenig nach rechts (auf etwa +0,56). Sie werden sofort sehen, dass dem Bild die nötige Helligkeit zuteilwird.

Die Details gehen dabei nicht verloren. Leider zerrinnt dabei aber der Kontrast ein wenig. Das gleichen Sie aus, indem Sie den Regler Gammakorrektur vorsichtig nach rechts ziehen. Streben Sie einen Wert von etwa 0,90 an.

◀ **Abbildung 5.43**
Hier noch einmal das Foto nach der Belichtungskorrektur. Das Resultat heißt »Belichtung-bearbeitet.tif«.

Funktion »Belichtung« im Überblick

▶ BELICHTUNG: Die Belichtung macht das Foto zunächst einmal heller oder dunkler. Die Besonderheit hierbei ist jedoch, dass die Tiefen dabei nicht verändert werden.

▶ VERSATZ: Bei einer Verschiebung nach links werden Tiefen und Mitteltöne abgedunkelt, wobei die Lichter weitgehend erhalten bleiben. Wird der Regler nach rechts gestellt, werden die Tiefen und Mitteltöne erhellt, wobei die Lichter bis zu einem gewissen Grad erhalten bleiben.

▶ GAMMAKORREKTUR: Optisch lässt sich durch Verstellung nach rechts erreichen, dass das Foto kontraststärker wirkt, während es bei einer Korrektur nach links an Kontrast verliert.

Einstellungsebenen maskieren

Mit Einstellungsebenen haben Sie noch eine weitere herausragende Möglichkeit in petto. Sie können nämlich die Einstellungen im wahrsten Sinne des Wortes maskieren. Das bedeutet: Sie bestimmen, wo die Korrektur greifen soll und wo nicht. Dazu markieren Sie zunächst die weiße Fläche auf der Einstellungsebene (Maskenminiatur).

Jetzt aktivieren Sie einen Pinsel B und malen mit schwarzer Vordergrundfarbe (zuerst D, dann X) über alle Bereiche des Fotos, die nicht mit der soeben angewendeten Korrektur verse-

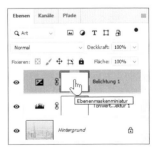

▲ **Abbildung 5.44**
Für die punktuelle Bearbeitung muss die Maske angewählt sein. Die Markierung wird durch die weißen Ecken verdeutlicht.

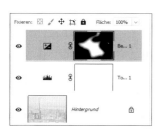

▲ Abbildung 5.45
In weißen Bereichen wirkt die Korrektur, in schwarzen bleibt sie hingegen unsichtbar.

▲ Abbildung 5.46
Durch Betätigen des Buttons unten links wird die Einstellungsebene eingerückt. Sie wird zur Schnittmaske.

hen werden sollen. Sollten Sie einmal zu viel übermalt haben, wissen Sie ja, was zu tun ist: ⌧ drücken, die Stelle noch einmal übermalen, erneut ⌧ drücken und weiter maskieren.

Schnittmasken – Korrekturen auf eine Ebene begrenzen

Wichtig ist noch zu wissen, dass sich eine Korrektur via Einstellungsebene grundsätzlich auf alle Ebenen auswirkt, die sich unterhalb befinden. Wenn Sie das unterbinden wollen und eine Einstellungsebene nur Gültigkeit für die *eine* darunter befindliche Ebene haben soll, dann müssen Sie folgendermaßen vorgehen: Klicken Sie auf das linke Symbol ❶ in der Fußleiste des Eigenschaften-Bedienfelds. Im Ebenen-Bedienfeld wird daraufhin die Tonwertkorrektur-Ebene eingerückt – ein Indiz dafür, dass sie jetzt nur auf die direkt darunter befindliche Ebene wirken kann.

Es gibt noch eine Alternative, die ich Ihnen keinesfalls vorenthalten möchte. Sie ist besonders interessant, weil sie direkt im Ebenen-Bedienfeld zugewiesen werden kann. Stellen Sie die Maus genau auf die Begrenzung zwischen der Einstellungsebene und der darunter befindlichen. Jetzt halten Sie [Alt] gedrückt. Wenn Sie ein kleines Quadrat mit einem nach unten weisenden Pfeil sehen, führen Sie einen Mausklick aus. Lassen Sie erst danach den Schalter auf der Tastatur wieder los. Auch hier wird die Einstellungsebene nach rechts gerückt, das heißt eine Schnittmaske erstellt.

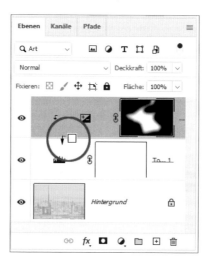

◄ Abbildung 5.47
So lässt sich direkt im Ebenen-Bedienfeld eine Schnittmaske erzeugen.

Gradationskurven

Bei Veränderungen in Form einer Tonwertkorrektur haben Sie Einfluss auf zwei wesentliche Punkte eines Bildes – den Schwarz- und den Weißpunkt. Falls neutrales Grau vorhanden ist, können Sie auch noch auf diesen Punkt einwirken. Das hat natürlich intern Auswirkungen auf die Farbkanäle, da unser Foto ja nicht aus einem Hell-Dunkel-Kanal, sondern aus den Farbkanälen Rot, Grün und Blau besteht. Technisch gesehen, ist also jede Belichtungskorrektur nichts anderes als eine Farbkorrektur.

Im Dialog TONWERTKORREKTUR finden Sie ein Steuerelement, das mit RGB betitelt ist. Hier ließen sich die Tonwerte auf einzelne Grundfarbenkanäle anwenden. Genauso verhält es sich mit der Gradation. Da die Auswirkungen auf die Farbkanäle aber bei einer Korrektur aller drei Kanäle gleichzeitig weit weniger sichtbar werden als die Veränderungen im Hell-Dunkel-Bereich, gehören auch die Gradationskurven zweifellos mit in dieses Kapitel. Erst bei der Bearbeitung eines einzelnen Kanals wird die Arbeit sichtbar zur Farbkorrektur. Dennoch wollen wir in diesem Abschnitt dem Farbkapitel ein klitzekleines Stückchen vorgreifen. So wird nämlich deutlich, wo der thematische Übergang zwischen Licht und Schatten auf der einen Seite und Farben auf der anderen erfolgt. Das wird interessant. Lassen Sie sich überraschen.

Schnittmasken per Tastatur oder Shortcut erstellen
Drücken Sie alternativ zum Klick zwischen die Ebenen Strg/cmd+ Alt+G, oder wählen Sie EBENE • SCHNITTMASKE ERSTELLEN. Zum Aufheben einer Schnittmaske ist indes EBENE • SCHNITTMASKE ZURÜCKWANDELN bzw. erneut oben erwähnte Tastenkombination vonnöten.

Schritt für Schritt
Automatische Gradationskurven-Korrektur

Nun wollen wir in die entgegengesetzte Richtung arbeiten, also zu dunkle Bilder aufhellen. Auch das ließe sich mit den zuvor beschriebenen Dialogen erledigen, wobei diesmal aber eine Gradationskurven-Korrektur zur Anwendung gebracht werden soll – und zwar eine automatische.

Bilder/Aufhellen.jpg

1 Einstellungsebene hinzufügen
Nachdem Sie das Originalfoto geöffnet haben, erzeugen Sie eine Einstellungsebene GRADATIONSKURVEN. (Auch hier haben Sie wieder die Qual der Wahl, ob Sie über die Fußleiste des Ebenen-Bedienfelds oder das Korrekturen-Bedienfeld gehen und den dritten Button in der obersten Reihe betätigen.)

Auto-Gradation

Im Eigenschaften-Bedienfeld finden Sie auch die Taste AUTO. Darüber regelt Photoshop die Gradation automatisch und es wird eine S-Kurve erzeugt. (Zu S-Kurven mehr im folgenden Workshop.) Ebenfalls interessant: Klicken Sie auf den Button, während Sie [Alt] gedrückt halten. Das hat zur Folge, dass sich ein Dialog öffnet, in dem Sie jetzt auch die Funktion HELLIGKEIT UND KONTRAST VERBESSERN finden, die für sehr gute Resultate sorgt.

2 Auto-Korrektur anwenden

Danach betätigen Sie ganz einfach AUTO ❶ und schauen sich an, was aus der weißen Diagonalen ❷ im darunter befindlichen Anzeigefeld wird.

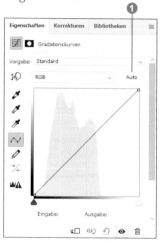
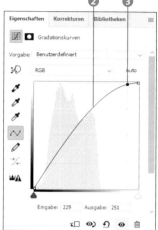

▲ **Abbildung 5.48**
Was ist denn da passiert? Die Diagonale ist ja nur noch ein Schatten ihrer selbst.

Aus der Diagonalen ist nun eine Kurve geworden. Zusätzlich existiert auf ihr ein kleiner quadratischer Anfasser ❸. Klicken Sie darauf, halten Sie die Maustaste gedrückt, und ziehen Sie das Quadrat per Drag & Drop ein wenig nach links und nach unten. Orientieren Sie sich bitte an Abbildung 5.49.

Sulsky / unsplash.com

▲ **Abbildung 5.49**
So schnell kann's gehen. Es kommen Kontraste ins Bild. Zum Vergleich liegt die Ergebnisdatei »Aufhellen_fertig.tif« bei.

Sie werden feststellen, dass die etwas helleren Mitteltöne noch weiter aufgehellt werden, was wiederum dem Bildergebnis zugutekommt.

3 Kurve verändern

Noch ein Tipp zum Schluss: Achten Sie darauf, dass die Kurve immer gerundet bleibt. Wenn Sie den Punkt beispielsweise zu weit nach oben ziehen, wird die Kurve begradigt. Das hätte zur Folge, dass Lichter beschnitten werden, also Bildbereiche weiß und konturlos werden. Das sieht im Ergebnis nicht gut aus, wie die folgende Kurveneinstellung verdeutlicht.

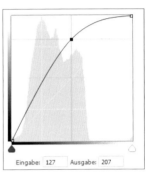

▲ **Abbildung 5.50**
Durch Verziehen des Anfassers in der Mitte werden die dunkleren Mitteltöne kräftiger.

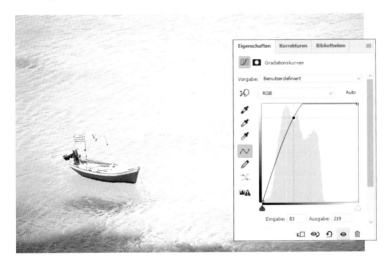

▲ **Abbildung 5.51**
Die Gradationskurve darf nicht mit dem oberen Rand kollidieren. Die hellen Stellen des Wassers sowie die Ladung auf dem Boot verlieren ihre Zeichnung.

Gradation manuell anheben

Was innerhalb einer Tonwertkorrektur mittels Histogramm gesteuert wird, lässt sich innerhalb des GRADATIONSKURVEN-Dialogs mit der Diagonalen machen. Um flaue Farben zu kräftigen, gibt es eine Vorgehensweise, die durchaus als Standard in der Bildbearbeitung bezeichnet werden kann. Eine S-Kurve sorgt nämlich meistens für richtig gute Ergebnisse.

Schritt für Schritt
Manuelle Gradationskurven-Korrektur

Bilder/Fotograf.tif

Die Beispieldatei könnte ein wenig Aufarbeitung vertragen. Die Zeichnung fehlt, und es sieht alles ein wenig verwaschen aus.

© Andrew Ly / unsplash.com

Abbildung 5.52 ▶
Hier sind kräftige Farben
leider Fehlanzeige.

Raster verändern
Klicken Sie doch einmal,
während Sie Alt ge-
drückt halten, in das
große Feld in der Mitte
(jedoch nicht auf die Diagonale). Das Raster ver-
feinert sich dadurch. Das
ist allerdings lediglich
eine Ansichtsoption, die
keine Auswirkungen auf
das Ergebnis hat. Führen
Sie den Schritt erneut
aus, um wieder zum gro-
ben Raster zu gelangen.

Abbildung 5.53 ▶
Formen Sie eine S-Kurve –
die klassische Methode,
um Gradationen merklich
anzuheben.

Abbildung 5.54 ▶▶
Selbst kleinste Veränderungen
sorgen für rasche Bildergeb-
nisse.

1 Einstellungsebene erzeugen

Entscheiden Sie sich für den dritten Button des Bedienfelds GRA-DATIONSKURVEN. Sollte das Korrekturen-Bedienfeld nicht sichtbar sein, wählen Sie FENSTER • KORREKTUREN.

2 Kurve anlegen

Zunächst wollen wir uns Gedanken über die erwähnte Kurve machen. Sie kommt durch Hinzufügen von Anfassern zustande. Sie haben die kleinen Quadrate ja bereits kennengelernt. Bei automatischen Korrekturen werden diese selbstständig hinzugefügt, bei manuellen müssen Sie das selbst erledigen. Klicken Sie dazu etwa an Position ❶ auf die Diagonale, halten Sie die Maustaste gedrückt, und ziehen Sie die Maus nach unten (bis Sie etwa bei ❷ angelangt sind).

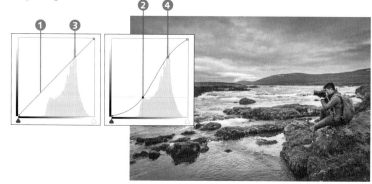

Danach setzen Sie etwas weiter rechts erneut an (an Position ❸) und ziehen diesen Punkt nach oben (bis zur Position ❹). Das Bild verändert sich drastisch, oder?

3 Blau-Kanal öffnen

Bei genauerem Hinsehen fällt auf, dass das Foto leicht blaustichig ist. Das sollte nachgebessert werden. Wie gesagt: Jetzt greifen wir dem Farbkapitel etwas vor. Betätigen Sie das Pulldown-Menü oberhalb der Kurve, und stellen Sie auf BLAU um. Alternativ betätigen Sie [Alt]+[5].

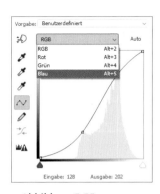

▲ **Abbildung 5.55**
Anstelle aller drei Grundfarben wird jetzt nur der Blau-Kanal bearbeitet.

4 Korrektur im Bild

Nun befinden wir uns zwar im Blau-Kanal, wissen aber noch nicht, welche Blauanteile überhaupt verändert werden müssen. Sind es eher die hellen oder die dunklen Anteile? Egal! Das soll Photoshop für uns herausfinden. Schalten Sie den Button ❺ ein. Er ermöglicht die Änderung der Gradation auf dem Foto.

▲ **Abbildung 5.56**
Per Knopfdruck lassen sich Korrekturen sogar direkt im Bild vornehmen. (Vergleichen Sie Ihr Resultat mit »Fotograf_fertig.tif«.)

Als Nächstes klicken Sie auf eine Stelle im Bild, die den typischen Blaustich aufweist. Ich habe mich für das Moos bzw. den Bewuchs auf einem der Felsen ❼ entschieden. Halten Sie auch hier wieder die Maustaste gedrückt, und schieben Sie das Zeigegerät langsam nach unten. Beobachten Sie gleichzeitig die Diagonale ❻. Dort ist ein Punkt hinzugefügt worden, der sich jetzt langsam nach unten bewegt. Mit dieser Aktion übernimmt der Grünanteil mehr und mehr die Bildregie.

5 Optional: Korrektur verwerfen

Nun kann es ja durchaus einmal passieren, dass sich das gewünschte Ergebnis nicht einstellt – weil Sie beispielsweise eine falsche Position im Foto markiert haben. Meist wäre ein Farbstich die Folge. In diesem Fall klicken Sie einfach auf das kleine Quadrat, das der Gradationskurve hinzugefügt wurde, halten die Maustaste gedrückt und ziehen diese Markierung einfach aus dem Gradationskurven-Feld heraus. Wenn Sie die Maustaste außerhalb des Kurvenfelds loslassen, ist der Punkt verschwunden und die letzte Einstellung verworfen.

Einstellungsebene »Helligkeit/Kontrast«

Als Kontrast bezeichnet man die Spanne zwischen dem hellsten und dem dunkelsten Punkt eines Bildes. Fotos mit hohem Kontrastumfang sind natürlich wesentlich ansprechender. Allerdings war es nicht immer unproblematisch, Helligkeits- und Kontrastveränderungen an einem Bild vorzunehmen. Gerade bei der Erhöhung von Kontrasten bestand oft die Gefahr, dass Details im Bild (z. B. dünne Äste und Ähnliches) verloren gingen. Da dem Ganzen aber mittlerweile ein veränderter Umrechnungsmodus zugrunde liegt, können Sie ruhig auch einmal mit HELLIGKEIT/KONTRAST nachhelfen – aber bitte nur dann, wenn der Korrekturbedarf insgesamt eher gering ist.

Die Vorgehensweise ist auch hier dieselbe. Zunächst weisen Sie eine Einstellungsebene zu (in diesem Fall HELLIGKEIT/KONTRAST) und versuchen, sofern Sie es mit flauen Bildern zu tun haben, den Regler KONTRAST nach rechts zu verschieben. Das reicht in den meisten Fällen schon aus. Sind Sie mit dem Ergebnis nicht zufrieden, verwerfen Sie die Korrektur und versuchen es lieber über die Tonwerte oder die Gradation.

▲ **Abbildung 5.57**
Nur in Ausnahmefällen zu empfehlen: Helligkeit/Kontrast

Alte Version verwenden
Bei Anwahl der gleichnamigen Checkbox wird ein Algorithmus verwendet, der inzwischen verbessert worden ist. Wenn Sie eine Einstellungsebene bearbeiten, die mit einer älteren Photoshop-Version erzeugt worden ist, wird die Checkbox automatisch aktiviert.

Farbkorrekturen

Von Knallbunt bis Schwarzweiß

- ▸ Wie werden Farben kräftiger?
- ▸ Wie lassen sich Farben verändern?
- ▸ Wie korrigiere ich die Farbbalance?
- ▸ Wie erzeuge ich Schwarzweißfotos?
- ▸ Worauf muss ich achten, wenn ich Porträts in Schwarzweiß umwandle?

6 Farbkorrekturen

Dynamik? Sättigung? Farbbalance? Da kann einem ja schwindelig werden! Es besteht aber überhaupt kein Grund, vor diesen Begriffen zurückzuschrecken. Sie werden sehen, dass die Bezeichnungen selbst viel befremdlicher sind als die Anwendung dieser Funktionen. Wetten, dass Sie am Ende des Kapitels genauso denken? Mit diesen seltsam klingenden Techniken holen Sie nämlich aus Ihren Bildern das Allerletzte heraus – und erreichen Ergebnisse, die sich wirklich sehen lassen können.

6.1 Flaue Farben kräftigen

Wie flaue Fotos kontrastreicher gemacht werden können, haben Sie im vorangegangenen Kapitel erfahren. Dort ist nämlich in einem Workshop gezeigt worden, wie sich die Gradation kanalweise verbessern lässt (siehe letzten Workshop von Kapitel 5 ab Seite 242). In diesem Kapitel sollen nun zwei weitere Einstellungsebenen ins Spiel kommen, die immer dann angezeigt sind, wenn Farben gekräftigt werden müssen.

Sättigung und Dynamik verändern

Eine der vielen in Photoshop zur Verfügung stehenden Einstellungsebenen ist geradezu prädestiniert, bei der Farbkräftigung schnelle Erfolge zu verzeichnen. Was dieses Thema angeht, sollten Sie am besten gleich mal in einen Workshop eintauchen.

Schritt für Schritt
Farben sättigen per Einstellungsebene

Bilder/Dynamik.jpg

Beginnen Sie das Kapitel mit einer Aufnahme aus der mexikanischen Karibik. »Dynamik.jpg« offenbart einen Traumstrand der

Halbinsel Yucatán. Nun werden Sie geneigt sein, zu sagen: »Na, wo isser denn, der Traumstrand?« Und recht haben Sie. Das sieht irgendwie gar nicht nach Caribbean Daydream aus.

© Renate Klaßen

◄ **Abbildung 6.1**
Harte Kontraste und wenig Farbe. Wer will das, wenn es um die Karibik geht?

1 Tonwerte korrigieren

Bevor Sie mit der Farbkorrektur beginnen, sollten Sie zunächst die Härte aus dem Bild nehmen. Die hoch stehende Sonne hat in diesem Foto für enorme Kontraste gesorgt. Erzeugen Sie eine Einstellungsebene TONWERTKORREKTUR, und ziehen Sie den Weißpunkt-Regler ❹ bis auf 214. Um die Mitteltöne etwas heller zu gestalten, ziehen Sie den Graupunkt-Regler ❸ nach links (auf etwa 1,20).

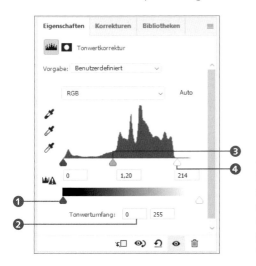

◄ **Abbildung 6.2**
Die Tonwertkorrektur macht das Bild (im Gegensatz zu den vorangegangenen Bildern, die ja stets gekräftigt worden sind) ein wenig weicher.

Zuletzt kümmern Sie sich darum, dass die extrem schwarzen Bildbereiche etwas von ihrer Intensität verlieren, indem Sie den TONWERTUMFANG SCHWARZ ❶ minimal nach rechts schieben, bis im

Feld ❷ ein Wert von 5 ausgewiesen wird. Das macht aus kräftigem Schwarz dunkles Grau. Da jedoch noch eine weitere Korrektur folgen wird, ist das absolut in Ordnung.

2 Dynamik und Sättigung einstellen

Nachdem das erledigt ist, weisen Sie eine weitere Einstellungsebene zu. Entscheiden Sie sich diesmal für DYNAMIK. Im zugehörigen Eigenschaften-Bedienfeld gibt es nur zwei Schieberegler, die beide die Farben beeinflussen. In welcher Art und Weise das geschieht, erfahren Sie gleich im Anschluss an diesen Workshop.

▲ **Abbildung 6.3**
Zwei Schieber, die die Farbe ins Bild transportieren

Abbildung 6.4 ▶
Cool, endlich Karibik-Feeling!

Ziehen Sie den Slider DYNAMIK auf +70 hoch. Ah, da kommt schon Farbe ins Spiel. Da das aber noch nicht reicht, sollten Sie auch die SÄTTIGUNG anheben, indem Sie den gleichnamigen Regler bis auf +25 ziehen. Das ist zwar ein wenig zu viel des Guten, jedoch passt die geringfügige Übersättigung zum Motiv. Das war's bereits. Vergleichen Sie Ihr Ergebnis mit »Dynamik-bearbeitet.tif«.

Erst Dynamik, dann Sättigung
Einige Farben sind womöglich schon von Beginn an ausreichend stark und würden bei einer gleichmäßigen Anhebung »übersättigt«. Mein Tipp also: Versuchen Sie es zunächst immer über die Dynamik. Nur wenn das nicht reicht, heben Sie die (Farb-)Sättigung vorsichtig noch etwas an.

Sättigung und Dynamik im Vergleich

Haben Sie festgestellt, dass bei Betätigung der beiden Slider die Farben jeweils gekräftigt worden sind? Natürlich haben Sie das. Bleibt die Frage: Wozu sind zwei Schieber erforderlich, wenn beide das Gleiche machen? Nun, eigentlich machen sie lediglich etwas Ähnliches. Während die Sättigung nämlich die Leuchtkraft (also die Intensität) sämtlicher Farben zu gleichen Teilen anhebt, geht die

Dynamik-Operation einen Schritt weiter. Sie erhöht weniger gesättigte Farben viel stärker als jene, die bereits über ausreichende Leuchtkraft verfügen. Das ist in den meisten Fällen genau die richtige Vorgehensweise, denn nur selten müssen alle Farben zu gleichen Teilen gesättigt werden.

6.2   Farben verändern

Sie haben bisher erfahren, wie Sie Farben aufwerten und kräftigen können. Nun ist es aber nicht selten angezeigt, eine bestimmte Farbe des Fotos gezielt zu verändern. Diese sogenannte Farbverfremdung ist glücklicherweise ebenfalls eine Stärke von Photoshop.

Bildbereiche umfärben

Prinzipiell ist es keine große Sache, sämtliche Farben innerhalb eines Fotos zu verändern. Dazu verwenden Sie schlicht eine FARBTON/SÄTTIGUNG-Einstellungsebene. (Weniger galant, weil destruktiv, aber dennoch möglich wäre BILD • KORREKTUREN • FARBTON/SÄTTIGUNG.) Im Dialog ziehen Sie dann den Schieberegler FARBTON in die gewünschte Richtung (hier: auf –119 bei Verwendung des Bildes »Beach.jpg«). Ein blauer Rettungsring ist ja eine willkommene Abwechslung zum Einheitsrot. Aber mal ehrlich: Wer mag schon lila Sand?

▲ **Abbildung 6.5**
Die Veränderung des
Farbtons …

◄ **Abbildung 6.6**
… bewirkt spektrale Verschiebungen des gesamten Farbbereichs – keine schöne Sache.

Bilder/Oldie.jpg

▲ **Abbildung 6.7**
Da schlägt das Oldtimer-Herz
höher.

▲ **Abbildung 6.8**
Benutzen Sie das Objektauswahlwerkzeug, um die Aus-
wahl zu erzeugen.

Abbildung 6.9 ▶
Die Auswahl sitzt nicht gerade
perfekt.

Schritt für Schritt
Ein Auto umfärben

Was sagen Sie zu diesem wunderschönen, alten Fiat? Ein Träum-
chen, oder? Ob das Rot allerdings eine gute Wahl ist, sei dahin-
gestellt. Wer über eine recht kostenintensive Umlackierung nach-
denkt, sollte das Ergebnis vorab einmal in Photoshop visualisieren.
Dort ist es nämlich kostenlos – aber keineswegs umsonst.

1 Werkzeug wählen

Um es gleich vorwegzunehmen: Wir könnten das gesamte Foto
umfärben und dann all jene Bereiche, die nicht von der Farbmani-
pulation betroffen sein sollen, kurzerhand wieder maskieren. Da
wir uns aber ohnehin noch mit Maskierungen beschäftigen und
zudem grundsätzlich den leichteren Weg gehen wollen, lassen wir
eine Maske von Photoshop erzeugen. Dazu benötigen wir allem
voran eine Auswahl. Wir benutzen dazu das Werkzeug Objektauswahl ❶, welches sich mit W aktivieren lässt. Sollte aktuell das
Schnellauswahl- oder Zauberstab-Tool ausgewählt sein, drücken
Sie so oft ⇧ + W, bis das Objektauswahlwerkzeug aktiv ist. Wer
lieber mit der Maus arbeitet, klickt einmal lang auf die Werkzeuggruppe und entscheidet sich für den obersten Eintrag.

2 Auswahl erzeugen

Klicken Sie einmal beherzt auf die Mitte des Fahrzeugs. Ich habe
mich hier für die Beifahrertür entschieden. Nach dem Mausklick
dauert es einen Augenblick, bis Photoshop die Auswahl generiert
hat. Übrigens: So lange der Mauszeiger innerhalb der Auswahl
verweilt, wird der selektierte Bereich blau hinterlegt angezeigt.

3 Auswahlbereich verfeinern

Kontrollieren Sie die Auswahlbereiche. Suchen Sie vor allem an den Rändern der rot lackierten Karosserie nach Elementen, die möglicherweise noch nicht in die Auswahl aufgenommen wurden. Aktivieren Sie am besten das Lasso-Werkzeug und wählen Sie in der Optionsleiste DER AUSWAHL HINZUFÜGEN. Umfahren Sie grob jene Bereiche, die noch nicht Teil der Auswahl sind. Beschränken Sie sich auf die Karosserie. Dass Teile des Reifens nicht aufgenommen worden sind, dürfen Sie getrost ignorieren. Uns geht es hier nur um die rote Karosserie.

4 Auswahlmaskierung öffnen

Nun sollten Sie die Umrisse der Auswahl ein wenig weicher gestalten, damit später keine harten Farbübergänge zu sehen sind. Klicken Sie daher einfach in der Optionsleiste auf AUSWÄHLEN UND MASKIEREN ❷.

▼ Abbildung 6.10
Der Schalter ist übrigens nur zu finden, wenn ein Auswahlwerkzeug aktiv ist. Sollte er aktuell nicht angezeigt werden, aktivieren Sie vorab ein beliebiges Auswahl-Tool.

5 Deckfarbe ändern

Wie Sie sehen, wird der nicht ausgewählte Bereich des Bildes, also unser Hintergrund, rot eingefärbt. Prinzipiell ist das zwar in Ordnung, für unseren roten FIAT, allerdings vollkommen ungeeignet. Denn wir sollen ja sehen, welche Farbbereiche im Foto »nicht« rot sind. Klicken Sie daher einmal auf das kleine farbige Quadrat ❸ in der rechten Spalte und stellen Sie eine andere Farbe ein. Ich habe mich vor dem Klick auf OK im Farbwähler für ein dunkles Blau entschieden.

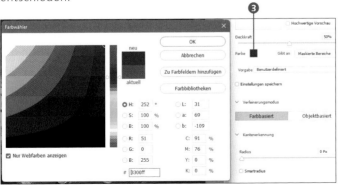

◄ Abbildung 6.11
Die Overlay-Farbe soll für dieses Beispiel geändert werden.

6 Auswahl bearbeiten

Öffnen Sie, falls nötig, die Liste GLOBALE VERBESSERUNGEN ❶, und legen Sie eine WEICHE KANTE ❷ von ca. 4,5 Px fest. Verschieben Sie die Kante ein wenig nach außen, um die Wahrscheinlichkeit zu erhöhen, dass alle Farbbereiche inkludiert sind. Ziehen Sie dazu den Slider KANTE VERSCHIEBEN ❸ nach rechts, bis etwa +8 % angezeigt wird, ehe Sie den Dialog mit OK verlassen.

Abbildung 6.12 ▼
Die Kante wird optimiert.

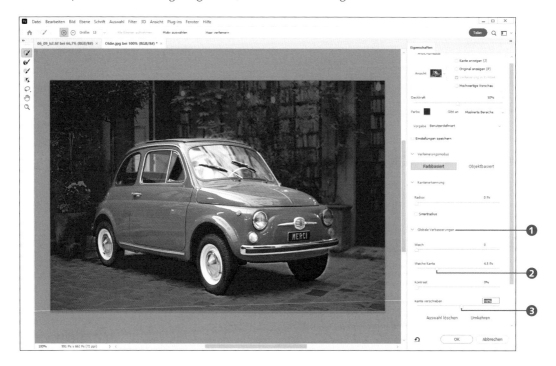

7 Farbe

Erzeugen Sie eine neue Einstellungsebene, wobei Sie sich für FARB-TON/SÄTTIGUNG entscheiden. Genialerweise wird die vorhandene Auswahl gleich mit einbezogen. Achten Sie auf die Miniatur in der Einstellungsebene. Die zuvor ausgewählten Bereiche sind in Weiß dargestellt, während alle Bereiche jenseits des Objekts schwarz bleiben. So wollen wir das haben.

▲ Abbildung 6.13
Die Auswahl erstreckt sich lediglich über das Fahrzeug.

8 Farbe ändern

Jetzt kümmern Sie sich bitte um das Eigenschaften-Bedienfeld. Die Farbveränderung führen Sie mittels Verstellung des Sliders

FARBTON durch. Hierbei sind Ihren Vorlieben natürlich keine Grenzen gesetzt. Sollten Sie sich für ein sattes Grün entscheiden (etwa bei +120 zu finden), werden Sie allerdings feststellen, dass der Lack viel zu intensiv ausfällt. Deshalb ist zu empfehlen, den Regler SÄTTIGUNG bis auf etwa –30 nach links zu bewegen.

▲ **Abbildung 6.14**
Die Sättigung muss verringert werden. Ansonsten überstrahlt die Farbe.

9 Maske komplettieren

Gönnen Sie sich doch einen Vorher-Nachher-Vergleich, indem Sie temporär das Augen-Symbol der Farbton/Sättigung-Ebene deaktivieren. Das sieht gut aus. Bei genauerem Hinsehen werden Sie allerdings noch ein paar Kleinigkeiten entdecken, die eine Nacharbeit verlangen. So ist beispielsweise der Blinker am rechten Kotflügel des Fahrzeugs grün geworden – ebenso das Fiat-Emblem ganz vorne. Da die Maske im Ebenen-Bedienfeld noch immer aktiv ist, können Sie diese Bereiche nun direkt mit einem kleinen, 100 % deckenden Pinsel bei eingestellter schwarzer Vordergrundfarbe ([D]) bearbeiten. Das sollten Sie allerdings bei starker Vergrößerung des Bildausschnitts machen (z. B. 1 600 %), damit nicht versehentlich zu viel übermalt wird. Sollte das geschehen, drücken Sie kurz [X], malen über die Bereiche, die jetzt wieder in Rot erscheinen, und betätigen anschließend abermals [X], um zur schwarzen Vordergrundfarbe zurückzukehren.

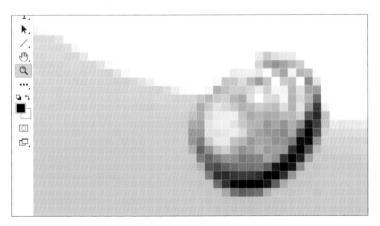

◄ **Abbildung 6.15**
Der Blinker darf natürlich nicht grün werden.

10 Farbbereiche hinzufügen

Sollten am Heck des Fiat noch rote Schlieren auszumachen sein, stellen Sie bitte zunächst Weiß als Vordergrundfarbe ein ([D]) und wischen vorsichtig mit einem nicht zu harten Pinsel darüber. Das hat zur Folge, dass Sie der Maske Bereiche hinzufügen können – also im Prinzip Teile der grünen Farbton/Sättigung-Ebene sichtbar machen.

▲ **Abbildung 6.16**
Was meinen Sie? Grün oder doch lieber rot?

Ich möchte Ihnen gerne noch eine weitere Technik vorstellen. Sie bietet sich immer dann an, wenn die Auswahl des Zielfarbenbereichs schwieriger ist als im vorangegangenen Abschnitt.

Farben mit der Farbbalance einstellen

Wenn es um Farbverfremdungen geht, ist die zuvor vorgestellte Funktion optimal geeignet. Bei Korrekturen hingegen, bei denen man nicht einfach eine Farbe austauschen kann, kommt eine andere Arbeitsweise zum Tragen. Bei Porträtkorrekturen beispielsweise sind die Freiheiten in Sachen Farbgestaltung stark eingeschränkt. Immerhin muss die Farbe des Teints am Ende realistisch sein – und nicht schön bunt.

Schritt für Schritt
Farben realistischer wirken lassen

Bilder/Farbbalance.jpg

Das Beispielfoto ist zwar ganz nett geworden, glänzt aber vor allem durch hohe Grünanteile und magere Belichtung. Beide Probleme machen das Bild flach. Also müssen Korrekturen her. Sie werden auch hier wieder miteinander kombiniert.

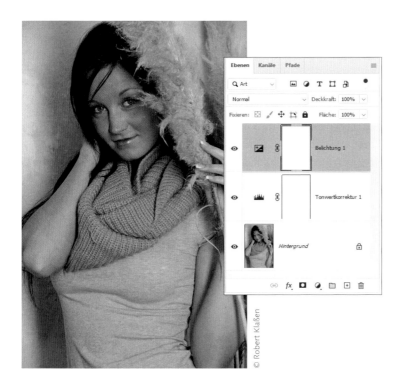

© Robert Klaßen

◄◄ **Abbildung 6.17**
Das Bild ist grünlich und wirkt wenig lebendig. Aber das ändert sich gleich.

◄ **Abbildung 6.18**
Bereits nach Schritt 1 besteht das Bilddokument aus drei Ebenen.

1 Tonwerte und Belichtung korrigieren

Beginnen Sie mit einer Einstellungsebene TONWERTKORREKTUR. Ziehen Sie den Weißpunkt-Slider auf 234. Allein dieser Schritt bewirkt schon einiges im Foto.

Gehen Sie aber dennoch einen Schritt weiter, indem Sie auch eine Einstellungsebene BELICHTUNG einfügen und den Schieber BELICHTUNG auf einen Wert von rund +0,3 bis 0,4 stellen.

2 Grün reduzieren

Nachdem Belichtung und Tonwerte optimiert worden sind, geht es um die Farben. Dazu muss eine weitere Einstellungsebene her. Fügen Sie die FARBBALANCE hinzu. Mit Hilfe der drei Schieber lassen sich Farben zugunsten ihrer benachbarten Farbbereiche verschieben. So kann Rot beispielsweise in Richtung Cyan oder Gelb in Richtung Blau befördert werden. Da wir den hohen Grünanteil bemängelt haben, ist zunächst der mittlere Regler interessant. Schieben Sie ihn etwas nach links in Richtung MAGENTA (hier: –11).

▲ **Abbildung 6.19**
Zur Reduktion des Grünanteils muss der mittlere Regler nach links gezogen werden.

▲ **Abbildung 6.20**
Die LICHTER- und TIEFEN-
Korrekturen wirken sich
ebenfalls positiv auf die
Farben aus.

3 Lichter korrigieren

Nun haben Sie diese Korrektur nur in den Mitteltönen wirken lassen. Denn ganz oben im Pulldown-Menü ist genau dieser Bereich
ausgewählt. Die besonders hellen und dunklen Grünanteile sind
noch vorhanden. Schalten Sie daher bitte zunächst auf die LICH-
TER. Dass die Slider nun wieder alle bei 0 stehen, ist korrekt, da die
hellen Farbtöne ja noch nicht bearbeitet worden sind. Ziehen Sie
den Magenta-Schieber auf –16. Erhöhen Sie auch ein wenig den
Rotanteil, indem Sie den oberen Schieber (Cyan) auf +3 bringen.

4 Tiefen korrigieren

Zuletzt aktivieren Sie die TIEFEN und sorgen auch hier für einen
Magenta-Grün-Anteil von –9. Verlegen Sie das Blau-Gelb-Ver-
hältnis noch ein wenig in Richtung Gelb, indem Sie den untersten
Slider auf –19 bewegen.

5 Gelbtöne bearbeiten

Zuletzt wechseln Sie wieder auf die Mitteltöne. Hier sorgen wir
jetzt ebenfalls für eine Gelb-Korrektur. Das macht das Foto noch
ein wenig lebendiger. Gehen Sie ruhigen Gewissens auf –36.

6 Tonwerte nachjustieren

Durch die Änderung der Farben verwandelt sich auch das Kontrast-
verhältnis. Die dunklen Bereiche sind genauso wie die unteren Mitteltöne etwas zu kräftig. Das gleichen Sie aus, indem Sie nun wieder die Ebene TONWERTKORREKTUR aktivieren. Bitte klicken Sie dazu
entweder auf den Ebenennamen oder auf das kleine Histogramm-
Symbol, nicht jedoch auf die Maskenminiatur, da ansonsten nicht
das Histogramm, sondern nur die Ebenenmaske editierbar wäre.
Ziehen Sie den Mittelton-Regler auf einen Wert von ca. 1,15 und
den schwarzen Slider im Bereich Tonumfang auf 5 oder 6.

7 Alle Korrekturebenen mit einem Klick deaktivieren

Einen Vorher-Nachher-Vergleich erhalten Sie, indem Sie das
Augen-Symbol der untersten Ebene (also der Bildebene) anklicken, während Sie ⌈Alt⌋ gedrückt halten. Das gleichzeitige Betätigen der ⌈Alt⌋-Taste bewirkt, dass nur diese Ebene sichtbar bleibt
und alle anderen ausgeblendet werden. Auf die gleiche Weise lassen sich auch wieder alle anderen Ebenen hinzuschalten.

◄ **Abbildung 6.21**
Die Korrektur hat dem Foto
sichtlich gutgetan.

6.3 Schwarzweißbilder

Was ist, wenn Sie aus einem Farbfoto die Farbe verbannen möchten? Stimmungsvolle Graustufen-Aufnahmen haben ja nicht nur in
der Porträtfotografie etwas Besonderes an sich.

Herkömmliche Methoden der Farbentfernung

Hier bieten sich folgende Möglichkeiten an:

▸ Zunächst können Sie natürlich den Modus ändern. In diesem
  Fall stellen Sie BILD • MODUS • GRAUSTUFEN ein. Die anschließende Kontrollabfrage bestätigen Sie mit OK.

▸ Wählen Sie BILD • KORREKTUREN • SÄTTIGUNG VERRINGERN.

▸ Über BILD • KORREKTUREN • FARBTON/SÄTTIGUNG schieben Sie
  den Regler für die Sättigung ganz nach links.

▸ Über BILD • KORREKTUREN • KANALMIXER aktivieren Sie die
  Checkbox MONOCHROM.

Alle Methoden differieren minimal im Ergebnis. Welche dieser
Vorgehensweisen die beste ist, kann nicht pauschal gesagt werden, weil das natürlich vom gewünschten Ergebnis abhängt. Falls
die Dateigröße eine entscheidende Rolle spielt, sollten Sie die

Modus-Umwandlung vorziehen, da sie die Farbkanäle verwirft und somit die Dateigröße schrumpft.

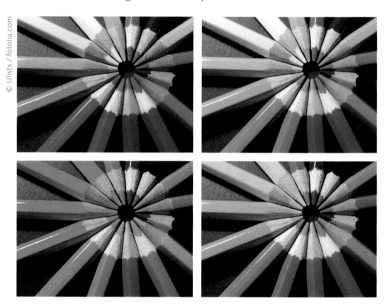

© Ulistx / fotolia.com

Abbildung 6.22 ▶
Besonders bei den helleren Stiften (gelb und orange) werden die Unterschiede deutlich. – Von oben links nach unten rechts: RGB-Farbe, Modus-Umwandlung, Verringerung der Sättigung, Monochrom.

Der Dialog »Schwarzweiß«

Sie ahnen es: Photoshop wäre nicht Photoshop, gäbe es nicht auch für diesen Zweck eine Einstellungsebene. Zwar können Sie auch über BILD • KORREKTUREN • SCHWARZWEISS gehen; jedoch kennen Sie die Vorzüge von Einstellungsebenen ja zur Genüge.

Naturaufnahmen in Schwarzweiß

Um es gleich vorwegzunehmen: Es gibt keine allgemeingültige Regel, wie ein Schwarzweißfoto auszusehen hat. Das ist vom individuellen Empfinden, von der Ästhetik und nicht zuletzt auch von der gewünschten Bildaussage abhängig. Was aber grundsätzlich berücksichtigt werden muss: Das Schwarzweißfoto kann nicht mehr durch seine Farbgebung überzeugen, sondern nur noch durch Tonwerte und Kontraste. Deswegen ist es interessant, für kräftige Unterschiede zwischen den unterschiedlichen Farbbereichen zu sorgen.

Schritt für Schritt
Beeindruckende Naturaufnahmen in Schwarzweiß

Im Workshop geht es darum, der Aufnahme die Farbe zu entziehen und dabei wichtige Bildinhalte durch Hell-Dunkel-Abstufungen voneinander abzugrenzen. Die logische Konsequenz daraus: Farbenfrohe Fotos eignen sich wesentlich besser für die Schwarzweißkonvertierung als triste Knipsereien.

Bilder/Natur.jpg

© Gaetano Cessati / unsplash.com

◄ **Abbildung 6.23**
Eine derartige Aufnahme ist aufgrund ihrer Farben und Kontraste auch für Schwarzweiß geeignet, auch wenn sie etwas dunkel geraten ist.

1 Foto aufhellen

Die Szene ist insgesamt ein wenig dunkel geraten. Deshalb sollten Sie zunächst mit einer Einstellungsebene arbeiten. Weisen Sie eine Einstellungsebene zu, indem Sie in der Fußleiste des Ebenen-Bedienfelds auf den schwarzweißen Kreis klicken und TONWERT-KORREKTUR selektieren. Ziehen Sie den Grauwert-Regler nach links, bis Sie einen Wert von ca. 1,40 erreichen. (Möglicherweise werden Sie hier am Ende noch einmal nachkorrigieren müssen.)

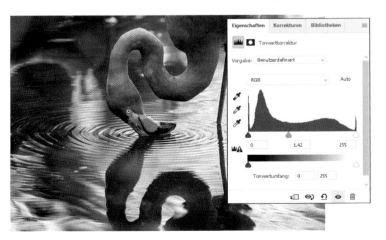

◄ **Abbildung 6.24**
Das sieht ja schon wesentlich besser aus.

2 In Schwarzweiß umwandeln

Nun entscheiden Sie sich für die Einstellungsebene SCHWARZ-
WEISS. Allein das Aktivieren des Dialogs reicht schon, um Ihr Foto
als Graustufenbild darzustellen.

3 Vorgabe ändern

Wenn Sie sich ganz auf Photoshop verlassen wollen, gehen Sie
doch einmal die Möglichkeiten des Pulldown-Menüs VOR-
GABE durch. Vergleichen Sie vor allem GRÜNFILTER, MAXIMALES
SCHWARZ und MAXIMALES WEISS miteinander. Wenn Sie zufrieden sind, ist dieser Workshop für Sie bereits erledigt. Wer mehr
verlangt, stellt zuletzt wieder auf STANDARD zurück.

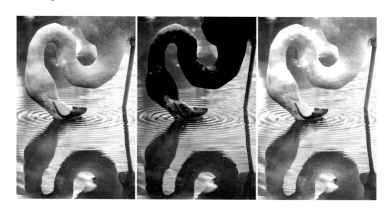

Abbildung 6.25 ▶
Jede Vorgabe bringt ein ver-
ändertes Resultat hervor.

▲ **Abbildung 6.26**
Übernehmen Sie diese Werte
für das Beispielfoto.

4 Rot- und Gelbtöne verbessern

Die Kanäle Rot und Gelb stehen in Abhängigkeit zueinander, da
Gelb im Kern nicht ohne Rot auskommt. Sie sollten diese beiden
Regler daher stets im Wechsel bedienen, bis das gewünschte
Ergebnis erreicht ist. Im Beispielfoto bedeutet das: Wenn Sie die
ROTTÖNE auf etwa 90 ziehen, entstehen durchgängig weiße Flä-
chen am Hals des Flamingos. In diesen Bildbereichen gehen die
Strukturen verloren. Dem können Sie entgegenwirken, indem Sie
die GELBTÖNE auf etwa 81 justieren.

5 Weitere Farbtöne verbessern

Da der Flamingo nun recht hell ist, sollten Sie die Wasserober-
fläche ein wenig abdunkeln. Das erreichen Sie jedoch nicht, wie
man zunächst vermuten könnte, mit Blau, sondern mit den GRÜN-
TÖNEN, die Sie auf etwa –130 ziehen. Bewegen Sie zudem die

CYANTÖNE auf etwa –30. Blau und Magenta lassen Sie komplett unangetastet.

6 Bild abdunkeln

Nun haben Sie eingangs bereits erfahren, dass die Tonwertkorrektur-Ebene noch einmal nachjustiert werden muss. Da das Bild insgesamt etwas zu hell ist (zumindest für meinen Geschmack), sollte es nun wieder ein wenig abgedunkelt werden. Aktivieren Sie die Ebene TONWERTKORREKTUR, und reduzieren Sie deren Deckkraft auf etwa 65 %. Das sieht gut aus, oder?

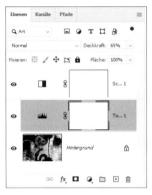

▲ **Abbildung 6.27**
Reduzieren Sie zuletzt die Deckkraft der Tonwertkorrektur-Ebene.

◀ **Abbildung 6.28**
Selbst farbenfrohe Naturaufnahmen haben ihren Reiz in Schwarzweiß.

Schwarzweiß-Direktkorrektur benutzen

Dem Einsteiger wird sich vielleicht nicht auf den ersten Blick erschließen, welche Farbbereiche manipuliert werden müssen, um das eine oder andere Resultat zu erzielen; zumal ja nach Aktivierung der Schwarzweiß-Ebene keine Farben mehr zu sehen sind. Aus diesem Grund ist die Direktkorrektur ins Leben gerufen worden, die Sie ja bereits im Zusammenhang mit den Gradationskurven kennengelernt haben. Aktivieren Sie zunächst das kleine Hand-Symbol oben links im Eigenschaften-Bedienfeld (die Ebene SCHWARZWEISS muss dazu im Ebenen-Bedienfeld ausgewählt sein).

Danach klicken Sie auf den Bereich des Fotos, den Sie verändern wollen, halten die Maustaste gedrückt und schieben das Zeigegerät nach links (= abdunkeln) oder rechts (= aufhellen). Pho-

▲ **Abbildung 6.29**
Nach Aktivierung des Hand-Symbols ist die Schwarzweiß-korrektur direkt im Bild möglich.

toshop wählt den entsprechenden Farbbereich selbstständig aus, so dass Sie sich auf die eigentliche Korrektur konzentrieren können. Wenn der Bildbereich Ihren Vorstellungen entspricht, lassen Sie die Maustaste los. Betrachten Sie bei dieser Art der Korrektur jedoch stets das gesamte Bild. Denn es ist gut möglich, dass die Stelle, auf die Sie zuvor geklickt haben, optimal korrigiert wird, während eine andere Stelle im Bild (die im gleichen Farbbereich liegt) zu hell oder zu dunkel wird.

Schwarzweißvorgaben speichern

Vorgaben-Speicherorte
Die Vorgaben werden auf dem Windows-Rechner abgelegt unter: [LAUF-WERKSBUCHSTABE]/BENUT-ZER/[NAME DES ANWEN-DERS]/APPDATA/ROAMING/ADOBE/ADOBE PHOTO-SHOP [VERSIONSNUMMER]/PRESETS. Dazu müssen die versteckten Ordner via Ordneroptionen des Betriebssystems sichtbar gemacht werden. Am Mac gehen Sie diesen Pfad: MAC/BENUTZER/LIBRARY/APPLICATION SUPPORT/ADOBE/ADOBE PHOTO-SHOP [VERSIONSNUMMER]/PRESETS.

Wenn Sie die getroffenen Einstellungen als Vorgabe sichern wollen, öffnen Sie das Eigenschaften-Bedienfeldmenü und selektieren SCHWARZWEISSVORGABE SPEICHERN. Die Parameter werden dann in einer Datei mit der Endung ».blw« im Ordner BLACK AND WHITE der persönlichen Voreinstellungen abgelegt. Wenn Sie diese später wieder benötigen, gehen Sie abermals auf das Pulldown-Menü VORGABE, das die gespeicherte Voreinstellung fortan enthält.

Porträts in Schwarzweiß

Bei der Gestaltung von Personenaufnahmen sind Sie nicht ganz so frei wie bei Landschaften. Hier müssen Sie vor allem auf den Teint aufpassen. Er setzt sich nämlich in der Regel aus Gelb und Rot zusammen. Regeln Sie diese Bereiche zu weit auseinander, wird das Gesicht fleckig. Darüber hinaus darf der Teint natürlich weder zu hell noch zu dunkel werden.

Schritt für Schritt
Beeindruckende Porträts in Schwarzweiß

Bilder/Face.jpg

Wir wollen das Foto »Face.jpg« in Schwarzweiß konvertieren. Wie bereits angesprochen, sollten Sie dabei den Teint nicht aus den Augen verlieren.

1 Bild analysieren

Beginnen Sie mit einer Einstellungsebene SCHWARZWEISS. Bei der Vorgabe STANDARD (im obersten Pulldown-Menü) bleibt die Haut recht neutral. Sie hat noch dunkle Elemente und überstrahlt nicht. Zudem sieht sie etwas gräulich aus. Das ist zunächst einmal nichts Ungewöhnliches bei Schwarzweißfotos, sollte jedoch optimiert werden. Es ist meist sehr interessant, die Hauttöne bewusst etwas heller darzustellen. Besonders das weibliche Geschlecht wird sich darüber freuen.

◀ **Abbildung 6.30**
Vorsicht bei Porträts! Gesichter dürfen bei der Umwandlung in Schwarzweiß nicht fleckig werden.

2 Farben einstellen

Sie können die Rottöne anheben, und/oder Sie versuchen es einmal mehr mit den Gelbtönen. Wir benutzen in diesem Beispiel wieder beide Schieber in Abstimmung zueinander. Ziehen Sie die ROTTÖNE ❶ hoch auf 100. Das ist zwar zu viel, macht aber zunächst einmal deutlich, wie stark Rot bei Gesichtern wirkt.

Gehen Sie anschließend zurück auf etwa 65, während die GELBTÖNE ❷ bei 48 liegen sollten. Damit sich Person und Hintergrund mehr voneinander abheben, senken Sie die CYANTÖNE zudem noch auf 17 und die BLAUTÖNE auf –2. Übernehmen Sie alle anderen Farbwerte aus Abbildung 6.31.

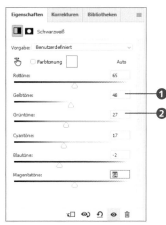

▲ **Abbildung 6.31**
Stellen Sie diese Werte ein.

◀ **Abbildung 6.32**
Das Gesicht ist hell, ohne jedoch zu überstrahlen.

Falls Sie nicht genau erkennen können, welche Farben für welche Bildbereiche zuständig sind, bewegen Sie die Slider extrem von einer Seite zur anderen. Beobachten Sie dabei die Veränderungen im Foto.

3   Optional: Farbe zurückholen

Wer jetzt noch einen Schritt weitergehen möchte, der verringert die DECKKRAFT ❶ der Einstellungsebene noch ein wenig. Dadurch wird nämlich wieder etwas von der Farbe der Originalebene zurückgebracht. Das macht sich bei diesem Foto ganz gut. Gehen Sie auf etwa 78 %.

Abbildung 6.33 ▼
Durch die Deckkraft-Reduktion schimmert das Originalfoto (das ja noch immer farbig ist) wieder ein wenig durch.

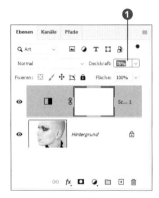

Abbildung 6.34 ▶
So gelangt ein Minimum an Farbe ins Bild zurück.

4   Ebenen reduzieren

Bedenken Sie, dass Sie bei Erhalt der Einstellungsebene immer wieder nachkorrigieren können. Dazu müssen Sie die Ebene nur wieder aktivieren. Aber bitte nicht vergessen: Einstellungsebenen bleiben nicht bei jedem Dateiformat erhalten. Speichern Sie das Dokument daher als PSD oder TIFF ab. – Einstellungsebenen haben aber leider auch zur Folge, dass die Dateigröße anschwillt. Wenn Sie mit Ihrer Arbeit definitiv fertig sind, ist deshalb zu empfehlen, die Ebenen aufzulösen. Dazu gehen Sie in das Bedienfeldmenü des Ebenen-Bedienfelds und entscheiden sich dort für den Eintrag AUF HINTERGRUNDEBENE REDUZIEREN. Alternativ selektieren Sie den gleichlautenden Eintrag über das Menü EBENE.

Retusche und Reparatur

Kopieren, reparieren, restaurieren

- ▶ Wie werden Bildbereiche repariert?
- ▶ Wie werden Objekte geklont?
- ▶ Wie wird ein Porträt effektiv korrigiert?
- ▶ Wie kann ein Foto geschärft werden?
- ▶ Wie lässt sich ein verwackeltes Bild schärfen?
- ▶ Wie werden Fotos gezielt weichgezeichnet?

7 Retusche und Reparatur

Es gibt doch immer etwas zu tun! Kaum ein Bild, das auf Anhieb perfekt ist. Das niemals zufriedene Auge des Fotografen oder Designers findet ständig Verbesserungswürdiges und Stellen, die repariert oder aufgewertet werden müssen. Irgendwie nimmt das gar kein Ende. Da aber gerade für die Retusche der Grundsatz »Weniger ist mehr!« gilt, kann die Devise für eine Fehlerkorrektur nur lauten: Finden – wegmachen – fertig! Und Bereiche, die nicht korrigiert werden müssen, bleiben unangetastet. So macht die Umsetzung dann auch Spaß.

7.1 Bildbereiche entfernen, klonen und verschieben

In diesem Abschnitt lernen Sie die unterschiedlichen Korrektur-arbeiten kennen. Hierbei ist zu entscheiden, ob etwas entfernt, reproduziert oder einfach nur verschoben werden soll. Bei der Reproduktion spricht man vom Klonen, in den beiden anderen Fällen von der Retusche. Der Bereichsreparatur-Pinsel wurde in Photoshop seinerzeit noch einmal optimiert, was sich vor allem in der Camera-Raw-Umgebung positiv auswirkt. Dazu später mehr (siehe Kapitel 9).

Der Bereichsreparatur-Pinsel

Photoshop bietet mit dem Bereichsreparatur-Pinsel ein leicht und effektiv anzuwendendes Tool. Benutzen Sie ihn, um Bereiche innerhalb eines Bildes ganz intuitiv zu entfernen. Die Hauptarbeit übernimmt Photoshop dabei, da die Anwendung die zu retuschie-rende Stelle selbstständig analysiert.

Schritt für Schritt
Objekte aus Bildern entfernen

Die Anwendung des Tools ist wirklich denkbar einfach. Kurz gesagt, wischen Sie einfach über den Bereich, der entfernt werden soll. Die Datei »Golf.jpg« zeigt ein potenzielles Motiv. Dass an diesem schönen Fleckchen Erde gegolft wird, mag ja verständlich sein. Was aber, wenn Sie die Wiese gerade für sich alleine beanspruchen? Dann muss die Dame sprichwörtlich das Feld räumen.

Bilder/Golf.jpg

© Rainer Sturm / pixelio.de

◄ **Abbildung 7.1**
Auf unserem Rasen wird nicht gegolft!

1 Werkzeug einstellen

Zunächst sollten Sie stark auf die Stelle einzoomen, die Sie retuschieren wollen. Aktivieren Sie anschließend das Werkzeug Bereichsreparatur-Pinsel ⌨J, und stellen Sie in der Optionsleiste eine Pinselgröße von etwa 70 Px ein ❶. Aktivieren Sie zudem INHALTSBASIERT ❷ in der Optionsleiste. (Was es damit auf sich hat, erfahren Sie im folgenden Abschnitt.)

▼ **Abbildung 7.2**
Bevor Sie das Werkzeug anwenden, stellen Sie es in der Optionsleiste ein.

2 Werkzeug anwenden

Platzieren Sie die Pinselspitze so, dass die Person mitsamt ihrem Schläger mit einem einzigen Wisch vollständig markiert werden kann. Orientieren Sie sich an Abbildung 7.3. Achten Sie darauf,

▲ **Abbildung 7.3**
So wird die Retuschestelle
korrekt markiert.

dass Sie auch ein Stück des Rasens mit eingrenzen. Damit zeigen
Sie Photoshop, welche Strukturen an der jeweiligen Bildposition
zu retuschieren sind bzw. womit sie neu gefüllt werden müssen.
Lassen Sie los, wenn Sie mit der Markierung zufrieden sind.

Abbildung 7.4 ▶
Hier wird nicht gegolft!

3   Baumkrone retuschieren

Wenn Sie mögen, dürfen Sie auch die kleine Baumkrone ❶ auf der
rechten Seite noch übermalen. Wischen Sie dabei aber bitte waagerecht in Richtung Seitenrand. Versuchen Sie es vom Seitenrand
aus in Richtung Bildmitte, besteht die Gefahr, dass ein gräulicher
Schatten entsteht.

Abbildung 7.5 ▶
Das Ergebnis ist mit »Golf-
bearbeitet.jpg« betitelt.

4 Optional: Reparatur wiederholen

Wenn die Stelle gut retuschiert wurde, sind Sie bereits fertig. Falls die Übergänge jedoch unsauber geworden sind, drücken Sie [Strg]/[cmd]+[Z] und versuchen es erneut. Des Weiteren kann es interessant sein, den Mausklick ein wenig versetzt noch einmal zu wiederholen. Damit wird abermals retuschiert, und der Übergang verbessert sich meist beträchtlich. Übrigens: Der Reparatur-Pinsel, der sich mit dem Bereichsreparatur-Pinsel in einer Gruppe befindet, ist früher für die Retusche größerer Stellen verwendet worden. Durch die zunehmende Präzision des Bereichsreparatur-Pinsels verliert er jedoch an Bedeutung. Wer dennoch mit ihm arbeiten möchte, sollte wissen, dass er genauso angewendet wird wie der Kopierstempel (siehe Seite 278).

Inhaltsbasierte Retusche

Die Einstellung INHALTSBASIERT in der Optionsleiste des Bereichsreparatur-Pinsels ist in den meisten Fällen optimal, da hiermit die besten Resultate erzielt werden. Photoshop vergleicht nämlich bei dieser Einstellung Pixel, die sich in der Umgebung der markierten Stelle befinden, um sie optimal auszugleichen. Wichtige Details wie Kanten oder Schatten bleiben dabei erhalten. Aus diesem Grund war es wichtig, auch ein Stück des Rasens aufzunehmen.

Bildbereiche inhaltsbasiert verschieben

Ein uralter Wunsch der Menschheit ist es, Gegenstände mit bloßer Gedankenkraft von einem Punkt zum anderen zu befördern. Das geht natürlich nicht. Leider. Aber es kommt noch viel schlimmer. Das geht noch nicht mal mit Photoshop – zumindest nicht kraft Ihrer Gedanken. Aber mit ein paar Mausklicks, wie der folgende Workshop beweist.

Schritt für Schritt
Ein Auto im Bild verschieben

Bitte konzentrieren Sie sich. Nehmen Sie all Ihre Kraft zusammen. Die werden Sie benötigen. Denn jetzt sollen Sie einen Gelände-

> **Werkzeuge direkt auf dem Bild einstellen**
>
> In Photoshop ist es möglich, das jeweilige Tool, sofern es über eine Werkzeugspitze verfügt, direkt auf dem Foto einzustellen. Dazu müssen Sie nichts weiter tun, als mit rechts auf das Bild zu klicken. Im Kontextmenü erscheinen dann die entsprechenden Einstelloptionen.

Bilder/Verschieben.jpg

wagen verschieben. Doch, Sie schaffen das. Vertrauen Sie Ihrem Chakra. Oder nehmen Sie Photoshop und die Datei »Verschieben. jpg«.

© KAZMAT / fotolia.com

Abbildung 7.6 ▶
Monument Valley – was für ein Anblick!

1 Werkzeug einstellen

Eine tolle Aufnahme. Allerdings ist die Position des Fahrzeugs nicht so prickelnd. Immerhin haben wir doch irgendwann einmal etwas von der Drittelregel gehört. Freistellen? Nein, da verlieren wir zu viel von der schönen Aufnahme. – Zoomen Sie stark auf den Geländewagen ein. Im ersten Schritt aktivieren Sie das Inhalts-basiert-verschieben-Werkzeug (was für ein bedeutungsträchtiger Name) und stellen den Modus auf VERSCHIEBEN.

Anpassung

Mit Hilfe der ANPASSUNG wird die Reproduktion der Pixel exakt (SEHR STRENG) bis SEHR UNGE-NAU. Grundsätzlich ist zu empfehlen, es zunächst mit der Einstellung MIT-TEL zu versuchen.

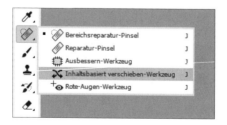

Abbildung 7.7 ▶
Wie üblich wird zunächst das Werkzeug aktiviert …

▲ Abbildung 7.8
… und danach in der Optionsleiste eingestellt.

2   Auswahl erzeugen

Zunächst deaktivieren Sie bitte die Checkbox BEIM DROP TRANS-
FORMIEREN ❸. Stellen Sie zudem STRUKTUR ❶ und FARBE ❷ auf
6. (Weitere Hinweise dazu erhalten Sie im Anschluss an diesen
Workshop.) Setzen Sie nun einen Mausklick in geringer Entfernung des Wagens an, halten Sie die Maustaste gedrückt, und
umfahren Sie das komplette Gefährt, wobei Sie durchaus etwas
Platz zwischen Auswahlkante und Fahrzeug lassen sollten. Vergessen Sie auch den Schatten nicht.

◀ **Abbildung 7.9**
Der SUV befindet sich mit-
samt Schatten innerhalb der
Auswahl.

Auswahl optimieren
Beachten Sie, dass die
Steuerelemente in der
Optionsleiste auch das
Hinzufügen oder Subtra-
hieren einer bestehenden
Auswahl ermöglichen. Sie
kennen das von den an-
deren Auswahlwerkzeu-
gen. Damit sollte es ge-
lingen, Fehler während
der Produktion der Aus-
wahl zu korrigieren. Eines
ist aber zu beachten: Sie
müssen sich einer beste-
henden Auswahl bei die-
sem Tool stets von außen
nähern. Klicken Sie in die
Auswahl hinein, werden
Sie sie verschieben.

3   Objekt verschieben

Stellen Sie das Foto komplett dar $\boxed{\text{Strg}}$/$\boxed{\text{cmd}}$+$\boxed{0}$, und klicken Sie
anschließend mitten in die Auswahl hinein. Mit gehaltener Maus-
taste verschieben Sie das Gefährt nun nach hinten. Anschließend
lassen Sie los. Bei der Positionierung orientieren Sie sich bitte an
Abbildung 7.10.

◀ **Abbildung 7.10**
Aus eins mach zwei.

4 Optional: Bildbereiche ausbessern

Nun sollten Sie die Auswahl mit [Strg]/[cmd]+[D] aufheben und sich sowohl die reproduzierte als auch die ursprüngliche Stelle des Geländewagens ansehen. Falls es hier zu sichtbaren Verschiebungen gekommen ist, also Pixelanordnungen nicht zueinanderpassen, aktivieren Sie das Ausbessern-Werkzeug (es befindet sich in der gleichen Werkzeuggruppe) und wenden es wie das Inhaltsbasiert-verschieben-Werkzeug an. Also: Auswahl um die zu retuschierende Stelle ziehen, hineinklicken, Auswahl an eine andere Position ziehen, Maustaste loslassen. Das klappt prima.

▲ **Abbildung 7.11**
Bearbeiten Sie sämtliche Stellen, die nicht richtig interpretiert worden sind.

▲ **Abbildung 7.12**
Ziehen Sie die schadhafte Stelle an eine Position, an der Ihnen die Anordnung der Bildpixel besser gefällt.

5 Ergebnis begutachten

Bitte erwarten Sie von diesem Tool keine Wunder. Mitunter werden Sie nachbearbeiten müssen. Hier bietet sich auch der Kopierstempel an, den Sie im nächsten Abschnitt kennenlernen.

Zusatzmaterial/
Stretch-Limo.pdf

Im Zusatzmaterial-Ordner finden Sie noch einen weiteren Workshop zu diesem Thema. Darin erfahren Sie, wie sich aus dem Geländewagen eine Stretch-Limousine »bauen« lässt.

▲ **Abbildung 7.13**
Der Pkw befindet sich jetzt
viel weiter hinten.

Tool-Optimierungen

Das Inhaltsbasiert-verschieben-Werkzeug hat seit der ersten Version der Vorgängerreihe (Photoshop CC) interessante Neuerungen erfahren. So lässt sich seitdem eine intuitivere ANPASSUNG vornehmen:

▸ STRUKTUR – Sie können auf einer imaginären Skala zwischen 1 und 7 festlegen, wie stark die auszubessernde bzw. zu reproduzierende Stelle den dort bereits vorhandenen Bildmustern entsprechen soll. Je höher der Wert, desto mehr wird den an der neuen Position vorhandenen Bildmustern entsprochen. Je niedriger der Wert, desto mehr Vorrang wird den Bildmustern der ursprünglichen Position entsprochen.

▸ FARBE – Je höher der Wert, desto mehr werden die Farbwerte zwischen Quell- und Zielposition aneinander angeglichen.

▸ BEIM DROP TRANSFORMIEREN – Aktivieren Sie diese Funktion, bevor die ursprüngliche Auswahl aufgezogen wird, erhalten Sie nach der Verschiebung noch die Möglichkeit, die gezogenen Bildbereiche mit Hilfe eines Rahmens zu skalieren oder zu drehen. Die Veränderung ist mit ⏎ zu bestätigen.

Bildbereiche duplizieren

Bilder/Ballons.jpg

Wie Sie Gegenstände (und Golfer) aus einem Foto verschwinden lassen können, haben Sie genauso erfahren wie die Möglichkeit, Objekte im Bild zu verschieben. Was aber, wenn es darum geht, Elemente zu duplizieren und sie zudem noch neu aussehen zu lassen? Dann sollte entweder der Kopierstempel zum Einsatz kommen – oder abermals das Inhaltsbasiert-verschieben-Werkzeug.

Schritt für Schritt
Bildbereiche duplizieren (Verschieben-Methode)

Um zu verdeutlichen, was Sie mit den zuvor genannten erweiterten Funktionen alles anstellen können, soll ein weiterer Workshop herhalten. Diesmal wird jedoch nichts einfach nur von A nach B verschoben, sondern an einer freien Bildposition zusätzlich etwas ganz Neues entstehen.

© Matahari22 / pixabay.com

Abbildung 7.14 ▶
Diese zwei Ballons bekommen gleich Gesellschaft.

1 Werkzeug einstellen

Zunächst geht es daran, das Tool (INHALTSBASIERT-VERSCHIEBEN-WERKZEUG) einzustellen. Der MODUS muss von VERSCHIEBEN auf ERWEITERN umgestellt werden. Dies macht das Duplizieren erst möglich. Stellen Sie sowohl STRUKTUR als auch FARBE auf 5 oder 6. Deaktivieren Sie, falls aktiviert, ALLE EBENEN AUFNEHMEN, und aktivieren Sie BEIM DROP TRANSFORMIEREN.

2 Auswahl erzeugen

Fahren Sie nun mit gedrückter Maustaste und gehörigem Abstand um den linken Heißluftballon herum. Das sollte ohne Probleme vonstattengehen.

3 Objekt skalieren

Klicken Sie in die Auswahl hinein, und ziehen Sie den Klon nach rechts und nach unten. Die Position sollte in etwa so sein, wie es in der Abbildung zu sehen ist.

▲ **Abbildung 7.16**
Halten Sie eine Menge Abstand zum Ballon – man weiß ja nie, was die Dinger im nächsten Augenblick anstellen.

▲ **Abbildung 7.17**
Zwischen den beiden Ballons erscheint ein dritter.

Sicher ist Ihnen gleich aufgefallen, dass der Auswahlrahmen von einem weiteren, nämlich rechteckigen Rahmen umgeben ist. An den vier Ecken befinden sich kleine Quadrate. Dies sind Anfasser. Klicken Sie auf einen der Anfasser, halten Sie die Maustaste gedrückt, und schieben Sie das Quadrat vorsichtig ein Stück zur Auswahlmitte hin. Der Ballon soll etwas kleiner werden als das Original. Damit die Skalierung proportional vonstattengeht, halten Sie zusätzlich ⌐⌐ gedrückt. Lassen Sie zunächst die Maustaste und danach erst ⌐⌐ los.

▲ **Abbildung 7.18**
Bei gehaltener ⌐⌐-Taste bleiben die Proportionen erhalten.

4 Ballon neu positionieren

Da die Auswahl noch aktiv ist, dürfen Sie jetzt noch einmal auf den neuen Ballon klicken und ihn mit gedrückter Maustaste so weit verschieben, dass er in etwa mittig zwischen den beiden anderen Ballons sitzt. Zuletzt bestätigen Sie mit ⏎ oder Klick auf das Häkchen in der Optionsleiste. (Im folgenden Kapitel wird diese Technik noch ausführlich besprochen.)

Abbildung 7.19 ▶
Die Montage ist bereits beendet.

▲ **Abbildung 7.20**
Den mittleren Ballon gibt es auch auf Ebene 1.

5 Ebenenbereich duplizieren

Benutzen Sie nun das Lasso-Werkzeug, und ziehen Sie noch einmal eine Auswahl auf. Diesmal umfahren Sie den mittleren Ballon großzügig. Anschließend betätigen Sie Strg/cmd+J. Daraufhin wird eine neue Ebene erzeugt, deren Inhalt nur aus den Bildelementen besteht, die zuvor innerhalb der Auswahl gelegen haben. Im Bild selbst hat das keine sichtbaren Auswirkungen, wohl aber im Ebenen-Bedienfeld.

6 Schnittmaske erstellen

Dass zwei Ballons gleicher Farbe am Himmel sind, ist zwar möglich, jedoch nicht besonders glaubwürdig. Deshalb färben wir den einen um. Erzeugen Sie eine neue Einstellungsebene FARBTON/SÄTTIGUNG, und drücken Sie anschließend Strg/cmd+Alt+G. Wer lieber das Menü benutzt, kann auch EBENE • SCHNITTMASKE ERSTELLEN wählen. (Weitere Infos siehe »Schnittmasken – Korrekturen auf eine Ebene begrenzen« in Kapitel 5, Seite 238.)

7 Ballon umfärben

Begeben Sie sich in das Eigenschaften-Bedienfeld (FENSTER • EIGENSCHAFTEN), und ziehen Sie den Regler FARBTON so weit nach links, bis er den Wert –85 erreicht hat. Da die Farben viel zu kräftig sind, muss jetzt noch die Sättigung auf –45 angepasst werden.

8 Rand entfernen

Leider wird der Ballon nun von einem unschönen grünen Rand umgeben. Um ihn zu entfernen, aktivieren Sie zunächst wieder Ebene 1 im Ebenen-Bedienfeld. Wählen Sie den Zauberstab W (er befindet sich in einer Gruppe mit dem Schnellauswahlwerkzeug), und stellen Sie die Toleranz in der Optionsleiste auf 12. Aktivieren Sie zudem Glätten sowie Benachbart. Zuletzt klicken Sie auf den grünen Rand im Foto und drücken Entf. Heben Sie die Auswahl mit Strg/cmd+D auf.

9 Ballon weichzeichnen

Im Prinzip sind Sie mit der Arbeit fertig. Gerne dürfen Sie den neuen Heißluftballon noch ein wenig aus dem Fokus der Kamera herausholen, indem Sie etwas Schärfe wegnehmen. Immerhin ist das gute Stück ja weiter entfernt und muss deshalb nicht ganz so scharf abgebildet sein wie die anderen. Ihre Wahl: Filter • Weichzeichnungsfilter • Gaußscher Weichzeichner. (Lassen Sie dazu die Ebene mit dem hinzugefügten Ballon aktiv.) Wählen Sie einen Radius von ca. 0,4 Px. Ein Klick auf OK rundet die Aktion ab.

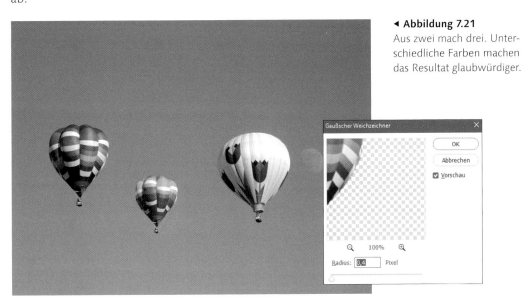

◀ **Abbildung 7.21**
Aus zwei mach drei. Unterschiedliche Farben machen das Resultat glaubwürdiger.

Bilder/Ballons.jpg

Schritt für Schritt
Bildbereiche duplizieren (Kopierstempel-Methode)

Werfen Sie einmal einen Blick auf die Original-Beispieldatei »Ballons.jpg«. Denn was Sie auf Seite 274 mit der Verschieben-Methode realisiert haben, funktioniert auch wunderbar mit dem Kopierstempel.

Option: Ausgerichtet

Wenn Sie die Checkbox Ausger. ❹ deaktivieren, wird während der Reproduktion die Aufnahmestelle bei jedem Mausklick wieder an die ursprüngliche Aufnahmestelle gesetzt. Aktivieren Sie die Option, »wandert« die Aufnahmestelle jedoch mit. Zur Reproduktion komplexer Objekte, die in mehreren Schritten erzeugt werden müssen, ist dies zwingend erforderlich.

1 Neue Ebene erzeugen

Sie benötigen zunächst eine neue Bildebene. Sie ist zwar zum Kopieren nicht erforderlich, wohl aber, um das Objekt später noch in der Größe und Farbe anzupassen. Klicken Sie auf das kleine Plus-Symbol im Fuß des Ebenen-Bedienfelds, um eine neue leere Ebene zu erhalten.

2 Werkzeug einstellen

Wählen Sie den Kopierstempel ⬚S⬚, und stellen Sie eine weiche Werkzeugspitze mit einem Durchmesser von etwa 200 Px im Modus: Normal ❷ bei je 100% Deckkraft und Fluss ❸ ein. Aktivieren Sie die Ausrichtungsfunktion (Ausger.). Den Regler für die Größe erreichen Sie über die kleine Dreieck-Schaltfläche im Bereich Pinsel ❶. Unter Aufnehmen stellen Sie Aktuelle und darunter ❺ ein. Ansonsten ließen sich von der Original-Ebene keine Bildinformationen gewinnen.

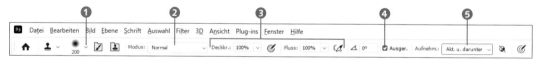

▲ **Abbildung 7.22**
Zunächst muss der Kopierstempel bestimmungsgemäß ausgestattet werden.

3 Kopierstempel laden

Jetzt geht es darum, den Aufnahmebereich zu definieren, also jene Stelle, die reproduziert werden soll. Dazu ist es sinnvoll, am Übergang zwischen bildlinkem Ballon und Himmel zu beginnen. Positionieren Sie die Maus also bitte so, wie es in Abbildung 7.23 zu sehen ist.

Klicken Sie nun, während Sie ⬚Alt⬚ gedrückt halten, einmal auf diese Stelle des Fotos. Damit ist der Aufnahmebereich definiert, und der Kopierstempel ist gewissermaßen »geladen«.

4 Reproduzieren

Nun setzen Sie den Kreis des Mauszeigers nach rechts und etwas tiefer. Beginnen Sie ausreichend weit entfernt vom weißen Ballon. Dadurch, dass sich ein Overlay der geklonten Stelle zeigt, sind Sie nun imstande, die obere Begrenzung des Ballons genau an das Bild anzupassen. Mit einem Mausklick reproduzieren Sie jetzt diesen Aufnahmepunkt. Dort, wo Sie hinklicken, wird der zuvor aufgenommene Bereich eingefügt.

Da die Funktion AUSGER. aktiv ist, wird nun ein weiterer, etwas versetzter Mausklick bewirken, dass die Aufnahmestelle in derselben Richtung mitläuft.

▲ Abbildung 7.23
Hier entsteht die Aufnahme der Pixel.

▲ Abbildung 7.24
Die Grundposition des Klons wird festgelegt.

Sie können nun ganz entspannt stempeln – und gerne auch mit gedrückter Maustaste vorsichtig weitermalen, bis der zweite Ballon fertig ist.

5 Ballon verkleinern und weichzeichnen

Zuletzt können Sie auch hier den Ballon noch verkleinern, indem Sie das Verschieben-Werkzeug mit aktivierter Transformationssteuerung (Optionsleiste) benutzen (siehe Schritt 3 des letzten Workshops). Die Weichzeichnung gelingt gemäß Schritt 9 der letzten Anleitung. Zum Umfärben sowie zum Entfernen des Randes ist ebenfalls nichts Neues zu beachten. All das haben Sie ja in der vergangenen Übung bereits absolviert.

Das Bedienfeld »Kopierquelle«

Photoshop hält ein interessantes Bedienfeld bereit: das Kopier-quelle-Bedienfeld. Sie öffnen es über FENSTER • KOPIERQUELLE.

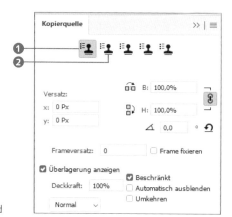

Abbildung 7.25 ▸
Ein interessantes Feature –
das Kopierquelle-Bedienfeld

Video und Animation
Das Kopierquelle-Bedien-feld kann innerhalb der Einzelbildbearbeitung sehr nützlich sein, jedoch wird das größte und ef-fektivste Einsatzgebiet wohl im Bereich der Be-arbeitung von Video- und Animationsframes liegen.

Kopierquellen auch für Reparatur-Pinsel
Die Funktionen der Ko-pierquellen sind nicht auf den eigentlichen Kopier-stempel beschränkt. Die gleichen Möglichkeiten stehen Ihnen nämlich auch bei der Nutzung des Reparatur-Pinsels zur Ver-fügung.

Zunächst einmal haben Sie die Möglichkeit, mehrere unterschied-liche Kopierquellen zu definieren und die damit verbundenen Parameter an einen der fünf Buttons in der obersten Reihe zu übergeben. Sie können also die Pixelaufnahme jetzt von unter-schiedlichen Aufnahmepositionen realisieren. Das funktioniert sogar bildübergreifend, was bedeutet, dass Sie den Aufnahmebe-reich des Kopierstempels ❶ auf Bild A legen, während der Stem-pel ❷ seine Pixel aus Bild B bezieht. Das Ganze vervielfältigen Sie dann auf Bild C.

▸ FRAMEVERSATZ: Mit den hier zur Verfügung stehenden Steuer-elementen können Sie die Aufnahmestelle horizontal und verti-kal zur Stempelstelle versetzen, skalieren oder drehen.

▸ ÜBERLAGERUNG ANZEIGEN: Bei aktivierter Funktion können Sie das Quellbild während der Reproduktion leicht transpa-rent anzeigen lassen (Overlay), wenn diese Funktion aktiviert ist. Kleiner Tipp: Auch bei inaktiver Funktion können Sie das Overlay-Bild kurzzeitig sichtbar machen, indem Sie [Alt]+[⇧] gedrückt halten.

▸ DECKKRAFT: Bestimmen Sie, mit wie viel Deckkraft das Overlay-Bild (siehe ÜBERLAGERUNG ANZEIGEN) dargestellt werden soll.

▸ BESCHRÄNKT: Die Overlays werden damit auf den aktuell aus-gewählten Pinsel beschränkt.

- Automatisch ausblenden: Unterdrückt das Overlay-Bild, solange der Mauszeiger auf dem Zielbild gedrückt ist und der eigentliche Kopiervorgang stattfindet.
- Umkehren und Normal: Kehrt die Farben des Overlay-Bildes um und erlaubt es, den Mischmodus für das Overlay-Bild zu ändern.

7.2 Einen Himmel austauschen

Nachdem Sie erfahren haben, wie Bildteile entfernt, dupliziert und verschoben werden, schauen wir uns jetzt eine komplexere Montage an. Ziel ist es, den gesamten Himmel eines Bildes auszutauschen. Die gute Nachricht: Sie benötigen dazu keinerlei Retusche- oder Auswahlwerkzeuge. Und da die Vorgehensweise gleichermaßen genial und einfach ist, möchte ich Ihnen gleich zwei Beispiele anbieten.

Schritt für Schritt
Einen Himmel austauschen I

Bitte öffnen Sie noch einmal die Datei »Freistellen.jpg« aus den Beispieldateien. Hier haben wir es mit einem ebenmäßigen Himmel zu tun.

▲ **Abbildung 7.26**
Der Dialog erscheint zunächst schlicht. Allerdings steckt eine Menge in ihm, wie Sie gleich sehen werden.

1 Himmel austauschen aktiveren
Sie müssen gar nicht viel tun, um den Dialog zum Austausch des Himmels zu öffnen. Gehen Sie in das Menü Bearbeiten und entscheiden Sie sich dort für Himmel austauschen.

2 Himmel-Auswahl öffnen
Sie sehen bereits im Beispielfoto, dass der Himmel ausgetauscht wurde. Allerdings wird hier eine Art Verlauf angeboten. Das liegt daran, dass dieser Verlauf nach dem ersten Start dieses Dialogs automatisch zugewiesen wird. Doch damit müssen Sie sich nicht abfinden. Um einen anderen Himmel zu wählen (ja, Photoshop bringt tatsächlich eigene Himmel mit), klicken Sie einfach auf die kleine Pfeilspitze neben der Miniatur ❸ oder auf diese selbst.

3 Himmel ändern

Im Overlay-Fenster halten Sie nun nach einem interessanteren Himmel Ausschau. Ich habe mich für BLUESKY001BYPHOTOSHOP entschieden, wobei Sie natürlich gern einen anderen wählen können. Bestätigen Sie Ihre Wahl mit Klick auf OK. Sind Sie zufrieden mit dem Ergebnis?

Das hat ja gut funktioniert. Und dabei hatten wir es hier nicht gerade mit einem einfachen Motiv zu tun, denn immerhin sind Haare im Spiel. Kein leichtes Spiel also für Photoshop, aber dennoch hat es perfekt funktioniert. Jetzt setzen wir noch eins drauf.

Schritt für Schritt
Einen Himmel austauschen II

Jetzt versuchen wir es mit Bäumen und feinen Ästen. Mal sehen, ob Photoshop auch »das« hinbekommt. Öffnen Sie unsere Beispieldatei »Himmel.jpg«.

1 Dialog öffnen

Die Vorgehensweise ist wieder die gleiche. Entscheiden Sie sich für BEARBEITEN • HIMMEL AUSTAUSCHEN. Erstaunlich, oder? Photoshop verwendet den Himmel ❶, den wir zuletzt benutzt hatten.

Abbildung 7.27 ▶
Photoshop passt die Lichtstimmung an.

2 Ergebnis begutachten

Lassen Sie den Dialog bitte noch geöffnet. Am besten schieben Sie ihn ein wenig zur Seite, damit Sie das Geäst im Bild sehen können. Auch hier meldet Photoshop: alles Roger, keine Probleme. Deaktivieren und aktivieren Sie mehrmals die VORSCHAU ❷. Wie Sie sehen, wurde auch unser Motiv farblich verändert.

3 Himmel wechseln

Was meinen Sie? Wollen wir nach einem anderen Himmel Ausschau halten? Öffnen Sie das Menü HIMMEL und scrollen Sie in der Liste so weit nach unten, bis Sie die SONNENUNTERGÄNGE finden. Ich entscheide mich für SUNSETSKY002BBYRUSSELLBROWN. Dieser passt auch farblich ganz hervorragend zu unserer Herbststimmung.

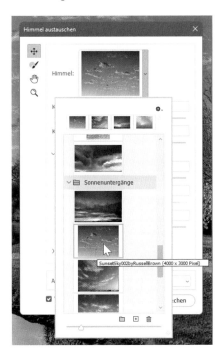

◂ **Abbildung 7.28**
Dieser Himmel passt prima.

4 Farben anpassen

Um das Menü wieder zu schließen, ohne den Dialog HIMMEL AUSTAUSCHEN ebenfalls zu verlassen, ist es nötig, einmal an eine freie Stelle des im Hintergrund befindlichen Dialogs zu klicken. Rechts neben der Menü-Schaltfläche HIMMEL ist eine gute Stelle.

Damit der Himmel etwas besser zum herbstlichen Touch der Vorlage passt, ist zu empfehlen, den Schieberegler TEMPERATUR weiter nach rechts (in Richtung Gelb) zu verschieben. Streben Sie einen Wert von etwa 70 an und verlassen Sie den Dialog mit Klick auf OK.

Abbildung 7.29 ▶
Mehr Drama – so wirkt die Aufnahme viel interessanter.

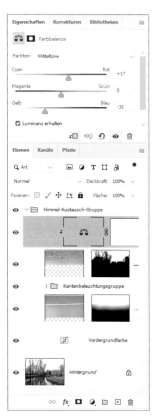

▲ **Abbildung 7.30**
Zahlreiche Ebenen überlagern das Original.

Himmel austauschen und die Ebenen

Schauen Sie sich einmal das Ebenen-Bedienfeld an, denn hier hat sich eine Menge getan. Sie sehen, dass eine so genannte HIM-MEL-AUSTAUSCH-GRUPPE mit Ebenen und Einstellungsebenen produziert worden ist, die das Original überlagert. Deaktivieren Sie temporär das Auge-Symbol dieser Gruppe, können Sie einen Vorher-nachher-Vergleich vornehmen. Sämtliche Ebenen, inklusive der Einstellungsebenen bleiben übrigens editierbar. Vorausgesetzt, Sie lassen im Dialog HIMMEL AUSTAUSCHEN die AUSGABE IN auf NEUE EBENEN stehen. (Mehr dazu erfahren Sie im folgenden Abschnitt.) Die Ebenen können also auch nachträglich noch angepasst werden, nachdem Sie den Dialog HIMMEL AUSTAUSCHEN geschlossen haben. Wenn Sie z. B. die Einstellungsebene FARBBALANCE anwählen, lässt sich Sie die Farbstimmung im Bild mit Hilfe des Bedienfelds EIGENSCHAFTEN weiter optimieren. Auch hier bleibt der Original-Hintergrund stets unangetastet. Sie arbeiten also auch beim Austausch des Himmels stets »nicht-destruktiv« und zerstören somit keine Original-Bildpixel.

Weitere Einstelloptionen

Abschließend möchte ich Ihnen noch einige nützliche Hinweise zu den weiteren Steuerelementen des Dialogs HIMMEL AUSTAUSCHEN geben. Oben links finden Sie eine Art Mini-Werkzeugleiste. Das oberste Tool ist das HIMMEL-VERSCHIEBEN-WERKZEUG, mit dem Sie den Himmel, wie der Name schon sagt, verschieben können. Es ist aber zu empfehlen, dies nach Möglichkeit nur in vertikaler Richtung zu tun, da der Himmel horizontal immer genauso breit ist wie das Vorlagenfoto. Sollte dennoch eine horizontale Verschiebung nötig werden, beispielsweise weil Ihnen Randbereiche des Himmels nicht gefallen, müssen Sie den Himmel mit Hilfe des Reglers SKALIEREN zunächst etwas vergrößern.

Mit dem HIMMEL-PINSEL können Sie den Himmel-Bereich erweitern, indem Sie mit gehaltener Maustaste über das Bild wischen. Dort, wo Sie wischen, werden zunehmend Bildstrukturen des Himmels eingefügt und somit vom Motiv abgezogen. Im letzten Beispiel würde das Wischen über die Äste dazu führen, dass dieses strukturell dünner würde. Wollen Sie hingegen den Bereich des Bildes vergrößern (das Geäst dicker erscheinen lassen), halten Sie bitte [Alt]/[⌥] gedrückt, während Sie über das Bild wischen.

Das HAND-WERKZEUG und ZOOM-WERKZEUG sind Ihnen ja bereits in der Funktion bekannt. Schauen wir uns daher die Schieberegler und Funktionen des mittleren Bereichs an:

▸ **Kante verschieben**: Verschieben Sie den Übergang zwischen Original-Bild und hinzugefügtem Himmel. Dabei gilt: Je weiter Sie den Regler nach links verschieben, desto dominanter wird

▲ **Abbildung 7.31**
Die Steuerelemente des Dialogs HIMMEL AUSTAUSCHEN

das Original-Bild, je weiter Sie nach rechts stellen, desto stärker tritt der hinzugefügte Himmel ins Bild.

▸ **Kante verblassen**: Hiermit wird der Kantenübergang (Grad der Weichheit) zwischen Original und hinzugefügtem Himmel bestimmt.

▸ **Helligkeit**: Hiermit passen Sie die Helligkeit des Himmels an.

▸ **Temperatur**: Passen Sie die Farbtemperatur des Himmels an. Nach rechts hin (Gelb) erhalten Sie wärmere Farben, nach links (Blau) werden diese kühler.

▸ **Skalieren**: Erhöhen oder verringern Sie die Größe des Himmels.

▸ **Spiegeln**: Der Himmel kann hier horizontal gespiegelt werden.

▸ **Lichtmodus**: Bestimmen Sie, ob beim Übergang zwischen Bildebene und Himmel die Füllmethode MULTIPLIZIEREN (macht die Übergänge dunkler) oder NEGATIV MULTIPLIZIEREN (macht die Übergänge heller) verwendet werden soll.

▸ **Vordergrundbeleuchtung**: Hiermit wird der Kontrast des Bildes eingestellt. Je weiter der Schieber nach rechts gestellt wird, desto größer ist der Kontrast.

▸ **Kantenbeleuchtung**: Je weiter Sie den Schieber nach rechts stellen, desto mehr werden die Kanten der Original-Ebene beleuchtet.

▸ **Farbkorrektur**: Hiermit bestimmen Sie, wie stark der Vordergrund mit den Farben des Himmels in Übereinstimmung gebracht wird. Nach rechts hin wird die farbliche Übereinstimmung größer.

▸ **Ausgabe in**: NEUE EBENEN erzeugt eine Gruppe mit mehreren Ebenen und Einstellungsebenen (siehe »Himmel austauschen und die Ebenen«), oder eine einzelne neue Ergebnis-Ebene ohne Einstellungsebenen.

Speicherort der Himmelsvorlagen
Wenn Sie wissen wollen, wo auf Ihrem Rechner sich die Bilddateien der Himmel befinden, wählen Sie den Pfad: *[Laufwerksbuchstabe]:/Programme/Adobe/Adobe Photoshop 2022/Required/Sky_Presets*.

Eigene Himmelsebenen benutzen

Wenn Sie ein Foto besitzen, das über einen perfekten Himmel verfügt, können Sie dieses Bild gerne als Vorlage verwenden. Sie fügen es hinzu, indem Sie zunächst das Menü HIMMEL im Dialog HIMMEL AUSTAUSCHEN öffnen und dann oben rechts auf das kleine Zahnrad klicken. Im Menü zeigen Sie auf WEITERE HIMMEL ERHALTEN und klicken zuletzt auf BILDER IMPORTIEREN.

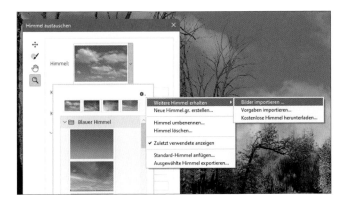

◄ **Abbildung 7.32**
Fügen Sie Ihre eigenen
Himmel hinzu.

7.3 Porträtretusche

Porträts sind so etwas wie die Königsklasse, wenn es um Nachbe-
arbeitung und Retusche geht. Bei Einsteigern ist die Besorgnis zu
Beginn oft groß, dass etwas schiefgehen könnte. Doch eigentlich
ist das unbegründet – zumindest wenn man systematisch vorgeht.
Die folgenden Abschnitte zeigen Ihnen Stück für Stück, wie Sie
People-Aufnahmen schön herausputzen können.

Hautkorrekturen

Die viel zitierte und ebenso oft beworbene Epidermis des Menschen steht im Mittelpunkt des ersten Teils unserer Porträtretusche. Glauben Sie mir, es gibt kein Foto, auf dem die Haut nicht
zumindest ein wenig optimiert werden könnte. Das gilt nicht nur
für Partner, Familie und Freunde, sondern im Besonderen für die
Topmodels dieser Welt. Bei denen ist nämlich längst nicht alles
Gold, was glänzt.

Schritt für Schritt
Die Haut retuschieren

Die Datei »Portraet.jpg« soll in mehreren Schritten aufgebessert
werden. Hierbei werden meist nur Kleinigkeiten korrigiert, die
aber zu einem wesentlich ansprechenderen Gesamtergebnis führen. Los geht's.

**Kostenlose Himmel
herunterladen**
Im gleichen Menü WEITE-
RE HIMMEL ERHALTEN fin-
den Sie übrigens auch
den Listeneintrag KOS-
TENLOSE HIMMEL HERUN-
TERLADEN. Hier werden
Sie mit der Creative
Cloud-Website von
Adobe verbunden und
können weitere Him-
melspakete herunterla-
den. Die Himmel tragen
übrigens sinnigerweise
die Dateiendung .sky.

Haut weichzeichnen
Nicht selten ist im Zu-
sammenhang mit der
Hautretusche auch eine
Weichzeichnung vonnö-
ten. Diesem Thema wid-
men wir uns in Abschnitt
7.6, »Weichzeichnen«, ab
Seite 312.

Bilder/Portraet.jpg

© Robert Klaßen

Abbildung 7.33 ▸
Das Ausgangsfoto wird Stück
für Stück optimiert.

1 Ebene duplizieren

Duplizieren Sie zunächst die Hintergrundebene, damit Sie das Original nicht verlieren. Wenn Sie auf der Kopie arbeiten, können Sie das Resultat zwischendurch immer wieder mit dem Original vergleichen. Nennen Sie die duplizierte Ebene »Retusche« (Doppelklick auf den Namen der Ebene im Ebenen-Bedienfeld – Neueingabe – ↵). Zoomen Sie das Bild etwas auf (ca. 200 %), um die Stellen besser einsehen zu können, die bearbeitet werden sollen.

2 Male entfernen

Wischrichtung

Idealerweise wischen Sie stets von oben nach unten. Umgekehrte Wischrichtungen bringen mitunter unerwünschte Resultate hervor. In diesem Fall machen Sie den Schritt rückgängig und versuchen es erneut.

Aktivieren Sie den Bereichsreparatur-Pinsel mit weicher Pinselspitze, deren Größe Sie auf etwa 15 Px bringen, um die größten Stellen zu bereinigen. Variieren Sie mit der Pinselgröße, die stets maximal doppelt so breit sein sollte wie die als Nächstes zu retuschierende Stelle. Wenn Sie den Pinsel mit der Tastatur einstellen, müssen Sie die Maus gar nicht mehr vom Bild nehmen, was den Prozess deutlich beschleunigt. Zur Verkleinerung betätigen Sie am Windows-Rechner Ö und am Mac ⇧+#. Vergrößern Sie die Spitze mit # (Mac und PC). Klicken Sie kurz auf jene Elemente, die Sie retuschieren wollen (Pickel, Fältchen und kleine Vernarbungen). Längliche Retuschestellen überfahren Sie mit gedrückter Maustaste. Die markantesten Stellen sind in der Abbildung markiert. Bei genauerem Hinsehen werden Sie jedoch noch weitere finden.

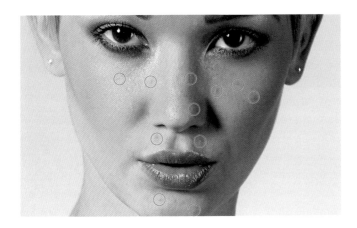

◄ **Abbildung 7.34**
Diese und weitere (weniger
auffälligere) Stellen sollten
retuschiert werden.

3 Dunkle Hautstellen aufhellen

Links und rechts oberhalb des Mundes gibt es zwei dunkle Stellen, die nicht ganz so schick aussehen (siehe Auswahlbereiche in der folgenden Abbildung). Ich möchte unserem Model Anna keinesfalls einen Damenbart andichten, aber es ist halt eine Problemstelle, die auf Fotos oftmals störend hervortritt (besonders wenn mit hochwertigen und hochauflösenden Kameras gearbeitet wird.) Die Stellen sind zu groß, als dass sie auf die beschriebene Art und Weise bereinigt werden könnten. Aufgrund dessen benutzen wir jetzt das Ausbessern-Werkzeug, das zunächst einmal genauso bedient wird wie das Lasso.

Ps Datei Bearbeiten Bild Ebene Schrift Auswahl Filter 3D Ansicht Plug-ins Fenster Hilfe

🏠 ⚙ ⌄ ▢ ⬒ ⬓ ⬔ Ausbessern: Normal ⌄ Quelle Ziel ☐ Transparent Muster verwenden Diffusion: 5 ⌄

▲ **Abbildung 7.35**
So sollte das Ausbessern-
Werkzeug eingestellt sein.

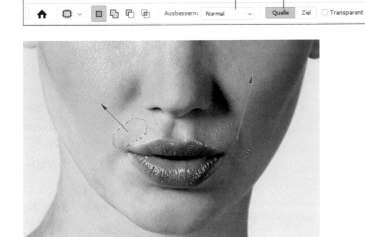

◄ **Abbildung 7.36**
Diese dunklen Stellen müssen
ausgebessert werden.

289

Diffusionsgrad anpassen

Das Ausbessern-Werkzeug verfügt (ebenso wie der Reparatur-Pinsel) über ein Steuerelement mit der Bezeichnung DIFFUSION, mit dessen Hilfe sich steuern lässt, wie eingefügte oder reproduzierte Bildbereiche in die einzufügende Stelle eingepasst werden sollen. Generell gilt: Höhere Werte eignen sich besser bei Fotos mit weicher Bildzeichnung, während bei scharfen oder körnigen Fotos besser mit einer geringeren Diffusion gearbeitet wird. Sofern Sie mit einem Ergebnis nicht zufrieden sind, machen Sie den Schritt rückgängig und versuchen es anschließend erneut mit einem geänderten Diffusionswert.

Bevor es weitergeht, stellen Sie AUSBESSERN in der Optionsleiste auf NORMAL **❶**. Aktivieren Sie QUELLE **❷** (siehe Abbildung 7.35), wobei TRANSPARENT kein Häkchen haben darf. Klicken Sie etwas außerhalb der dunklen Stelle auf das Foto, halten Sie die Maustaste gedrückt, und umfahren Sie die Abdunkelung großzügig. Wenn Sie am Ausgangspunkt angelangt sind, lassen Sie los. Danach klicken Sie in die jeweilige Auswahl hinein, halten die Maustaste gedrückt und ziehen an eine Stelle, die hellere, glatte Haut zeigt (siehe Pfeile). Sollte die Hautstelle anschließend nicht zufriedenstellend ausgebessert worden sein, ziehen Sie den Auswahlbereich einfach an eine andere Position. Wenn Sie fertig sind, heben Sie die Auswahl wieder auf. Gestatten Sie sich einen Vorher-Nachher-Vergleich, indem Sie die oberste Ebene kurz ausschalten.

▲ **Abbildung 7.37**
Eine dermatologisch nicht zu beanstandende Retusche der dunklen Hautstellen.

4 Hautstellen an der Nase aufhellen

Nun sollen die dunklen Stellen neben der Nase noch erhellt werden. Das wiederum würde mit dem Ausbessern-Werkzeug nicht funktionieren, da die Konturlinie der Nase in Mitleidenschaft gezogen würde. Sie können allerdings den KOPIERSTEMPEL einsetzen, dessen MODUS Sie auf AUFHELLEN bei etwa 15 % DECKKRAFT stellen. AUFNEHMEN muss auf AKTUELLE EBENE stehen, da Sie ansonsten möglicherweise wieder Hautunreinheiten der Original-Ebene ins Bild bringen würden.

▼ **Abbildung 7.38**
Ganz wichtig: Der MODUS muss auf AUFHELLEN stehen.

Datei Bearbeiten Bild Ebene Schrift Auswahl Filter 3D Ansicht Plug-ins Fenster Hilfe

Modus: Aufhellen Deckkr.: 15% Fluss: 100% 0° ☑ Ausger. Aufnehm.: Akt. u. darunter

Halten Sie ⌈Alt⌉ gedrückt, und nehmen Sie eine Stelle auf, die sehr hell ist ❸. Danach klicken Sie zwei- bis dreimal auf die dunkle Stelle ❹. Durch die verminderte Deckkraft des Stempels erfolgt die Korrektur gering dosiert. Die Aufhellen-Funktion sorgt dafür, dass an der Zielposition (also der dunklen Hautstelle) nur Pixel aufgehellt werden, die dunkler sind als die Pixel der Quellebene. Die Stelle auf der bildrechten Seite ❻ aufhellen Sie nach einer erneuten Pixelaufnahme (⌈Alt⌉+Klick) an Position ❺. Hellen Sie jedoch nicht zu viel auf. Versuchen Sie nicht, die Stelle so hell zu machen wie die Haut der Wangen. Dies sähe unnatürlich aus.

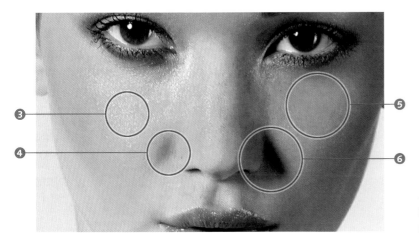

◄ **Abbildung 7.39**
Die Aufnahme- und Repro-
duktionsstellen

5 Hautstellen abdunkeln

Noch ein Hinweis zum Schluss: Sollten Sie gewillt sein, helle Haut-stellen abzudunkeln (z. B. die Reflexe zwischen Augen und Nase), könnten Sie auch das mit dem Kopierstempel lösen, den Sie genauso einstellen wie zuvor – mit einer Ausnahme: Der Modus müsste auf Abdunkeln eingestellt werden. Ach ja, als Aufnahme-stelle müssen natürlich dunklere Bildelemente herhalten, da die Retuschestelle ja ebenfalls dunkler werden soll. Im Beispielfoto verzichten wir darauf, da die Reflexe doch recht interessant sind.

Augen korrigieren

Zu einer professionellen Porträtretusche gehört auch meist die Korrektur der Augen. Hier geht es darum, sie zum Leuchten zu bringen, Farben zu intensivieren und die Kontraste zu erhöhen.

Schritt für Schritt
Augen zum Leuchten bringen

Bilder/Ergebnisse/
Portraet-Teil1.tif

Nach der Hautretusche des vorangegangenen Workshops sind jetzt die Augen an der Reihe. Wer (aus welchen Gründen auch immer) die Hautretusche nicht gemacht hat (oder mit seinem eigenen Resultat noch nicht ganz zufrieden ist), der greift auf »Portraet-Teil1.tif« aus dem ERGEBNISSE-Ordner zurück.

1 Bildbereiche duplizieren

Prinzipiell könnten Sie die folgenden Schritte auch auf der Ebene RETUSCHE durchführen. Wir wollen jedoch auf einer neuen Ebene arbeiten. Warum? Sollte unsere Retusche der Augen nicht gelingen, schmeißen wir einfach die oberste Ebene weg und beginnen von vorne. Ohne zusätzliche Ebene wäre bei einem Misserfolg der folgenden Schritte die gesamte bisherige Arbeit dahin. – Umkreisen Sie beide Augen mit dem Lasso-Werkzeug im MODUS: DER AUSWAHL HINZUFÜGEN. Danach drücken Sie [Strg]+[J]. Die neue Ebene nennen Sie »Augen«.

Abbildung 7.40 ▶
Fahren Sie grob um beide Augen, ehe Sie die Tastenkombination betätigen.

Abbildung 7.41 ▼
Nur mit dieser Option können mehrere Auswahlen erzeugt werden.

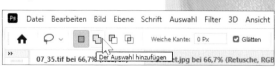

2 Reflexe entfernen

Was auffällt, sind die beiden Reflexe in den Pupillen. Daran ist zu erkennen, dass mehrere Studiolichter verwendet worden sind. Das ist zwar nur ein geringer Makel, der allerdings ausgemerzt werden sollte. Zoomen Sie bis auf 500 % auf eines der Augen ein.

 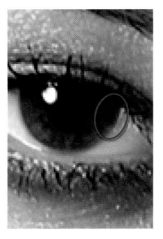

◄ **Abbildung 7.42**
Überstempeln Sie den hellen Reflex außen an der Pupille.

Wählen Sie den KOPIERSTEMPEL mit einem kleinen Durchmesser (6–8) im MODUS: NORMAL bei 100% DECKKRAFT. Nehmen Sie zunächst braune Farbe aus der Iris auf. Wischen Sie anschließend über den Reflex. Hier müssen Sie sehr umsichtig arbeiten und nur kleine Wischer vornehmen. Versuchen Sie durch ständige Neuaufnahme von Pixeln, den bräunlichen Bereich des Auges zu reproduzieren. Machen Sie das so lange, bis der Reflex komplett verschwunden ist. Danach ist das andere Auge dran. Den großen, rundlichen Reflex lassen Sie komplett unangetastet, da ein einzelner Reflex in jedem Auge natürlich ist und es zudem betont. Da der Hauptreflex des bildrechten Auges etwas kleiner ist, dürfen Sie ihn sogar (so Sie denn mögen) mit dem Buntstift (Größe 1 bis 2 Pixel) und weißer Vordergrundfarbe noch ein wenig vergrößern.

Adern entfernen
Falls der Augapfel von feinen Äderchen durchzogen wird, lassen sie sich vorab mit einem kleinen Bereichsreparatur-Pinsel meist prima entfernen.

3 Musterbildung vermeiden

Sollte es zur unerwünschten Musterbildung kommen, müssen Sie versuchen, die Stellen abermals zu überstempeln. Dabei ist es aber vonnöten, vorab neue Pixel von einer anderen (ähnlich strukturierten) Stelle aufzunehmen. Wenn alle Stricke reißen, schalten Sie auf den WISCHFINGER um und wählen eine STÄRKE von 15–20% im MODUS: NORMAL. Fahren Sie damit vorsichtig über die schadhafte Stelle.

4 Korrekturebene erstellen

Als Nächstes sollen die beiden Augen heller werden. Dazu benötigen wir eine Korrekturebene. Zwar könnten Sie auch direkt auf der

Zähne weiß machen

Mit der hier beschriebenen Methode des Abwedelns lassen sich übrigens nicht nur Augen aufhellen, sondern auch Zähne. Sollte das Model allerdings viel rauchen, hilft hier eher der Schwamm im MODUS: SÄTTIGUNG VERRINGERN weiter.

Lipgloss auftragen

Wer möchte, kann auch die Lippen noch mehr zum Strahlen bringen. Dies funktioniert genauso wie das Aufhellen der Augen, wobei Sie jedoch eine extrem kleine Spitze (2–3 Px) benutzen sollten, mit der Sie vorsichtig über die weißen Glanzstellen der Lippen wischen. Fahren Sie nicht über rote Bereiche, da es dort ansonsten zu Farbverfälschungen kommt.

◄ Abbildung 7.44
Der Abwedler sollte nicht zu stark reagieren. Deshalb ist eine Verringerung der Belichtung vonnöten.

obersten Ebene arbeiten, doch hatten wir uns ja bereits in Kapitel 5 und zuletzt auch beim Austausch des Himmels für das nichtdestruktive Vorgehen entschieden. Klicken Sie daher, während $\boxed{\text{Alt}}$ gehalten wird, auf das Plus-Symbol NEUE EBENE ERSTELLEN des Ebenen-Bedienfelds. Benennen Sie die Ebene entsprechend (hier: *Abwedler*), stellen Sie den MODUS auf INEINANDERKOPIEREN, und aktivieren Sie das darunter befindliche Häkchen, ehe Sie mit OK bestätigen.

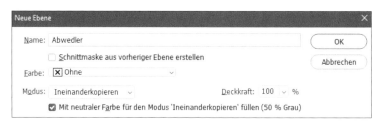

▲ Abbildung 7.43
So wird eine neutralgraue Korrekturebene erstellt.

5 Reflexe aufhellen

Stellen Sie auf den Abwedler $\boxed{0}$ mit einer BELICHTUNG von 10–15 % im BEREICH: MITTELTÖNE um, wobei der Pinsel etwa 15 Px groß sein sollte. Anschließend wischen Sie mehrfach vorsichtig über die braunen Bereiche der Iris. Auch der weiße Augapfel bedarf einer Korrektur. Arbeiten Sie bitte nur auf den braunen und weißen Stellen des Auges. Sie dürfen das ruhig mehrfach machen. Aber bitte übertreiben Sie nicht. Absolut reines Weiß ist unnatürlich und wirkt schnell künstlich.

6 Optional: Deckkraft reduzieren

Wenn Sie mit beiden Augen fertig sind, gehen Sie bitte in der Ansicht so weit zurück, dass sich das gesamte Foto einsehen lässt. Schalten Sie die oberste Ebene (Abwedler) mehrfach aus und wieder ein. Beobachten Sie die Wirkung der aufgehellten Augen im Gesamtbild. Sollte die Korrektur zu schwach sein, arbeiten Sie weiter mit dem Abwedler. Ist sie zu stark, reduzieren Sie ganz einfach die Deckkraft der obersten Ebene.

◄ **Abbildung 7.45**
Der direkte Vergleich zeigt, ob die Augen insgesamt zu hell sind.

Porträt finalisieren

Wenn sämtliche Korrekturen vorgenommen worden sind, geht es an den Feinschliff. Jetzt bekommt das Porträt sein finales Aussehen, indem wir ein wenig an Belichtung und Farbe herumschrauben. Bei Frauenporträts ist zudem oft ein leichter Weichzeichnungseffekt erwünscht.

Bilder/Ergebnisse/
Portraet-Teil2.tif

Schritt für Schritt
Porträt weicher und heller machen

Auf zur letzten Etappe. Es folgen noch ein paar kleine, aber feine Änderungen. Falls Sie die ersten beiden Workshops nicht ausgeführt haben, dürfen Sie sich nun im ERGEBNISSE-Ordner bedienen und »Portraet-Teil2.tif« benutzen.

1 Ebene reduzieren

Jetzt lernen Sie einen Trick kennen, den Sie nie mehr außer Acht lassen sollten. Er macht die Bildbearbeitung noch intuitiver. Sie erfahren, wie sich der Inhalt mehrerer Ebenen zu einer komplett neuen Ebene umwandeln lässt – ohne dass die anderen Ebenen dabei verloren gehen. Eine derartige Ebene wird benötigt, damit Sie mit dem bisherigen Gesamtergebnis (das ja in unserem Bilddokument auf dem Inhalt mehrerer Ebenen beruht) auf einer Einzelebene weitermachen können. Kontrollieren Sie zunächst, ob die

▲ **Abbildung 7.46**
So soll das Ebenen-Bedienfeld nach Schritt 1 aussehen.

oberste Ebene (Abwedler) noch aktiv ist. Halten Sie [⇧] gedrückt, und klicken Sie auf die Ebene RETUSCHE. (Die Hintergrundebene bleibt unangetastet.) Somit sind die obersten drei Ebenen selektiert. Drücken Sie anschließend [Strg]/[cmd]+[Alt]+[E]. Die Folge: Alle Inhalte der drei zuvor markierten Ebenen sind nun noch einmal auf einer einzelnen »reduzierten« Ebene enthalten – Abwedler (reduziert). Nennen Sie die Ebene »Finishing«.

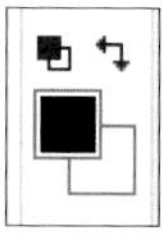

▲ **Abbildung 7.47**
Die Standardfarben Schwarz und Weiß

2 Hintergrundfarbe einstellen

Jetzt werden Sie einen Effekt kennenlernen, der sich ausschließlich für Frauenporträts eignet. Da bei diesem Effekt die Hintergrundfarbe ausschlaggebend ist, müssen Sie zunächst kontrollieren, ob dort Weiß gelistet ist. Falls nicht, betätigen Sie [D] und gegebenenfalls [X].

3 Filter einstellen

Gehen Sie auf FILTER • FILTERGALERIE. Öffnen Sie anschließend die Liste VERZERRUNGSFILTER ❶, wozu Sie einen Mausklick auf die gleichnamige Zeile setzen. Markieren Sie die Schaltfläche WEICHES LICHT ❷.

▼ **Abbildung 7.48**
Das sieht zunächst etwas befremdlich aus. Der Effekt muss nämlich noch eingestellt werden.

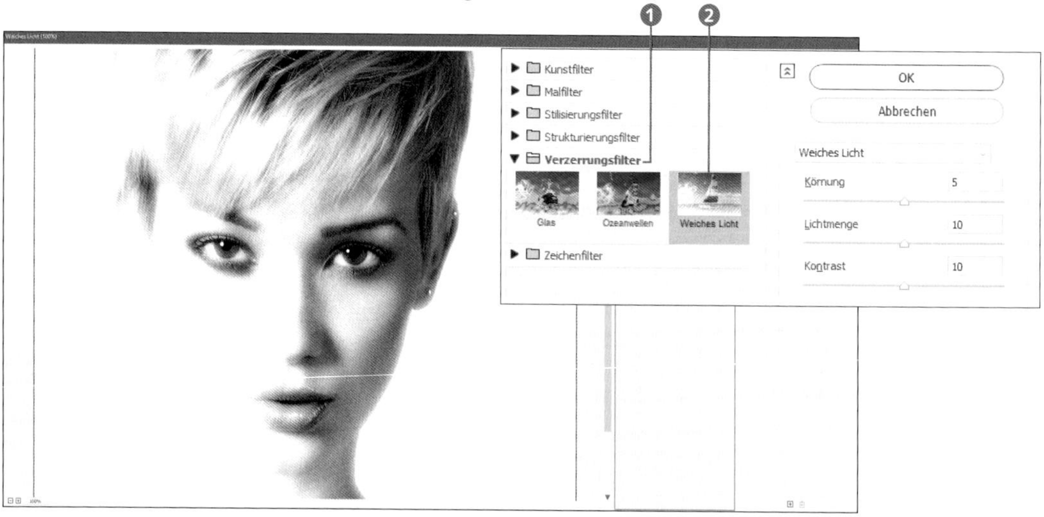

4 Effekt einstellen

Ziehen Sie bitte die Regler KÖRNUNG ❸ (sorgt für Störungen im Foto) und LICHTMENGE ❹ (regelt die Intensität der Weißfärbung) ganz nach links. Den KONTRAST ❺ (was das ist, wissen Sie ja längst) stellen Sie mit etwa 10 bis 12 ein. Somit erstrahlt unser Model wieder fast wie zuvor – eine prima Ausgangssituation, um den Filter optimal einzustellen.

Mit der LICHTMENGE gehen Sie jetzt bitte wieder hoch bis auf 3. Der KONTRAST soll 10 entsprechen. Eine leichte KÖRNUNG von 1 ist ebenfalls okay. Sicher – der Effekt sieht zwar nett aus, das Foto ist jedoch viel zu hell und glatt gebügelt, um noch realistisch zu wirken. Doch wir geben hier lieber mehr als zu wenig. Gönnen Sie sich eine Vorher-Nachher-Begutachtung, indem Sie kurzzeitig das Auge ❻ deaktivieren. Zuletzt bestätigen Sie mit OK.

▼ **Abbildung 7.49**
Der Effekt ist zu stark? Macht nichts. Er wird gleich angepasst.

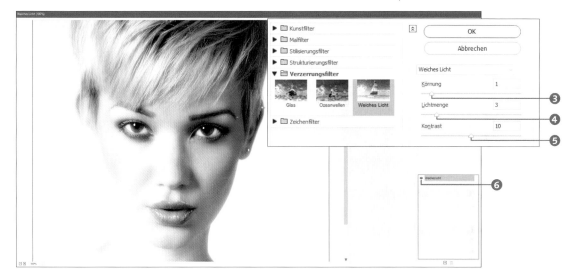

5 Deckkraft reduzieren

Damit sich das Ergebnis nachträglich noch gut anpassen lässt, ist es sinnvoll, zunächst etwas mehr zu machen als nötig. Auf dem dunklen Hintergrund der Photoshop-Oberfläche kann man das Resultat viel besser beurteilen als im Filter-Dialog. Außerdem lässt sich die DECKKRAFT der obersten Ebene ja generell reduzieren. Gehen Sie zunächst auf 0 % herunter, und erhöhen Sie die Deckkraft schrittweise, bis Ihnen der Effekt gefällt.

6 Farbe korrigieren

Letzter Schritt: Da die Farbe etwas in Mitleidenschaft gezogen worden ist, habe ich mich abschließend noch für eine Einstellungsebene FARBTON/SÄTTIGUNG entschieden und die SÄTTIGUNG

Weitere Effekte
Die Filtergalerie erlaubt grundsätzlich die Kombination von mehreren Effekten. So ließe sich ein weiterer hinzufügen, indem Sie zunächst auf das Plus-Symbol klicken. Wollen Sie den Effekt durch einen anderen ersetzen, wählen Sie ihn stattdessen einfach neu aus.

Rote Augen korrigieren
Im ZUSATZMATERIAL-Ordner zu diesem Buch finden Sie einen Workshop zum Thema »Rote Augen korrigieren«. Darin erfahren Sie, wie Sie mit dem Rote-Augen-Werkzeug von Photoshop arbeiten.

auf +7 erhöht. Aber das ist natürlich Geschmackssache. »Portraet-Teil3.tif« zeigt das Endergebnis.

7 Komfortabler Vergleich

Wollen Sie sich einmal einen direkten Vorher-Nachher-Vergleich gönnen? Dann klicken Sie doch bitte, während [Alt] gehalten wird, mehrfach auf das Augen-Symbol der Hintergrundebene. Das hat nämlich zur Folge, dass temporär alle anderen Ebenen aus- und wieder eingeblendet werden. Aber das wissen Sie ja längst.

▲ **Abbildung 7.50**
Das Original (links) und die fertige Bearbeitung

7.4 Smart Porträt

Mit den so genannten Neuralen Filtern haben Sie ja bereits in Kapitel 4 Bekanntschaft gemacht. Nun ist es an der Zeit, diese Arbeitsumgebung erneut zu nutzen, wenngleich erwähnt werden muss, dass wir hierbei nicht ansatzweise so effiziente Resultate erwarten können wie bei der zuvor beschriebenen Porträtretusche. Hinzu kommt, dass der Filter SMART PORTRAIT recht kitschig ist. Um ehrlich zu sein: Mich hat es sehr verwundert, dass dieser Filter Einzug in Photoshop gehalten hat; ich hätte ihn eher in Photoshop Elements erwartet, dem »kleinen« Photoshop, das sich an Einsteiger wendet.

Schritt für Schritt
Ein Foto mit Smart Portrait korrigieren

Da unser Beispielfoto, »Smart-Portraet.jpg«, keinen wirklichen Retuschebedarf hat, wollen wir uns gleich um die Veränderung der Beauty-Aufnahme mit Hilfe des neuralen Filters Smart Portrait kümmern. Bitte dämpfen Sie Ihre Erwartungen.

Bilder/Smart-Portraet.jpg

1 Filter herunterladen

Nachdem Sie die Beispieldatei geöffnet haben, entscheiden Sie sich bitte für das Menü Filter und klicken auf den Eintrag Neural Filters. Zur Drucklegung dieses Buches befand sich der Filter Smart Portrait noch in der Beta-Phase, gut möglich also, dass Sie ihn später nicht mehr in der Liste Beta, sondern bereits unter Alle Filter finden. Wie dem auch sei: Klicken Sie Smart Portrait an und entscheiden Sie sich danach für Herunterladen.

▲ **Abbildung 7.51**
Vor seiner ersten Verwendung muss auch dieser neurale Filter zunächst heruntergeladen werden.

Überlegt korrigieren!
Wenn Sie eine Person fotografiert haben, die lächelt und dieses Lächeln nachträglich noch verstärken wollen, können Sie mit SMART PORTRAIT sicher etwas herauskitzeln. Wenn Sie jedoch versuchen, einem ernsten Blick zum offenen Lachen zu verhelfen, ist ein eher surreales Resultat zu erwarten.

2   Optional: Ein Lächeln erzeugen

Ziehen Sie beispielsweise einmal den Regler GLÜCK im Segment ERHALTEN nach rechts, werden Sie feststellen, dass Sie unserem Model ein Lächeln ins Gesicht zaubern können. Bestimmt werden Sie geneigt sein, den Regler anschließend wieder auf Null zu stellen.

3   Optional: Blickrichtung ändern

Ähnlich ist es bei AUGENRICHTUNG (sprich: »Blickrichtung«). Selbstverständlich kann man unser Model Kira damit nach links oder rechts blicken lassen, jedoch zerstören wir damit auch unweigerlich den beachtenswerten Detailreichtum im Auge – ein nach meiner Auffassung nicht hinnehmbarer Verlust.

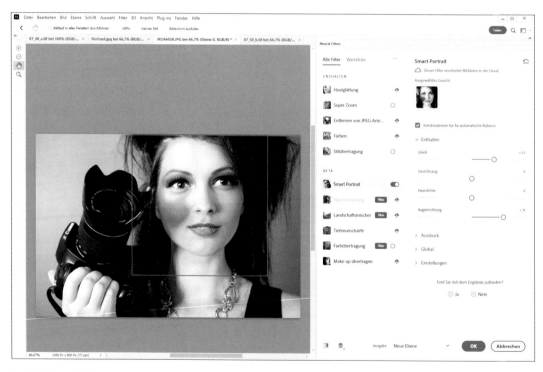

▲ **Abbildung 7.52**
Als Spielerei vielleicht ganz nett, für eine echte Porträt-Korrektur jedoch nur bedingt zu gebrauchen: der SMART PORTRAIT-Filter.

4   Optional: Haut weichzeichnen

Die einzige Einstellung, die ich bedingt empfehlen kann, ist EINDEUTIGE DETAILS BEIBEHALTEN in der Liste EINSTELLUNGEN. Sie steht standardmäßig auf 90 und erzeugt einen weicheren Teint, wenn Sie diesen Regler nach links ziehen. Wenn Sie zudem noch

Weiche Kante der Maske etwas nach rechts bewegen, wirkt die Haut insgesamt etwas weicher. Dazu benötigen Sie allerdings kein Smart Portrait, da in den Neural Filters eine Hautglättung enthalten ist. Diese werden wir im Abschnitt 7.6, »Weichzeichnen«, dieses Kapitels noch einmal aufgreifen.

Gesichter optimieren

In Kapitel 8 beschäftigen wir uns mit der Bildmontage. Dort werden Sie auch die Technik des Verflüssigens kennenlernen. Aus gegebenem Anlass möchte ich Sie aber bereits jetzt mit diesem Dialog konfrontieren, da der Verflüssigen-Filter vor einiger Zeit eindrucksvoll erweitert worden ist – und zwar in Sachen Porträtbearbeitung. Mit seiner Hilfe gelingt es nämlich, Gesichtskonturen zu optimieren. Ach, was sage ich: Wir schauen uns das besser gleich in einem Workshop an, gell?

Schritt für Schritt
Gesichtskonturen optimieren

Um es gleich vorwegzunehmen: Jedes Gesicht ist einzigartig und sollte niemals grundlegend verändert werden. Allerdings ist es in der professionellen Model-Fotografie gang und gäbe, Gesichter derart zu »korrigieren«, dass alles dem »ästhetischen« Mainstream entspricht. In diesem Workshop geht es mir lediglich darum, Ihnen zu präsentieren, was in Photoshop alles machbar ist. Ob Sie von diesen Optionen Gebrauch machen wollen oder doch lieber Original vor Originalität setzen, liegt bei Ihnen. Aus diesem Grund gibt es zu diesem Workshop auch ausnahmsweise kein Ergebnisfoto. Jeder soll selbst entscheiden, was schön ist und was nicht. – Schauen wir uns Claudias Gesicht an. Zweifellos ist nicht das Geringste daran auszusetzen. Folgerichtig gäbe es hier nichts zu korrigieren. Dennoch dürfen Sie ein wenig daran arbeiten – aber bitte gaaaaanz vorsichtig.

1 Filter-Dialog öffnen
Zunächst öffnen Sie bitte erneut das Menü Filter und entscheiden sich darin für den Eintrag Verflüssigen. Bleiben Sie zunächst

Bilder/Korrektur.jpg

Gesicht auswählen
Im Menü Gesicht auswählen des Felds Gesichtsbezogenes Verflüssigen lässt sich auf Fotos mit mehreren Personen eines der Gesichter vorab zur Bearbeitung auswählen – vorausgesetzt, Photoshop hat auf dem Bild mehrere Gesichter »erkannt«.

mit der Maus außerhalb des Bildes. Sehen Sie zwei geschwungene Linien links und rechts neben dem Gesicht? Glückwunsch! Sie wissen, dass Photoshop ein Gesicht auf dem Foto erkannt hat. Voraussetzung hierfür ist allerdings, dass auf der linken Seite des Dialogs das so genannte GESICHTSWERKZEUG aktiv ist. Sollte das bei Ihnen nicht der Fall sein, drücken Sie bitte einmal kurz A. Schauen Sie einmal auf die rechte Seite des Dialogs. Dort finden Sie das Feld GESICHTSBEZOGENES VERFLÜSSIGEN. Sollte es geschlossen sein, betätigen Sie das vorangestellte Dreieck-Symbol.

▼ **Abbildung 7.53**
Jetzt kann es losgehen.

© Robert Klaßen

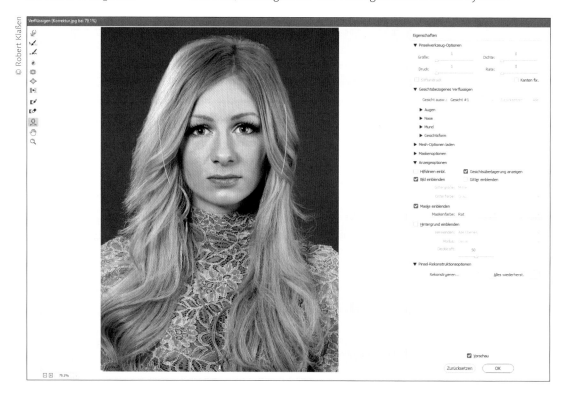

2 Korrektur mit Schiebereglern

Grundsätzlich gibt es zwei Möglichkeiten, Gesichter zu korrigieren. Entweder erledigen Sie das direkt auf dem Foto, oder Sie benutzen die Schieberegler. Zur Eingewöhnung sollten Sie den Regler NASENHÖHE mehrfach kräftig nach links und rechts verschieben. Sie bekommen dann ein Gefühl dafür, wie das Werkzeug reagiert. Beobachten Sie dabei das Foto. Experimentieren Sie auch mit den anderen Slidern.

3 Einstellungen verwerfen

Am Ende betätigen Sie doch bitte einmal den Schalter Zurücksetzen. Er verwirft alle Ihre Einstellungen und präsentiert Claudia
mit ihrem ursprünglichen Charme.

4 Korrekturen im Foto

Noch intuitivere Möglichkeiten als die Slider-Methode bietet die
Korrektur direkt auf dem Foto. Dies ist jedoch nur möglich, wenn
das Gesichtswerkzeug [A] in der Werkzeugleiste aktiv ist. Im
Wesentlichen arbeiten Sie hier mit gedrückter Maustaste. Ver-
schieben Sie das Zeigegerät wunschgemäß, und formen Sie so die
Gesichtskonturen. Wenn Sie zufrieden sind, lassen Sie los. Sollten
Sie einmal nicht genau wissen, ob Sie sich mit der Maus auf der
korrekten Position befinden, verweilen Sie einen Augenblick. Die
Quickinfo verrät Ihnen dann, was Sie an dieser Stelle verändern
können.

Folgende Hinweise sollten Sie im Zusammenhang mit der
Gesichts-Verflüssigung beachten:

◄ **Abbildung 7.54**
Achten Sie auf die erklären-
den Hinweise.

Der einfache *Doppelpfeil* symbolisiert, dass Sie sich am Rand eines
Bereichs befinden. Ziehen Sie hier mit gedrückter Maustaste nach
außen, wird der Bereich größer, ziehen Sie nach innen, also zur
Objektmitte hin, wird er kleiner.

7.5 Fotos schärfen

Unschärfen können auf mannigfaltige Art ins Bild gelangen. So kann es durchaus einmal passieren, dass sich das Objekt der Begierde plötzlich bewegt. Auch das sogenannte Verreißen der Kamera zum Zeitpunkt des Auslösens kommt mitunter vor – und wird mit zunehmender Länge der Verschlusszeit bzw. größerer Blendenöffnung immer wahrscheinlicher.

Fotos schnell scharfzeichnen

Sollten Sie es mit einem Foto zu tun haben, bei dem die Unschärfen nur gering ausfallen, gibt es keinen leichteren Weg als FIL-TER • SCHARFZEICHNUNGSFILTER • SCHARFZEICHNEN zu wählen. Bei dieser Vorgehensweise wird noch nicht einmal ein Dialog mit Einstellmöglichkeiten angeboten, sondern einfach nur geschärft. Für den Fall, dass das Resultat anschließend noch nicht zufriedenstellend ist, drücken Sie einfach `Strg`/`cmd`+`Alt`+`Z`. Diese Tastenkombi wendet nämlich den zuletzt benutzten Filter einfach erneut an und verstärkt die Schärfung somit. Unser Beispielfoto – so viel darf ich schon verraten – wird sich damit allerdings nicht zufriedenstellend korrigieren lassen, da die Möglichkeiten des Scharfzeichnen-Filters sehr begrenzt sind.

Schritt für Schritt
Fotos selektiv scharfzeichnen

Bilder/Unscharf.jpg

Der selektive Scharfzeichner ist zwar weit weniger intuitiv als der zuvor beschriebene Scharfzeichner, liefert jedoch sehr viel ansprechendere Ergebnisse, da Sie es selbst in der Hand haben wo und vor allem wie der Filter wirken soll. Fotos schärfen

Öffnen Sie die Beispieldatei, und sehen Sie sie ganz genau an. Leider sind einige Unschärfen im Bild auszumachen. Besonders auffällig wird das im Bereich der Ringe, aus denen sich der Kopfschmuck des Models zusammensetzt. Schade. Das nimmt dem Foto leider seine dynamische Wirkung.

◄ **Abbildung 7.55**
Leider ist die Schärfe im Foto
wenig überzeugend.

1 Ebene duplizieren

Keine Frage – zum Schärfen wird keine separate Ebene benötigt.
Aber Sie kennen das ja: Wer den Hintergrund bearbeitet, hat am
Ende keine Vergleichsmöglichkeit mehr und kann zudem sein
Resultat nicht mehr mit dem Original mischen. Deswegen ist auch
jetzt wieder eine Ebenenkopie angesagt: `Strg`/`cmd`+`J` bzw.
Ebene • Neu • Ebene durch Kopieren.

2 Ebene konvertieren

Damit Sie den anzuwendenden Filter jederzeit auf Grundlage des
Originals korrigieren können, sollten Sie aus dem Ebenenduplikat ein Smartobjekt machen. Wie bereits erwähnt, ist das kein
Muss, sollte aber grundsätzlich vor Anwendung eines Filters erledigt werden, wenn noch nicht ganz klar ist, ob der Filter nicht
doch noch einmal nachjustiert werden muss. In diesem Fall ist das
immer auf Grundlage des Originals möglich. Gehen Sie daher auf
Filter • Für Smartfilter konvertieren und bestätigen Sie die
Kontrollabfrage mit OK.

3 Dialog öffnen

Begeben Sie sich abermals in das Menü Filter, und zeigen Sie auf
Scharfzeichnungsfilter. In der Liste, die sich daraufhin öffnet,
markieren Sie den Eintrag Selektiver Scharfzeichner.

Bei 100 % schärfen
Bitte schärfen Sie Fotos immer bei 100 % Bildgröße. Nur so können Sie die Intensität der Schärfung zuverlässig beurteilen.

4 Darstellung anpassen

Kontrollieren Sie zunächst bitte, ob die Vergrößerung unterhalb des Vorschaubildes auf 100 % steht. Ist das nicht der Fall, benutzen Sie die Lupen-Tasten, bis zwischen der Vergrößerungs- und der Verkleinerungs-Lupe 100 % gelistet werden. Danach stellen Sie die Maus mitten auf das Vorschaubild, führen einen Mausklick aus, wobei Sie die Maustaste nicht loslassen und schieben die Maus nach links. Dabei ändert sich der Inhalt des Vorschaufensters. Sorgen Sie dafür, dass Sie das Gesicht und Teile des Kopfschmucks gut einsehen können. Ist das der Fall, lassen Sie die Maustaste los. Alternativ schieben Sie den Dialog ein wenig zur Seite und klicken auf die Stelle des Fotos, die Sie im Dialog gerrn sehen wollen.

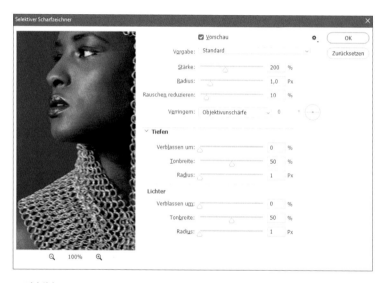

▲ **Abbildung 7.56**
Mit diesem Ausschnitt lässt sich die Schärfung besser beurteilen.

5 Bild schärfen

Standardmäßig bietet Photoshop eine STÄRKE von 200 % an. Diesen Wert wollen wir übernehmen. Allerdings sollte der RADIUS auf etwa 2,0 Pixel ❷ erhöht werden. Machen Sie sich bitte zum gegenwärtigen Zeitpunkt noch keine Gedanken um die Funktionsweise der einzelnen Slider, da ich Ihnen diese im Anschluss vorstelle. Darüber hinaus sollten Sie VERRINGERN noch auf OBJEKTIVUNSCHÄRFE stellen.

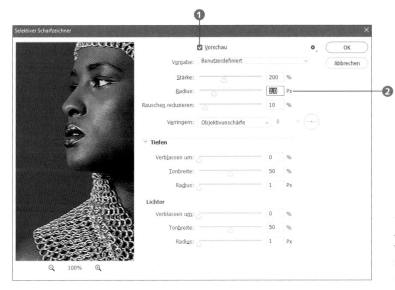

◄ **Abbildung 7.57**
Achten Sie bei der Korrektur
vor allem auf Augen, Lippen
und in diesem Fall auf den
Kopfschmuck.

6 Ergebnis vergleichen

Schieben Sie den Dialog ein wenig zur Seite, sodass Sie die relevanten Inhalte des Fotos gut einsehen können. Klicken Sie mehrfach auf die Checkbox VORSCHAU ❶ und begutachten Sie die Schärfung im Vergleich zum ursprünglichen Foto. Wenn Sie zufrieden sind, verlassen Sie den Dialog mit Klick auf OK.

◄ **Abbildung 7.58**
Das Bildergebnis überzeugt
durch seine Schärfe.

7 Optional: Schärfung per Deckkraft reduzieren

Ich weiß nicht, wie Sie die Schärfung beurteilen, aber ich finde, sie ist ein bisschen zu extrem ausgefallen. Um sie nachträglich zu reduzieren, bietet es sich an, die DECKKRAFT der obersten Ebene einfach ein wenig herabzusetzen. Ich habe mich für 64 % entschieden.

▲ **Abbildung 7.59**
Die Reduktion der Deckkraft
schwächt die Schärfung etwas
ab.

8 Optional: Schärfung korrigieren

Die zweite Option wäre, dass Sie einfach auf das Slider-Symbol rechts in der Zeile Selektivier Scharfzeichner des Ebenen-Bedienfelds klicken. Sie können danach sämtliche Einstellungen innerhalb des Dialogs erneut anpassen – und zwar immer auf Grundlage des Originals. Das heißt: Sie dürfen so oft nachjustieren wie Sie wollen, ohne dass das Foto Verluste in der Bildqualität erleidet.

9 Optional: Filter maskieren

Und es existiert noch eine dritte Option: Die Schärfung kann nämlich gezielt dort angewendet werden, wo sie wirken soll. Dort, wo sie möglicherweise zu stark oder gar unangebracht ist, kann sie maskiert werden. Das wiederum realisieren Sie mit der Maske Smart-Filter, die sich zwischen den beiden Bildebenen befindet. Wie das funktioniert, erfahren Sie übrigens im folgenden Workshop.

Hier nun, wie versprochen, noch einige Informationen zu den Steuerelementen des Dialogs Selektiver Scharfzeichner.

▶ **Stärke**: Hiermit wird die Intensität des Schärfens festgelegt. Technisch gesehen werden mit zunehmender Stärke die Kontraste entlang der Kantenpixel erhöht.

▶ **Radius**: Mit diesem Slider wird bestimmt, wie groß die Pixelbereiche sein sollen, die entlang einer kontrastierenden Kante geschärft werden. Je größer dieser Bereich ist desto deutlicher tritt die Schärfung zum Vorschein.

▶ **Rauschen reduzieren**: Beim Schärfen kommt es mitunter zum so genannten Bildrauschen. Es zeigen sich kleinste, punktförmige Störungen, die in etwa so aussehen wie die Oberfläche eines Schmirgelpapiers. Mit Erhöhung dieses Wertes wirken Sie diesem unschönen Effekt entgegen.

▶ **Verringern**: Legen Sie fest, auf welche Art die Scharfzeichnung erfolgen soll. In den meisten Fällen ist Gaussscher Weichzeichner die beste Wahl. Sollte die Kamera zum Zeitpunkt der Aufnahme bewegt worden sein, der klassische Verwackler also, eignet sich meist Bewegungsunschärfe am besten. Hat sich hingegen das Objekt bewegt, ist Objektunschärfe die bessere Wahl.

Die folgenden Steuerelemente finden Sie sowohl im Bereich der Lichter (helle Bildbereiche) sowie der Tiefen (dunkle Bildbereiche).

▸ **Verblassen um**: Legen Sie fest, wie stark die Schärfung in den Tiefen und/oder Lichtern im Vergleich zur übrigen Schärfung zurückgefahren werden soll.

▸ **Tonbreite**: Entscheiden Sie, wie breit der Tonbereich der Schärfung sein soll. Das heißt: Je kleiner die Tonbreite ist, desto stärker wird die Schärfung auf den jeweiligen Bereich (Tiefen oder Lichter) angewendet.

▸ **Radius**: Wenn Sie diesen Wert erhöhen, werden mehr an den jeweiligen Tonbereich angrenzende Pixel in die Schärfung mit einbezogen. Ein höherer Wert schärft also mehr farblich angrenzende Tonbereiche.

Hochpass-Schärfen

Eine sehr beliebte Methode zur Schärfung ist das sogenannte Hochpass-Schärfen. Es eignet sich prinzipiell für jedes Motiv, entfaltet aber so richtig beeindruckende Leistungen erst, wenn viele Konturen im Bild sind.

Schritt für Schritt
Schärfen mit dem Hochpass-Filter

Da Hochpass-Schärfen auch in der Porträtbearbeitung sehr beliebt ist, möchte ich noch einmal das ursprüngliche Foto *Unscharf.jpg* verwenden. Sollten Sie das Beispielfoto bereits bearbeitet und nicht unter neuem Namen abgespeichert haben, machen Sie bitte alle Schritte rückgängig. Alternativ schließen Sie es, ohne es zu speichern und öffnen Sie es anschließend erneut.

◂ **Abbildung 7.60**
Die folgende Schärfung soll erneut
an diesem Foto erfolgen.

Bilder/Unscharf.jpg

1 Ebene duplizieren

Da wir wieder ein Ebenenduplikat benötigen, müssen Sie zunächst
[Strg]/[cmd]+[J] betätigen. Oberhalb des Hintergrundes zeigt sich
daraufhin eine deckungsgleiche EBENE 1 im Ebenen-Bedienfeld.
Auf dieser arbeiten wir nun weiter.

2 Hochpass-Filter hinzufügen

Gehen Sie in das Menü FILTER. Diesmal entscheiden Sie sich aber
nicht für die Rubrik SCHARFZEICHNUNGSFILTER, sondern für SONS-
TIGE FILTER. Dort finden Sie den HOCHPASS, den Sie jetzt auswählen müssen.

3 Filter einstellen

Der Filter selbst beherbergt nur ein einziges Steuerelement, es ist
mit RADIUS betitelt. Hier gilt: Je höher der Wert ist, desto stärker
fällt die Scharfzeichnung letztendlich aus. Grundsätzlich sollten
Sie den Radius so hoch einstellen, dass Sie die Konturen des Bildes
klar erkennen können, jedoch die Farben nicht allzu stark hervor-
treten. Ich denke, dass wir mit einem RADIUS von 1,6 Pixeln gut
beraten sind.

Abbildung 7.61 ▶
Jetzt sind die Konturen gut zu
erkennen.

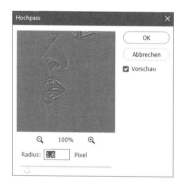

▲ **Abbildung 7.62**
Der Mischmodus der oberen
Ebene muss verändert wer-
den.

4 Mischmodus ändern

Nun macht dieses triste Grau in Grau nicht allzu viel her. Deshalb
werden wir jetzt den MISCHMODUS der oberen Ebene ändern.
Stellen Sie im Ebenen-Bedienfeld um von NORMAL auf INEINAN-
DERKOPIEREN. – Sie erinnern sich: Neutral-graue Bildpixel sind im
Modus INEINANDERKOPIEREN unsichtbar. Alles, was nicht neutralgrau ist (also unsere Bildkonturen, die im Hochpass-Filter heraus-
gekitzelt wurden), ist hingegen sichtbar. So soll es sein.

5 Maske erzeugen

Schalten Sie das Auge der obersten Ebene bitte mehrfach aus und wieder ein. Sie sehen dann, dass die Schärfung hervorragend funktioniert hat. Achten Sie jedoch einmal auf den Teint unseres Models Laura. Auch hier findet leider eine Schärfung statt, die jedoch für die People-Fotografie meist ungeeignet ist. Also müssen wir noch einmal Hand anlegen. Erzeugen Sie eine Ebenenmaske auf der obersten Ebene, wobei Sie bitte [Alt] gedrückt halten, während Sie auf den Schalter EBENENMASKE HINZUFÜGEN klicken. Sollte es bereits zu spät sein und Sie die Maske ohne Zuhilfenahme der Taste erzeugt haben, drücken Sie [Strg]/[cmd]+[I]. Das kehrt die Maske um. Wir benötigen eine schwarze Maske, welche die obere Ebene komplett unsichtbar macht. Das Bild ist also derzeit wieder ungeschärft.

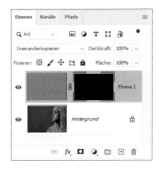

▲ Abbildung 7.63
Die Schärfung ist verschwunden, da die oberste Ebene komplett maskiert (schwarz) ist.

6 Ebene demaskieren

Bewaffnen Sie sich jetzt bitte mit einem Pinsel [B], dem Sie eine weiche Auswahlkante spendieren. Der Durchmesser sollte zunächst nur etwa 20 px betragen. Stellen Sie Weiß als Vordergrundfarbe ein ([D] drücken) und malen Sie vorsichtig über Lauras Lippen, Augen und die Augenbrauen. Danach malen Sie mit einer etwas größeren Pinselspitze über die Kettenhaube. Beachten Sie die Maskenminiatur innerhalb der Ebenenpalette. Sie wird an den Stellen, an denen Sie pinseln, mit weißer Farbe versehen. Das bedeutet: Diese Bereiche unserer geschärften Ebene werden wieder sichtbar.

▲ Abbildung 7.64
Die oberste Ebene wird demaskiert.

◀ Abbildung 7.65
Das Foto wurde geschärft, ohne den Teint zu verändern.

▲ Abbildung 7.66
UNSCHARF MASKIEREN ist ein idealer Schärfe-Filter.

Prinzip des Schärfens

Unschärfen fallen meist nur an Konturen auf, also an farbigen Übergängen. Eine ebenmäßige Fläche mit gleichen Farbwerten lässt keine Unschärfen zu. Hier gibt es ja keine Unterschiede (also Kanten), an denen diese auszumachen wären. Deshalb »suchen« Schärfe-Filter nach diesen kontrastierenden Kanten und erhöhen dort die Farbunterschiede.

Bilder/Weichzeichnen.jpg

Das Endergebnis finden Sie übrigens unter der Bezeichnung »Hochpass-Portraet.psd« im Ordner *Ergebnisse*.

Unscharf maskieren

Der Scharfzeichnungsfilter UNSCHARF MASKIEREN ist über FILTER • SCHARFZEICHNUNGSFILTER zu finden. Er ist ebenfalls sehr gut zur Schärfung geeignet. Er ist zwar nicht so einsteigergerecht wie der Hochpass-Filter, dafür erlaubt er jedoch individuellere Abstimmungen.

Die drei dort angebrachten Regler haben folgende Bedeutung:

▶ STÄRKE: Umfang (Intensität) der Schärfung.
▶ RADIUS: Hier wird der Bereich festgelegt, der zur Bildung der Schärfe herangezogen wird. Je größer der Wert, desto härter fällt die Schärfung aus.
▶ SCHWELLENWERT: Dieser Schieber legt fest, was überhaupt erst als Kante zur Schärfung herangezogen wird. Sind die Unterschiede bei benachbarten Pixeln eher gering, wird das eventuell gar nicht als Kante interpretiert – folglich auch nicht geschärft. Hier gilt jedoch: Je höher der Wert, desto geringer die Kontrastbildung – und desto einheitlicher die ebenen Flächen.

7.6 Weichzeichnen

Was die Weichzeichnung angeht, möchte ich gerne noch einmal auf die People-Fotografie zurückkommen, da sie dort sehr häufig zum Einsatz kommt. In Porträts weiblicher Models ist es nämlich nicht selten der Fall, dass eine extrem glatte Haut gerade Mangelware ist. Nun ist »platt gebügelt« auch keine realistische Alternative. Am schönsten ist es, wenn die Haut weich ist, die feinen Strukturen (z. B. die Poren) jedoch noch zu sehen sind. Es gibt unzählige Methoden zur Weichzeichnung der Haut. Ich möchte Ihnen zwei davon zeigen – eine schnelle und eine professionelle. Danach scheuen wir uns dann noch einen neuralen Filter an.

Schritt für Schritt
Haut schnell weichzeichnen (mit dem Weichzeichner)

Öffnen Sie das Beispielfoto »Weichzeichnen.jpg«, und begutachten Sie es. Es gibt nur wenig daran auszusetzen. Dennoch lässt sich wohl noch das eine oder andere »herauskitzeln«.

1 Filter hinzufügen
Duplizieren Sie die Hintergrundebene, und wandeln Sie die oberste Ebene in ein Smartobjekt um (FILTER • FÜR SMARTFILTER KONVERTIEREN). Weisen Sie einen Filter zu, indem Sie FILTER • WEICHZEICHNUNGSFILTER • GAUSSSCHER WEICHZEICHNER einstellen.

▲ **Abbildung 7.67**
Noch einmal wird die Bearbeitung von Model-Fotos thematisiert.

2 Filter einstellen
Ziehen Sie den Regler zunächst ganz nach links (0,1), und gehen Sie danach wieder vorsichtig nach rechts. Beobachten Sie nur die Haut. Wenn Sie der Meinung sind, dass sie glatt genug ist, stoppen Sie. Was halten Sie von 1,0? Bestätigen Sie mit OK.

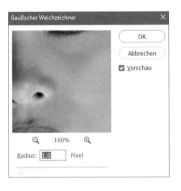

◄ **Abbildung 7.68**
Bei diesem Weichzeichnungsradius passt die Korrektur.

Matter machen
Als Alternative zum Gaußschen Weichzeichner bietet sich in der Porträtbearbeitung auch der Filter MATTER MACHEN an, der in der gleichen Kategorie zu finden ist. Er sorgt für eine sehr ebenmäßige Glättung. Probieren Sie aus, welcher Filter Ihnen mehr liegt.

3 Ebenenmaske umwandeln
Da nun alle Bereiche unscharf sind, bedarf es einer Maskierung. Aktivieren Sie deshalb die weiße Smartfilter-Miniatur ❶ (siehe Abbildung 7.69). Danach wandeln Sie sie komplett in Schwarz um, indem Sie Strg/cmd+I betätigen.

4 Ebene maskieren
Stellen Sie einen weichen Pinsel ein (70 Px, MODUS: NORMAL, DECKKRAFT: 100%, weiße Vordergrundfarbe), und malen Sie damit vorsichtig über die Hautbereiche, die einer Weichzeichnung

Es geht nur um die Haut!
Bei der Beurteilung sollten Sie ausschließlich die Haut in Betracht ziehen. Dass dadurch auch die Augen, Haare, Lippen usw. unscharf werden, spielt keine Rolle. Das korrigieren Sie später.

▲ **Abbildung 7.69**
Durch das Füllen der Smart-filter-Maske mit Schwarz wird die Weichzeichnung zunächst komplett unsichtbar.

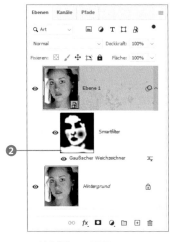

▲ **Abbildung 7.70**
So sieht das Endergebnis aus.

Abbildung 7.71 ▶
Das ist Babyhaut vom Allerfeinsten.

bedürfen. Lassen Sie Augen, Augenbrauen, Haare, Mund sowie die Übergänge zwischen Haut und Nasenflügel jedoch aus. Ebenso sollte der Übergang zwischen Kinn und Hals geschärft bleiben.

Falls Sie dennoch einen der Bereiche überpinseln, korrigieren Sie das durch neuerliches Übermalen mit Schwarz. Um zwischen Augen und Augenbrauen sowie zwischen Nase und Mund zu arbeiten, verkleinern Sie die Spitze vorab. Zoomen Sie gegebenenfalls stark ein.

5 Weichzeichnung verringern

Betrachten Sie das Ergebnis bei 100 %. Sind Sie zufrieden, oder teilen Sie meine Meinung, dass die Schärfung doch ein wenig intensiv ausgefallen ist? In diesem Falle können Sie die DECK-KRAFT der obersten Ebene reduzieren (75 %). Galanter ist aber zweifelsfrei das erneute Aktivieren des Gaußschen Weichzeichners (Doppelklick auf ❷) und die anschließende Reduktion des Wertes RADIUS. Bedenken Sie zudem, dass sich die Hautstruktur an gewünschten Stellen wie der Wange wieder zurückholen lässt, indem Sie auf schwarze Vordergrundfarbe umschalten, die Pinsel-deckkraft verringern und die Weichzeichnung stellenweise wieder ein bisschen maskieren. Dadurch werden Teile der unteren Ebene wieder sichtbar, und die Struktur kommt an den Stellen zurück, an denen sie benötigt wird.

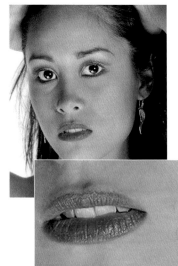

Schritt für Schritt
Haut professionell weichzeichnen (mit der Frequenztrennung)

Dieser Abschnitt richtet sich an fortgeschrittene Bildbearbeiter, die sich mit der zuvor beschriebenen Methode der Weichzeichnung nicht mehr zufriedengeben. Die sogenannte Frequenztrennung ist das Maß aller Dinge in Sachen Porträtretusche, da mit ihr die Strukturen der Haut von den Farb- und Helligkeitsinformationen getrennt werden – und zwar *vor* der eigentlichen Retusche. Die Nachbearbeitung geht anschließend wesentlich leichter und intuitiver vonstatten. Aber der Weg dahin erfordert ein hohes Maß an Konzentration, damit nichts schiefgeht.

Bilder/Frequenz.jpg

1 Datei vorbereiten
Öffnen Sie das Beispielbild. Darf ich vorstellen? – Hanna. Begutachten Sie das Foto, wobei Sie jetzt noch nicht retuschieren sollten. Zunächst werden zwei Ebenenkopien benötigt (Strg / cmd + J + J). Die oberste nennen Sie »Struktur«, während die untere mit »Weich« betitelt wird. Deaktivieren Sie das Augen-Symbol der obersten Ebene, und wählen Sie die Ebene WEICH aus.

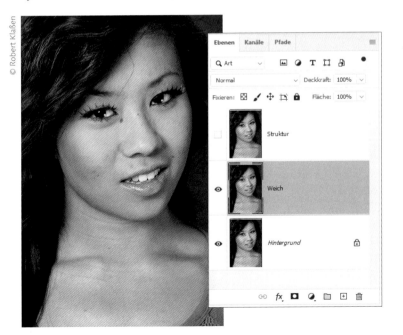

◀◀ **Abbildung 7.72**
Noch einmal wird retuschiert – diesmal mit einer professionelleren Methode.

◀ **Abbildung 7.73**
Legen Sie zunächst zwei Ebenenduplikate an.

2 Ebene weichzeichnen

Entscheiden Sie sich für FILTER • WEICHZEICHNUNGSFILTER • GAUSSSCHER WEICHZEICHNER. Stellen Sie den RADIUS der Weichzeichnung auf etwa 7,2. Grundsätzlich sollten Sie den Filter so justieren, dass Hautunreinheiten gerade eben komplett unsichtbar werden. Ein Klick auf OK schließt diesen Schritt ab.

Abbildung 7.74 ▶
Der Filter ist zu stark. Doch das ist durchaus in Ordnung.

Skalieren

Sollten Sie härtere Strukturen als beim herkömmlichen Porträt gewinnen wollen, dürfen Sie SKALIEREN auch auf 1 stellen. Die Strukturierung fällt dann stärker aus. Für Porträts ist dieser Wert allerdings in der Regel ungeeignet.

3 Frequenztrennung durchführen

Wählen Sie die Ebene STRUKTUR aus, die Sie zudem wieder sichtbar machen, und entscheiden Sie sich im Menü für BILD • BILDBERECHNUNGEN. Als QUELLE dient »Frequenz.jpg«. Selektieren Sie unter EBENE den Eintrag WEICH, da stets die weichgezeichnete Ebene zur Berechnung herangezogen werden muss. Im Bereich MISCHMODUS wählen Sie grundsätzlich SUBTRAHIEREN, während SKALIEREN auf 2 und VERSATZ auf 128 stehen müssen. Verlassen Sie den Dialog mit OK.

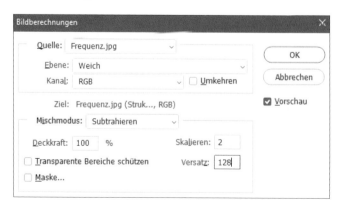

Abbildung 7.75 ▶
Diese Werte sind Standard.

4 Mischmodus ändern

Setzen Sie den MISCHMODUS der Ebene STRUKTUR im Ebenen-Bedienfeld auf LINEARES LICHT. Wenn Sie jetzt die beiden oberen Ebenen kurzzeitig ausschalten, werden Sie keinen Unterschied mehr zum Original ausmachen können. So soll es sein. Schalten Sie jedoch die beiden oberen Ebenen einzeln ein, bemerken Sie, dass auf der oberen Ebene nun die Strukturen zu sehen sind.

5 Frequenzebene säubern

Wollen Sie die Haut retuschieren, sollten Sie zunächst entweder den MISCHMODUS der Ebene STRUKTUR temporär wieder auf NORMAL setzen oder die beiden darunter befindlichen Ebenen ausblenden. So sehen Sie die Ebeneninhalte am besten. Retuschierwürdige Stellen bearbeiten Sie ausschließlich auf der obersten Ebene – und zwar mit den üblichen Tools (z. B. Bereichsreparatur-Pinsel, Ausbessern-Werkzeug). Lassen Sie das Muttermal zwischen Nase und bildlinkem Auge unangetastet, da es einfach zu Hannas Gesicht gehört. Letzte Kleinigkeiten lassen sich übrigens auch noch komfortabel retuschieren, nachdem alle Ebenen wieder eingeblendet worden sind. Sie werden feststellen, dass die Retusche sehr viel besser von der Hand geht als je zuvor, da die Farb- und Helligkeitswerte jetzt nicht mehr mit bearbeitet werden.

▼ **Abbildung 7.76**
So sieht die oberste Ebene vor (links) und nach der Retusche aus.

6 Färbung vorbereiten

Sorgen Sie dafür, dass alle Ebenen wieder sichtbar sind. Sollten im Ergebnis nun weitere Retuschestellen auffallen, bearbeiten Sie sie erneut auf der Struktur-Ebene. Für den Fall, dass die Haut ebenfalls noch bearbeitet werden muss (bei diesem Foto würde sich eine Beseitigung von Glanzstellen anbieten), aktivieren Sie bitte die Ebene WEICH und fügen anschließend eine neue leere Ebene ein, die Sie »Haut« nennen. Stellen Sie den *Pinsel* B folgendermaßen ein: GRÖSSE: zunächst 125, HÄRTE: 0%, MODUS: NORMAL, DECKKRAFT: maximal 20%.

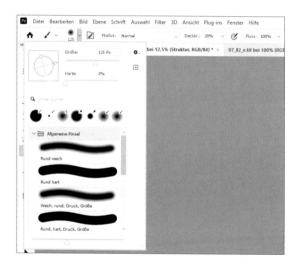

▲ **Abbildung 7.77**
Mit diesen Einstellungen geht es an die Farboptimierung.

Pipette einstellen

Die Pipette sollte grundsätzlich keine einzelnen Pixel, sondern immer einen Bereich aufnehmen. So treffen Sie die Farbe des Teints besser. Außerdem sollte die aktuelle Ebene sowie die darunter befindliche zur Aufnahme der Pixel herangezogen werden. Wenn Sie die Einstellung kontrollieren wollen, gehen Sie zwischenzeitlich einmal auf die PIPETTE I und kontrollieren die Optionsleiste entsprechend. Danach gehen Sie auf den Pinsel zurück und nehmen die Farbe wie beschrieben erneut auf.

7 Glanzstellen beseitigen

Nun positionieren Sie den Pinsel auf einer Stelle im Bild, an der der Teint so kräftig ist, wie Sie es wünschen (z. B. ❷ in Abbildung 7.78). Halten Sie Alt gedrückt (aktiviert vorübergehend das Pipetten-Werkzeug), und klicken Sie einmal auf die ausgewählte Stelle (nimmt die Farben der Haut auf – siehe Kasten »Pipette einstellen«). Danach lassen Sie Alt wieder los und klicken zwei- bis dreimal auf die helle Hautstelle ❶. Den Glanz an der Nasenspitze ❹ beseitigen Sie mit einer kleineren Spitze. Hier empfiehlt es sich, zuvor Pixel von ❸ aufzunehmen. Bitte machen Sie insgesamt aber nicht zu viel. Ein bisschen Glanz gehört dazu.

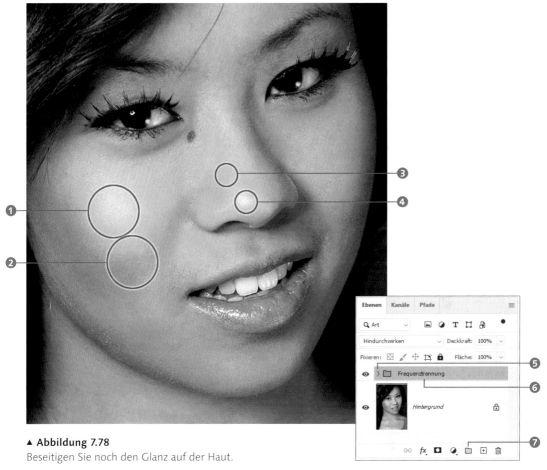

▲ **Abbildung 7.78**
Beseitigen Sie noch den Glanz auf der Haut.

▲ **Abbildung 7.79**
Die Ebenengruppierung sorgt für Übersicht, da die meisten Porträtfotos noch viele weitere Arbeitsschritte erfordern und somit die Anzahl der Ebenen stetig zunimmt.

8   Ordner anlegen

Zuletzt sollten Sie für mehr Übersicht im Ebenen-Bedienfeld sorgen, indem Sie alle Ebenen mit Ausnahme des Hintergrunds als Gruppe zusammenfassen. Dazu markieren Sie die Ebenen WEICH, HAUT und STRUKTUR. Klicken Sie anschließend erneut auf eine der Ebenen, und ziehen Sie sie auf das Symbol NEUE GRUPPE ERSTELLEN ➐. Sobald Sie loslassen, erscheint ganz oben im Ebenen-Bedienfeld ein Ordner-Symbol ➏. Setzen Sie einen Doppelklick auf den daneben befindlichen Namen. Bezeichnen Sie den Ordner mit FREQUENZTRENNUNG (mit ⏎ bestätigen). Wann immer Sie Zugang zu einer der neuen Ebenen erhalten wollen, klicken Sie auf das Dreieck-Symbol ➎.

© Leszek Schluter

Abbildung 7.80 ▶
Die fertige Datei ist im ERGEB-
NISSE-Ordner zu finden.

Schritte automatisieren
Sie haben gesehen, wie
aufwendig es ist, die Frequenztrennung vorzube-
reiten. Die zahlreichen
Arbeitsschritte lassen sich
jedoch automatisieren.
So müssen Sie später le-
diglich eine einzige Taste
drücken, und Photoshop
erledigt alle Schritte automatisch. Anschließend
können Sie gleich mit der
Retusche beginnen. Wie
das geht, verrate ich
Ihnen in Abschnitt 11.4,
»Stapelverarbeitung und
Aktionen«, ab Seite 461.
Schauen Sie sich die Vor-
gehensweise an.

Weichzeichner-Infos

In Photoshop existieren noch zahlreiche weitere Möglichkeiten,
Bildebenen weichzuzeichnen. So ist beispielsweise das Untermenü
WEICHZEICHNUNGSFILTER prall gefüllt. Sie finden es im Menü FIL-
TER. Den darin enthaltenen GAUSSSCHEN WEICHZEICHNER haben
Sie ja bereits kennengelernt. Ebenfalls empfehlenswert – insbeson-
dere, wenn es um die Weichzeichnung der Haut geht, ist MATTER
MACHEN (siehe Kasten Seite 313). Noch intuitiver sind die Funk-
tionen der WEICHZEICHNERGALERIE, die ebenfalls im Menü FILTER
zu finden sind.

Abbildung 7.81 ▶
Beim Tilt-Shift-Fil-
ter aus der WEICH-
ZEICHNERGALERIE
werden Linien
angeboten, die per
Drag & Drop ver-
schoben werden
können. So lassen
sich Schärfebereich
und Übergangsbe-
reich zur Weich-
zeichnung prima
anpassen.

Hautglättung vornehmen

Ich hatte Ihnen ja versprochen, dass wir uns beim Thema Haut noch einmal einen neuralen Filter ansehen werden. Nun ist es soweit. Auch hier muss ergänzt werden, dass der Filter niemals so präzise sein kann wie eine Frequenztrennung mit anschließender Maskierung. Dass es auch einmal zu Problemen kommen kann, zeigen die folgenden Schritte und natürlich wird die Lösung gleich mitgeliefert. Einen Vorteil haben die neuralen Filter allerdings: Sie sind verdammt schnell. Lassen Sie uns die folgende Aufgabe also unter dem Gesichtspunkt der Arbeitszeitoptimierung angehen.

Schritt für Schritt
Hautglättung mit dem Neuralen Filter

Für dieses Beispiel benutzen wir einmal mehr ein Foto unseres Models Hanna. Es besteht etwas mehr Korrekturbedarf als bei der zuletzt verwendeten Aufnahme und ist deshalb geeignet für eine Filter-Optimierung.

Bilder/Haut.jpg

1 Bild begutachten
Zoomen Sie doch einmal ein wenig auf das Gesicht ein. Ich denke, dass bereits bei 200 % Zoomfaktor deutlich auffällt, um was es geht. Eine Retusche würde relativ viel Zeit in Anspruch nehmen. Und da wir die nicht haben, muss der Filter her.

© Robert Klaßen

◀ **Abbildung 7.82**
Auch diesmal geht es um die Haut, doch jetzt steht die Zeitersparnis im Vordergrund.

2 Filter herunterladen

Setzen Sie den Zoom-Faktor wieder zurück auf 100% und begeben Sie sich erneut in das Menü FILTER. Klicken Sie auf NEURAL FILTERS. Markieren Sie HAUTGLÄTTUNG in der oberen Liste. Sollten Sie den Filter zuvor bereits heruntergeladen haben, müssen Sie ihn nun mittels Klick auf den Schalter aktivieren. Wurde er (wie in unserem Beispiel) noch nicht heruntergeladen, finden Sie ganz rechts in der Zeile HAUTGLÄTTUNG statt des Schalters ein Wolken-Symbol – Indiz dafür, dass Sie den Filter zunächst downloaden müssen. Klicken Sie deshalb auf HERUNTERLADEN.

▼ **Abbildung 7.83**
Der Filter muss heruntergeladen werden.

3 Glättung entfernen

Links im Vorschaubild finden Sie einen blauen Rahmen. Das ist schon mal von Vorteil, denn damit signalisiert Photoshop generell, dass im Bild ein Gesicht ausgemacht werden konnte. Die folgenden Einstellungen werden sich erfreulicherweise also nur auf diesen Bereich erstrecken.

Ich empfehle, dass Sie zunächst beide Schieberegler, sowohl WEICHZEICHNUNGSFILTER als auch GLÄTTUNG, ganz nach links schieben. Anschließend sollten Sie die Slider Stück für Stück nach rechts bewegen. Möglicherweise können Sie die Glättung besser beurteilen, wenn Sie zuvor etwas einzoomen. Das Lupenwerkzeug finden Sie oben links in der Toolbox des Dialogs.

4 Original und Korrektur vergleichen

Sie können bereits im geöffneten Dialog einen Vorher-nachher-Vergleich anstellen, indem Sie den Filter temporär deaktivieren. Klicken Sie dafür unten in der Fußleiste des Dialogfensters auf das Icon ganz links.

Auch nach Verlassen des Filter-Dialogs ist ein Vergleich zwischen Original und Korrektur jederzeit möglich, indem Sie die oberste Ebene mehrfach aus- und wieder einschalten. Sind Sie zufrieden?

▲ **Abbildung 7.84**
Erhöhen Sie die Werte schrittweise. Ich habe mich für maximale Weichzeichnung und eine Glättung von 25 entschieden.

5 Optional: Filter erneut anwenden

Für den Fall, dass Ihnen die Weichzeichnung jetzt noch zu gering erscheint, drücken Sie einfach $\boxed{\text{Strg}}$/$\boxed{\text{cmd}}$+$\boxed{\text{Alt}}$+$\boxed{\text{F}}$. Der Filter wird dann noch einmal angewendet. Achten Sie jedoch auf das Ebenen-Bedienfeld, denn mit diesem Schritt wird abermals ein Ebenen-Duplikat erzeugt. Die neue Ebene (hier EBENE 2) verschafft uns einen unschlagbaren Vorteil: Sollte die Weichzeichnung jetzt zu stark sein, reduzieren Sie einfach deren DECKKRAFT. Im Beispiel bin ich auf 33 % zurückgegangen.

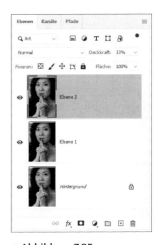

6 Optional: Ebene reduzieren

Falls Sie den vorangegangenen Schritt durchgeführt haben, müssen Sie die oberste Ebene (EBENE 2) jetzt reduzieren, also mit der darunter befindlichen verschmelzen. Das erreichen Sie am

▲ **Abbildung 7.85**
Jede Filter-Anwendung erzeugt eine neue Ebene.

schnellsten, indem Sie ⌈Strg⌉/⌈cmd⌉+⌈E⌉ drücken, oder im Bedienfeldmenü den Listeneintrag M͟I͟T͟ ͟D͟A͟R͟U͟N͟T͟E͟R͟ ͟L͟I͟E͟G͟E͟N͟D͟E͟R͟ ͟A͟U͟F͟ ͟E͟I͟N͟E͟ E͟B͟E͟N͟E͟ ͟R͟E͟D͟U͟Z͟I͟E͟R͟E͟N͟ wählen.

7 Ebene maskieren

Wie Sie sehen, ist die Korrektur wirklich gelungen – und das in kürzester Zeit. Es ist schon fast phänomenal, dass wichtige Bereiche des Gesichts, wie z. B. die Augen, Augenbrauen, Lippen und auch die Haare nicht an Schärfe verloren haben. Ein klarer Punkt für die Hautglättung. Aber schauen Sie sich einmal Hannas Zeigefinger an. Hier besteht das eingangs erwähnte Problem: Diese sind im Bereich des Gesichts nämlich ebenfalls weichgezeichnet worden – und das geht gar nicht. Ich mache es kurz, da Sie das Maskieren ja bereits kennen: Erzeugen Sie eine Ebenenmaske auf der obersten Ebene und wischen Sie mit einem nicht zu großen, weichen Pinsel bei schwarzer Vordergrundfarbe über die Finger.

▲ **Abbildung 7.86**
So sollte Ihr Ebenen-Bedienfeld am Ende aussehen. Die Finger der obersten Ebene sind maskiert – somit ist das Foto an dieser Position wieder gestochen scharf.

Abbildung 7.87 ▶
Hautglättung im Eiltempo – mit einem neuralen Filter.

Neuraler Filter oder Maske?

Bitte bedenken Sie, dass diese Art der Haut-Weichzeichnung nicht mit den zuvor präsentierten Methoden mithalten kann. Dafür sind die neuralen Filter aber auch nicht gemacht. Denn zwei Schieberegler können beim besten Willen keine aufwändige Frequenztrennung ersetzen. Im Gegenzug sind die neuralen Filter blitzschnell, was heutzutage »leider« immer wichtiger wird. Letztendlich ist es eine Einzelfall-Entscheidung, ob ich »mal eben« einen neuralen Filter einsetze oder die Zeit investieren kann, ein Foto punktuell zu bearbeiten.

Montage

Fotos sprichwörtlich in Form bringen

- ▶ Wie wird die Perspektive korrigiert?
- ▶ Was ist eine Objektivkorrektur?
- ▶ Wie wird ein Objekt verformt?
- ▶ Wie können Ebenen automatisch ausgerichtet werden?
- ▶ Wie wird ein Panorama erzeugt?

8 Montage

Kompanie! … Richt' euch! … So leicht geht es, wenn Hauptfeld-
webel der Bundeswehr das Bedürfnis verspüren, der gesamten
Kompanie in null Komma nichts eine geometrisch perfekte Auf-
stellung zu verpassen. Aber Schreien bringt ja bekanntlich nichts;
deshalb sollten Sie zur Verzerrung, Verformung und Montage
Ihrer Fotos lieber auf die zahlreichen Anwendungstools zurückgreifen, die für jedes Pixelproblem eine adäquate Lösung bieten.

8.1 Geometrische Korrekturen

Eine geometrische Korrektur wird immer dann erforderlich, wenn
das Ergebnis verzerrt ist. Es kann beispielsweise sein, dass ein Foto
»bauchig« daherkommt oder dass seine eigentlich senkrechten
Linien plötzlich trapezförmig erscheinen. Im Bereich Verzerrung
(FILTER • VERZERRUNGSFILTER) bietet Photoshop eine Menge interessanter Tools an. Da sie aber meist eher zur Verfremdung dienen,
müssen zur Korrektur andere Wege beschritten werden.

Perspektive mit Transformationswerkzeugen bearbeiten

Ein markanter Schwachpunkt bei der Fotografie von Gebäuden
oder deren Innerem ist die Perspektive. Was das menschliche
Auge gar nicht mehr bewusst registriert, wird von der Kamera
gnadenlos dargestellt. Gemeint sind sogenannte stürzende Kanten, durch die die Bauwerke zu kippen scheinen.

In Photoshop gibt es zahlreiche Optionen zur Perspektivkor-
rektur. Wir haben uns für zwei entschieden. Zunächst werden Sie
erfahren, wie sich stürzende Kanten manuell korrigieren lassen.
Dabei ziehen Sie die Bildkanten händisch in Form. Das ist zwar
nicht annähernd so komfortabel wie die Methode, die ich Ihnen
im Anschluss vorstelle, jedoch ein prima Einstieg für alle, die sich

noch nie mit dem Thema befasst haben. Außerdem gibt es Bilder, die sich mit Automatismen beim besten Willen nicht so gut in Form bringen lassen wie mit einer manuellen Korrektur. Ferner lernen Sie noch einige interessante Techniken kennen.

Schritt für Schritt
Stürzende Kanten zurechtrücken I

Die Datei »Bellevue.jpg« zeigt nicht nur den Großen Saal am Amtssitz des Bundespräsidenten, sondern auch, was mit stürzenden Kanten gemeint ist. In der Nähe der Kamera Befindliches ist groß und weiter Entferntes logischerweise kleiner. So auch hier. Von unten nach oben geknipst, weisen die Vertikalen klare Haltungsschäden auf. Sie laufen nach oben hin zusammen. Diese Schwachstellen lassen sich aber korrigieren.

Bilder/Bellevue.jpg

© Robert Klaßen

◄ **Abbildung 8.1**
Wie sieht das denn aus? Auf dem Foto wirkt der Raum weit weniger imposant als im Original. Schuld sind stürzende Kanten.

1 Ansicht optimieren

Zunächst einmal sollten Sie für eine korrekte Ansicht der Arbeitsfläche sorgen. Dazu befindet sich das Beispielfoto idealerweise direkt auf der Arbeitsfläche. Sollte es in einem schwebenden Rahmen angezeigt werden, gehen Sie in das Menü FENSTER, zeigen auf ANORDNEN und klicken anschließend auf ALLE IN REGISTERKARTEN ZUSAMMENLEGEN. Alternativ dazu ziehen Sie die Kopfleiste des schwebenden Rahmens unter die Optionsleiste. Sobald sich ein blauer Rahmen zeigt, lassen Sie los.

2 Lineale einschalten

Im nächsten Schritt geht es darum, Hilfslinien hinzuzufügen, welche die spätere Beurteilung der Ausrichtung erleichtern. Da sie sich

Nullpunkt ändern
Bitte klicken Sie nicht oben links auf das kleine Quadrat ❶ (siehe Abbildung 8.2), welches das horizontale und vertikale Lineal voneinander trennt. Damit lässt sich nämlich ein neuer Nullpunkt festlegen, der standardmäßig in der oberen linken Ecke des Bildes zu finden ist.

während der Ausrichtung jedoch nicht zuweisen lassen, müssen Sie sie bereits jetzt hinzufügen. Solche Hilfslinien werden übrigens nicht Bestandteil des Fotos, sondern dienen lediglich zur Ansicht. – Zunächst benötigen Sie oberhalb und links des Fotos Lineale. Sie aktivieren sie mit ⌜Strg⌟/⌜cmd⌟+⌜R⌟ oder über Ansicht • Lineale.

Abbildung 8.2 ▶
Oben und links des Fotos zeigen sich Lineale.

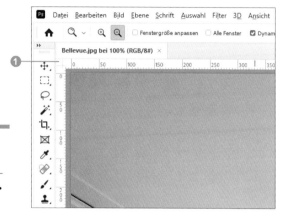

Warum kein Raster?
Anstelle von Hilfslinien könnten Sie auch ein Raster hinzufügen (Ansicht • Anzeigen • Raster). Jedoch ist dies meist sehr engmaschig und würde das Foto somit relativ stark verdecken. Man kann das Raster zwar in den Voreinstellungen definieren (Bearbeiten/ Photoshop • Voreinstellungen • Hilfslinien, Raster und Slices), doch das ist in diesem Fall viel zu viel Aufwand.

3 Hilfslinien hinzufügen

Um nun eine vertikale Hilfslinie hinzuzufügen, klicken Sie irgendwo auf das linke Lineal und ziehen mit gedrückter Maustaste ins Bild hinein. Lassen Sie los, wenn Sie sich mittig auf dem bildlinken Fenster befinden. Die zweite Linie positionieren Sie mittig auf dem zweiten Fenster von rechts.

Abbildung 8.3 ▶
So in etwa sollten die vertikalen Hilfslinien angeordnet werden.

4 Hintergrund umwandeln oder Ebene hinzufügen

Die Bilddatei besteht nur aus einem Hintergrund, wie das Ebenen-Bedienfeld zeigt. Ein Hintergrund kann aber nicht verzerrt werden, so dass Sie ihn zunächst entweder in eine Ebene umwandeln müssen, oder die Ebene ganz einfach wie gewohnt duplizieren. Letzteres gelingt, wie Sie wissen am schnellsten mit ⌈Strg⌉/⌈cmd⌉+⌈J⌉, während die Umwandlung per Rechtsklick auf die Ebene im Ebenen-Bedienfeld funktioniert. Dieser Lösung habe ich im Beispiel den Vorzug gegeben. Hierbei wählen Sie aus dem Kontextmenü den Listeneintrag EBENE AUS HINTERGRUND und bestätigen mit OK. (Für Menü-Fans: EBENE • NEU • EBENE AUS HINTERGRUND.)

5 Arbeitsumgebung vorbereiten

Sie müssen jetzt dafür sorgen, dass sich um die Arbeitsfläche herum noch ausreichend viel Montagerahmen befindet. Das geht so: Zunächst lassen Sie das gesamte Foto anzeigen, indem Sie ⌈Strg⌉/⌈cmd⌉+⌈0⌉ betätigen. Danach wird zweimal ⌈F⌉ auf der Tastatur gedrückt. Alternativ dazu schalten Sie im untersten Steuerelement der Werkzeugleiste auf VOLLBILDMODUS (Maustaste zunächst gedrückt halten), gefolgt von VOLLBILDMODUS. Bestätigen Sie die Kontrollabfrage ebenfalls mit VOLLBILDMODUS.

▲ Abbildung 8.5
Jetzt sehen Sie nur noch Bild, Lineale, Hilfslinien und Montagerahmen.

6 Transformationsart wählen

Da jetzt weder Werkzeuge noch Menüleiste sichtbar sind, geht es nur noch mit Tastaturkürzeln weiter. Dennoch sollen die Befehle nicht unerwähnt bleiben, die bei normal eingestellter Oberfläche

---

Mehrere Hilfslinien
Unter ANSICHT • NEUES HILFSLINIENLAYOUT können schnell zahlreiche Hilfslinien in bestimmten Abständen eingerichtet werden – und zwar sowohl vertikal als auch horizontal.

▲ Abbildung 8.4
Wandeln Sie den Hintergrund in eine Ebene um.

Hilfslinien verschieben
Einmal positionierte Hilfslinien können per Drag & Drop nach Wunsch verschoben werden. Das geht allerdings nur mit dem Verschieben-Werkzeug. Die richtige Position haben Sie gefunden, wenn der Mauszeiger zum Doppelpfeil mutiert.

in Anwendung gebracht würden. Außerdem ließen sich die Tools und Bedienfelder, falls gewünscht, jederzeit mit ⌷ ein- und ausblenden. Aber sei's drum. Wir machen das mit Shortcuts.

Drücken Sie ⌷Strg⌷/⌷cmd⌷+⌷T⌷ (BEARBEITEN • TRANSFORMIEREN), was die Anzeige eines Transformationsrahmens um das Foto zur Folge hat. Danach klicken Sie mit rechts auf das Bild und entscheiden sich für die Option PERSPEKTIVISCH (BEARBEITEN • TRANSFORMIEREN • PERSPEKTIVISCH).

7 Erste Verzerrung ausführen

Mit dieser Transformationsart werden im Gegensatz zur Transformationsart VERZERREN beide gegenüberliegenden Seiten in einem Arbeitsgang bewegt. Wenn der Auswahlrahmen sichtbar geworden ist, greifen Sie den oberen rechten Anfasser des Rahmens und ziehen ihn so weit nach außen, bis Sie mit den Vertikalen der Fenster auf der rechten Seite des Raumes zufrieden sind. Hierbei unterstützt Sie ja die rechte Hilfslinie.

▲ **Abbildung 8.6**
Die benötigten Werkzeuge werden direkt auf dem Foto ausgewählt.

Abbildung 8.7 ▶
Glück gehabt! Die rechte Seite konnte gerichtet werden.

8 Ansicht optimieren

Sollten Sie an den Bildrand gelangen, müssen Sie ein wenig auszoomen (das Bild also kleiner darstellen). Leider geht das während eines geöffneten Verzerrungsvorgangs nicht so ohne Weiteres. Wenn Sie jedoch die Tastenkombination ⌷Strg⌷/⌷cmd⌷+⌷-⌷ zum

Auszoomen bzw. `Strg`/`cmd`+`+` zum Einzoomen verwenden, bleibt die Verzerrung aktiv.

9   Einseitig verzerren

Auf der linken Seite müssen Sie noch ein wenig nach rechts gehen. Da Sie aber derzeit nur beide Seiten gleichzeitig ziehen können, ist ein weiterer Werkzeugwechsel erforderlich. Klicken Sie abermals mit rechts auf das Foto, und entscheiden Sie sich für Verzerren. Danach ziehen Sie die obere linke Ecke etwas weiter nach rechts. (Da sich die rechte Seite des Bildes damit ebenfalls ein wenig neigt, müssen Sie oben rechts eventuell noch einmal nachkorrigieren.) Am Ende sollten beide Vertikalen (links und rechts) genau im Lot sein, also parallel zu den Hilfslinien verlaufen.

10   Verzerrung abschließen

Nun ist das Foto insgesamt gewaltig gestaucht worden. Aus diesem Grund müssen Sie den mittleren Anfasser ganz oben noch hochziehen – und zwar beträchtlich. Stoppen Sie erst, wenn das Gemälde einigermaßen quadratisch erscheint und Sie den Eindruck haben, dass die Proportionen zueinander passen. Orientieren Sie sich bei der Höhe des Verzerrungsrahmens an der folgenden Abbildung. Dass dadurch Bildinhalte am oberen Rand verlorengehen, sollte Sie aktuell nicht stören. Wenn Sie zufrieden sind, schließen Sie die Aktion mit `↵` endgültig ab.

◀ **Abbildung 8.8**
Bei dieser Aktion wird das Bild vertikal gestreckt.

Verzerrung verwerfen
Sie sind nicht zufrieden
mit dem Ergebnis und
möchten lieber von vorne
beginnen? Dann drücken
Sie ⌷Esc⌷. Die aktuelle
Verzerrung wird in die-
sem Fall verworfen, und
Sie können es noch ein-
mal versuchen – aller-
dings nur, solange der
Verzerrungsrahmen noch
aktiv ist, Sie also noch
nicht auf ⌷↵⌷ gedrückt
haben.

Abbildung 8.9 ▸
Da ist ja der Rest des Bildes.

Verzerren
Bei der Verzerrung geht
es nicht immer nur um
eine Bildkorrektur. Oft-
mals soll absichtlich verzerrt werden – gerade bei
Bildmontagen ist das
häufig der Fall. Einen
Workshop dazu findet Sie
auf *www.rheinwerk-ver-
lag.de/5595*. Die Datei
»Gestalten_mit_Verzer-
rung.pdf« liegt im Ordner
Zusatzmaterial.

11 Optional: Ausrichtung einseitig begrenzen

Wenn Sie einzelne Anfasser-Quadrate senkrecht verziehen, ergibt sich möglicherweise auch eine Änderung in der Waagerechten. Möchten Sie dies unterbinden, müssen Sie während des Verzer-rens ⌷⇧⌷ drücken. So lassen sich die Bilder in nur eine Richtung ziehen.

12 Ansicht wiederherstellen

Klarer Fall – Sie wollen künftig nicht gänzlich auf Werkzeuge und Menüs verzichten, oder? Betätigen Sie daher noch einmal ⌷F⌷. (⌷Esc⌷ geht übrigens auch.) Dann ist alles wieder wie vorher. Ver-kleinern Sie die Ansicht wieder, damit Sie das gesamte Foto sehen können.

13 Arbeitsfläche erweitern

Durch die Verzerrung sind viele Details am Bildrand verlo-ren gegangen. Unser letzter Schritt ist daher das Erweitern der Arbeitsfläche. Sie wissen ja, dass auch der außerhalb des Bildes liegende Bereich nicht verloren ist. Machen Sie ihn über Bild • Alles einblenden komplett sichtbar.

14 Bild freistellen

Der Rest wäre eine normale Freistellung ⌷C⌷, die ja mittlerweile Routine sein dürfte. Versuchen Sie auf diese Weise, die über-flüssigen Ränder zu entfernen. Wenn der Freistellungsrahmen in Position ist und Sie definitiv alle transparenten Pixel außerhalb des Rahmens vorfinden, drücken Sie ⏎, damit die Freistellung übnernommen wird.

◄ **Abbildung 8.10**
Jetzt passt der Freistellungsrahmen. Transparente Bildpixel liegen außerhalb.

15 Hilfslinien entfernen

Die Hilfslinien werden Sie los, indem Sie ANSICHT • HILFSLINIEN LÖSCHEN einstellen. (Im Ergebnis-Foto Bellevue-bearbeitet.psd sind die die Hilfslinen erhalten geblieben – falls Sie noch einmal kontrollieren wollen, ob diese bei Ihnen genauso sitzen.) Wer auch die Lineale anschließend nicht mehr haben möchte, betätigt abermals `Strg`/`cmd`+`R`.

◄ **Abbildung 8.11**
Alles wieder im Lot

Perspektive mit der Objektivkorrektur bearbeiten

Photoshop kommt mit einigen interessanten Features daher, die im Zusammenhang mit der Objektivkorrektur stehen. Diese müssen Sie unbedingt kennenlernen. Sie lernen auch gleich den Camera-Raw-Dialog kennen. Außerdem erfahren Sie, wie Sie auch Nicht-Raw-Fotos dort bearbeiten können. Nein, wir wollen dem folgenden Kapitel nicht vorgreifen. Vielmehr wollen wir uns lediglich der Raw-Oberfläche bedienen. Es ist also kein Versehen, dass dieser Workshop hier gelandet ist.

Schritt für Schritt
Stürzende Kanten korrigieren II

Bilder/Weitwinkel.jpg

Da wir gerade in Berlin sind, machen wir gleich einen kleinen Abstecher zum Potsdamer Platz. Auch in diesem Beispielfoto sind extreme Verzerrungen auszumachen. Deren Korrektur stellt schon eine kleine Herausforderung dar. Dabei hilft uns einmal mehr der Filter-Dialog weiter.

Abbildung 8.12 ▶
Du liebe Zeit, was für eine grässliche Verzerrung

© Robert Klaßen

Hinweis deaktivieren
Wenn dieser Dialog fortan ausbleiben soll, dürfen Sie vor dem Klick auf OK auch die Checkbox NICHT WIEDER ANZEIGEN aktivieren.

1 Für Smartfilter vorbereiten
Zunächst wollen wir den Hintergrund wieder duplizieren. Drücken Sie also [Strg]/[cmd]+[J]. Danach sollte eine Umwandlung

in eine Smartobjekt-Ebene erfolgen. Sie wissen ja längst, dass das nicht zwingend erforderlich ist, dadurch jedoch eine jederzeitige Korrektur auf Basis des Originals möglich wird. Wählen Sie also FILTER • FÜR SMARTFILTER KONVERTIEREN, und bestätigen Sie die Kontrollabfrage mit OK.

▲ **Abbildung 8.13**
Sie müssen bestätigen, dass die Konvertierung stattfinden soll.

2 Automatisch korrigieren

Im Segment OBJEKTIVKORREKTUR des Filter-Menüs finden Sie nun zwei Registerkarten (AUTO-KORREKTUR ❶ und BENUTZERDEFI-NIERT ❷). Während Sie mit der Auto-Korrektur vor allem dann gute Ergebnisse erzielen, wenn Ihnen das verwendete Objektiv bekannt ist und Sie sich bei der Korrektur zudem auf Photoshop verlassen wollen, gelingt die geometrische Korrektur im Regis-ter BENUTZERDEFINIERT individuell mit Steuerelementen. Dieses Register soll jetzt aktiviert werden.

▲ **Abbildung 8.14**
Entscheiden Sie sich für die benutzerdefinierte Objektivkorrektur.

Bei der Objektivkorrektur ist unter anderem von chromatischer Aberration die Rede. Dazu müssen Sie wissen: Das auf den Kamera-Chip fallende Licht unterschiedlicher Wellenlänge (= unterschiedlicher Farbe) wird in der Linse auch unterschiedlich stark gebrochen. Dadurch kann es zu unerwünschten Fehlinformationen kommen, die sich in Form von Unschärfen, Verzerrungen oder Farbsäumen entlang farblich voneinander kontrastierender Kanten zeigen.

Bei der Vignettierung handelt es sich um Helligkeitsunterschiede in den Bildecken (meist Abdunkelungen), die mit Anwahl der gleichnamigen Checkbox ausgeglichen werden können.

3 Bild transformieren

Während Sie mit CHROMATISCHE ABERRATION ❸ und VIGNETTE ❹ vor allem auf Farb- und Helligkeitsprobleme reagieren können (siehe der nebenstehende Kasten), gelingt die geometrische Korrektur mit dem obersten Slider GEOMETRISCHE VERZERRUNG und der Steuerelementgruppe TRANSFORMIEREN ❺. Beginnen wir mit der Transformation. Den Regler VERTIKALE PERSPEKTIVE ziehen Sie vorsichtig nach links bis auf etwa –36,00. Danach bewegen Sie auch HORIZONTALE PERSPEKTIVE vorsichtig nach links. Streben Sie einen Wert von – 4 an.

4 Winkel verändern

Da die Häuser nach links geneigt sind, müssen wir das gesamte Bild jetzt etwas nach rechts drehen. Das erreichen Sie, indem Sie auf das kreisförmige Steuerelement WINKEL klicken und die Maus bei gehaltener Maustaste vorsichtig nach rechts drehen. Kleiner Tipp: Je weiter Sie die Maus vom Steuerelement wegbewegen, desto feiner gelingt die Dosierung. Ich habe mich hier für 1,08 entschieden.

5 Verzerrung entfernen

Die Konturen scheinen ja einigermaßen lotrecht zu verlaufen und auch unsere Straße verläuft horizontal. Selbst der hässliche Baukran am rechten Bildrand ist verschwunden. Aber irgendwie ist das Motiv noch ein bisschen bauchig, oder? Diesen Makel gleichen Sie aus, indem Sie den Schieberegler VERZERRUNG ENTFERNEN so weit nach links ziehen, bis ein Wert von etwa – 2,00 erreicht ist.

6 Raster einblenden

Da das Foto über sehr viele horizontale und vertikale Linien verfügt, ist eine Einschätzung dahingehend, ob nun wirklich alles schön gerade ist, ziemlich schwierig. Schalten Sie deshalb das Hilfsraster ein, indem Sie ganz unten in der Fußleiste des Fensters die Checkbox RASTER EINBLENDEN ❶ aktivieren. Mit dem nebenstehenden Schieberegler könnten Sie die Rastergröße übrigens noch verändern, indem Sie die GRÖSSE anpassen. In unserem Beispiel dürfte das allerdings nicht erforderlich sein. Auch die FARBE ließe sich anpassen, falls Grau für das Raster ungeeignet erscheint.

◀ **Abbildung 8.15**
Das Raster hilft bei der Beurteilung der Horizontalen und Vertikalen.

7 Optional: Bild skalieren

Sicher ist Ihnen bereits beim Entzerren des Bildes mithilfe der TRANSFORMIEREN-Slider aufgefallen, dass das Bild vergrößert wurde. Das hat zur Folge, dass es abgeschnitten wird. Die Bereiche jenseits des sichtbaren Bereichs sind allerdings nicht verloren, was man sehen kann, wenn Sie den untersten Regler SKALIEREN einmal nach links schieben. Gehen Sie auf ca. 70–75 % zurück, taucht selbst unser Baukran wieder auf. Es gehen also keine Bildpixel verloren. Wenn Sie die Freistellung also lieber selbst vornehmen, können Sie das anschließend gern machen. Wir lassen das allerdings von Photoshop erledigen und gehen daher wieder auf 100 % zurück. Zuletzt folgt der Klick auf OK.

◀ **Abbildung 8.16**
Hier geht nichts verloren – noch nicht einmal der Baukran.

Das ebenen-basierte Ergebnis, bei dem Sie die oberste Ebene zum Vorher-nachher-Vergleich temporär unsichtbar machen können (Auge-Symbol im Ebenen-Bedienfeld) finden Sie unter »Weitwinkel-bearbeitet.tif«.

▲ **Abbildung 8.17**
Na bitte. Die Perspektive stimmt.

Perspektive mit Camera Raw bearbeiten

Bilder/Objektiv.jpg

Auch in Camera Raw ist es natürlich möglich, eine Objektivkorrektur durchzuführen. Das Register Optik hält für die Objektivkorrektur verschiedene Optionen bereit, die wir uns im folgenden Workshop etwas näher anschauen wollen.

Schritt für Schritt
Geometrische Korrektur im Raw-Dialog durchführen

In diesem Workshop soll das Foto mittels Camera-Raw-Modul korrigiert werden. Nun könnte man einwenden, dass es sich ja beim Beispielfoto gar nicht um eine Raw-Datei handelt. »Egal«, sagen wir da, denn auch Nicht-Raw-Fotos können durchaus an den Rohdaten-Dialog weitergeleitet werden.

© Robert Klaßen

▲ **Abbildung 8.18**
Das Motiv wirkt fast schon surrealistisch – so stark sind die Verzerrungen.

1 Raw-Dialog öffnen

Im Foto fällt auf, dass die Linien, die eigentlich gerade sein sollten, unnatürlich stark nach innen gebogen sind. Das soll ausgeglichen werden. Das vorherige Konvertieren in ein Smartobjekt wollen wir uns diesmal sparen. Beginnen Sie gleich mit der Übergabe des Fotos. Dazu wählen Sie Camera Raw-Filter im Menü Filter.

2 Objektivkorrekturen einschalten

Nun befinden Sie sich bereits mitten im Raw-Dialog, dessen Möglichkeiten in Kapitel 9 vertieft werden. Hier belassen wir es bei der optischen Korrektur, weshalb Sie bitte zunächst auf die Zeile Optik ❶ klicken sollten.

Verzerrungen
Wenn sich die Linien nach innen verbiegen, spricht man von einer *Kissenverzerrung* (siehe Beispielfoto). Wirkt das Motiv hingegen bauchig mit nach außen gewölbten Linien, haben Sie es mit einer *Tonnenverzerrung* zu tun.

3 Verzerrung korrigieren

Um der kissenförmigen Verzerrung entgegenzuwirken, müssen Sie den Regler Verzerrung im Bereich Optik ein gutes Stück nach links ziehen. Solange die Maustaste gedrückt ist, zeigt sich übrigens ein Raster, das bei der Ausrichtung helfen soll. Streben Sie einen Wert von etwa –32 an. Das sieht doch schon besser aus, oder? Fertig. Sie dürfen auf OK klicken.

▲ **Abbildung 8.19**
Objektivkorrektur im Raw-Dialog

Abbildung 8.20 ▶
Die kissenförmige Verzerrung
gehört der Vergangenheit an.

Geometrie in Camera Raw korrigieren

An dieser Stelle möchte ich noch kurz darauf hinweisen, dass im Raw-Dialog auch die bereits viel zitierten stürzenden Kanten korrigiert werden können. Hierzu öffnen Sie bitte die Liste Geo-metrie. Beachten Sie jedoch, dass Sie je nach Bildschirmauflösung in der rechten Spalte des Dialogs möglicherweise etwas nach unten scrollen müssen, damit alle erforderlichen Steuerelemente angezeigt werden. (Einen Workshop dazu finden Sie in Kapitel 9 auf Seite 402 unter dem Titel »Linien im Raw-Dialog korrigieren«.)

8.2 Verformen

Sie haben bereits Fotos gebogen, ausgerichtet und zurechtge-rückt. In Kapitel 7 haben Sie sogar bereits Gelegenheit gehabt, ein Gesicht zu verformen. Daher kennen Sie ja den Verflüssigen-Dialog bereits. Jetzt ist es an der Zeit, mit seiner Hilfe noch indivi-duellere Verformungen vorzunehmen.

Formgitter

Zunächst müssen Sie das Formgitter kennenlernen. Damit können Sie Ihre Fotos im wahrsten Sinne des Wortes »zurechtbiegen«. Und das haben wir doch schon immer gewollt, oder? – Aber damit noch nicht genug, werden Sie in den folgenden beiden Workshops noch eine Fülle von weiteren Informationen erhalten: Sie werden die Kante verbessern, erfahren in der Praxis, was es mit Smartradius & Co. auf sich hat, und werden zudem noch Unschärfen korrigieren und Objekte verflüssigen. Auf geht's …

Schritt für Schritt
Einen Körper verbiegen I (Vorbereitungen)

Bevor Sie loslegen, noch ein Hinweis: Sollten Sie keine Lust auf die hier zunächst beschriebenen Vorbereitungen haben, können Sie gleich zum nächsten Workshop auf Seite 343 springen. Dort geht es dann nur um die eigentliche Verbiegung. Wenn Sie jedoch von Anfang an mitmachen wollen, dann sind Sie hier genau richtig. Außerdem lernen Sie dann ein paar interessante neue Optionen in Sachen Freistellung kennen. Die Optionsleiste spielt hier eine tragende Rolle. Es lohnt sich also, gleich hier zu starten.

Öffnen Sie die Beispieldatei »Marionette.tif«. Wir wollen der Dame auf dem Foto einige Leibesübungen zuteilwerden lassen. Das ist auch gut für den Rücken. Im ersten Teil werden wir dafür sorgen, dass Vorder- und Hintergrund voneinander getrennt werden. Das ermöglicht das Drehen des Körpers vor dem weißen Hintergrund. Das Formgitter funktioniert nämlich nur bei Ebenen, allerdings nicht bei Hintergründen.

Bilder/Marionette.tif

© Studio-54 / fotolia.com

◀ **Abbildung 8.21**
Die junge Dame wird sogleich verbogen!

1 Auswahl erzeugen

Zwar ließe sich die Auswahl auch mittels AUSWAHL • MOTIV aufnehmen, jedoch wollen wir einmal mehr die Optionsleiste bemühen. Denn auch dort lässt sich ein Motiv schnell per Mausklick auswählen und verfeinern. Aktivieren Sie eines der Tools, die sich

▼ **Abbildung 8.22**
Vor dem zweiten Mausklick
muss das Werkzeug neu eingestellt werden.

mit W auswählen lassen (also entweder die OBJEKTAUSWAHL,
SCHNELLAUSWAHL oder den ZAUBERSTAB) und klicken Sie auf den
Schalter MOTIV AUSWÄHLEN ➊ (hier bei aktiviertem ZAUBERSTAB).

Abbildung 8.23 ▶
Die Auswahllinien sitzen
schon recht gut.

2 Auswahl der Haare verbessern

Abbildung 8.24 ▼
Die Haare sind jetzt auch in
den feinen Randbereichen
inkludiert.

Die Auswahl ist zwar schon recht gut gelungen, jedoch ist im
Bereich der Haare noch Nachholbedarf. Das ändert sich, wenn
Sie ein drittes Mal die Optionsleiste bemühen und dort auf HAAR
VERFEINERN ➋ klicken. Perfekt! Bestätigen Sie mit OK.

3 Neue Ebene erzeugen

Wie bereits erwähnt, können Hintergründe nicht verformt werden. Wir benötigen also eine Ebene, die einmal mehr mit ⌈Strg⌉/
⌈cmd⌉+⌈J⌉ erzeugt wird. Alternativ entscheiden Sie sich für EBENE •
NEU • EBENE DURCH KOPIEREN. Bitte beachten Sie, dass der Klick
auf NEUE EBENE ERSTELLEN im Fuß des Ebenen-Bedienfelds keine
Option darstellt, da damit lediglich eine neue, »leere« Ebene
erzeugt würde.

4 Hintergrund füllen

Bevor es nun an die eigentliche Verkrümmung geht, müssen wir
noch einen letzten Schritt erledigen. Immerhin befindet sich
die Person nicht nur auf der oberen Ebene, sondern zusätzlich
immer noch auf dem Hintergrund. Würden wir die obere Ebene
anschließend verbiegen, käme der Körper auf der unteren zum
Vorschein. Damit das nicht passiert, wählen Sie die untere Ebene
im Ebenen-Bedienfeld an und entscheiden Sie sich im Menü für
BEARBEITEN • FLÄCHE FÜLLEN. Mit Hilfe von ⌈⇧⌉+⌈F5⌉ erreichen Sie
exakt dasselbe – nur viel schneller. Stellen Sie im Pulldown-Menü
den INHALT auf WEISS. Wünschen Sie sich hingegen (wie ich) eine
Farbe, müssen Sie auf FARBE umstellen und diese anschließend im
Farbwähler bestimmen. Der MISCHMODUS muss auf NORMAL und
die DECKKRAFT auf 100 % stehen. Verlassen Sie das Dialogfenster
mit OK.

Schritt für Schritt
Einen Körper verbiegen II

So viel zu den Vorbereitungen. Jetzt können wir uns der Verkrümmung widmen. Wer den vorangegangenen Workshop nicht erledigt hat, kann jetzt im ERGEBNISSE-Ordner auf die Datei »Mario-
nette-Teil1.tif« zurückgreifen. Was für ein Service, gell?

1 Formgitter deaktivieren

Es ist ganz besonders wichtig, dass jetzt die oberste Ebene aktiviert wird (ansonsten funktioniert dieser Schritt nicht). Gehen Sie
in das Menü BEARBEITEN, und entscheiden Sie sich dort für FORM-
GITTER.

▲ **Abbildung 8.25**
Der Auswahlbereich befindet
sich auf einer eigenen Ebene.
Die darunter befindliche ist
ausgeblendet.

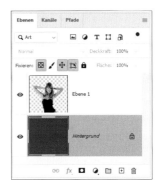

▲ **Abbildung 8.26**
Die oberste Ebene ist aktiv,
während die untere komplett
rot ist.

Bilder/Ergebnisse/
Marionette-Teil1.tif

▲ **Abbildung 8.27**
Etwas seltsam sieht das schon
aus.

Wenn Sie diesen Befehl erstmals aktivieren, werden Sie ein Gitternetz vorfinden, das sich über den gesamten Inhalt der obersten
Ebene erstreckt. Dieses Gitternetz ist jedoch nicht erforderlich,
weshalb Sie die Checkbox FORMGITTER in der Optionsleiste deaktivieren sollten.

2 Fixpunkte setzen

Sie müssen jetzt Gelenkpunkte hinzufügen, an denen eine Verbiegung bzw. Verkrümmung ermöglicht werden soll. Klicken Sie
deshalb zunächst einmal mit dem Werkzeug auf den Bauchnabel
der Frau. Das ist unser erster Fixpunkt. Platzieren Sie nun zwei
weitere Punkte links und rechts daneben – und zwar ziemlich weit
an der Außenkante der Kleidung. Diese drei Punkte bilden eine
Linie, die dafür sorgt, dass sich diese Achse nicht verformen kann.
Was es damit auf sich hat, wird gleich deutlicher.

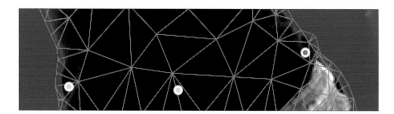

Abbildung 8.28 ▶
Die Punkte bilden eine
»schützende« Achse.

3 Drehpunkt hinzufügen

Als Nächstes wird der Punkt platziert, um den sich das Objekt verbiegen soll. Setzen Sie ihn oberhalb des derzeit mittleren Punktes
an, und zwar auf den Solarplexus des Models. Keine Angst! Das
tut gar nicht weh. Orientieren Sie sich an der Abbildung.

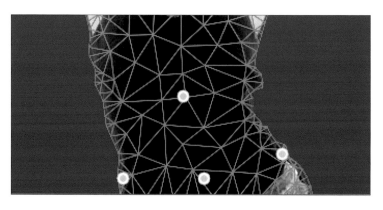

Abbildung 8.29 ▶
Der oberste Punkt wird im
wahrsten Sinne des Wortes
Dreh- und Angelpunkt.

4 Ziehpunkt setzen

Zuletzt platzieren Sie einen Punkt auf den Hals (etwa in Höhe des Kettchens). Achten Sie darauf, den Punkt wirklich auf die Haut zu setzen und nicht etwa auf die Haare, die den Hals an dieser Stelle teilweise verdecken.

◄ **Abbildung 8.30**
Alle Punkte sind gesetzt.

5 Person verkrümmen

Die Verkrümmung nehmen Sie jetzt folgendermaßen vor: Klicken Sie den zuletzt gesetzten Punkt noch einmal an, und schieben Sie diesen Punkt weit nach links sowie ein wenig nach unten.

Stoppen Sie, wenn Sie eine Position erreicht haben, die der folgenden Abbildung nahekommt. Dass der rechte Ellenbogen des Mädchens nun aus dem Bild hinausläuft, soll uns zum gegenwärtigen Zeitpunkt nicht ernsthaft belasten.

◄ **Abbildung 8.31**
Neigen Sie den Körper nach links.

6   Verkrümmung korrigieren

Trotz der drei zuerst platzierten Fixpunkte ist die Hüfte ein wenig nach oben gewandert. Korrigieren Sie das, indem Sie den mittleren und den rechten Punkt vorsichtig nach unten ziehen. Anschließend betätigen Sie ⏎ oder klicken auf das Häkchen in der Optionsleiste.

7   Alles einblenden

Da der Ellenbogen derzeit nicht sichtbar ist, gehen Sie auf BILD • ALLES EINBLENDEN. Sollte der rechte Arm des Mädchens jetzt etwas zu lang erscheinen, schieben Sie ihn ganz einfach zurück. Dazu wählen Sie abermals BEARBEITEN • FORMGITTER und platzieren zunächst zwei Punkte auf Achsel und Handgelenk. Einen dritten setzen Sie auf den Ellenbogen. Diesen schieben Sie dann etwas nach rechts.

▲ **Abbildung 8.32**
Die letzte Verformung findet am Ellenbogen statt.

8   Foto freistellen

Am Schluss müssen Sie erneut mit ⏎ bestätigen. Da durch die komplette Einblendung nun am linken Rand, sowie unten farbige Bereiche sichtbar geworden sind, und die untere Kante wellig ist, müssen Sie das Bild freistellen und diesen Bereich abschneiden.

◄ **Abbildung 8.33**
So erreichen Sie eine opti-
male Bildaufteilung.

9 Ebene scharfzeichnen

Sicher hat das Foto insgesamt an Schärfe eingebüßt. Kein Wun-
der – bei diesen drastischen Verzerrungen. Dem lässt sich jedoch
entgegenwirken, indem Sie FILTER • SCHARFZEICHNUNGSFILTER •
SELEKTIVER SCHARFZEICHNER wählen. Im Folgedialog entscheiden
Sie sich für die (vorgegebene) STÄRKE von etwa 200 % und einen
RADIUS von 1,0. Das Rauschen (also das Auftreten von Kornbil-
dung in ebenmäßigen Flächen) ließe sich reduzieren. Aber das
kommt hier nicht zum Tragen. Belassen Sie es also bei 10 % und im
Bereich VERRINGERN bei OBJEKTIVUNSCHÄRFE. Verlassen Sie den
Dialog mit OK.

◄ **Abbildung 8.34**
Der selektive Scharfzeichner
fördert schon in der Grundeinstellung eine zufriedenstel-
lende Schärfung zutage.

10 Verflüssigen

Schauen Sie sich einmal die linke (von Ihnen aus rechte) Kontur
des Mädchens an. Da stippt noch eine Stelle aus der Bekleidung,
die bei der neuen Körperhaltung eigentlich unrealistisch ist. Diese
Stelle soll nachbearbeitet werden. Dazu stellen Sie FILTER • VER-

FLÜSSIGEN ein. (Da wir sicher sein können, dass wir die Korrektur nicht noch einmal anwenden müssen, verzichten wir auch hier auf die vorherige Produktion einer Smartfilter-Ebene.)

Vergrößern Sie die Ansicht zunächst, indem Sie mit dem Zoom-Werkzeug Z mehrfach auf das Bild klicken. Danach stellen Sie auf das Mitziehen-Werkzeug W um und geben die PINSELGRÖSSE mit ca. 35 an. Schieben Sie den überstehenden Stoff schrittweise zurück ❶. Sie sollten das nicht in einem Arbeitsgang, sondern lieber in mehreren kleinen Schiebebewegungen versuchen. Auch hier bestätigen Sie am Schluss mit OK.

Abbildung 8.35 ▶
Der überstehende Stoff (links) wird ganz einfach zurückge-schoben, bis er nicht mehr sichtbar ist (rechts).

Haben Sie eine Vorstellung davon, wie die Profis mit dem »Hüft-gold« der Prominenz umgehen? Genauso werden nämlich kleine bis mittlere Rettungsreifen und sonstige »Silhouetten-Unebenhei-ten« bearbeitet. Es ist eben nichts, wie es scheint – Photoshop sei Dank.

11 Hintergrund füllen

Bevor Sie die Aufgabe beenden, sollten Sie noch einmal die Hinter-grundebene im Ebenen-Bedienfeld anwählen, abermals ⬆+F5 drücken (bzw. BEARBEITEN • FLÄCHE FÜLLEN wählen) und den Dialog gleich wieder mit Klick auf OK verlassen. Dort ist nämlich die zuletzt gewählte Farbe noch immer hinterlegt und muss somit nicht neu eingestellt werden.

12 Ebenen reduzieren

Zuletzt sollten Sie das Foto über das Menü EBENE noch AUF HIN-TERGRUNDEBENE REDUZIEREN. Das »Beweisfoto« im ERGEBNISSE-Ordner ist zur besseren Ansicht jedoch ebenenbasiert geblieben.

▲ **Abbildung 8.36**
Der Vorher-Nachher-Vergleich

Formgitter in der Übersicht

Nachdem Sie BEARBEITEN • FORMGITTER angewählt haben, sollten Sie einen Blick auf die Optionsleiste werfen. Dort stehen nämlich noch einige Einstellmöglichkeiten bereit, die einer Erwähnung wert sind.

▲ **Abbildung 8.37**
Die Optionsleiste des
Formgitters

❶ MODUS: Dieses Steuerelement nimmt Einfluss auf die Art der Biegung. Damit ist die Elastizität des Verkrümmungsgitters (GITTER EINBL.) gemeint. STARR führt eine starre Biegung aus, während NORMAL für eine weichere, rundlichere Kurve sorgt. VERZERREN erzeugt eine recht freizügige Verformung. Im Bereich der Endpunkte wird der Körper dadurch aufgebläht.

❷ DICHTE: Die Funktion ist bei eingeschaltetem Gitter sehr viel besser nachzuvollziehen. Das Formgitter wird dichter (die Abstände der Gitterpunkte kleiner), wenn Sie MEHR PUNKTE aktivieren. Die Umkehrwirkung, also größere Maschen, wird mit WENIGER PUNKTE erzielt.

❸ AUSBREIT.: Mit der Option AUSBREITUNG lassen sich die Außenkanten des Gitters zusammenziehen (kleiner Wert) oder nach außen dehnen (größerer Wert).

❹ FORMGITTER: Diese Checkbox macht das Verkrümmungsgitter sichtbar bzw. unsichtbar.

349

⑤ PINTIEFE: Diese beiden Steuerelemente kommen generell dann zum Einsatz, wenn Gitterteile durch Verschiebung einzelner Pins übereinanderliegen. Mit dem linken Button werden verdeckte Maschen nach oben gestellt (Button mehrmals betätigen). Der rechte Button hingegen bewegt die Maschen Stück für Stück nach unten.

⑥ DREHEN: Diese Steuerelemente werden interessant, wenn Sie beabsichtigen, Maschen des Gitters rund um einen Pin zu verdrehen. Sie erreichen so besonders enge Biegungen. Sie können so etwas aber auch wesentlich komfortabler direkt auf dem Foto machen. Dazu müssen Sie Alt gedrückt halten und ein wenig neben den Pin klicken. Ein Drehkreis verdeutlicht, wo Sie anfassen müssen. Doch Vorsicht: Wenn Sie während dieser Aktion versehentlich auf den Pin klicken, wird er gelöscht! Halten Sie also stets ein wenig Abstand.

⑦ BESTÄTIGEN oder VERWERFEN: Die drei kleinen Steuerelemente ganz rechts sind nur dann zu sehen, wenn Sie sich in einer aktiven Verkrümmung befinden. Mit dem linken Button entfernen Sie alle zuvor platzierten Punkte, wobei der Verkrümmungsvorgang geöffnet bleibt. Betätigen Sie das Halt-Symbol oder drücken Esc, wird die aktuelle Marionettenverkrümmung abgebrochen. Um den Verkrümmungsvorgang zu bestätigen, klicken Sie auf das Häkchen oder drücken ↵.

Verflüssigen

Im vorangegangenen Workshop haben Sie die Verflüssigen-Funktionen bereits kurz kennengelernt. Nun wollen wir darauf etwas genauer eingehen, denn damit sind Sie in der Lage, Bilder im wahrsten Sinne des Wortes zu verformen und Pixel zu modellieren. Schieben und ziehen Sie die Bildinhalte in Form, und legen Sie in Sachen Gestaltung noch einen Schritt zu.

Schritt für Schritt
Am Anfang war das Feuer – brennende Buchstaben

Bilder/Feuer.tif

In diesem Workshop setzen Sie Ihre Lettern unter Feuer! Sie benötigen keine Beispieldateien, sondern werden das Bild komplett in

Photoshop erzeugen. Falls Sie mit der Erstellung von Texten lieber warten, bis das Text-Kapitel an der Reihe ist, benutzen Sie jetzt die Datei »Feuer.tif« als Ausgangsmaterial. Dort sind die ersten Schritte schon vorbereitet. Fahren Sie in diesem Fall mit Schritt 5, »Ebene duplizieren«, fort.

1 Farben einstellen
Drücken Sie zunächst ⬜D, um die Standardfarben für Vordergrund und Hintergrund einzustellen (Schwarz und Weiß). Danach drücken Sie ⬜X, um beide Farben miteinander zu vertauschen (Schwarz im Hintergrund).

2 Datei erstellen
Erzeugen Sie eine neue Datei mit einer Breite von 800, einer Höhe von 600 Pixeln mit der Auflösung 72 Pixel/Zoll. Der Hintergrundinhalt soll am Ende schwarz sein. Dazu stellen Sie das Steuerelement entweder auf Schwarz oder Hintergrundfarbe um. Falls dort Weiß steht, ist das auch kein Problem, Sie müssen dann allerdings im Anschluss an den Klick auf Erstellen noch ⬜Strg/⬜cmd+⬜I betätigen, wodurch sämtliche weißen Bildinhalte in schwarze umgewandelt werden.

> **Ebeneninhalte umkehren**
> Sollten Sie zuvor Schwarz und Weiß nicht miteinander vertauscht haben, lässt sich das mit einer Tastenkombination ruck, zuck nachholen. Mit ⬜Strg/⬜cmd+⬜I wandeln Sie schwarze Inhalte einer Ebene in weiße und weiße in schwarze um.

▼ **Abbildung 8.38**
Verwenden Sie diese Einstellungen, um die neue Datei anzulegen.

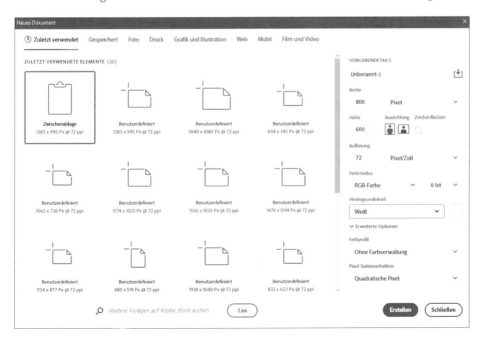

3 Ebene umwandeln

Wandeln Sie den Hintergrund in eine Ebene um (Doppelklick auf die Ebene im Ebenen-Bedienfeld, gefolgt von OK).

4 Text eingeben

Danach wechseln Sie auf das horizontale Text-Werkzeug ⊤, stellen Weiß als Schriftfarbe ein und schreiben »FEUER«. Wählen Sie eine Serifen-Schrift wie Times New Roman Regular in ca. 180 pt. Drücken Sie, nachdem Sie die Texteingabe mit Klick auf den Haken in der Optionsleiste bestätigt haben, ⊽ auf Ihrer Tastatur, und platzieren Sie den Text in etwa so, dass dessen Oberkante die Bildmitte erreicht.

Abbildung 8.39 ▶
So sieht die Datei »Feuer.tif« aus.

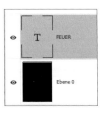

▲ Abbildung 8.40
Die mittlere Ebene muss markiert werden.

▲ Abbildung 8.41
Die untere Textebene ist mit dem schwarzen Hintergrund verschmolzen.

5 Ebene duplizieren

Anschließend duplizieren Sie die Textebene (Strg/cmd+J), schalten die oberste Ebene (FEUER KOPIE) über das Augen-Symbol des Ebenen-Bedienfelds aus und markieren die darunter befindliche Textebene (FEUER).

6 Arbeitsfläche drehen

Nun muss die Arbeitsfläche um 90° gedreht werden. Wählen Sie BILD • BILDDREHUNG • 90° IM UHRZEIGERSINN. Warum das? Sind Sie damit einverstanden, dass ich die Erklärung für diesen Schritt nachliefere?

7 Ebene reduzieren

Reduzieren Sie die markierte Textebene (FEUER), indem Sie im Bedienfeldmenü des Ebenen-Bedienfelds den Eintrag MIT DARUNTER LIEGENDER AUF EINE EBENE REDUZIEREN (alternativ: Strg/ cmd + E) wählen. Damit ersparen Sie sich auch das Rastern des Textes. Was aber viel entscheidender für diesen Schritt ist: Wir benötigen auch jenseits der Schrift die schwarzen Pixel der untersten Ebene, um den folgenden Filter wirkungsvoll anbringen zu können.

8 Windeffekt-Filter anwenden

Ohne Sauerstoff gibt es kein Feuer! Sorgen wir also für ausreichend Luft. Stellen Sie FILTER • STILISIERUNGSFILTER • WINDEFFEKT ein. Kontrollieren Sie, ob die METHODE: WIND und die RICHTUNG mit LINKS angegeben ist. Falls nicht, ändern Sie das entsprechend.

Alternative zur Reduzierung

Es soll nicht verschwiegen werden, dass SICHTBARE AUF EINE EBENE REDUZIEREN (bzw. Strg/ cmd + ⇧ + E) das gleiche Ergebnis brächte, da die oberste Ebene ja ausgeblendet ist. Einziger Unterschied: Die Ebene trüge dann nicht mehr den Namen »Ebene 0«, sondern »Feuer«.

◄ **Abbildung 8.42**
Ganz schön windig – einer der zahlreichen Photoshop-Effekte

Miniatur skalieren
Oben im Dialogfenster ist eine Miniatur der Bildebene zu sehen. Dort können Sie die Wirkungsweise des Effekts begutachten. Falls gewünscht, skalieren Sie die Ansicht ① mit Hilfe der unterhalb befindlichen Tasten + und – ②. Skalierte Ausschnitte lassen sich per Drag & Drop verschieben. Stellen Sie den Mauszeiger dazu auf die Miniatur und verschieben Sie den Inhalt bei gehaltener Maustaste.

Das einmalige Zuweisen des Effekts ist aber noch nicht genug. Wiederholen Sie den Windeffekt noch dreimal. Das geht am schnellsten, indem Sie Strg/cmd + Alt + F betätigen – und zwar genau dreimal. Diese Tastenkombination wiederholt nämlich stets den zuletzt verwendeten Filter.

Danach wählen Sie BILD • BILDDREHUNG • 90° GEGEN UZS aus, und das Bild ist wieder korrekt eingestellt. – Ach ja: Ich schulde

Filter wiederholt anwenden
Nach einmaligem An-wenden eines Filters wird er in der Liste FILTER zu-oberst gelistet. Mit die-sem Eintrag lässt sich der gleiche Filter nun erneut anwenden. Noch einfa-cher geht es über die Tas-tenkombination $\boxed{\text{Strg}}$/ $\boxed{\text{cmd}}$+$\boxed{\text{F}}$. Zuvor einge-stellte Parameter werden dabei übernommen.

Ihnen ja noch die Erklärung für das Drehen der Arbeitsfläche. Aber sicher wissen Sie es schon: Der Windeffekt lässt sich ausschließlich in horizontaler Richtung anwenden. Dies machte das vorherige Drehen der Textebene erforderlich.

9 Weichzeichnen

Im nächsten Schritt soll die Ebene weicher werden. Dies erreichen Sie über FILTER • WEICHZEICHNUNGSFILTER • GAUSSSCHER WEICH-ZEICHNER. Verstellen Sie den Schieber, bis ein RADIUS von etwa 5,0 Pixel angezeigt wird, und bestätigen Sie mit OK.

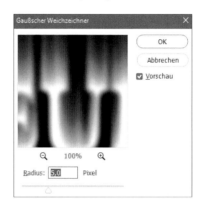

◄ **Abbildung 8.43**
Der Gaußsche Weichzeichner sorgt für drastische Unschärfen auf der Ebene.

10 Färben

Mit BILD • KORREKTUREN • FARBTON/SÄTTIGUNG aktivieren Sie zunächst das Ankreuzkästchen FÄRBEN ❸, ehe Sie den FARBTON auf 40 ❶ und die SÄTTIGUNG ❷ auf 100 stellen. Bestätigen Sie mit OK. Hier nützt uns im Übrigen eine Einstellungsebene nichts, da die Verfärbung direkt auf der Bildebene wirksam werden soll.

Flammenfarbe verändern
Wünschen Sie eher rötli-che Flammen, dann soll-ten Sie den Schieber FARBTON noch etwas wei-ter nach links stellen.

◄ **Abbildung 8.44**
Jetzt bringen Sie Farbe ins Spiel.

11 Ebene erneut duplizieren

Duplizieren Sie die Ebene ([Strg]/[cmd]+[J]), und stellen Sie für das Duplikat im Ebenen-Bedienfeld den Mischmodus FARBIG ABWEDELN ein.

12 Ebenen verbinden

Reduzieren Sie die Deckkraft der aktiven Ebene (Ebene 0 Kopie) über das Ebenen-Bedienfeld auf 75 %, und verschmelzen Sie diese Ebene mit der darunterliegenden ([Strg]/[cmd]+[E]). Danach erfolgt der wirklich kreative Teil dieser Übung. Es geht darum, die Flammen zu modellieren.

13 Verflüssigen

Über FILTER • VERFLÜSSIGEN erreichen Sie das Dialogfenster. Rechts finden Sie die Werkzeugoptionen. Stellen Sie dort eine GRÖSSE ❻ von ca. 50 und einen DRUCK ❼ von etwa 80 ein.

▲ **Abbildung 8.45**
So sieht die Datei an dieser Stelle des Workshops aus.

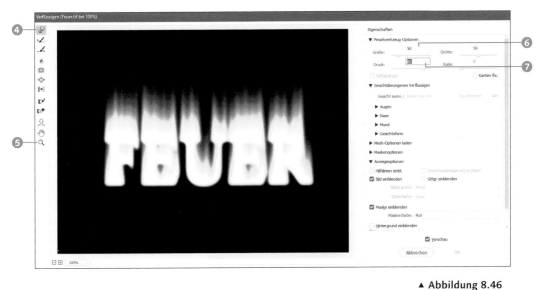

▲ **Abbildung 8.46**
Das Werkzeug wird auf der rechten Seite eingestellt.

Erforderlichenfalls aktivieren Sie in der Toolbox auf der linken Seite zunächst das Zoom-Werkzeug ❺, um damit die Schrift näher heranzuholen. Danach wechseln Sie zum obersten Tool, dem Mitziehen-Werkzeug ❹. Ziehen Sie mit gedrückter Maustaste von den Lettern aus nach oben, wobei Sie die Maus leicht hin und her bewegen. »Modellieren« Sie auf diese Weise die Flammen. Wenn Sie mit Ihrem Ergebnis zufrieden sind, klicken Sie auf OK.

Abbildung 8.47 ▶
Die Flammen werden nach
Wunsch geformt.

Pinseldruck einstellen
Je höher der Pinseldruck
eingestellt ist, desto mehr
Auswirkungen haben die
Mausbewegungen auch
auf die Verformung der
Elemente. Wenn Sie also
nur Nuancen bearbeiten
möchten, regeln Sie den
Druck zuvor entspre-
chend herunter.

14 Textfarbe ändern

Markieren Sie die oberste Textebene innerhalb des Ebenen-
Bedienfelds, und machen Sie diese zudem sichtbar, indem Sie das
vorangestellte Auge wieder einschalten. Färben Sie die Lettern
schwarz. Und das geht so:

▶ Möglichkeit 1: Wählen Sie BEARBEITEN • FLÄCHE FÜLLEN, nachdem Sie EBENE • RASTERN • TEXT eingestellt haben. Achten Sie
   aber darauf, dass Sie TRANSPARENTE BEREICHE SCHÜTZEN, da
   ansonsten die komplette Ebene geschwärzt würde.

▶ Möglichkeit 2: Drücken Sie ⊤, um das Text-Werkzeug zu aktivieren, und stellen Sie die TEXTFARBE auf Schwarz. Dazu müssen Sie lediglich auf die Farbfläche in der Optionsleiste klicken
   und den Farbwähler entsprechend einstellen.

◀ **Abbildung 8.48**
Mittlerweile ist auch die
schwarze Schrift wieder
sichtbar.

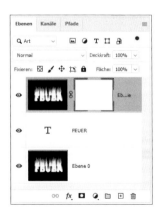

▲ **Abbildung 8.49**
In diesem Schritt wird eine
Ebenenmaske erstellt.

Aktivieren Sie die Feuer-Ebene, und duplizieren Sie sie, indem
Sie [Strg]/[cmd]+[J] drücken. Stellen Sie die Kopie an die oberste
Stelle innerhalb des Ebenen-Bedienfelds. Danach erzeugen Sie
eine Ebenenmaske.

Aktivieren Sie den Pinsel [B], und versehen Sie ihn mit einer
weichen Spitze (0% HÄRTE) in der GRÖSSE von etwa 45 Px. Über-

malen Sie nun den unteren Bereich der Ebene, und ziehen Sie den Pinsel an den Stegen der Buchstaben etwas nach oben. Die Text-ebene wird dadurch am Fuß der Schrift wieder sichtbar.

Wenn Sie mögen, können Sie am Schluss noch auf die mittlere Textebene umschalten und sie nach Aktivierung des Verschieben-Werkzeugs ([V]) mit den Pfeiltasten etwas nach unten bewegen. So verschwinden die gelben Flammen unterhalb der Buchsta-ben. Das sieht dann noch etwas realistischer aus. Es bringt einen zusätzlichen Effekt, wenn Sie die oberste Ebene abermals verflüs-sigen. Ziehen Sie die weißen Bereiche noch etwas herauf.

▲ **Abbildung 8.50**
Die Ebenenmaske sorgt für eine stellenweise Freilegung der Textebene.

▲ **Abbildung 8.51**
Damit ist der Workshop beendet. Sie finden die Datei Feuer-bearbeitet.tif im ERGEBNISSE-Ordner.

Das war das ganze Geheimnis in Sachen Feuermachen. Wenn Sie Spaß daran gefunden haben und nun den Effekt noch etwas erweitern möchten, dann schauen Sie doch mal auf der Website zum Buch vorbei. Unter *www.rheinwerk-verlag.de/5595* finden Sie einen weiteren Workshop, der Ihnen zeigt, wie Sie die brennen-den Buchstaben im Boden spiegeln können.

Zusatzmaterial/Effektvolle_
Textspiegelung.pdf

8.3 Fotos miteinander kombinieren

Wie Sie Fotos miteinander kombinieren, wissen Sie nun sicher schon, schließlich wurde die Technik bereits in vielen Workshops angewendet (z. B. auf Seite 161 oder im Workshop auf Seite 189). Hier soll es nun aber um einen besonderen Fall gehen – nämlich das Kombinieren zweier Fotos mit demselben Motiv. So können Sie sich das Beste aus jeder Aufnahme heraussuchen.

Ebenen automatisch ausrichten

Eine interessante Form der Bildmanipulation wird mit EBENEN AUTOMATISCH AUSRICHTEN erreicht. Mit Hilfe dieser Vorgehensweise gelingt es jetzt nämlich mit wenigen Handgriffen, aus zwei Fotos eines zu machen – und dabei auch noch den interessantesten Ausschnitten aus beiden Fotos den Vorzug zu geben. Aber bevor ich ins Schwärmen gerate: Wie wäre es, wenn Sie sich das gleich einmal anhand eines Beispiels ansehen würden?

Schritt für Schritt
Gesichter austauschen

Bilder/Gesicht-01.jpg, Gesicht-02.jpg

Jetzt wird's magisch! Öffnen Sie die beiden Beispielfotos, und stellen Sie sie nebeneinander. Das linke Foto unseres Models Ari ist, wie ich finde, etwas besser gelungen. Beim rechten ist leider das Knie nicht im Bild. Dafür gefällt mir dort der direkte Blick in die Kamera besser. Außerdem ist Aris Gesicht dort schärfer abgebildet als auf dem linken Foto. Ach, man müsste beides miteinander kombinieren können. Aber wie sollen wir die Gesichter deckungsgleich übereinander bekommen? Zumal sie ja auch noch unterschiedlich groß sind. Das ist wirklich keine leichte Aufgabe – oder doch? »Schaun mer mal …«

© Robert Klaßen

Abbildung 8.52 ▶
Rechts wurde das Knie »angesägt«. Dafür ist das Gesicht auf diesem Foto schöner.

1 Bilder verbinden

Als Grundlage soll die Datei »Gesicht-01.jpg« herhalten. Gehen Sie daher zunächst auf »Gesicht-02.jpg«. Nun ließe sich prinzipiell die gesamte Bilddatei auf das andere Foto ziehen. Da wir aber nur einen Ausschnitt benötigen, legen Sie zunächst eine großzügige Auswahl um das Gesicht des Bildes 02. Befördern Sie die Auswahl in die Zwischenablage (⌈Strg⌋/⌈cmd⌋+⌈C⌋).

Die Datei 02 kann jetzt bereits (ohne zu speichern) geschlossen werden. Gehen Sie auf Bild 01, und fügen Sie den Inhalt der Zwischenablage ein (⌈Strg⌋/⌈cmd⌋+⌈V⌋). Wo genau das überlagernde Bild liegt, ist wirklich schnurzpiepegal.

▲ **Abbildung 8.53**
Dieser Ausschnitt reicht zur Montage.

2 Ebenen markieren

Jetzt müssen Sie Photoshop mitteilen, welche Ebenen aneinander ausgerichtet werden sollen. Daher sind beide Ebenen gemeinsam auszuwählen. Aktuell ist aber nur eine Ebene markiert, weshalb Sie jetzt ⌈⇧⌋ gedrückt halten und auf die noch nicht markierte Ebene klicken müssen. Daraufhin werden beide Ebenen grau hinterlegt angezeigt.

3 Ebenen ausrichten

Das eigentliche Ausrichten der Ebenen, also die Suche nach identischen Strukturen, übernimmt Photoshop für Sie. Gehen Sie in das Menü Bearbeiten, und entscheiden Sie sich dort für den Eintrag Ebenen automatisch ausrichten. Im Folgedialog müssen Sie zunächst sicherstellen, dass Auto aktiv ist. Schließen Sie die Aktion mit einem Klick auf OK ab.

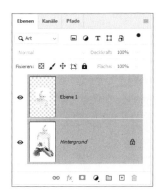

▲ **Abbildung 8.54**
Beide Ebenen sind ausgewählt.

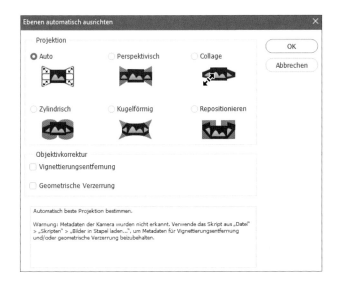

◀ **Abbildung 8.55**
Lassen Sie die angebotenen Objektivkorrekturen zu.

Weitere Projektions-möglichkeiten

Grundsätzlich lässt sich EBENEN AUTOMATISCH AUSRICHTEN auch für Panoramafotos und ähnliche Bilder verwenden. Dabei benötigen Sie Fotos, die sich zum Teil überschneiden. Verwenden Sie PERSPEKTIVISCH, um eine Wölbung nach innen zu erzeugen, während ZYLINDRISCH für eine Wölbung nach außen sorgt. Und REPOSITIONIEREN beispielsweise bringt die verwendeten Fotos lediglich zusammen, ohne eine Verformung zu erzeugen.

Abbildung 8.56 ▶
Die Gesichter liegen zwar exakt übereinander, aber so richtig passt es noch nicht.

▲ **Abbildung 8.57**
Legen Sie nur das Gesicht der obersten Ebene frei.

Das »Wunder« ist vollbracht. Photoshop hat die Gemeinsamkeiten in beiden Ebenen erkannt und diese übereinander angeordnet. Dabei wurde auch gleich die Arbeitsfläche erweitert, was Sie am Schachmuster ❶ (Transparenz im Hintergrund) ganz oben erkennen können.

Falls Sie weniger weiße Fläche aus dem Quellbild aufgenommen haben, ist das bei Ihnen eventuell nicht der Fall. Wie dem auch sei: Durch mehrmaliges Ein- und Ausschalten der obersten Ebene (Augen-Symbol im Ebenen-Bedienfeld) können Sie sich davon überzeugen, dass die Gesichter tatsächlich übereinanderliegen.

4 Ebenenmaskierung einrichten

Der Rest ist Masken-Arbeit. Markieren Sie die oberste Ebene alleine. Danach fügen Sie der oberen Ebene eine schwarze Maske hinzu (beim Klick auf EBENENMASKE HINZUFÜGEN in der Fußleiste des Ebenen-Bedienfelds Alt gedrückt halten).

5 Obere Ebene maskieren

Nehmen Sie einen Pinsel B mit weicher Spitze und einer GRÖSSE von etwa 60 Px im MODUS: NORMAL bei 100 % DECKKRAFT und FLUSS. Malen Sie mit weißer Vordergrundfarbe über das Gesicht des Models. Haare und Schultern lassen Sie einfach weg. Zoomen Sie dazu stark auf das Gesicht ein.

6 Bild korrigieren

Zuletzt soll noch etwas Korrekturarbeit her. Selektieren Sie
EBENE • AUF HINTERGRUNDEBENE REDUZIEREN (das ist für die folgende Korrektur erforderlich und eliminiert zugleich die Transparenzen). Fügen Sie eine DYNAMIK-Einstellungsebene hinzu, und
stellen Sie die DYNAMIK auf +13. Die SÄTTIGUNG nehmen Sie bitte
ein wenig zurück. Ich schlage –18 vor. Wenn Sie mögen, können
Sie jetzt noch eine Einstellungsebene FARBBALANCE hinzufügen,
deren FARBTON Sie auf MITTELTÖNE belassen. Schieben Sie den
obersten Slider (CYAN/ROT) nach links bis auf etwa –10 und den
unteren (GELB/BLAU) auf –26.

▲ **Abbildung 8.58**
Mit Dynamik und Farbbalance
geben wir dem Shot den letzten Schliff.

◄ **Abbildung 8.59**
So geht der Blick direkt in
die Kamera. Die Farben sind
zudem etwas dezenter.

8.4 Photomerge: Panoramafotos erzeugen

Panoramabilder erfreuen sich schon seit Langem großer Beliebtheit. Sogar auf Webseiten hält das Panorama mehr und mehr
Einzug. Um ein Breitbild zu erzeugen, werden mehrere überlap-
pende Fotomotive nachträglich zu einem Einzelfoto verschmolzen. Photomerge heißt diese nicht mehr ganz neue, aber dennoch
wirkungsvolle Technik.

Aufnahmebedingungen

Vorab muss ganz klar Folgendes gesagt werden: Wenn die Voraussetzungen nicht gegeben sind, wird es einfach nichts mit dem Panorama-Genuss. Deshalb müssen Sie schon zur Entstehungszeit auf eine ordnungsgemäße Aufnahmetechnik achten. Beherzigen Sie unbedingt folgende Hinweise:

▸ Fotografieren Sie immer vom Stativ aus.

▸ Verändern Sie zwischen den Aufnahmen niemals die Position des Stativs.

▸ Drehen Sie den Stativkopf in horizontaler, nicht jedoch in vertikaler Richtung.

▸ Fertigen Sie die Einzelaufnahmen zügig hintereinander an. Bereits minimale Unterschiede der Lichtverhältnisse werden später sichtbar.

▸ Achten Sie darauf, dass sich die Bildbereiche um 15 bis 40% überlappen.

▸ Verändern Sie nicht die Brennweite (Zoom).

▸ Schalten Sie automatische Belichtungsfunktionen zuvor aus.

▸ Verwenden Sie keine Verzerrungslinsen.

Schritt für Schritt
Ein Landschaftspanorama erstellen

Bilder/Panorama 01/
01.jpg – 06.jpg

Sie werden in diesem Workshop insgesamt sechs Bilder ineinandermontieren. Nach ein paar kleinen Voreinstellungen dürfen Sie genüsslich beobachten, wie Photoshop für Sie »ackert«.

1 Layout wählen

Bei der Panorama-Erzeugung müssen Sie die Bilder vorab noch nicht einmal öffnen. Schließen Sie daher alle geöffneten Fotos, und gehen Sie direkt auf den entsprechenden Menübefehl DATEI • AUTOMATISIEREN • PHOTOMERGE.

Auf der linken Seite (LAYOUT) sollte der Radiobutton AUTO aktiv sein. In diesem Fall entscheidet Photoshop nämlich selbstständig, wie das Panorama ausgerichtet wird – je nachdem, was besser passt. Beachten Sie außerdem die unterste der vier Checkboxen in der Fenstermitte. Klicken Sie noch nicht auf OK!

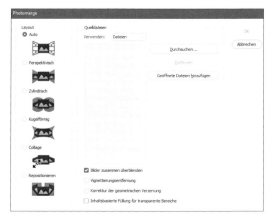 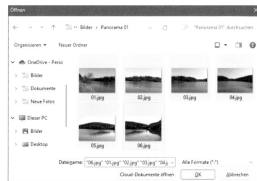

2 Fotos hinzufügen

Klicken Sie jetzt auf die Schaltfläche Durchsuchen, und navigieren Sie zum Ordner Panorama 01, den Sie in den Beispieldateien finden. Selektieren Sie alle sechs darin enthaltenen Fotos, und klicken Sie auf OK (Windows) bzw. den Öffnen-Button (Mac). Daraufhin sollten die Bilder »01.tif« bis »06.tif« in der Dialogmitte aufgelistet werden.

3 Weitere Optionen festlegen

Schauen Sie einmal auf die Checkboxen weiter unten. Hier sollte auf jeden Fall Bilder zusammen überblenden angewählt sein. Die anderen Schaltflächen können Sie inaktiv lassen. Inhaltsbasierte Füllung für transparente Bereiche ist zwar ausgesprochen interessant, jedoch möchte ich Sie bitten, diese Option derzeit noch inaktiv zu lassen. Dann werden die Unterschiede im Nachhinein deutlicher. Im Anschluss an diesen Workshop greifen wir das Thema noch einmal auf. Zuletzt bestätigen Sie mit OK. Jetzt müssen Sie die Anwendung ein wenig rechnen lassen, ehe sich das zusammengesetzte Breitformatfoto präsentiert.

▲ **Abbildung 8.60**
Wichtig ist, dass alle im Ordner Panorama 01 enthaltenen Fotos markiert sind. Anschließend erzeugt Photoshop eine passende Liste.

▼ **Abbildung 8.61**
Nach kurzer »Entwicklungszeit« ist das Panorama fertiggestellt. Gedulden Sie sich einen Augenblick, während Photoshop das Bild anfertigt.

4 Foto freistellen

Im letzten Schritt wäre das Foto noch freizustellen. Immerhin sind durch die neue Anordnung der Einzelbilder transparente Bereiche am Rand entstanden. Die sollten Sie noch abschneiden. Da Sie allerdings mit dem Freistellungswerkzeug ⒸC ziemlich dicht an die Ränder heranmüssen, gibt es ein Problem: Der Freistellungsrahmen wird nämlich »magisch« an den Rahmen herangezogen – *Snapping* nennt sich diese Technik. Wenn dadurch die Erzeugung des Freistellungsrahmens schwierig wird, schalten Sie diese Funktion kurz aus, indem Sie ANSICHT • AUSRICHTEN AN • DOKUMENTBEGRENZUNGEN wählen. Danach lässt sich der Freistellungsrahmen auch dicht am Bildrahmen noch frei positionieren.

Denken Sie nur daran, dass Sie das ansonsten sehr nützliche Snapping am Schluss wieder aktivieren. Dazu wählen Sie einfach noch einmal den zuletzt beschriebenen Menüeintrag. Die Alternative: Halten Sie während des Ziehens ⒮Strg/⒞cmd gedrückt. Das Ergebnis nennt sich »Panorama-01-bearbeitet.jpg«.

▼ **Abbildung 8.62**
Das auf den Hintergrund reduzierte Ergebnis finden Sie im ERGEBNISSE-Ordner.

5 Optional: Bereiche füllen

Eine Alternative zur Freistellung gibt es noch. Möglicherweise gefällt sie Ihnen noch viel besser. Machen Sie dazu bitte die Freistellung rückgängig, und kontrollieren Sie, dass alle sechs Ebenen innerhalb des Ebenen-Bedienfelds markiert sind (standardmäßig ist das bereits der Fall).

Wählen Sie anschließend EBENE • AUF EINE EBENE REDUZIEREN, und aktivieren Sie den Bereichsreparatur-Pinsel in der ART: INHALTSBASIERT. Stellen Sie eine Spitze von etwa 80 Px ein, und überfahren Sie großzügig in mehreren kleinen Etappen alle Bereiche, die mit Transparenzen versehen sind. Arbeiten Sie zunächst oben, dann unten. Zuletzt versuchen Sie es mit den Seiten. Das Werkzeug funktioniert außerordentlich gut, auch wenn am linken Rand wiederholende Bildmuster zu erkennen sind. Das Ergebnis nennt sich übrigens Panorama-01-Reparatur.jpg. Das Resultat ist nicht fehlerfrei, aber dennoch eine Alternative. Am Ende dieses Kapitels zeige ich Ihnen noch einen Trick, mit dem Sie sich sogar das händische »Ausmalen« der Randbereiche sparen können.

▲ **Abbildung 8.63**
Unten ist die Rekonstruktion nicht ganz gelungen. Entscheiden Sie selbst, ob Sie diesen Bereich lieber noch abschneiden.

Manuelle inhaltsbasierte Füllung

Sie haben soeben gesehen, was am Rand passiert, wenn Sie Photoshop nicht dazu veranlassen, eine INHALTSBASIERTE FÜLLUNG FÜR TRANSPARENTE BEREICHE ❶ vorzunehmen. Probieren Sie das Ganze noch einmal aus, wobei Sie diesmal die unterste Checkbox aktivieren. Jetzt wird der Rand des Fotos überall dort gefüllt, wo sich zuvor Transparenzen befunden haben. Sind Sie zufrieden mit dem Ergebnis? Das kann sich doch sehen lassen.

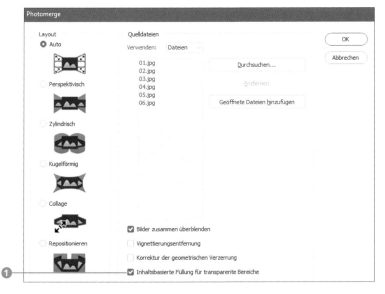

▲ **Abbildung 8.64**
Jetzt werden Transparenzen automatisch bearbeitet.

Die Photomerge-Layouts

Wie Sie gesehen haben, werden im Photomerge-Dialog verschiedene Optionen angeboten:

▸ AUTO: Hier überlassen Sie Photoshop die Entscheidung, ob ein Panorama perspektivisch, zylindrisch oder kugelförmig angeordnet wird. Maßgeblich dafür ist das bessere Kompositionsergebnis nach einer entsprechenden Analyse der Einzelbilder.

▸ PERSPEKTIVISCH: Eines der in der Mitte liegenden Einzelbilder dient als Referenzfoto. Alle anderen Fotos werden entsprechend verzerrt und positioniert.

▸ ZYLINDRISCH: Die Fotos sehen so aus, als seien sie auf einen Zylinder aufgebracht.

▸ KUGELFÖRMIG: Die Fotos wirken, als seien sie auf der Innenseite einer Kugel angebracht. Diese Methode eignet sich vor allem für 360°-Panoramen.

▸ COLLAGE: Die Einzelbilder werden aneinander ausgerichtet, wobei aber nur *eines* der Fotos als Quellbild angesehen und auch nur dieses transformiert wird.

▸ REPOSITIONIEREN: Die Fotos werden aneinander ausgerichtet, ohne dass es zu Transformationen kommt.

Keine Flächenfüllung
Zum Zweck der Rekonstruktion gibt es die Möglichkeit, nach Auswahl der gesamten Arbeitsfläche (Strg/cmd+A) den Befehl BEARBEITEN • FLÄCHE FÜLLEN • INHALTSBASIERT zu wählen. Daraufhin werden kleinere Lücken im Foto geschlossen. Versuchen Sie es jedoch bei diesem Panorama, wird die Aktion nicht von Erfolg gekrönt sein. Photoshop gibt hier den Hinweis aus, dass nicht ausreichend deckende Quellpixel vorhanden seien.

Die Photomerge-Quelldatei-Optionen

In Photoshop werden vier Quelldatei-Optionen angeboten:

▸ BILDER ZUSAMMEN ÜBERBLENDEN: Die Übergänge zwischen den Einzelfotos werden individuell anhand der Bildinformationen erzeugt (individuelle Ebenenmasken). Zudem werden die Bilder farblich aufeinander abgestimmt.

▸ VIGNETTIERUNGSENTFERNUNG: Falls die Ecken der Fotos dunkler sind (Vignettierung), wird dies bei der Panorama-Erstellung automatisch korrigiert.

▸ KORREKTUR DER GEOMETRISCHEN VERZERRUNG: Tonnen-, Kissen- und Fischaugenverzerrungen werden automatisch korrigiert.

▸ INHALTSBASIERTE FÜLLUNG FÜR TRANSPARENTE BEREICHE: Diese Funktion haben Sie ja bereits kennengelernt. Hierbei werden Randbereiche, die durch das Zusammenfügen der Fotos automatisch entstehen können, auf Grundlage angrenzender Bildinformationen automatisch mit Pixeln aufgefüllt.

Automatische inhaltsbasierte Füllung

Und es existiert noch eine weitere Möglichkeit, Ränder eines Fotos nachträglich zu reparieren. Diese Option müssen Sie unbedingt noch kennenlernen, auch wenn sie ein wenig »tricky« ist. Hier werden die Ränder ganz automatisch gefüllt, ohne dass Sie extra pinseln müssen.

Schritt für Schritt
Ränder automatisch inhaltsbasiert füllen

Ich habe Ihnen einmal die Datei »Panorama-Rand.tif« in den Bilder-Ordner gelegt. Hierbei handelt es sich um ein Panorama, dessen Ränder nicht repariert worden sind. Die Datei-Ebenen habe ich auf eine einzelne reduziert. So viel zur Vorarbeit.

Bilder/Panorama-Rand.tif

1 Erste Auswahl erzeugen
Der Befehl, den wir benötigen, kann grundsätzlich nur auf Auswahlbereiche wirken, weshalb wir jetzt eine Auswahl des gesamten Bildes benötigen. Das realisieren Sie ganz fix mit AUSWAHL • ALLES AUSWÄHLEN, oder noch schneller mit Strg/cmd+A.

2 Auswahlbereiche subtrahieren
Würden wir jetzt den Befehl anwenden, erhielten wir eine Fehlermeldung, da Photoshop nicht in der Lage wäre, die zu füllenden Bereiche ausfindig zu machen. Der Bereich wäre einfach zu groß. Wir können aber Bereiche, die nicht den Rand betreffen, von der vorhandenen Auswahl subtrahieren. Dann funktioniert es.

◄ **Abbildung 8.65**
Sie müssen eine zweite Auswahl entlang des bildrelevanten Inhalts ziehen. Diese muss jedoch von der vorhandenen subtrahiert werden.

Dazu aktivieren Sie bitte das Lasso-Werkzeug und stellen es in der Optionsleiste auf VON AUSWAHL SUBTRAHIEREN. Jetzt fahren Sie weit außen über das Bild, aber bitte nur dort, wo sich noch Bildinformationen befinden. Halten Sie die Maustaste gedrückt und rahmen Sie so den gesamten Bildinhalt ein. Wenn Sie wollen, können Sie die Auswahl auch in mehreren Schritten formen. Orientieren Sie sich bitte an der Abbildung 8.66.

▲ **Abbildung 8.66**
Der Rand der zweiten Aus-
wahl sollte dem transparenten
Randbereichen nahe kom-
men, jedoch auf keinen Fall
in die Transparenzen hinein-
ragen.

3 Füllung anwenden

Technisch gesehen haben Sie damit das Zentrum des Bildes von
der bestehenden Auswahl ausgenommen. Heißt: Aktuell ist nur
der Randbereich ausgewählt. Das ermöglicht es nun, den Befehl
Inhaltsbasierte Füllung anzuwenden, den wir im Menü Bearbeiten finden. Im folgenden Dialog müssen Sie dann nicht mehr
machen als auf OK zu klicken.

4 Optional: Füllvorgang wiederholen

Sollte Ihnen das Ergebnis nicht gefallen (das passiert vor allem
dann, wenn die zweite (subtrahierte) Auswahl zu weit vom transparenten Rand entfernt war), machen Sie den letzten Schritt rückgängig und ziehen mit dem Lasso weitere Auswahlbereiche des
Bildes ab. Danach wiederholen Sie die inhaltsbasierte Füllung.
Das Ergebnis heißt übrigens »Panorama-Rand-bearbeitet.tif«. Die
darin enthaltene obere Ebene bildet den Rand, den Sie mit Hilfe
des Auge-Symbols im Ebenen-Bedienfeld aus- und wieder einschalten können.

▲ **Abbildung 8.67**
Die Ränder wurden automatisch aufgefüllt.

Camera Raw

Professionelle Bildbearbeitung

9 Camera Raw

In der professionellen Fotografie zählt *Raw* längst zum unverzichtbaren Standard. Bei diesem Verfahren speichert die Fotokamera Rohdaten (englisch »raw« = roh). Sie können ohne Qualitätsverluste in Camera Raw nachbearbeitet und konvertiert werden. Die Ergebnisse sind beeindruckend.

9.1 Raw und DNG

Im weiteren Verlauf dieses Kapitels werden wir es vor allem mit zwei Dateiformaten zu tun bekommen – Camera Raw und DNG. Zunächst sollen Sie ergründen, was es damit auf sich hat, warum diese Formate in der digitalen Bildbearbeitung so wichtig sind, welche Vorteile, aber auch Tücken hier vorherrschen und was es zu beachten gilt. Danach stürzen wir uns gemeinsam in die Praxis.

Was ist Raw?

Mit der Weiterentwicklung digitaler Fotokameras wächst auch der Wunsch nach immer größeren Bildern. Derzeit befinden wir uns in einem Stadium, in dem schon etliche Aufnahmegeräte die 20-Megapixel-Marke überspringen. Dabei muss man sich vergegenwärtigen, dass die Daten, die auf das Speichergerät einer Kamera geschrieben werden, ebenfalls immer üppiger werden. Aber selbst geringere Auflösungen benötigen im Prinzip riesige Speichermengen. Damit der Chip nun nicht ruck, zuck aus allen Nähten platzt, werden die Fotos von Haus aus komprimiert.

Schon vor vielen Jahren hat sich hierbei das JPEG-Verfahren als Standard durchgesetzt. Es erzeugt sehr kleine Dateimengen bei vergleichsweise guter Qualität. Eine derartige Kompression gelingt allerdings nicht verlustfrei. Im Gegenteil: Durch das »Zusammenstauchen« von Daten gehen Bildinformationen verloren. Und der zweite Nachteil: Es findet eine Art automatische Ent-

▲ Abbildung 9.1
Raw-Fotos sehen auf der Festplatte so (oder ähnlich) aus.

wicklung und Nachbearbeitung des Fotos bereits in der Kamera statt. So sorgt das JPEG-Format z. B. für die Farbentwicklung und die Schärfe. Hierauf haben Sie zwar auch während des Fotografierens Einfluss, nicht aber bei der Erzeugung der Datei.

Genau an diesem Punkt hat sich irgendwann der Wunsch herauskristallisiert, ein Format ins Leben zu rufen, das die Qualität an die allererste Stelle setzt. Gesagt, getan – heraus kam Raw. Der Gedanke dahinter: Als Grundlage für ein Raw-Foto wird genau das genommen, was die Kamera »sieht«. Das Foto wird allerdings beim Schreiben auf den Chip nicht automatisch geschärft oder Ähnliches. Es bleibt sogar weitgehend unbearbeitet – wie der Name Raw schon sagt, im Rohzustand. Und genau das macht es dem Fotografen möglich, die eigentliche Entwicklungsarbeit später zu Hause zu erledigen, also wie früher in der Dunkelkammer. Und das Tollste dabei ist: Die Entwicklung ist absolut verlustfrei.

Vorteile von Raw

Nun bleibt unter dem Strich festzuhalten, dass Raw das Maß aller Dinge ist. Fehler während des Fotografierens (z. B. eine falsche Belichtung, schlechter Weißabgleich, flaue Farben oder wenig Kontrast) lassen sich später am Rechner korrigieren. Und selbst im Anschluss an die Korrektur werden die Bildinformationen nicht einfach überschrieben. Denn die Daten, die Sie während der Korrektur erzeugen, werden (wie bei einer Einstellungsebene) nicht direkt an das Foto übergeben. Die Raw-Korrektur ist nämlich ebenfalls nicht-destruktiv.

Raw und JPEG
Nicht nur Profi-Kameras beherrschen das Raw-Format. Selbst Einsteigerkameras bieten diese Funktion vielfach an. Nun muss man nicht auf JPEGs verzichten, da es den meisten Aufnahmegeräten auch möglich ist, ein einzelnes Foto sowohl im Raw- als auch im JPEG-Format zu speichern. Dies setzt zwar große Speicherchips voraus, ist jedoch unbedingt zu empfehlen.

© Nancy Tubb / fotolia.com

◄ **Abbildung 9.2**
Die interessantesten Augenblicke sollten im Rohdaten-Format festgehalten werden.

Nachteile von Raw

Wo gehobelt wird, fallen bekanntlich auch Späne. So bringt das ehrenwerte Raw-Format leider auch ein paar Knackpunkte mit sich. Beispielsweise gibt es keinen einheitlichen Standard. Viele Kamerahersteller verwenden eigene Raw-Verfahren. Entsprechend sind auch die Dateiendungen unterschiedlich. So erzeugt eine Canon-Kamera beispielsweise Dateien mit den Endungen ».crw« oder ».cr2«, während Nikon ».nef« oder ».nrw« einsetzt. Fuji wiederum schreibt ».raf« und Olympus ».orf« – um nur einige zu nennen. Genau an dieser Stelle kommt der große Auftritt des DNG-Formats. (Dazu gleich mehr.)

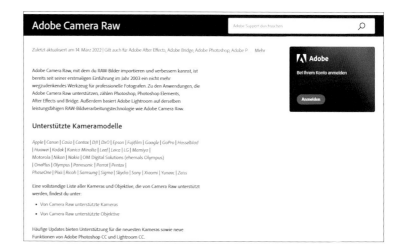

Abbildung 9.3 ▶
Finden Sie heraus, ob Ihre Kamera unterstützt wird.

Als weiteres Manko kann man die Dateigrößen nennen, da diese Daten ein Vielfaches an Speicherplatz-Mehrbedarf haben als ihre JPEG-Kollegen. Außerdem ist es mit der Kompatibilität noch nicht so weit her. Noch lange nicht jede Software kann mit diesem Format umgehen. Das Gleiche gilt im Übrigen für Drucker. Ein Raw-Foto also mal eben an den Tintenstrahler zu schicken, könnte schwierig werden. Eine Konvertierung in ein populäreres Format ist vor dem Druck somit erforderlich.

Zuletzt muss leider noch erwähnt werden, dass der in Photoshop integrierte Raw-Konverter zwar mit jeder Menge Kameraformaten zurechtkommt, jedoch leider nicht mit allen. Deswegen sollten Sie, insbesondere vor der Anschaffung eines neuen Aufnahmegeräts, entsprechende Informationen einholen. Die Seite

Bilder/Link.txt

ist unter dem Link *https://helpx.adobe.com/de/camera-raw/using/ supported-cameras.html* zu erreichen. Wer keine Lust hat, das einzutippen, kopiert einfach den Text aus der Datei »Link.txt«, die ebenfalls im Ordner BILDER zu finden ist. Alternativ geben Sie »Camera Raw unterstützte Kameras« in eine Internet-Suchmaschine ein.

Raw-Version ermitteln

Camera Raw ist eine nahezu eigenständige Software-Umgebung, die bisweilen unabhängig von Photoshop aktualisiert wird. Dieses Kapitel ist in Anlehnung an die Version 14.3.0.1072 entstanden. Wenn Sie wissen wollen, welche Camera-Raw-Version bei Ihnen derzeit in Verwendung ist, wählen Sie das Menü HILFE, gefolgt von ZUSATZMODULE und CAMERA RAW.

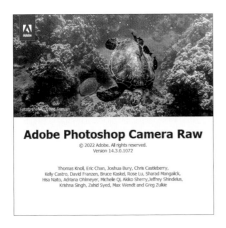

◄ **Abbildung 9.4**
Lesen Sie die Versionsnummer ab.

Adobe-Anwendungen aktualisieren sich von Zeit zu Zeit eigenständig. Wenn Sie nicht bis zum nächsten automatischen Update-Zyklus warten wollen, prüfen Sie selbst, ob ein Camera-Raw-Update in der Pipeline ist. Dazu öffnen Sie entweder die Anwendung ADOBE CREATIVE CLOUD oder wählen direkt aus Photoshop heraus HILFE • AKTUALISIERUNGEN. Schauen Sie nach, ob eine Zeile CAMERA RAW in der Liste NEUE UPDATES zu finden ist. Im Beispiel ist das nicht der Fall, hier müsste lediglich InDesign aktualisiert werden. Wenn eine Aktualisierung vorhanden ist, müssen Sie Photoshop temporär schließen und dann auf AKTUA-LISIEREN klicken.

Abbildung 9.5 ▶
Hier ist alles in Ordnung.
Camera Raw wurde kürzlich
aktualisiert und ist derzeit auf
dem neuesten Stand.

DNG-Kameras
Leider unterstützen längst
nicht alle Hersteller von
Fotokameras und mobi-
len Endgeräten (z. B.
Handy, Action-Cam,
Notebook) die direkte
Produktion von DNG-Da-
teien. Unter *https://helpx.
adobe.com/de/camera-
raw/kb/camera-raw-plug-
supported-cameras.html*
erfahren Sie, ob Ihr End-
gerät in der Lage ist,
DNG-Dateien zu erzeu-
gen.

Das DNG-Format

Kommen wir zurück zu den unterschiedlichen Speicherformaten
der jeweiligen Hersteller: Die Antwort darauf heißt nämlich DNG.
DNG ist von der Begrifflichkeit her ein digitales Negativ und zudem ein kostenlos erhältlicher Konverter, den Adobe bereitstellt.
Er lässt sich nach einem Klick auf Downloads auf der Website
https://helpx.adobe.com/de/photoshop/digital-negative.html herunterladen (dieser Link ist ebenfalls im oben genannten Textdoku-
ment enthalten).

Sinn und Zweck dieses Konverters ist es, der Flut unterschiedlicher Raw-Formate entgegenzuwirken. Außerdem benötigen Sie
zum Bearbeiten von Raw-Fotos auch eine entsprechende Software. Und die wiederum bekommen Sie entweder separat vom
Kamerahersteller, oder Sie haben Photoshop installiert. Was tun
Sie aber, wenn Sie ein solches Foto einmal weitergeben wollen?
Dann benötigt der Empfänger lediglich noch den DNG-Konver-
ter. Der zweite Vorteil beim Einsatz dieses Formats: Adobe ver-
spricht, hier auf dem Laufenden zu bleiben. Wörtlich heißt es dort
zum DNG-Format:

*»Das DNG-Format gibt Archivierungssicherheit, da die Rohdaten
auch in mehreren Jahren noch mit den dann gültigen Software-Lösun-
gen für digitale Bildbearbeitung geöffnet werden können.«*

Denn es ist theoretisch möglich, dass alte Raw-Formate irgendwann vom Raw-Konverter nicht mehr verarbeitet werden können,
beispielsweise wenn sie vom Kamerahersteller nicht weiterentwickelt werden.

9.2 Der Raw-Workflow

Nun geht es bei der Bearbeitung von Raw-Fotos in der Regel so vonstatten, dass Sie die Datei zunächst einmal an Photoshop übergeben müssen. Die Anwendung erkennt, dass es sich um ein Rohdaten-Foto handelt, und öffnet das Raw-Plugin ganz automatisch. Im Anschluss an die Korrektur entscheiden Sie, ob Sie dem Raw-Foto die Korrekturen beilegen wollen oder nicht.

Fotos in Camera Raw öffnen

Wenn Sie das Camera-Raw-Modul erstmals nutzen, erscheint eine Art Willkommen-Screen, auf dem die Neuerungen vorgestellt werden. Klicken Sie auf eine der Überschriften, um weiterführende Informationen zu erhalten. Am Ende sollten auch Sie sagen: »LOS GEHT'S!«

◄ **Abbildung 9.6**
Camera Raw wartet mit einem Begrüßungsbildschirm auf.

Um Rohdaten-Aufnahmen zu öffnen, gibt es verschiedene Möglichkeiten. Entweder Sie klicken eine derartige Datei per Doppelklick oder mit rechts an und entscheiden sich anschließend für ÖFFNEN MIT, oder Sie machen das direkt aus Bridge heraus. Hier reicht ebenfalls ein Doppelklick. Da die Anwendung erkennt, um welches Format es sich handelt, wird das Rohdaten-Foto gleich an den Raw-Konverter weitergeleitet. Auch Drag & Drop ist eine Möglichkeit. Ziehen Sie ein Raw-Foto einfach auf das Photoshop-Icon oder in die Arbeitsumgebung. Doch Vorsicht! Sollten Sie sich für die Arbeitsumgebung entscheiden, achten Sie darauf, dass Sie die Datei(en) nicht auf einem bereits geöffneten Foto fallen lassen, da Photoshop ansonsten davon ausgeht, dass Sie die Datei später in die geöffnete Datei integrieren wollen. Das Trügerische: Es öffnet sich dennoch der Raw-Dialog, damit die einzubettende Datei dort vorab noch bearbeitet werden kann. Um dieser Problematik zu entgehen, sollten Sie sich generell angewöhnen, Fotos entweder auf der Menüleiste oder auf der Optionsleiste der Photoshop-Arbeitsumgebung fallen zu lassen.

© Robert Klaßen

▲ Abbildung 9.7
Die Miniaturen der zuvor selektierten Fotos erscheinen unten in einer Zeile. Das derzeit ausgewählte Foto ist dort mit einem Rahmen versehen. Wollen Sie ein anderes Foto auswählen, klicken Sie auf dessen Miniatur.

Genauso gut lassen sich von Bridge aus auch mehrere Raw-Fotos auf einmal öffnen. Dazu müssen Sie nichts weiter tun, als alle Raw-Fotos nacheinander zu markieren, während [Strg]/[cmd] gehalten wird. Am Schluss setzen Sie einen Doppelklick auf eines der markierten Bilder oder betätigen [Strg]/[cmd]+[R].

Jetzt hätte ich fast noch die beiden herkömmlichen Wege aus Photoshop heraus vergessen. Mit DATEI • ÖFFNEN navigieren Sie zu einer Raw-Datei, während ein Nicht-Raw-Foto, beispielsweise ein JPEG-, Photoshop- oder TIFF-Bild, mittels FILTER • CAMERA

RAW-FILTER an das Rohdaten-Plugin weitergeleitet wird (siehe auch »Nicht-Raw-Fotos in Raw öffnen« auf Seite 378).

Damit noch nicht genug, möchte ich Ihnen auch noch die Drag-&-Drop-Methode vorstellen. Sie können nämlich ein Raw-Foto mit gehaltener Maustaste in die Photoshop-Umgebung hineinziehen und dort fallenlassen. Im Gegensatz zu normalen Fotos müssen Sie noch nicht mal die Kopfleiste anvisieren. Der Hintergrund: Ziehen Sie ein herkömmliches Foto (TIFF oder JPEG) auf ein bereits in Photoshop geöffnetes Bild, wird dieses nicht separat geöffnet, sondern als Smartobjekt eingefügt. Das umgehen Sie, indem Sie die Datei auf der Kopfleiste fallenlassen. Bei Raw-Fotos ist dies nicht zwingend erforderlich, da Photoshop »erkennt«, dass jetzt der Raw-Konverter bereitgestellt werden muss.

Camera-Raw-Voreinstellungen

Sie werden im folgenden Workshop eine Möglichkeit kennenlernen, mit der sich die Camera-Raw-Voreinstellungen erreichen lassen. Jedoch lässt sich bereits vor der Arbeit mit Camera Raw bestimmen, wie das Plugin mit Rohdaten umgehen soll. An dieser Stelle wollen wir den Dialog nur kurz vorstellen. Zu den Funktionen gibt es gleich mehr. Entscheiden Sie sich für BEARBEITEN/ PHOTOSHOP • VOREINSTELLUNGEN • CAMERA RAW.

Beachten Sie den Frame CAMERA RAW-CACHE, den Sie im Bereich LEISTUNG finden. Unter SPEICHERORT AUSWÄHLEN können Sie einstellen, wo der Arbeitsspeicher für die Bearbeitung von Rohdaten-Fotos angelegt werden soll – also jener Speicher, der genutzt wird, während Sie Raw-Bilder bearbeiten. Geben Sie hier idealerweise eine schnelle Festplatte mit ausreichendem Speicherplatz an – für den Fall, dass Ihre Systemfestplatte bereits gut gefüllt ist.

Was ist ein Cache?
Mit Cache bezeichnet man den Speicherort, der nötig ist, um während der Korrektur von Fotos Daten zu schreiben. Besteht auf einer Festplatte nicht genügend Platz, können Sie im Raw-Dialog nicht mehr weiterarbeiten. In diesem Fall sollten Sie den Cache auf eine andere Festplatte auslagern.

◄ **Abbildung 9.8**
Die Camera-Raw-Voreinstellungen

Nicht-Raw-Fotos in Raw öffnen

Setzen Sie innerhalb von Bridge einen Doppelklick auf ein JPEG-Foto, öffnet es sich normalerweise in der direkten Arbeitsumgebung von Photoshop. Wer die Einstellungsoptionen im Raw-Konverter jedoch lieb gewonnen hat, der kann auch normale Fotos dort bearbeiten. Dazu markieren Sie das Foto in Bridge und drücken anschließend ⌷Strg⌷/⌷cmd⌷+⌷R⌷, oder Sie entscheiden sich nach einem Rechtsklick auf die Vorschauminiatur für IN CAMERA RAW ÖFFNEN.

Noch interessanter wird das Ganze jedoch, wenn Sie das Nicht-Raw-Foto zunächst normal in Photoshop bereitstellen. Hier haben Sie nämlich die Möglichkeit, CAMERA-RAW-FILTER aus dem Menü FILTER auszuwählen und das Foto so direkt an die RAW-Oberfläche zu übergeben. Das in früheren Versionen noch erforderliche vorherige Konvertieren in ein Smart-Objekt entfällt mittlerweile. Diese Funktion ist Ihr direkter Draht zum Raw-Dialog.

Raw-Fotos weiterverarbeiten

Machen Sie sich zum gegenwärtigen Zeitpunkt bitte noch keine Gedanken über die eigentliche Nachbearbeitung. Darum kümmern wir uns gleich noch. Vorab sollten Sie jedoch wissen, dass Sie am Ende einer Raw-Nachbearbeitung die im Folgenden erläuterten Möglichkeiten haben.

Sie können unten rechts auf BILD ÖFFNEN ❶ (siehe Abbildung 9.7) klicken. Das hat zur Folge, dass die Einstellungen innerhalb der Raw-Datei gespeichert werden, was nicht-destruktiv, also verlustfrei und jederzeit editierbar geschieht. Darüber hinaus wird das Foto an die Standard-Arbeitsumgebung von Photoshop übergeben. Hier stehen dann sämtliche weiteren Bearbeitungsmöglichkeiten zur Verfügung. Allerdings befinden Sie sich ab dem Zeitpunkt der Übergabe nicht mehr im Rohdaten-Modus! Demzufolge lässt sich die weitere Bearbeitung auch nicht mehr an das *Rohdaten*-Bild übergeben. Sie haben es nun mit einem normalen Foto zu tun, das Sie dann als TIFF oder PSD speichern können. Das Rohdaten-Bild bleibt von diesen Änderungen natürlich verschont.

Was in diesem Zusammenhang ebenfalls noch wichtig ist: Schauen Sie einmal auf die Beschriftung unterhalb des Fotos. Hier lesen Sie ab, wie groß das Dokument ist. Aber nicht nur das. Denn ein Klick auf diesen Link lässt Einstellungen zu Dateigröße, Auflösung sowie Farbsystem zu, die bei der Weiterleitung an die Photoshop-Umgebung gelten sollen.

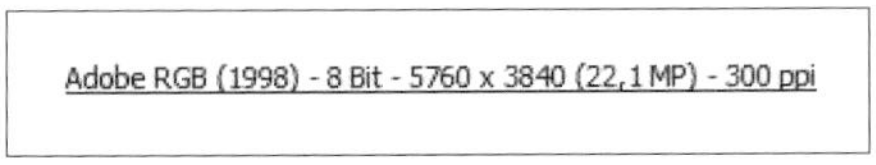

Adobe RGB (1998) - 8 Bit - 5760 x 3840 (22,1 MP) - 300 ppi

◀ **Abbildung 9.9**
Die Info fungiert auch als Link.

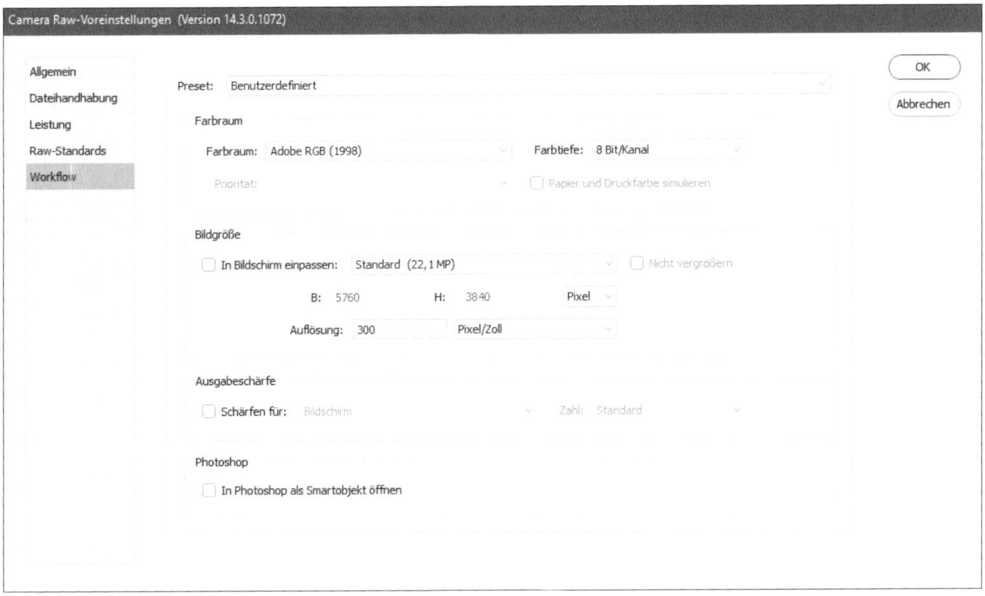

Camera Raw-Voreinstellungen (Version 14.3.0.1072)
Allgemein
Dateihandhabung
Leistung
Raw-Standards
Workflow
Preset: Benutzerdefiniert
OK
Abbrechen
Farbraum
Farbraum: Adobe RGB (1998)
Farbtiefe: 8 Bit/Kanal
Priorität:
Papier und Druckfarbe simulieren
Bildgröße
In Bildschirm einpassen: Standard (22,1 MP)
Nicht vergrößern
B: 5760
H: 3840
Pixel
Auflösung: 300
Pixel/Zoll
Ausgabeschärfe
Schärfen für: Bildschirm
Zahl: Standard
Photoshop
In Photoshop als Smartobjekt öffnen

▲ **Abbildung 9.10**
Daraufhin werden die WORKFLOW-OPTIONEN präsentiert.

Wollen Sie das Foto anschließend nicht in Photoshop nachbearbeiten, die Änderungen allerdings dennoch an die Raw-Datei übergeben, klicken Sie einfach auf FERTIG ② (siehe Abbildung 9.7).

Sicher haben Sie schon geahnt, dass es auch noch eine dritte Möglichkeit gibt. Was ist nämlich, wenn Sie das Foto nach der Korrektur zwar an Photoshop übergeben, nicht jedoch die Einstellungen zum Original packen wollen? Dann halten Sie ganz einfach `Alt` gedrückt, was zur Folge hat, dass der Button BILD ÖFFNEN zu KOPIE ÖFFNEN wird. Und es gibt tatsächlich noch eine weitere Option. Halten Sie ⇧ gedrückt, lässt sich die Datei sogar als Smartobjekt an Photoshop übergeben. Dann nennt sich der Button nämlich OBJEKT ÖFFNEN.

Kopie öffnen
Zurücksetzen
Fertig

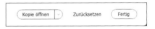

▲ **Abbildung 9.11**
Eine Kopie in Photoshop öffnen

Objekt öffnen
Abbrechen
Fertig

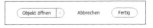

▲ **Abbildung 9.12**
Jetzt wird ein Smartobjekt in Photoshop angelegt.

Als DNG speichern

Wie das Speichern abläuft, wenn das Foto im Rohdaten-Format bleiben soll, haben Sie ja soeben erfahren. Was jedoch zu tun ist, um es in DNG zu konvertieren, wird nun erklärt.

Schritt für Schritt
Foto korrigieren und als digitales Negativ speichern

Bilder/Raw_01.RAW

In diesem Workshop sollen Sie einige wichtige Steuerelemente kennenlernen, die zur manuellen Einstellung von Raw-Fotos genutzt werden. Danach wird das Foto korrigiert. Am Schluss erfahren Sie noch, wie Sie das Bild im Austauschformat DNG (Digitales Negativ) speichern können.

1 Raw-Foto öffnen

Abbildung 9.13 ▼
Das Foto wird nicht in der herkömmlichen Arbeitsumgebung, sondern im Raw-Dialog geöffnet.

Zunächst sollten Sie eine Raw-Datei Ihrer Digitalkamera auf den Rechner übertragen und sie, wie zuvor beschrieben, in Photoshop öffnen. Sollten Sie gerade keine Datei zur Hand haben, verwenden Sie »Raw_01.RAW« aus den Beispieldateien.

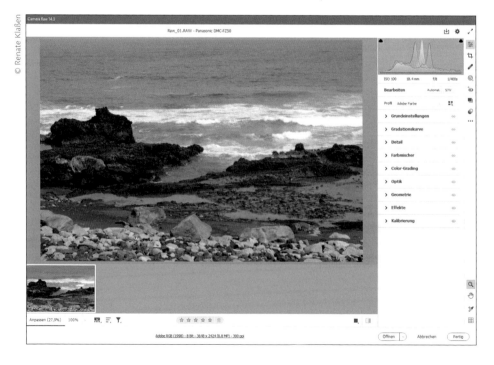

© Renate Klaßen

2 Bild skalieren

Die Ansicht der Datei können Sie verändern, indem Sie die die Lupe benutzen, die sich unten rechts in der Werkzeugleiste befindet. Auch hier funktioniert übrigens der viel zitierte Doppelklick auf das Zoom-Werkzeug zur 100%-Darstellung – ebenso wie das Auszoomen, wenn Sie beim Klick Alt gedrückt halten.

3 Optional: Filmstreifen ausblenden

Da wir aktuell nur mit einem einzelnen Bild arbeiten, macht die Miniaturanzeige unter dem Foto, der so genannte Filmstreifen, keinen Sinn. Schließen Sie diesen Bereich, indem Sie auf den Filmstreifen-Schalter ❶ unten links klicken. Für den Fall, dass Sie zu einem späteren Zeitpunkt erneut mehrere Fotos gleichzeitig öffnen, wird dieser auch von selbst wieder eingeblendet. Übrigens: Halten Sie die Maustaste nach dem Klick noch einen Moment lang gedrückt, öffnet sich ein Kontextmenü, mit dessen Hilfe Sie individuelle Anpassungen vornehmen können. Hier lässt sich beispielsweise die Position des Filmstreifens von HORIZONTAL auf VERTIKAL umstellen, was dazu führt, dass dieser künftig an den linken Rand des Raw-Fensters wandert (so wie es in älteren Photoshop-Versionen der Fall gewesen ist).

Vollbildmodus aktivieren

Wenn Ihnen die Darstellung des Bildes im Dialogfenster zu klein ist, lässt sich das Raw-Fenster mit F größtmöglich darstellen. Drücken Sie F erneut, kehren Sie zur ursprünglichen Ansicht zurück. Alternativ betätigen Sie den diagonalen Doppelpfeil oben rechts.

◀ **Abbildung 9.14**
Die Vorschau-Miniaturen können mit Hilfe des Menüs an den linken Bildrand verlegt werden. Ein kurzer Klick auf den Schalter deaktiviert hingegen den Filmstreifen.

▲ **Abbildung 9.15**
Schalten Sie auf TAGESLICHT
um.

Einstellungen verwerfen
Um bereits angewendete
Einstellungen widerrufen
zu können, halten Sie
Alt gedrückt. Der But-
ton ABBRECHEN wird da-
durch zur ZURÜCKSETZEN-
Schaltfläche. Wenn Sie
darauf klicken, bevor Sie
Alt wieder loslassen,
werden alle vorgenom-
menen Änderungen ver-
worfen.

4 Weißabgleich einstellen

Aktivieren Sie bitte das oberste Tool der Werkzeugleiste. Es ist das
BEARBEITEN-Werkzeug ❶, welches auch mit E aktiviert werden
kann. Öffnen Sie die Liste GRUNDEINSTELLUNGEN ❷ in der rechten
Spalte des Raw-Fensters. Zunächst einmal ist das Steuerelement
WEISSABGLEICH ❸ erwähnenswert. Lassen Sie WIE AUFNAHME stehen, werden die Einstellungen verwendet, die zum Zeitpunkt der
Aufnahme gültig waren – also die Originaldaten. Eine Veränderung
können Sie jedoch herbeiführen, indem Sie auf TAGESLICHT umstellen. Sie werden dadurch erste markante Unterschiede feststellen,
nämlich dahingehend, dass die Farben viel wärmer werden.

Betrachten Sie dieses Steuerelement als Voreinstellung in
Sachen Farbtemperatur. Schalten Sie mehrfach hin und her, und
beobachten Sie, wie sich die unterhalb befindlichen Regler FARB-
TEMPERATUR und FARBTON dabei verändern. Die Werte sind hier
übrigens in Kelvin angegeben und lassen sich unabhängig von der
gewählten Einstellung beim Weißabgleich noch verstellen. Grundsätzlich werden die Farben nach rechts hin wärmer, während sie
sich nach links hin abkühlen.

5 Belichtung erhöhen

Nun könnte das Foto etwas aufgehellt werden. Widmen Sie sich
deshalb dem Schieberegler BELICHTUNG. Ziehen Sie ihn nach
rechts auf etwa +0,60. Dann gehen zwar die Details in den weißen Bildbereichen verloren, jedoch werden diese im nächsten
Schritt mit Hilfe des Lichter-Sliders zurückgeholt..

6 Kontrast erhöhen

Die Aufnahme zeichnet sich ja nicht gerade durch Kontrastreich-
tum aus. Deshalb müssen Sie hier noch ein wenig nachhelfen.
Gehen Sie mit dem KONTRAST auf +20 und mit den LICHTERN auf
–70. Die TIEFEN pendeln Sie auf –25 ein, und WEISS nehmen Sie
zurück bis auf –32. SCHWARZ soll –27 betragen. Damit verschieben Sie dunkle Bildinformationen mehr in Richtung Schwarz. Je
weiter Sie mit dem Regler nach rechts gehen, desto mehr werden
auch Bildpixel, die nicht sehr dunkel sind, in Richtung Schwarz
verschoben. Beim Weiß haben Sie damit erreicht, dass sich die
besonders hellen Bildanteile ein wenig abdunkeln.

7 Dynamik erhöhen

Zuletzt ziehen Sie die KLARHEIT auf +33 (das macht die Konturen deutlicher) und die DYNAMIK auf +13. Schwach gesättigte Farben werden so etwas mehr gesättigt als Farben, die bereits über ausreichende Leuchtkraft verfügen. Runden Sie die Aktion ab, indem Sie die SÄTTIGUNG auf +10 hochziehen.

▼ **Abbildung 9.16**
Jetzt ist das Raw-Foto reif für den Urlaubskatalog.

8 Ergebnis vorab vergleichen

Unten rechts unterhalb des Bildes finden Sie zwei Schalter, die Ihnen das Leben mit Raw-Dateien beträchtlich erleichtern. Klicken Sie mehrfach auf den rechten der beiden, wechselt die Bildansicht ständig zwischen dem Foto im Originalzustand und dem korrigierten Foto hin und her.

◄ **Abbildung 9.17**
Ändern Sie bei Bedarf den Ansichtsmodus.

Beim linken der beiden Schalter durchlaufen Sie gewissermaßen Sie verschiedene direkte Vergleichsansichten. Bei unserem querformatigen Beispielfoto ist beispielsweise die VORHER-NACHHER-ANSICHT UNTEREINANDER sehr interessant. Nach dem fünften Klick befindet sich die Raw-Umgebung wieder in der Standardansicht. Alternativ zu den Mausklicks betätigen Sie mehrfach Q .

Und noch ein letzter Hinweis: Behalten Sie die wechselnden Symbole im Auge. Sollte sich nämlich in der unteren rechten Ecke des Schalters ein kleines Dreieck zeigen, bedeutet dies: Langer Mausklick öffnet Kontextmenü. Und auch darin lässt sich die Vorschau weiter individualisieren.

Abbildung 9.18 ▶
Hier versteckt sich ein
Kontextmenü.

▼ **Abbildung 9.19**
Hier lohnt sich der Vorher-
Nachher-Vergleich.

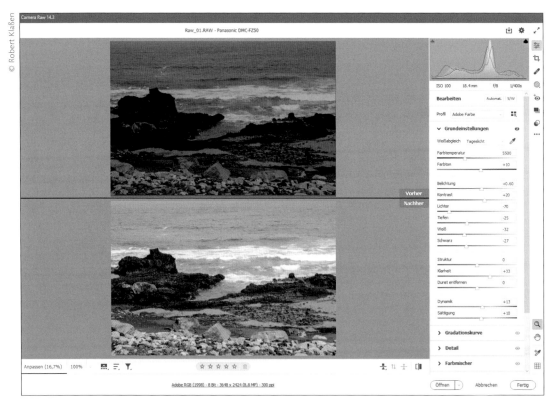

9   Optional: Bildeinstellungen speichern

Ihr nächster Schritt sollte sein, die Datei entweder im RAW-Format zu belassen und eine Einstellungsdatei zusätzlich abzusichern, oder die Datei in das DNG-Format zu konvertieren und als neue, eigenständige Datei anzulegen. Das Speichern der Einstellungsdatei erreichen Sie, wenn Sie unten rechts auf den Button FERTIG klicken. In diesem Fall wird im gleichen Ordner, in dem sich auch die Raw-Datei befindet, eine XMP-Datei abgelegt.

Wann immer Sie das RAW-Foto erneut öffnen, werden die Einstelloptionen, die in der XMP-Datei enthalten sind, direkt an das Foto weitergegeben. Es erscheint also in korrigierter Form. Sollten Sie die XMP-Datei jedoch entfernen (z. B. in den Papierkorb befördern) und die RAW-Datei erneut öffnen, sind sämtliche Einstellungen verloren.

▲ **Abbildung 9.20**
Neben dem Foto befindet sich eine Einstellungsdatei (XMP) im Ordner.

10 Optional: Bild als DNG speichern

Möchten Sie hingegen von den eingangs erwähnten Vorteilen einer DNG-Datei profitieren, müssen Sie zunächst auf die kleine Drei-Punkte-Schaltfläche ❶ WEITERE EINSTELLUNGEN in der Werkzeugleiste klicken, danach auf BILD SPEICHERN zeigen und zuletzt einen Klick auf ALS DNG SPEICHERN klicken.

DNG mit externer XMP-Datei ausgeben
Wenn Sie, wie beim RAW-Fotos, auch für Ihre DNG-Dateien externe XMP-Dateien ausgeben lassen wollen, gehen Sie auf die Drei-Punkte-Schaltfläche WEITERE BILDEINSTELLUNGEN und wählen RAW-STANDARDWERTE FESTLEGEN. Selektieren Sie DATEIHANDHABUNG und stellen Sie FILIALDOKUMENTE im Frame VERARBEITUNG VON DNG-DATEIEN von XMP IN DNG EINBETTEN um auf IMMER XMP-FILIALDOKUMENTE VERWENDEN.

◀ **Abbildung 9.21**
Das Speichern als DNG ist ein wenig aufwändiger als das bloße Anlegen einer XMP-Datei.

Hier wird nun eine einzelne Datei mit der Endung .dng angelegt, die ohne eine externe Hilfsdatei Marke XMP auskommt. Genauer gesa<gt wird die XMP-Datei in die DNG-Datei integriert (siehe Kasten). Öffnen Sie die Datei erneut mittels Doppelklick, wird diese erneut an den Raw-Konverter übergeben. Die Schieberegler sind noch genauso angeordnet wie nach der Korrektur und Sie dürfen jederzeit nachkorrigieren.

Abbildung 9.22 ▶
Die DNG-Datei wird im gleichen Ordner abgelegt, in dem
sich auch die RAW-Datei
befindet.

Raw_01.dng

Raw_01.RAW

9.3 Fotos im Raw-Dialog einstellen

Natürlich ist Ihnen nicht entgangen, dass der Raw-Dialog ein mächtiges Tool ist. Jedoch haben Sie eigentlich nur einen gerin-gen Teil bedient – nämlich die Grundeinstellungen. Bevor es mit anderen Optionen weitergeht, wollen wir hier noch einmal etwas genauer hinschauen.

Profile verwenden

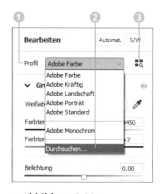

▲ **Abbildung 9.23**
Die Profile unterstützen das
kreative Korrigieren in Camera
Raw.

Sie haben eben zur Korrektur des ersten Beispielfotos unterschied-liche Schieberegler benutzt. Dieser Weg ist natürlich sehr professi-onell und zugleich individuell. Es gibt aber mittlerweile auch eine sehr intuitive und zugleich ausgesprochen einsteigerfreundliche Möglichkeit, schnell gute Ergebnisse zu erzielen. Dazu benutzen Sie die Profile, die sich im Menü PROFIL ❶ der GRUNDEINSTEL-LUNGEN verbergen. Wählen Sie auch bereits vorgefertigte Profile aus. Entscheiden Sie sich für den Listeneintrag DURCHSUCHEN ❷, werden in der rechten Spalte zahlreiche Miniaturen angeboten. Das Gleiche erreichen Sie, wenn Sie auf PROFILE DURCHSUCHEN ❸ klicken.

▲ **Abbildung 9.24**
Die Profile sorgen für kreative Designs per Klick.

Besonders interessant: Zeigen Sie auf die Miniaturen, um die Wirkungsweise dieses Profils direkt im Bild zu sehen. Erst ein Mausklick weist das Profil zu. Scrollen Sie in der Liste der Miniaturen ein wenig nach unten, finden Sie weitere Menüeinträge. Die nach rechts weisende Pfeilspitze zeigt an, dass die Listen noch geschlossen sind. Öffnen Sie die gewünschte Liste mittels Mausklick, woraufhin weitere Miniaturen angeboten werden.

Sollte Ihnen ein Profil nicht zusagen, wählen Sie stattdessen einfach ein anderes. Nachdem Sie das gewünschte Profil zugewiesen haben, klicken Sie oben links in der rechten Spalte auf ZURÜCK. Mit Hilfe des Reglers STÄRKE können Sie jetzt bestimmen, mit welcher Intensität das Profil angewendet werden soll. Werte unterhalb von 100 schwächen den Effekt ab, während höhere ihn intensivieren.

Nun ist damit noch nicht alles in Stein gemeißelt. Denn Sie können den Effekt logischerweise noch weiter ausgestalten, indem Sie die bereits bekannten Schieberegler nutzen.

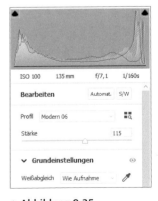

▲ **Abbildung 9.25**
Passen Sie das Profil in der Intensität an.

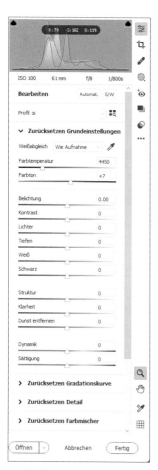

▲ **Abbildung 9.26**
Der Arbeitsbereich
GRUNDEINSTELLUNGEN

Grundeinstellungen vornehmen

Die einzelnen Slider lassen sich alle aus der Mitte heraus bewegen – also in beide Richtungen. Das vereinfacht die Korrektur beträchtlich. Hier zunächst die wichtigsten Raw-Grundeinstellungen im Überblick:

▶ BELICHTUNG: Verändert nachträglich die Blendenöffnung, um die Belichtung des Bildes anzupassen.

▶ KONTRAST: Verändert das Gefälle zwischen hellen und dunklen Bereichen des Bildes. Die Einstellungen wirken sich somit vorwiegend auf die Mitten aus.

▶ LICHTER: Hiermit wird versucht, verschwindende Details in hellen Bereichen zu verändern. Um sie wiederherzustellen, müssen Sie den Regler nach links ziehen. Bevorzugen Sie hingegen ebenmäßig helle Flächen, müssen Sie nach rechts gehen.

▶ TIEFEN: Hierdurch werden Details in dunklen Bereichen besser herausgestellt. Um dort mehr Zeichnung herauszuarbeiten, müssen Sie den Regler nach rechts ziehen. Nach links hin werden dunkle Segmente noch dunkler.

▶ WEISS: Hiermit legen Sie fest, welche Tonwertbereiche weiß dargestellt werden sollen. Helle Bildbereiche lassen sich weiter aufhellen, wenn Sie den Regler weiter nach rechts stellen.

▶ SCHWARZ: Bestimmen Sie, welche Tonwertbereiche schwarz dargestellt werden sollen. Dunkle Bildbereiche werden weiter abgedunkelt, wenn Sie den Regler weiter nach links stellen.

▶ STRUKTUR: Die Strukturen wie Linienmuster usw. werden akzentuiert (nach rechts) oder geglättet, also weicher dargestellt, wenn Sie den Schieber nach links regeln.

▶ KLARHEIT: Hier werden die Kontraste in den Mitteltönen erhöht (rechts) bzw. abgesenkt, wenn Sie nach links gehen. Das Heraufsetzen der Klarheit lässt das Foto optisch schärfer wirken. Wollen Sie hingegen beispielsweise die Haut eines Models absoften, lohnt es sich, den Regler nach links zu ziehen.

▶ DUNST ENTFERNEN: Verwaschene oder neblige Fotos können mit Hilfe dieser Funktion optisch aufgewertet werden. Bewegen Sie den Slider nach rechts, damit das Foto mehr Zeichnung und Tiefe erhält. Im Gegenzug lässt sich aber auch die Nebelwirkung verstärken, indem Sie nach links schieben.

▶ DYNAMIK: Das Prinzip kennen Sie bereits. Schwach gesättigte Farben werden beim Verstellen des Reglers nach rechts mehr gesättigt als diejenigen, die bereits über eine ausreichende Sättigung verfügen.

▸ SÄTTIGUNG: Hebt die Leuchtkraft der Farbe an (rechts) bzw. senkt sie ab (links).

Einzelne Bildbereiche bearbeiten

Wer seine Schnappschüsse mit Photoshop korrigiert, weiß die Möglichkeiten der Bildmaskierung über die Maße zu schätzen. Lange Zeit war dies jedoch in Camera Raw nur spärlich möglich, doch inzwischen hat sich das Plugin ordentlich gemausert. Da sich alleine zu diesem Thema ein Buch schreiben ließe, können wir die Raw-Maskierung nicht in Gänze beleuchten, aber mit Hilfe der folgenden Techniken werden Sie einen fundierten Einblick über die grundsätzlichen Vorgehensweisen erlangen.

Schritt für Schritt
Belichtung mit Camera Raw punktuell verändern

Wenn Sie das Beispielfoto »Raw_02.RAW« öffnen, werden Sie zurecht bemängeln, dass unser Model Nadine doch besser unter Zuhilfenahme eines Blitzes fotografiert worden wäre. Doch dieser Makel, so viel darf ich schon verraten, wird uns nicht vor echte Probleme stellen.

Bilder/Raw_02.RAW

© Robert Klaßen

◀ **Abbildung 9.27**
Hier hätte ich mal besser blitzen sollen. Aber gut, dass ich es nicht gemacht habe, sonst hätten wir jetzt nichts zu korrigieren.

Lassen Sie uns mit einer Problemanalyse beginnen: Stimmen Sie zu, dass das Foto insgesamt ein wenig zu dunkel ist? Wie sieht es mit der Person auf dem Foto aus? Sie könnte etwas mehr erhellt werden als der Hintergrund, oder? Doch im Gesicht liegt aufgrund des fehlenden Blitzes wahrscheinlich der höchste Korrekturbedarf. Fassen wir zusammen: Wir haben drei verschiedene Belichtungszustände und müssen das Bild somit drei Mal individuell bearbeiten. Na, dann mal los.

1 Belichtung insgesamt erhöhen

Da das Foto insgesamt zu dunkel ist, beginnen wir mit einer kompletten Aufhellung. Dazu gehen Sie einmal mehr in die Liste GRUNDEINSTELLUNGEN und ziehen den Regler BELICHTUNG leicht nach rechts bis auf etwa +0,20. Wenn Sie mehr machen, wird der Hintergrund zu hell.

2 Maskierungsmodus aktivieren

Als nächstes aktivieren Sie bitte das Werkzeug MASKIEREN ❶ in der Werkzeugleiste oben rechts. (Sie erhalten übrigens eine Infotafel, wenn Sie die Maus mindestens zwei Sekunden lang auf dem Tool parken.)

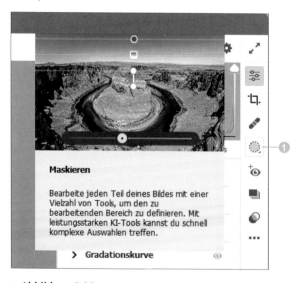

Tour ansehen

Wenn Sie das Maskieren-Werkzeug erstmals anwählen, bietet Photoshop eine kurze Einführung an. Um diese anzusehen, klicken Sie auf TOUR STARTEN. Wer darauf verzichten will, entscheidet sich für Selbst versuchen.

▲ **Abbildung 9.28**
Bleiben Sie mit der Maus auf dem Werkzeug, damit die Infotafel erscheint.

3 Motiv auswählen

Der folgende Schritt ist viel einfacher als man glaubt, auch wenn es hierbei um die Auswahl der Person geht. Schauen Sie sich die Steuerelemente links neben der Werkzeugleiste an. Dort finden Sie den Schalter MOTIV AUSWÄHLEN, den Sie jetzt bitte einmal anklicken. Sie kennen das schon: Bei KI-Effekten muss man einen Augenblick warten, dafür ist aber das Resultat umso beeindruckender.

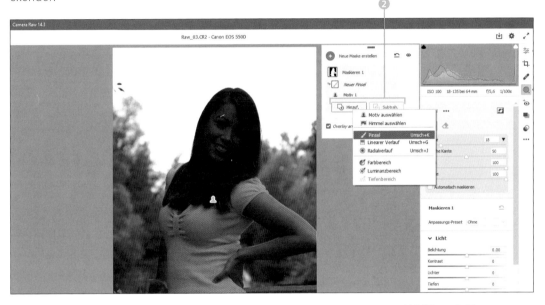

4 Optional: Bereiche hinzufügen und subtrahieren

Mit dieser Auswahl können wir wirklich mehr als zufrieden sein. Sollte das einmal nicht so sein, beachten Sie bitte die beiden Schalter HINZUF. und SUBTRAH. ❷, die sich in einem automatisch neu hinzugefügten Bedienfeld zeigen. Hiermit legen Sie fest, ob Bildbereiche zur Auswahl hinzugefügt oder von ihr abgezogen werden sollen. Danach müssen Sie per Pulldown-Menü entscheiden, mit welchem Werkzeug Sie korrigieren wollen. In der Regel dürfte das der PINSEL sein, jedoch dürfen Sie auch gern radiale oder lineare Verläufe verwenden. (Was es damit auf sich hat, schauen wir uns in einem weiteren Workshop an.) Stellen Sie den Pinsel anschließend in der rechten Spalte des Raw-Dialogs ein (z. B. GRÖSSE und WEICHE KANTE = Kantenschärfe des Pinsels). Übermalen Sie das Foto an den betreffenden Stellen.

▲ **Abbildung 9.29**
Na bitte. Wer sagts denn.

5 Auswahlbereich aufhellen

Nachdem die Auswahl fertig ist, machen wir uns an die Korrektur. Dabei müssen Sie nicht befürchten, dass der rötlich überlagerte Bereich (der Auswahlbereich) erhalten bleibt, denn dieser blendet sich temporär aus, sobald Sie ein Korrektur-Steuerelement bedienen. Ziehen Sie den Regler BELICHTUNG in der rechten Spalte nach rechts, bis Sie etwa bei +0,45 angelangt sind. Beachten Sie dabei eher den Körper als das Gesicht, da wir uns um dessen Aufhellung erst im nächsten Schritt kümmern werden.

Wollen Sie das Ergebnis einmal ohne die rote Overlay-Farbe begutachten? Dann schalten Sie die Checkbox ÜBERLAGERUNG ANZEIGEN ① im neu hinzugewonnenen Bedienfeld einfach ab.

6 Zweite Maske erstellen

Sie sehen: Sämtliche Korrekturen wirken sich nur auf den ausgewählten Bereich aus – aber eben auf den »gesamten« ausgewählten Bereich. Das Problem: Wenn Nadines Kleidung hell genug erscheint, ist das Gesicht noch immer ein wenig zu dunkel. Egal. Wir erzeugen einfach eine weitere Maske, wozu Sie auf NEUE MASKE ERSTELLEN ② im Bedienfeld klicken, das sich zwischen der Bildvorschau und der rechten Spalte befindet. Entscheiden Sie sich im sich öffnenden Kontextmenü für PINSEL.

Abbildung 9.30 ▶
Jetzt muss nur noch das Gesicht besser belichtet werden.

7 Gesicht auswählen

Stellen Sie die GRÖSSE im Pinselmenü (in der rechten Spalte des Raw-Dialogs) auf ca. 8 Pixel. Nehmen Sie eine WEICHE KANTE von 50% und malen Sie vorsichtig mit gehaltener Maustaste über Nadines Gesicht. Sie dürfen das auch gern in mehreren Arbeitsschritten machen, also zwischendurch auch mal absetzen.

8 Optional: Bildbereiche abwählen

Wenn Sie zu viel vom Hintergrund aufnehmen, drücken Sie bitte zunächst auf SUBTRAH. und wählen dann erneut PINSEL aus dem Pulldown-Menü ❷. Übermalen Sie den fälschlicherweise aufgenommenen Bereich erneut, damit dieser von der Auswahl subtrahiert wird.

9 Belichtung und Farbe des Gesichts korrigieren

Wenn Sie mit der Auswahl zufrieden sind, ziehen Sie den Regler BELICHTUNG in MASKIEREN 2 der rechten Spalte auf etwa +70. Leider wird Nadines Gesicht dadurch etwas gelblich. Dem treten Sie jedoch entgegen, wenn Sie in der rechten Spalte die FARBTEMPERATUR (im Segmwent FARBE) bis auf −16 und die FARBTONUNG auf ca. −11 ziehen. Das wars. Klicken Sie unten rechts auf FERTIG, wenn Sie keine weiteren Änderungen vornehmen wollen, oder auf Öffnen, wenn Sie das Foto anschließend in der gewohnten Photoshop-Umgebung weiter verwenden wollen.

◀ **Abbildung 9.31**
Das war ja einfach. Die Auswahl ging fast von selbst – Dank der neuen Maskierungswerkzeuge.

Sie finden Im Ergebnisordner eine direkte Gegenüberstellung des Ausgangsfotos und der Korrektur. Es heißt »Raw_02_Vergleich.jpg«.

Abbildung 9.32 ▲
Das hat sich ja gelohnt. Wie
Sie sehen, geht es auch ohne
Blitz.

Schritt für Schritt
Belichtung mit Camera Raw-Verläufen verändern

Bilder/Raw_03.RAW

Lassen Sie uns noch ein weiteres Raw-Foto ansehen. Die Rede
ist von »Raw_03.RAW«. Hier wollen wir den Kontrast insgesamt
stärken und das Meer losgelöst vom Rest des Bildes aufhellen.

1 Kontrast erhöhen
Nachdem Sie das Beispielfoto im Raw-Konverter geöffnet haben,
öffnen Sie bitte erneut die GRUNDEINSTELLUNGEN (oberstes Werkzeug in der Toolbox) und ziehen den Schieber KONTRAST weit nach
rechts bis Sie einen Wert von etwa +64 erreicht haben.

2 Maske erzeugen
Danach wählen Sie das Werkzeug MASKIEREN aus und entscheiden sich in der rechten Spalte für LINEARER VERLAUF. Alternativ
drücken Sie ⒢ auf der Tastatur.

◄ **Abbildung 9.33**
Öffnen Sie die Maskieren-Tools.

3 Verlauf einzeichnen

Setzen Sie nun in der Mitte des oberen Bildrandes einen Mausklick an ❶, wobei Sie die Maustaste gedrückt halten. Ziehen Sie nach unten, bis Sie bei ❷ angelangt sind. Halten Sie währenddessen ⇧ gedrückt, so sorgen Sie dafür, dass Sie nur in eine Richtung ziehen können. So bekommen Sie einen exakt vertikalen Verlauf. Lassen Sie die Maustaste anschließend los.

▼ **Abbildung 9.34**
Sie erzeugen einen Verlauf, der als Maske dient.

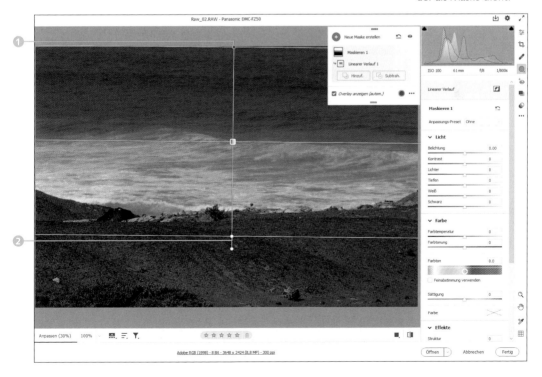

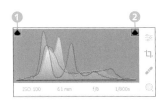

▲ Abbildung 9.35
Schwer zu erkennen: Der
rechte Schalter ❷ ist von
einem kleinen, schwarzen
Rahmen umgeben.

**Lichterbeschneidungs-
warnung entgegen-
wirken**

Bei sehr hellen Fotos passiert es leicht, dass schon
geringe KONTRAST- oder
LICHTER-Erhöhungen
dazu führen, dass sich die
Lichterwarnung meldet.
Ziehen Sie in diesem Fall
den Schieber WEISS nach
links. Das gibt Ihnen
meist die Möglichkeit,
mit dem zuvor genannten
Regler doch etwas weiter
nach rechts zu gehen.

Abbildung 9.36 ▶
Zu helle Bildbereiche sind
rot einfgefärbt.

4   Tiefen-Lichter-Warnung aktivieren

Sie sollten jetzt darauf achten, dass Sie nicht Gefahr laufen, helle
Bildbereiche so weit zu aufhellen, dass sie zu weißen Flächen werden. Zum einen sieht das nicht besonders schön aus, zum anderen bringt das Probleme beim Drucken mit sich. An diesen Stellen
wird es nämlich nicht zum Farbauftrag kommen. Vielmehr sehen
Sie dort den Bedruckstoff (also das Papier, das ja nicht immer
reinweiß ist). Um diese so genannte WARNUNG ZUR LICHTER-
BESCHNEIDUNG zu aktivieren, die zeigt, wo zu wenig Farbauftrag
stattfinden wird, klicken Sie auf ❶. Dass der Schalter aktiv ist, ist
im Übrigen nur schwer zu erkennen. Lediglich ein kleiner dunkler
Rahmen verdeutlicht dies.

5   Belichtung einstellen

Damit Sie das Verhalten der Lichterbeschneidungswarnung kennenlernen, ziehen Sie doch den Regler BELICHTUNG einmal ganz
nach rechts. Alle Stellen, die im Ergebnis weiß würden, sind jetzt
rot eingefärbt. Da das nicht so bleiben kann, sollten Sie den Slider
anschließend bis auf +0,65 zurückziehen.

6   Optional: Tiefenbeschneidung anzeigen

Der Vollständigkeit halber sei erwähnt, dass Sie die WARNUNG ZUR
TIEFENBESCHNEIDUNG mit ❶ aktivieren. Im Bild würden zu dunkel

ausfallende Bildbereiche blau eingefärbt. Wenn Sie die Funktion testen wollen, müssen Sie den Slider BELICHTUNG einmal ganz nach links schieben.

7 Korrektur abschließen

Damit ist unsere Korrektur bereits erledigt. Klicken Sie auf FERTIG, wenn Sie die Einstellungen in einer separaten XMP-Datei speichern und den Raw-Dialog danach schließen wollen, oder auf ÖFFNEN, wenn Sie es in Photoshop weiter bearbeiten möchten.

◀ **Abbildung 9.37**
Was für ein Vergleich. Vor allem das Meer konnte mit Hilfe eines Linearen Verlaufs separat bearbeitet werden.

Farben optimieren

Das vielleicht Beeindruckendste an der Raw-Optimierung ist das Spiel mit den Farben. Hier werden die Unterschiede zur herkömmlichen Farbkorrektur (die ja an sich auch nicht schlecht ist) besonders deutlich. Einzelne Farbtöne lassen sich hier ganz gezielt optimieren.

© Robert Klaßen

◀ **Abbildung 9.38**
Das Bild hat mehrere Makel.

Schritt für Schritt
Farben mit Camera Raw optimieren

Bilder/Raw_04.CR2

Preisfrage: Welcher Makel fällt beim Foto »Raw_04.CR2« am ehesten ins Auge? Die Bildaufteilung? Dass die Aufnahme nach links kippt? Oder dass die Farben insgesamt zwar nicht gerade trist sind, aber dennoch verbessert werden können? Ach, wissen Sie was? Wir korrigieren einfach alles.

1 Foto ausrichten

Punkt eins ist die Schräglage der Aufnahme. Ich finde, das irritiert sehr. Lassen Sie uns daher das Foto gerade rücken. Das dazu benötigte Tool ist das Zuschneiden-Werkzeug [C]. Allerdings wollen wir das Foto nicht freistellen, sondern drehen. Und das erledigen Sie, indem Sie den Slider WINKEL ❷ rechts in der Leiste des Raw-Fensters bis auf 3.00 nach rechts schieben.

2 Optional: Gerade-ausrichten-Automatik benutzen

In der rechten Spalte finden Sie auch ein Gerade-ausrichten-Werkzeug. Prinzipiell können Sie das Bild mit einem Doppelklick auf die kleine Wasserwaage ❶ automatisch ausrichten lassen. Sollte das nicht zum Erfolg führen, machen Sie den letzten Schritt rückgängig (siehe Kasten auf Seite 399).

Abbildung 9.39 ▼
Der Gitterrahmen hilft beim Ausrichten.

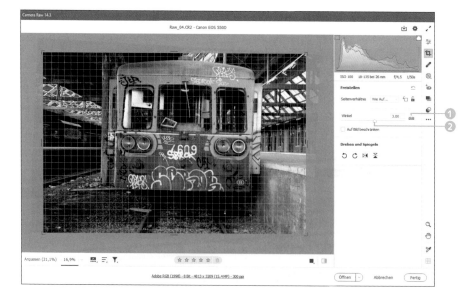

Solange Sie sich noch auf dem Slider befinden und die Maustaste gedrückt halten, sehen Sie im Bild einen Gitterrahmen, der beim Ausrichten hilft. Das Vereinfacht die Sache beträchtlich. Wenn Sie fertig sind, drücken Sie ↵.

3 Lichter abdunkeln

Die Geometrie ist damit korrigiert und wir können übergehen, zur Korrektur der LICHTER (der besonders hellen Bildbereiche). Ganz wichtig ist, dass Sie jetzt die Tiefen-Lichter-Warnungen (WARNUNG ZUR TIEFENBESCHNEIDUNG und WARNUNG ZUR LICHTERBESCHNEIDUNG) aktivieren, sofern diese nicht noch vom letzten Workshop her aktiv sind. Bei den Oberlichtern des alten Bahnhofs kommt es nämlich zu erheblichen Problemen. Das erledigt sich, wenn Sie die LICHTER zunächst auf –31 ziehen. Möglicherweise muss hier später noch einmal nachkorrigiert werden.

◀ **Abbildung 9.40**
Durch Verschieben des LICHTER-Reglers nach links wird die Überbelichtung ausgeglichen.

4 Weitere Korrekturen vornehmen

Ziehen Sie die BELICHTUNG jetzt auf +0,40, den KONTRAST auf +45 und SCHWARZ auf +17. Unterhalb der Bahn werden nämlich schon Tiefenwarnungen angezeigt. Derart kleine Bereiche sind nicht weiter tragisch. Es bleibt allerdings zu befürchten, dass sie sich durch die anschließende Farbkorrektur vergrößern. Deswegen sollte das bereits im Vorfeld bedacht werden. Da nun auch unsere Lichterwarnung wieder aktiv wird, nehmen Sie bitte die LICHTER noch etwas weiter zurück bis auf etwa –50. Zuletzt ziehen Sie die Regler STRUKTUR und KLARHEIT jeweils auf +10 sowie die DYNAMIK auf +19.

Schritte editieren
Wie in der normalen Arbeitsumgebung lassen sich hier die Schritte mit Strg/cmd+Z zurücknehmen – und zwar jeweils einzeln in umgekehrter Reihenfolge ihrer Anwendung.

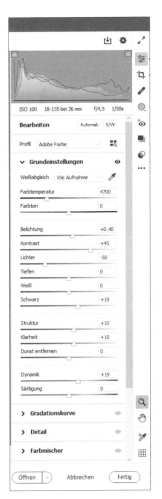

▲ **Abbildung 9.41**
Hier muss eine Menge justiert werden.

5 Farbtöne einstellen

Stellen Sie jetzt im Register FARBMISCHER EINSTELLEN auf HSL. Gleich unterhalb sind vier Registerkarten auszumachen. Entscheiden Sie sich zunächst für FARBTON.

Werfen Sie einen Blick auf den unteren Teil des Wagens. Stimmen Sie zu? Das Rot verläuft ein wenig in Richtung Magenta. Wirken Sie dem entgegen, indem Sie den Schieberegler ROTTÖNE, der in der Bedienfeldgruppe FARBMISCHER zu finden ist, nach rechts verschieben. Etwa bei +13 findet sich ein sehr viel wärmeres Rot. Da das Gelb sich jedoch derzeit nicht so gut vom Rot abhebt (es ist viel Orange enthalten), stellen Sie die GELBTÖNE auf +23. Das ist natürlich alles Geschmacksache. Sie können gerne andere Werte verwenden.

6 Mitteltöne anheben

Beim COLOR-GRADING lassen sich die Intensitäten in den Tiefen, Mitteltönen und Lichtern (Sie kennen das aus den Kapiteln 5 und 6) sehr gut abgleichen. Hier ließen sich auch Farben zu Gunsten anderer Farbwerte verschieben, indem Sie den Mittelpunkt eines Farbkreises in die gewünschte Richtung (Farbe) schieben. Uns geht es jedoch darum, die Mitteltöne ein wenig anzuheben, sprich: diese heller erscheinen zu lassen. Dazu bewegen Sie den Slider MITTELTÖNE ein wenig nach rechts.

In der Zeile COLOR-GRADING befindet sich ein Auge-Symbol ❶. Wenn Sie darauf klicken und die Maustaste gedrückt halten, sehen Sie, wie das Bild ohne das COLOR-GRADING aussieht, wenn Sie wieder loslassen, erscheint das Bild so, wie es mit COLOR-GRADING-Korrektur aussieht.

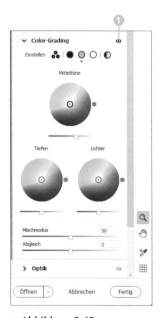

▲ **Abbildung 9.42**
Verschieben Sie den MITTELTÖNE-Slider nach rechts.

▲ **Abbildung 9.43**
Bild in Form gebracht, Belichtung korrigiert und Farben optimiert –
ein ganz normaler Raw-Workflow.

7 Korrektur abschließen

Zuletzt klicken Sie auf FERTIG. Schauen Sie sich das Foto einmal an. Das Resultat finden Sie wie gewohnt im ERGEBNISSE-Ordner als »Raw_04.jpg«.

9.4 Fortgeschrittene Raw-Techniken

Zum Ende dieses Kapitels sollen Sie kurz noch ein paar Tipps und Tricks zum Arbeiten im Raw-Dialog an die Hand bekommen. Jetzt werden Sie nicht nur interessante Korrekturfunktionen kennen-lernen, sondern auch mit einigen Techniken konfrontiert, die in erheblichem Maße zur Bildverbesserung beitragen.

Objektivkorrekturen vornehmen

Mit Objektivkorrekturen haben wir uns ja bereits im vorangegan-genen Kapitel beschäftigt. Dort hatten Sie erfahren, dass der Raw-Dialog auch bei Nicht-Raws verwendet werden kann (z. B. JPEGs oder TIFFs). Dies gilt aber nur für die Optionen, die im Bereich MANUELLE TRANSFORMATION des Segments GEOMETRIE zu finden sind, sowie für die Schieber VERZERRUNG, VIGNETTE und RAND ENTFERNEN im Segment OPTIK. Genau dort finden Sie aber bei einer »echten« Raw-Datei weitere Optionen – allem voran zwei unterschiedliche Register, nämlich PROFIL ❷ und MANUELL ❸.

◄ **Abbildung 9.44**
Wenn Sie eine Raw-Datei öffnen, finden Sie zwei Register (rechts). Hier ist vor allem Profil interes-sant.

▲ **Abbildung 9.45**
Verraten Sie der Anwendung, welches Objektiv Sie benutzt haben.

Der Arbeitsbereich MANUELL entspricht dem, den Sie bereits ken-nen. PROFIL hingegen macht es möglich, das Objektiv der benut-zen Kamera einzustellen und die Korrekturen, die individuell bei jedem Objektiv vorzunehmen sind, automatisch ohne Ihr Eingreifen anwenden zu können. Dazu ein Beispiel: Um weitere Einstellungen vornehmen zu können, müssen Sie zunächst die Checkbox Profilkorrekturen anwenden aktivieren. Danach stellen Sie unter Marke den Objektiv-Hersteller und unter Modell das verwendete Objektiv ein. Schon wird das Foto entsprechend korrigiert und Objektivverzerrungen sowie Luminanzverluste werden ausgeglichen. Um die direkten Auswirkungen im Bild beurteilen zu können, sollten Sie die Checkbox Profilkorrekturen verwenden mehrfach aus- und wieder einschalten.

Ein letztes Wort noch zur chromatischen Aberration. Damit ist die Fehlinterpretation von Farben in den Übergängen von Hell nach Dunkel gemeint. Daran kranken die meisten Objektive.

In den Übergängen entstehen rötliche oder grünliche Farbsäume, die sich jedoch in Camera Raw durch Anwahl des Registers Farbe gut in den Griff bekommen lassen. Chromatische Aberration entfernen muss im Register Profil allerdings vorab aktiviert werden. Meist gibt es allein dadurch schon gute Resultate. Wer mehr will, kann die verfärbten Ränder gezielt mit Hilfe der Schieberegler im Bereich Rand entfernen benutzen.

Bilder/Weitwinkel.jpg

▲ **Abbildung 9.46**
Entscheiden Sie sich für die manuelle Transformation.

Schritt für Schritt
Linien im Raw-Dialog korrigieren

Nehmen Sie noch einmal das Foto »Weitwinkel.jpg«, das wir ja bereits in Kapitel 8 korrigiert hatten. Hier möchte ich Ihnen nun präsentieren, wie das im Camera Raw-Dialog vonstattengeht.

1 Raw-Filter öffnen
Gehen Sie zunächst in das Menü Filter, und entscheiden Sie sich für Camera Raw-Filter. Im Anschluss daran aktivieren Sie den Arbeitsbereich Geometrie und öffnen die Manuelle Transformationen.

2 Bild drehen
Da die Kamera bei der Aufnahme etwas verwinkelt worden ist, beginnen wir zunächst mit der Bilddrehung. Hier halte ich einen Wert von +1,3 für angebracht.

3 Bild kippen

Um die vertikale Verzerrung auszugleichen, benutzen Sie den Slider VERTIKAL, den Sie nach links schieben, bis –25 erreicht ist.

◄ **Abbildung 9.47**
Die Vertikalen stimmen bereits, auch wenn das Bild noch ein wenig »bauchig« ist.

4 Verzerrung korrigieren

Glücklicherweise müssen wir nichts bestätigen oder gar speichern, um die Bedienfeldgruppe zu wechseln. Deshalb dürfen Sie auch gleich das Segment OPTIK öffnen und dort die VERZERRUNG nach rechts auf etwa +5 stellen. Dadurch wird die tonnenförmige Verzerrung ausgeglichen.

▼ **Abbildung 9.48**
Die Vertikalen sind nun perfekt ausgerichtet.

403

5   Korrektur abschließen

Bestätigen Sie anschließend mit FERTIG. Den unschönen weißen Rand, der durch die Transparenzen entstanden ist, können Sie ja zuletzt innerhalb der Photoshop-Umgebung abschneiden. Sie wissen Ja: Hier benötigen Sie das Freistellen-Tool.

Sofortreparaturen vornehmen

Das Werkzeug MAKEL ENTFERNEN ❶ ist an sich nicht neu, jedoch im Laufe der Zeit immer weiter optimiert worden, obgleich es nach wie vor nicht so komfortabel und vielseitig ist wie die »regulären« Reparatur-Tools in Photoshop. Allerdings können Sie mit diesen aber auch nicht auf einem Raw-Foto arbeiten. Das Tool kann sowohl in der Werkzeugleiste als auch mit Hilfe von B aktiviert werden. Es ist sinnvoll, zunächst den Durchmesser, sprich: die GRÖSSE und die WEICHE KANTE, einzustellen und anschließend schadhafte Stelle mit gehaltener Maustaste zu übermalen.

Abbildung 9.49 ▶
Das Werkzeugmenü mutet recht »übersichtlich« an. Das Tool kommt mit wenigen Optionen aus.

Unmittelbar nachdem die zu retuschierende Stelle übermalt wurde, erscheinen zwei exakt gleiche Auswahlbereiche. Der eine ist mit einem roten Pin versehen, der andere mit einem grünen. Mit dem roten Pin markieren Sie das Zentrum der Aufnahmestelle, also jenen Bereich, der retuschiert werden soll, während der grüne Pin das Zentrum des Bereichs markiert, aus dem heraus Bildinformationen in die zu retuschierende Stelle kopiert werden sollen. Beide

Bereiche können nach Klick auf den jeweiligen Pin mit gedrückter Maustaste auch nachträglich noch verschoben werden, sodass die Retusche optimal angepasst werden kann. Und selbst die WEI-CHE KANTE kann nachträglich, also nach Erstellen des Auswahlbereichs, noch verändert werden. Das ist eine wirklich nützliche Funktion.

▼ **Abbildung 9.50**
Lassen Sie Bildelemente einfach verschwinden.

Das Werkzeug eignet sich übrigens nicht nur als Retusche-Tool, sondern ist auch in der Lage, Bereichskopien anzufertigen. Das einzige, was Sie dazu vorab erledigen müssen, ist das Umschalten des Menüs TYP von REPARIEREN auf KOPIEREN.

Mit Presets arbeiten

Mit den sogenannten PRESETS ❶ (Abbildung 9.51) bringt der Raw-Dialog eine wahre Flut an tollen Designs mit. Drücken Sie einmal ⇧+P oder aktivieren Sie das entsprechende Werkzeug in der Toolbox, werden Sie zunächst wenig Interessantes ausfindig machen können, da sämtliche Teilbereiche geschlossen sind. Wenn Sie jedoch einmal auf eine der zahlreichen Überschriften klicken (ich habe mich hier für LANDSCHAFT entschieden), müssen Sie nichts weiter tun, als die Maus auf einem der (namentlich leider wenig aussagekräftigen) Untereinträge zu parken, um zu sehen, was das jeweilige Preset bewirkt. Der Effekt wird nämlich direkt im Bild angezeigt. Wenn er nicht das gewünschte Ergebnis bringt, fahren Sie einfach zum nächsten, so lange, bis Sie den gewünschten Effekt gefunden haben. Ein Klick auf die Zeile weist das Preset dann letztendlich zu.

▲ Abbildung 9.51
Erzielen Sie in Nullkommanichts beeindruckende Resultate mit den PRESETS ❶.

Einer anschließenden Weiterbearbeitung steht übrigens nichts im Wege. Sie können auch nachträglich sämtliche Raw-Funktionen benutzen.

Text, Formen und Pfade

Besonderheiten der Bildgestaltung

- ▸ Wie werden die Text-Werkzeuge angewendet?
- ▸ Wie kann ich Text verformen?
- ▸ Wie erzeuge ich einen Texteffekt?
- ▸ Wie kann ich ein Wasserzeichen in meine Bilder einfügen?
- ▸ Wie werden Pfade erzeugt und bearbeitet?

10   Text, Formen und Pfade

Solange es Schrift gibt, existiert auch der Wunsch, ausdrucksstarke Mittel zu ihrer Präsentation einzusetzen. In Gutenbergs Bibel war jedes Initial ein Kunstwerk – und auch im Zeitalter von Publishing, PostScript und PDF ist die Visualisierung von Schrift ungebrochen attraktiv. Zusätzlich zum Text finden Sie in diesem Kapitel aber noch Infos zu Formen und Pfaden. Denn eines haben alle drei gemeinsam. Sie bestehen aus Vektoren und sind somit qualitativ von allererster Güte.

10.1   Text-Werkzeuge und Textoptionen

Text-Werkzeuge bestehen, wie auch die später noch thematisierten Formen und Pfade, aus Vektoren. Sie sind produktionsbedingt beliebig und dabei verlustfrei skalierbar, da sie selbst nicht aus Pixeln bestehen (siehe Kapitel 12, »Fachkunde«). Das macht sie so außerordentlich interessant, wenn es um Gestaltung geht.

Photoshop hält verschiedene Text-Werkzeuge bereit. Mit der Anwahl eines der beiden ersten Tools verändern Sie lediglich die Anordnung der Buchstaben (horizontal oder vertikal). Diese Unterscheidung wird auch bei den Textmaskierungswerkzeugen vorgenommen, wobei hier besonders zu erwähnen ist, dass Sie anstelle von Lettern gleich eine Auswahl anlegen.

Abbildung 10.1 ▶
Die Text-Werkzeuge

Das am häufigsten verwendete Tool dürfte das Werkzeug für horizontalen Text sein. Markieren Sie es durch Anklicken in der Werkzeugleiste oder über die Taste ⊤.

Die Optionsleiste des Text-Werkzeugs verändert sich nicht, wenn Sie auf ein anderes Text-Werkzeug umschalten. Ganz links wird das derzeit aktive Werkzeug ❶ präsentiert. Über die kleine Dreieck-Schaltfläche ❷ lassen sich zuvor definierte Textattribute aufrufen.

▲ **Abbildung 10.2**
Die Optionsleiste für Text-Werkzeuge

Den eigentlichen Text kreieren Sie, indem Sie mit aktiviertem Text-Werkzeug auf das Dokument klicken und lostippen. (Dass unmittelbar nach dem Klick »Lorem Ipsum« erscheint, muss Sie zunächst nicht weiter verwundern. Was es damit auf sich hat, erfahren Sie im folgenden Abschnitt.) Photoshop erzeugt automatisch eine Textebene. Schreiben Sie munter drauflos. Wenn Sie fertig sind, setzen Sie einen Klick auf das Häkchen in der Symbolleiste. Das ansonsten übliche Betätigen von ⏎ hat hier ausnahmsweise keine Bestätigung der Eingabe zur Folge. Dadurch würde nämlich lediglich eine Zeilenschaltung erreicht. Wenn Sie die Bestätigung über die Tastatur dennoch bevorzugen, drücken Sie Strg/cmd + ⏎.

Platzhaltertext benutzen

Beim Schriftzug »Lorem Ipsum« handelt es sich um sogenannten Platzhaltertext, der immer dann zum Einsatz kommt, wenn der Originaltext noch nicht eingesetzt werden soll oder kann.

Beispiel: Sie gestalten eine Anzeige, obwohl sich der Kunde noch nicht für eine endgültige Überschrift entschieden hat. Später, wenn der Text vorliegt, tauschen Sie diesen einfach aus. Durch die Verwendung eines Platzhaltertextes können Sie sich bereits vorab um die Gestaltung kümmern. Um den angebotenen Platzhaltertext zu verwenden, müssen Sie unmittelbar nach Klick auf das Bild (bei aktiviertem Text-Werkzeug) das Häkchen in der Optionsleiste betätigen. Der Text wird dann mit allen eingestellten Parametern verwendet.

Abbildung 10.3 ▶
Lorem Ipsum ist Synonym für Platzhaltertexte.

Nach Klick auf das Häkchen dürfen Sie sogar weitere Parameter einstellen – solange die Textebene im Ebenen-Bedienfeld angewählt bleibt. Selbst Ebeneneffekte, wie abgeflachte Kanten oder Schlagschatten, die Sie einer Ebene durch Doppelklick zuweisen können, dürfen bereits jetzt einbezogen werden. Sobald der zu verwendende Text vorliegt, führen Sie bei aktiviertem Text-Werkzeug einen Doppelklick auf dem Text aus (bei mehreren Wörtern muss ein Dreifachklick her) und tippen den neuen Text danach ein. Sämtliche zuvor vergebenen Text- und Ebenenparameter bleiben erhalten.

Platzhaltertext deaktivieren

So schön das ja ist mit dem Platzhaltertext – manch einer wird sich durch die Vorgabe »Lorem Ipsum« gestört fühlen, da der Text ständig angeboten wird – auch wenn man gar keinen Platzhalter benötigt. Schalten Sie die Funktion aus, indem Sie BEARBEITEN/PHOTOSHOP • VOREINSTELLUNGEN • SCHRIFT aufrufen und NEUE TEXTEBENEN MIT PLATZHALTERTEXT FÜLLEN deaktivieren.

▲ **Abbildung 10.4**
Gestalten Sie den Platzhaltertext nach Ihren Vorlieben. Der spätere Austausch ist ein Kinderspiel.

Schrift und Schriftschnitt festlegen

Bevor Sie mit der Texteingabe beginnen, haben Sie noch vielfältige Möglichkeiten, das von Ihnen gewünschte Schriftbild einzustellen.

Im Folgenden werden die verschiedenen Einstellungsoptionen vorgestellt. Im Menü SCHRIFTFAMILIE EINSTELLEN ❸ (Abbildung 10.2) stellen Sie die Schriftart ein. Einige Schriften bieten lediglich einen einzigen Satz an, andere wiederum erlauben den Zugriff auf abgewandelte Zeichensätze, die sich in der nächsten Dropdown-Liste SCHRIFTSCHNITT EINSTELLEN ❹ bestimmen lassen. Das sind also die sogenannten *Schriftschnitte*. In der Regel sind das unter anderem *Regular* oder *Roman* für normalen Schriftschnitt, *Italic* für Kursivschrift, also Schrägschrift, oder *Bold* für fette Schriftarten. Der Schriftschnitt *Light* setzt sich aus sehr feinen Buchstaben zusammen. Bei einer *Condensed* erscheinen schließlich die Breiten der Lettern verringert.

Schriftgrad

Die Größe der Schrift ❺ wird in *Punkt* (Pt) angegeben. Dabei entspricht ein Punkt der Größe von 0,35275 mm. In Layoutprogrammen, z. B. Adobe InDesign oder QuarkXPress, werden Sie oft auf das Maß 4,233 mm stoßen. Damit ist ein Maß in der Größe von 12 Pt gemeint.

Glätten

Beim Glätten ❻ werden Übergänge in den Randbereichen der Schrift erzeugt. Wie Sie vielleicht wissen, besteht ein Bild aus Pixeln, während Schriften stets Vektorgrafiken sind (siehe auch Kapitel 12, »Fachkunde«). Diese Grafiken werden beim Konvertieren in ein Bildformat wie JPEG, TIFF oder BMP »gepixelt«. Beim Glätten werden die Kanten der Buchstaben weicher gestaltet. Je nach Verwendungszweck kann die Glättung bessere, leider aber auch schlechtere Ergebnisse bringen. Photoshop bietet hier verschiedene Glättungsoptionen an, die Sie in Abbildung 10.6 sehen können. Im Einzelfall kommen Sie an einer Prüfung nicht vorbei, da die Effekte bei unterschiedlichen Schriftfamilien und Schriftschnitten auch teils andere Ergebnisse zutage fördern. Meine Empfehlung: Skalieren Sie das Bilddokument zunächst auf 100 %, und schauen Sie sich anschließend die unterschiedlichen Wirkungsweisen an.

Eigenschaften-Bedienfeld

Bitte beachten Sie, dass sich das Eigenschaften-Bedienfeld grundsätzlich öffnet, sobald ein Text produziert wird. Zwar finden Sie dort keine Steuerelemente, die nicht auch in der Optionsleiste enthalten wären, jedoch liegt vielen die Arbeit mit dem Eigenschaften-Bedienfeld mehr.

Glättungsoptionen

SCHARF bedeutet, dass der Text so scharf wie möglich abgebildet wird, während SCHÄRFER den Text nur etwas schärft. Im Modus STARK wird eine kleine Kontur erzeugt, während ABRUNDEN die beschriebene Glättung (also Weichzeichnung am Rand) darstellt. OHNE schaltet die Option komplett aus.

Glätten
Glätten

▲ **Abbildung 10.5**
Schrift ohne Glättung (oben) wirkt zwar »pixeliger«, ist aber in der Kontur schärfer als geglätteter Text (unten).

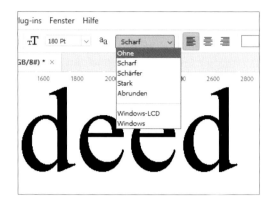

Abbildung 10.6 ▶
Schauen Sie sich in Ruhe an, welche Auswirkungen die verschiedenen Glättungsmethoden auf die Ränder der Schrift haben. OHNE deaktiviert die Glättung.

Ausrichtung

Legen Sie fest, ob der Text linksbündig, zentriert oder rechtsbündig ausgerichtet werden soll ➐.

Abbildung 10.7 ▶
Textausrichtung linksbündig (oben), zentriert (Mitte) und rechtsbündig (unten)

> Meistens ist linksbündig ausgerichteter Text besser lesbar als zentrierter.
>
> Meistens ist linksbündig ausgerichteter Text besser lesbar als zentrierter.
>
> Meistens ist linksbündig ausgerichteter Text besser lesbar als zentrierter.

Allgemeine Änderungen
Wenn Sie Textattribute verändern möchten, machen Sie dies bitte entweder vor der Eingabe des Textes oder nachdem Sie diese mit dem Häkchen in der Optionsleiste bestätigt haben. Änderungen während der Texteingabe bewirken lediglich, dass sich der Text ab der aktuellen Cursorposition ändert.

Weitere Funktionen

Ändern Sie die Zeichenfarbe durch einen Klick auf das Farbfeld ➑. Hierüber wechseln Sie in den Farbwähler.

Zur Verformen-Funktion ➒ kommen wir im Folgenden. Der Button steht im Übrigen nur dann zur Verfügung, wenn bereits Text erzeugt wurde.

Das Glyphen-Bedienfeld

In Version 2015 von Photoshop hat ein sogenanntes Glyphen-Bedienfeld Einzug gehalten. Meine Meinung dazu: »Hurrraaa!!!

Danke, danke, liebe Photoshop-Programmierer. Das war bitter nötig.« – Mit Glyphen bezeichnet man im Kern die grafische Darstellung von Schriftzeichen. Im Glyphen-Satz einer Schrift sind alle in dieser Schrift verwendbaren Zeichen integriert – also auch Sonderzeichen wie das Copyright-Symbol. Bislang war es so, dass Photoshop dieses und zahllose andere Glyphen nicht ohne Weiteres darstellen konnte. Man musste den zum Zeichen gehörenden ASCII-Code kennen (für das Copyright-Zeichen ist er: `Alt` (gedrückt halten) und Eingabe von `1`+`8`+`4`). Umso beschwerlicher ist, dass jedes Zeichen einen eigenen ASCII-Code hat. Aber sei's drum. Jetzt öffnet man das entsprechende Bedienfeld (FENSTER • GLYPHEN), scrollt ein wenig nach unten ❶ und setzt einen simplen Doppelklick auf das benötigte Symbol ❷. Im Vorfeld muss natürlich die Einfügemarke des Text-Werkzeugs aktiv sein (z. B. mit dem Text-Werkzeug auf das Dokument klicken).

◄ **Abbildung 10.8**
Endlich – Glyphen in Photoshop

Alternative Glyphen

Für den Fall, dass alternative Zeichen zur Verfügung stehen, werden diese nach Markierung des entsprechenden Buchstabens direkt am Text angezeigt. (Bei Verwendung einzelner MINION-Schriftarten ist das beispielsweise der Fall.) Wählen Sie die Glyphe aus der Tafel aus, die Ihnen mehr liegt als die derzeit im Text be-

Alternative Glyphen deaktivieren
Wer viel schreibt, könnte sich durch die Texttafel gestört fühlen. Deaktivieren Sie in diesem Fall die Checkbox TEXTEBENEN-GLYPHEN-ALTERNATIVEN AKTIVIEREN, die unter BEARBEITEN/PHOTOSHOP • VOREINSTELLUNGEN • SCHRIFT zu finden ist.

findliche. Sie wird daraufhin ersetzt. Beachten Sie, dass die Tafel nur angezeigt wird, wenn Sie sich mit der Maus auf dem markierten Textbereich befinden.

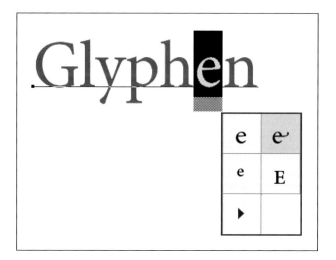

Abbildung 10.9 ▶
Ersetzen Sie Glyphen
bei Bedarf.

10.2 Zeichen- und Absatz-Bedienfeld

Photoshop hält ein Zeichen- und ein Absatz-Bedienfeld bereit, mit deren Hilfe Sie schnell auf die unterschiedlichsten Funktionen zugreifen können ❿ (Abbildung 10.2). Hinter dem Zeichen-Bedienfeld ist das sogenannte Absatz-Bedienfeld zu finden, mit dem sich neben den bereits erwähnten Ausrichtungen auch Einzüge definieren lassen. So kann beispielsweise die erste Zeile eines jeden Absatzes etwas nach rechts verschoben werden.

Abbildung 10.10 ▶
Das Zeichen-Bedienfeld

Abbildung 10.11 ▶ ▶
Der Anfang der ersten Zeile
eines Absatzes wird nach
rechts verschoben.

Innerhalb des Zeichen-Bedienfelds ist auch die vorletzte Zeile interessant, durch die nun noch mehr Optionen zur Verfügung stehen. Unter anderem werden Open-Type-typische Zeichen unterstützt, z. B. die Verbindung der beiden Buchstaben »f« und »i« durch ein in diesem Schriftsatz enthaltenes einzelnes Zeichen. Dabei handelt es sich übrigens um das sogenannte Unterschneiden bzw. um Ligaturen. Aktivieren Sie für das beschriebene Schriftbild die Schaltfläche STANDARDLIGATUREN. Dadurch verschmelzen zwei Zeichen zu einem.

> Wir waren alle sehr erstaunt, als Ewald uns seine Entscheidung mitteilte. Wir hatten nicht damit gerechnet, dass er sich so schnell mit der Angelegenheit auseinandersetzen würde.

▲ **Abbildung 10.12**
Das sieht besonders beim Blocksatz gut aus (in dem normalerweise alle Zeilen mit Ausnahme der letzten gleich breit sind).

◀ **Abbildung 10.13**
Photoshop erlaubt auch eine anspruchsvolle Zeichengestaltung wie eine Ligatur-Erzeugung (rechts: STANDARDLIGATUREN ist aktiviert).

Zeichen- und Absatzformate definieren

Das wird vor allem den Designer begeistern, der gerne mit Texten arbeitet: In Photoshop sind Zeichen- und Absatzformate definierbar. Wer intensiv mit Microsoft Word, Adobe InDesign oder QuarkXPress arbeitet, kennt diese Techniken. Häufig benutzte Schrifteinstellungen lassen sich auch in Photoshop absichern.

Nehmen wir an, Sie benötigen verschiedenartige Schriften mitsamt ihren Einstellungen (z. B. Farbe, Größe, Laufweite) immer wieder. Dann wäre es doch müßig, sie jedes Mal über die Optionsleiste oder das Zeichen-Bedienfeld neu zu definieren, oder? In Photoshop ist das nicht nötig. Hier definieren Sie die Schrift nur ein einziges Mal und legen dann ein Format davon an. Unterschieden wird hier zwischen *Zeichenformaten* (beziehen sich auf einzelne Zeichen oder Wörter innerhalb eines Absatzes) und *Absatzformaten* (beziehen sich auf einen gesamten Absatz).

Nachdem Sie die Schrift eingestellt haben, öffnen Sie das gleichnamige Bedienfeld (FENSTER • ZEICHENFORMATE oder FENSTER • ABSATZFORMATE) und betätigen anschließend das kleine Plus-Symbol ❷ in der Fußleiste.

Open Type
Open Type gilt als Weiterentwicklung des Standard-Schriftformats *True Type*. Es zeichnet sich vor allem durch sehr viel anspruchsvollere Zeichensätze aus. Außerdem sind Open-Type-Schriften plattformübergreifend einsetzbar.

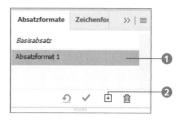

▲ **Abbildung 10.14**
Hier ist gerade ein Absatzformat erzeugt worden.

Zahlreiche Erweiterungen
Neben den Standardfunktionen (siehe oberste drei Einträge links in der Liste der Absatzformatoptionen) lassen sich auch Einzüge und Abstände, Satz, Ausrichtung und Silbentrennung individuell regeln. Besonders Letzteres ist ein Segen für denjenigen, der oft Fließtexte in Photoshop verarbeiten muss.

Weitere Definitionen, die das Format betreffen, lassen sich nach einem Doppelklick auf die Formatbezeichnung ❶ (Abbildung 10.14) vornehmen. So ist es beispielsweise sinnvoll, dem Format einen aussagekräftigen Namen zu verpassen.

▲ **Abbildung 10.15**
Wenn Sie viele verschiedene Formate verwalten müssen, ist die Vergabe einer eindeutigen Bezeichnung dringend zu empfehlen.

Das wirklich Tolle an der Arbeit mit Formaten ist jedoch: Falls Sie sich irgendwann einmal überlegen, ein Format zu ändern, können Sie das über den zuvor angesprochenen Dialog tun. Die Änderungen werden dann automatisch überall dort wirksam, wo das jeweilige Format eingesetzt worden ist. Das bedeutet für Sie: Sie müssen kein einziges Textfeld manuell nachbearbeiten, sondern ändern nur die betreffende Formatoption.

Zeichen- und Absatzformate integrieren

Allerdings müssen Sie bedenken, dass Absatz- und Zeichenformate nur für das jeweilige Dokument Gültigkeit besitzen. Schließen Sie das Foto, sind die Formate zwar innerhalb der Datei noch enthalten (Voraussetzung: ebenenbasiertes PSD oder TIFF), werden jedoch in Photoshop nicht mehr angezeigt. Sie haben die Möglichkeit, die zuvor benutzten Formate neu zu integrieren, sofern Sie das Dokument zuvor als PSD gesichert haben. Gehen Sie dazu in das Bedienfeldmenü des Zeichen- oder des Absatz-Bedienfelds, und wählen Sie dort ZEICHENFORMATE LADEN bzw. ABSATZFORMATE LADEN ❶. Markieren Sie das PSD-Dokument, und betätigen Sie ÖFFNEN.

Zeichen- und Absatzformate speichern

Sie können noch einen Schritt weitergehen. Es ist nämlich möglich, Absatz- und Zeichenformate dauerhaft zu speichern. (Wie
sehr haben wir uns das gewünscht.) Und so geht's: Legen Sie
zunächst, wie beschrieben, sämtliche Formate an, und öffnen Sie
danach das Bedienfeldmenü. Ob Sie das bei aktivierter Registerkarte Absatzformate oder Zeichenformate machen, spielt keine
Rolle. Auch ist es unerheblich, welche Zeile dort gerade markiert
ist. Klicken Sie zuletzt auf Standardschriftstile speichern ❷.

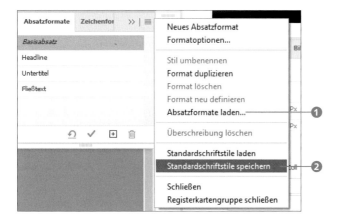

◀ **Abbildung 10.16**
Die zuvor eingerichteten Vorlagen (hier auch Standard-
schriften genannt) können
mit Photoshop gespeichert
werden.

Zeichen- und Absatzformate ersetzen
oder weitergeben

Sollten Sie im Team arbeiten, können Sie die Stile problemlos
auf einen neuen Rechner übertragen, indem Sie die Schriften in
ein Photoshop-Dokument (*.psd oder *.psb) integrieren und die
Datei an eine andere Person weitergeben. Die kann sich nun via
Bedienfeldmenü für Absatzformate laden bzw. Zeichenformate laden entscheiden, die Photoshop-Datei anwählen und mit
OK bestätigen. Sollte Photoshop feststellen, dass sich auf dem
Zielrechner bereits eine entsprechende Vorlage befindet, wird
eine Hinweistafel ausgegeben, mit der der Empfänger entscheiden
kann, ob er die auf seinem Rechner vorhandene Vorlage Ersetzen
möchte oder die Aktualisierung lieber Überspringen (also nicht
ausführen) will. Mit Abbrechen findet keine Integration statt.

All das ist übrigens auch auf dem eigenen Rechner möglich.
Sollte Ihr Auftraggeber Änderungswünsche an einer Schriftart

verspüren, kann er sie in besagtem Photoshop-Dokument vornehmen und Ihnen anschließend wieder zur Verfügung stellen. Ein Import auf die oben beschriebene Weise aktualisiert dann Ihre bereits integrierten Vorlagen.

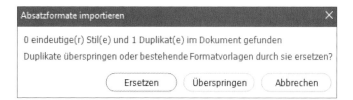

Abbildung 10.17 ▶
Beim Import haben Sie
die Wahl.

Schriften finden

Haben Sie sich beim Betrachten eines mit Text versehenen Fotos (oder einer Werbeanzeige) auch schon einmal gefragt, was das bloß für eine Schrift sein mag? Als stolzer Photoshop-Besitzer bleiben Ihnen derartige Interna künftig nicht mehr verborgen. Sie können die Anwendung nämlich dazu bewegen, das Schriftbild zu analysieren. Nun ist nicht generell sichergestellt, dass Photoshop stets die Originalschrift findet – und Ihnen diese auch noch zur Verfügung stellt, denn das wirft möglicherweise erhebliche rechtliche Bedenken auf, da viele Schriften gar nicht ohne Weiteres benutzt werden dürfen. Immerhin zahlen renommierte Unternehmen ihren Schrift-Designern viel Geld für die Entwicklung individueller Lettern. Dennoch schafft Photoshop es zumindest, eine dem Original möglichst nahekommende Schrift zu präsentieren.

Und so einfach geht's: Öffnen Sie das Menü SCHRIFT. Selektieren Sie den Listeneintrag PASSENDE SCHRIFT FINDEN. Auf dem Foto zeigt sich anschließend ein kleiner Rahmen, den Sie an den Eckanfassern mit gedrückter Maustaste in Form ziehen können. Klicken Sie in den Rahmen hinein, lässt dieser sich (ebenfalls mit gehaltener Maustaste) auf dem Foto verschieben. Passen Sie den Rahmen so an, dass er die Schrift umrahmt, die Sie suchen. Nun warten Sie, bis Photoshop die potenziellen Ergebnisse gefunden hat. Klicken Sie auf die Zeile, deren Schriftmuster Ihren Wünschen am ehesten entspricht, und bestätigen Sie mit OK. Zuletzt aktivieren Sie das Text-Werkzeug innerhalb der Werkzeugleiste. Die gewünschte Schriftart ist in der Optionsleiste nun bereits eingestellt.

◄ **Abbildung 10.18**
Umrahmen Sie den Bildbereich, der analysiert werden soll.

▼ **Abbildung 10.19**
Die Schrift wird automatisch übernommen.

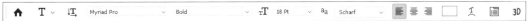

Adobe Fonts

Hinter der Suchroutine steckt ADOBE FONTS, eine Schriften-Bibliothek mit Schriftsätzen, die Ihnen im Rahmen der Creative-Cloud-Mitgliedschaft zur Verfügung stehen (ehemals Typekit). Die Schriften finden Sie unter *https://fonts.adobe.com/fonts*. Hier können auch derzeit noch nicht auf Ihrem PC installierte Fonts per Mausklick eingefügt werden. Organisatorische Infos zu Adobe Fonts sind unter *https://fonts.adobe.com* zu finden.

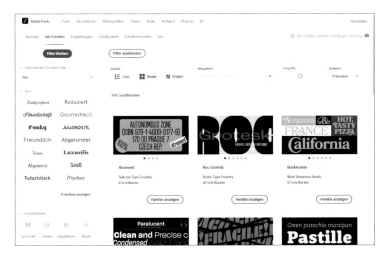

◄ **Abbildung 10.20**
Adobe Fonts ist Ihr Portal zu zahlreichen weiteren Schriften.

10.3 Texteffekte und Texturen

Photoshop bietet eine ganze Fülle von Möglichkeiten, trickreich Einfluss auf zu erstellende Texte zu nehmen. Denn mit der bloßen Texteingabe ist das Ende der Fahnenstange noch lange nicht erreicht. Nach der Erstellung und Übergabe an die Anwendung geht es meist erst richtig los.

Text verformen

Durch individuelle Gestaltung können Sie Ihren Texten das gewisse Etwas geben. Ein dynamisch gestalteter Text, dessen Form im Bestfall das widerspiegelt, was die Schrift aussagen will, weckt das Interesse des Betrachters.

Schritt für Schritt
Textaussage visualisieren

Verleihen Sie Ihrem Text durch Formgebung mehr Individualität. Die Lettern werden für den Betrachter interessanter, wenn Formen das wiedergeben, was die Schrift aussagen soll.

1 Dokument anlegen
Erzeugen Sie im Editor eine NEUE DATEI mit $\boxed{\text{Strg}}$/$\boxed{\text{cmd}}$+$\boxed{\text{N}}$, und übertragen Sie die folgenden Werte. Bestätigen Sie mit ERSTELLEN.

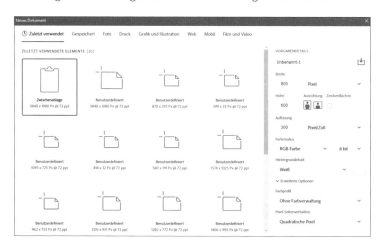

Abbildung 10.21 ▶
Diese Parameter sollten Sie an die neue Datei übergeben.

2 Schrift einstellen

Stellen Sie eine serifenlose Schrift ein (hier: ARIAL ❶). Setzen Sie dazu einen Mausklick in das erste Eingabefeld der Optionsleiste, und beginnen Sie, den Namen der gewünschten Schriftfamilie einzugeben. Wahrscheinlich wird schon nach Eingabe der ersten beiden Buchstaben eine eindrucksvolle Liste präsentiert. Entscheiden Sie sich per Klick für ARIAL REGULAR. Eigentlich benötigen wir eine Fettschrift. Wenn Sie jedoch zunächst eine Regular wählen, kann ich Ihnen im nächsten Schritt präsentieren, wie die zur Schriftfamilie passende Fettschrift eingestellt wird.

Klicken Sie ins rechts daneben befindliche Feld, und drücken Sie anschließend so oft ⬇, bis der Schriftschnitt BOLD ❷ gelistet wird. Nun ist ⇥ erforderlich, gefolgt von der Eingabe »24« ❸. Das legt die Schriftgröße auf 24 Pt fest. Den Rest machen Sie mit der Maus. Betätigen Sie ZENTRIERT ❹ als Ausrichtung, und entscheiden Sie sich für eine prägnante Schriftfarbe ❺ (hier: Rot).

▲ **Abbildung 10.22**
Die neu integrierte Liste bringt sämtliche Schriften zum Vorschein.

▼ **Abbildung 10.23**
Vergleichen Sie die Einstellungen.

3 Laufweite ändern

Blenden Sie das Zeichen-Bedienfeld über FENSTER • ZEICHEN ein, und vergeben Sie eine Laufweite von 50. Damit vergrößern sich die Abstände zwischen den einzelnen Lettern.

◄ **Abbildung 10.24**
Die 50er-Laufweite erhöht die Buchstaben-Zwischenräume.

4 Text schreiben

Klicken Sie mit dem horizontalen Text-Werkzeug in die Mitte der Arbeitsfläche, und schreiben Sie in Versalien (Großbuchstaben) das Wort »AUFWÄRTS«. Bestätigen Sie mit ⌜Strg⌝/⌜cmd⌝+⌜↵⌝, und richten Sie den Text mit dem Verschieben-Tool so aus, dass er im oberen Drittel des Dokuments liegt.

Abbildung 10.25 ▸
Achten Sie auf die Positionierung des Textes.

AUFWÄRTS

Namen für Textebenen
Es ist nicht erforderlich, beim Duplizieren von Textebenen Namen zu vergeben. Wenn der Inhalt geändert wird, überträgt sich dies auch auf den Namen der Ebene.

Sprache kontrollieren
Bei der Gelegenheit könnten Sie auch noch kontrollieren, ob im unten links angeordneten Pulldown-Menü die korrekte Sprache angewählt ist. Das ist nämlich sowohl für die Rechtschreibprüfung als auch für die Silbentrennung von großer Bedeutung. Selbst für die reformierte Rechtschreibung stehen mehrere Einträge zur Verfügung – und die schöne Schweiz ist natürlich auch mit von der Partie.

5 Ebenenkopie erstellen

Duplizieren Sie die Ebene entweder im Ebenen-Bedienfeld oder über das Menü EBENE • EBENE DUPLIZIEREN. Den Dialog bestätigen Sie einfach mit OK. Alternativ drücken Sie ⌜Strg⌝/⌜cmd⌝+⌜J⌝. Schalten Sie in der Optionsleiste des Verschieben-Werkzeugs AUTOM. AUSW. ab. Dadurch ist gewährleistet, dass Sie zum Verschieben nicht genau den Textbereich markieren müssen. Klicken Sie auf das Dokument, und halten Sie die Maustaste gedrückt. Nun halten Sie zusätzlich noch ⌜⇧⌝ gedrückt und ziehen die kopierte Ebene nach unten.

AUFWÄRTS
AUFWÄRTS

▲ **Abbildung 10.26**
Gleich unterhalb entsteht ein Duplikat.

6 Text ändern

Aktivieren Sie erneut das horizontale Text-Werkzeug, und markieren Sie mit gedrückt gehaltener Maustaste den kompletten Text. Er ist jetzt schattiert dargestellt. Sobald Sie nun eine neue Eingabe machen, wird der alte Text gelöscht.

◄ **Abbildung 10.27**
Der untere Text ist markiert.

7 Laufweite erneut ändern

Schreiben Sie »BEWEGUNG«. Markieren Sie erneut die komplette zweite Zeile, und ändern Sie die Laufweite über das Zeichen-Bedienfeld auf »0«. Dadurch passt sich der Inhalt der zweiten Zeile optisch an die Breite der ersten an. Bestätigen Sie die Änderung.

8 Verformung aktivieren

Klicken Sie auf den Button VERFORMTEN TEXT ERSTELLEN in der Optionsleiste. Nun öffnen Sie das Flyout-Menü ART und stellen dort ANSTEIGEND ein. Verlassen Sie den Dialog noch nicht!

◄ **Abbildung 10.28**
Der Text soll ansteigend verformt werden.

Einstellungen widerrufen

Wenn Sie [Alt] gedrückt halten, während das Dialogfenster noch geöffnet ist, wird die ABBRECHEN-Schaltfläche zum ZURÜCK-SETZEN-Button. Klicken Sie ihn an, um die vorgenommenen Einstellungen zu widerrufen und von vorne zu beginnen, ohne das Dialogfeld verlassen zu müssen.

9 Verformung einstellen

Nun werden die Einstellparameter verändert. Die BIEGUNG steht standardmäßig auf +50 % ❷. Bewegen Sie den mittleren Schieber

Verformen-Wirkungen
Testen Sie bei Gelegenheit doch einmal die verschiedenen Wirkungen des Text-verformen-Effekts. Beachten Sie auch die Symbole vor den jeweiligen Namen, die in groben Zügen die Verformung wiedergeben.

Abbildung 10.29 ►
Legen Sie die horizontale Verzerrung fest.

Bilder/Ergebnisse/
Bewegung.psd

mit dem Namen HORIZONTALE VERZERRUNG ❸ nach rechts, bis ein Wert um +90% erreicht wird. Die VERTIKALE VERZERRUNG belassen Sie bei 0% ❹. Nun können Sie beherzt auf OK ❶ klicken.

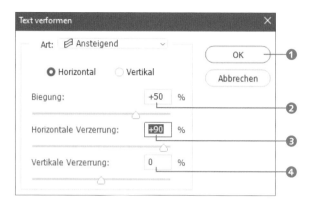

Markieren Sie nun die Ebene AUFWÄRTS im Ebenen-Bedienfeld, und öffnen Sie erneut den Dialog VERFORMTEN TEXT ERSTELLEN. Unter ART selektieren Sie erneut ANSTEIGEND. Nun müssen Sie lediglich noch die HORIZONTALE VERZERRUNG auf ca. −90% setzen und mit OK bestätigen.

Die fertige Datei finden Sie auch auf der Buch-Website im Ordner ERGEBNISSE unter dem Titel »Bewegung.psd« zum Download.

Abbildung 10.30 ►
Am Ende soll es so aussehen.

Texteffekte mit Ebenenstilen und Texturen

Texturen und Muster machen ein Bild erst so richtig lebendig. Prinzipiell haben Sie dazu zwei Möglichkeiten: Entweder nutzen Sie eine vorhandene Textur, oder Sie erstellen sie komplett selbst. Letzteres werden wir gleich hier in einem Workshop ausprobieren.

Schritt für Schritt
Einen Chromeffekt erzeugen

Bei diesem Workshop handelt es sich um einen echten Klassiker, der deutlich macht, wie unterschiedlich eine Schattenwirkung ausfallen kann.

1 Neue Datei erzeugen

Erzeugen Sie eine neue Datei im RGB-Modus mit 220 ppi, und verwenden Sie die Abmessungen 10 cm BREITE sowie 7 cm HÖHE. (Denken Sie daran, zuerst die Maßeinheit einzustellen und erst im Anschluss die Werte einzugeben!) Der Hintergrund soll weiß sein.

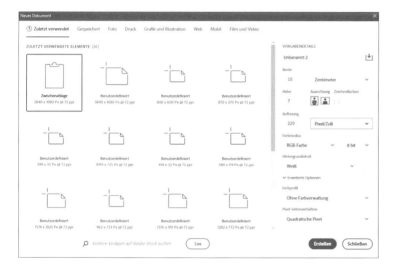

◄ **Abbildung 10.31**
Eine neue Datei wird erzeugt.

2 Schrift erzeugen

Schreiben Sie den gewünschten Text (hier: CHROMA), und skalieren Sie ihn entsprechend (hier: COPPERPLATE GOTHIC BOLD (REGULAR) mit einer Größe von 36 Pt). Die Farbe spielt übrigens keine Rolle.

◄ **Abbildung 10.32**
So sollte Ihr Text ungefähr aussehen.

3 Text rastern

Rastern Sie den Text, indem Sie bei aktiviertem Text-Werkzeug mit der rechten Maustaste direkt im Bild auf den Text klicken und den Eintrag TEXT RASTERN im Kontextmenü selektieren. Alternative: SCHRIFT • TEXTEBENE RASTERN. Damit ist die Vorarbeit beendet. Eine entsprechende Datei finden Sie in den Beispieldateien unter dem Titel »Chroma_01.psd«.

4 Verlaufsverzeichnis überprüfen

Ich muss Ihnen ein Geständnis machen: Der Verlauf, den Sie für diesen Workshop benötigen, befindet sich höchstwahrscheinlich gar nicht auf Ihrem Rechner. Er war zwar bis vor einiger Zeit standardmäßig in Photoshop enthalten, glänzt jedoch inzwischen (leider) durch Abwesenheit. Oder? Vielleicht haben Sie ja mehr Glück als ich. Schauen Sie doch einmal nach. Dazu aktivieren Sie das Verlaufswerkzeug, und drücken anschließend ⏎. In der daraufhin präsentierten Auswahlliste an der Toolbox suchen Sie nach dem Verzeichnis CHROM. Falls dieses bei Ihnen vorhanden ist, fahren Sie mit Schritt 6 fort.

◀ **Abbildung 10.33**
In meinem Verzeichnis ist kein Datensatz mit der Bezeichnung »Chrom« zu finden. Bei Ihnen auch nicht? Dann fahren Sie mit Schritt 5 fort.

5 Verläufe importieren

Glücklicherweise verfügt das Beispielmaterial zu Ihrem Buch über einen Verlaufssatz, der mit »Chrom bearbeitet.grd« betitelt ist. Und so fügen Sie ihn in Photoshop ein: Wiederholen Sie den ersten Teil von Schritt 4, indem Sie das Verlaufswerkzeug aussuchen und anschließend ⏎ betätigen. Als nächstes klicken Sie bitte auf das Zahnrad-Symbol ❶ oben rechts im Overlay-Fenster und wählen VERLÄUFE IMPORTIEREN. Markieren Sie die oben näher bezeichnete Verlaufsdatei und klicken Sie zuletzt unten rechts auf LADEN.

Chom bearbeitet.grd

▲ **Abbildung 10.34**
Diese Datei wird jetzt benötigt.

6 Verlauf einstellen

Drücken Sie nun erneut bei aktiviertem Verlaufswerkzeug ⏎. In der daraufhin präsentierten Auswahlliste an der Toolbox finden Sie nun ganz unten CHROM BEARBEITET. Öffnen Sie die Liste, indem Sie auf die vorangestellte Pfeilspitze klicken und entscheiden Sie sich für den mit CHROME betitelten Verlauf.

7 Verlauf bearbeiten

Der Verlauf beinhaltet bereits alle Farben, die für diesen Workshop benötigt werden. Ein Makel bleibt aber dennoch. Finden Sie nicht auch, dass der Übergang von Weiß nach Braun etwas hart ist? Öffnen Sie daher das Dialogfenster VERLÄUFE BEARBEITEN (klicken Sie auf die Verlaufsfläche in der Optionsleiste), und ziehen Sie die weiße Farbunterbrechung ❸ etwas nach links. Gleich rechts daneben wird nun auch der Farbmittelpunkt ❷ sichtbar. Sie schieben ihn etwas nach rechts. Das sieht doch schon wesentlich harmonischer aus, oder? Wenn Sie möchten, speichern Sie den neuen Verlauf unter einem anderen Namen.

▲ **Abbildung 10.35**
So schnell kann man die vorhandenen Verläufe erreichen.

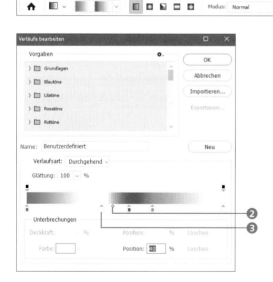

▲ **Abbildung 10.36**
Platzieren Sie einen Mausklick auf dem Verlauf in der Optionsleiste.

◄ **Abbildung 10.37**
Anspruchsvolle Verläufe sollten gespeichert werden.

8 Verlauf anwenden

Bevor Sie nun den Verlauf zuweisen, aktivieren Sie im Ebenen-Bedienfeld noch die Funktion TRANSPARENTE PIXEL FIXIEREN. Schließlich soll ja nur die Schrift und nicht die komplette Ebene einen Verlauf erhalten. Danach ziehen Sie mit gedrückter ⌂-Taste von oben nach unten eine Linie über das mittlere Drittel der Lettern. Sobald Sie loslassen, wird der Verlauf aufgezogen. Heben Sie TRANSPARENTE PIXEL FIXIEREN anschließend wieder auf.

Abbildung 10.38 ▶
Der Verlauf erstreckt sich jetzt nur auf die Lettern.

9   Effekte zuweisen

Sie kennen das ja schon. Der Rest ist die Zuweisung von Effekt-Parametern, obwohl es diesmal etwas mehr ist. Öffnen Sie zunächst EBENE • EBENENSTIL • ABGEFLACHTE KANTE UND RELIEF, und entnehmen Sie die Werte für den Frame STRUKTUR ❶ der folgenden Abbildung. Danach aktivieren Sie EINBUCHTUNG – STARK im Flyout-Menü GLANZKONTUR ❷. Bestätigen Sie Ihre Auswahl noch nicht mit OK!

Abbildung 10.39 ▶
Diese Kontur soll es sein.

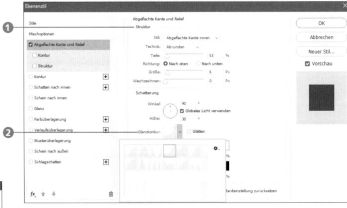

▲ **Abbildung 10.40**
Platzieren Sie den Mausklick auf dem oberen (eingerückten) KONTUR-Eintrag.

Gleich unterhalb von ABGEFLACHTE KANTE UND RELIEF (linker Frame des Dialogs) klicken Sie nun auf den Schriftzug KONTUR. Diese Bezeichnung kommt zweimal vor. Benutzen Sie hier die oberste, leicht eingerückte ❸. Doch Vorsicht: Klicken Sie bitte auf den Text! Das bloße Anwählen der Checkbox öffnet nämlich die Kontur-Steuerelemente nicht. Öffnen Sie anschließend rechts das Flyout-Menü KONTUR, und legen Sie RUNDE STUFEN ❹ fest. Zuletzt klicken Sie auf den unteren Kontur-Eintrag ❺ und bestimmen die GRÖSSE ❻ mit 3 Px in POSITION: AUSSEN. Bitte den Dialog weiterhin nicht verlassen!

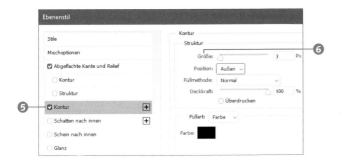

◀ **Abbildung 10.41**
Die Größe der Struktur sollte 3 Px betragen.

Zuletzt kommt der SCHLAGSCHATTEN ❼. Wie bei allen zuvor genannten Optionen müssen Sie auch hier das Wort (nicht die Checkbox!) anklicken und die Steuerelemente folgendermaßen einstellen: ABSTAND 4 Px, ÜBERFÜLLEN 40 Px, GRÖSSE ca. 13 Px. Den Schieberegler RAUSCHEN ziehen Sie zuletzt noch auf etwa 15 %. (Dieser ist übrigens für die gesprenkelte Darstellung des Schattens verantwortlich.) Bestätigen Sie mit OK. Zuletzt stellen Sie den Schriftzug frei.

Plus-Symbole
Die Plus-Symbole in den Zeilen auf der linken Seite gestatten es Ihnen, einen weiteren Effekt gleicher Art hinzuzufügen. Sollten Sie beispielsweise bereits eine Kontur hinzugefügt haben und nun eine weitere benötigen, reicht ein Klick auf das Plus der Kontur-Zeile. So werden auf die Schnelle mehrere Konturen möglich. Löschen Sie einen vorhandenen Kontur-Eintrag durch Markieren der Zeile, gefolgt von einem Klick auf das Papierkorb-Symbol in der Fußleiste der linken Spalte.

Bilder/Ergebnisse/Chrom.tif

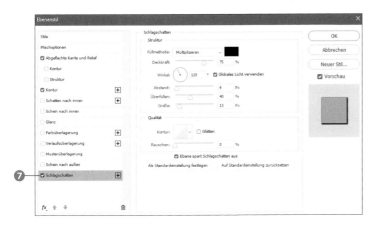

◀ **Abbildung 10.42**
Damit wäre auch der letzte Schritt erledigt. Die fertige Datei wartet auf Sie im ERGEBNISSE-Ordner und heißt »Chroma-01-bearbeitet.psd«.

Effekte auf andere Dateien anwenden

Stil speichern
Bei aufwendigen Einstellungen empfiehlt es sich, den Stil zu speichern. Klicken Sie dazu innerhalb des Ebenenstil-Dialogs auf NEUER STIL, und vergeben Sie einen aussagekräftigen Namen. Soll der Effekt erneut angewendet werden, finden sich alle Einstellungen in Form eines Buttons im Bedienfeld STILE wieder. Klicken Sie einfach diesen Button an, oder ziehen Sie ihn auf die Zielebene.

Wenn Sie erst einmal einen aufwendigen Effekt erzeugt haben, müssen Sie ihn nicht für jedes Bild neu einstellen. Speichern Sie sowohl den Verlauf als auch die Ebenenstile auf die im Hinweiskasten beschriebene Art.

Stile lassen sich zwar auf Texte anwenden, Verläufe jedoch nicht. Daher ist das Rastern der Textebene erforderlich. So gehen Sie vor, um wiederkehrende Effekte auf andere Schriften anzuwenden:

1. Erzeugen Sie die Datei, und erstellen Sie den Text.
2. Rastern Sie die Textebene, und fixieren Sie transparente Pixel.
3. Weisen Sie den gespeicherten Verlauf durch Ziehen einer Linie mit dem Verlaufswerkzeug zu.
4. Weisen Sie den gespeicherten Stil zu, indem Sie den Button im Bedienfeld STILE markieren.

10.4 Formen

Photoshop wartet mit diversen vektorbasierten Formen auf (aufgrund dessen lassen sie sich beliebig skalieren). Das Einsetzen einer Form ist ein Kinderspiel.

Eine Form erstellen

Zunächst aktivieren Sie das Eigene-Form-Werkzeug ⌴, das sich in einer Gruppe mit dem Rechteck-Werkzeug befindet. Schauen Sie nun in die Optionsleiste. Ziemlich weit rechts gibt es ein Steuerelement namens FORM ❶. Ein Klick darauf bringt Ihnen eine Liste näher, die weitere Formensätze enthält. Öffnen Sie einen Formensatz (hier WILDTIERE), lässt sich die gewünschte Form mittels Mausklick selektieren.

Abbildung 10.43 ▶
Suchen Sie sich ein Symbol aus (hier die bourbonische Lilie).

Abbildung 10.44 ▶▶
Dieses Tool muss aktiviert werden.

Ziehen Sie an gewünschter Stelle im Bild mit ⌂ einen Rahmen auf. Die ⌂-Taste sorgt dafür, dass das Zeichen seine Proportionen während der Erzeugung behält. Lassen Sie aber unbedingt zunächst die Maustaste und erst danach ⌂ wieder los. Welche Farbe Sie verwenden, spielt im Übrigen keine Rolle. Im Buchbeispiel wurde Rot verwendet. Grundsätzlich wird die Vordergrundfarbe zur Füllung einer Form verwendet. Sollten Sie die Farbe vorab nicht definiert haben, lässt sich das nachträglich noch mit Hilfe des Steuerelements FLÄCHE erledigen. Gleiches gilt für die Konturen der Form. Beide Optionen finden Sie in der Werkzeugleiste.

Hilfslinien aus Formen | Formen lassen sich auch hervorragend als Grundgerüst für Hilfslinien heranziehen. Zwar wird dabei nicht die Form selbst als Hilfslinie definiert, jedoch wird die Form mit horizontalen und vertikalen Hilfslinien umrandet. Dazu wählen Sie ANSICHT • NEUE HILFSLINIEN AUS FORM.

◀ **Abbildung 10.45**
Eine solche Form ist ruck, zuck erzeugt.

Formen bearbeiten

Formen können mit dem DIREKTAUSWAHL-WERKZEUG Ⓐ nachbearbeitet werden, welches sich in einer Gruppe mit dem PFADAUSWAHL-WERKZEUG befindet. Achten Sie darauf, dass Sie den weißen Pfeil auswählen, nicht den schwarzen, da sich damit nur der gesamte Pfad verschieben lässt.

Um einen Punkt zu bearbeiten, muss die Form (bzw. deren Ebene) aktiv sein. Wenn Sie jetzt auf den Pfadpunkt (z. B. ❷), lässt sich der Punkt verschieben, was natürlich auch eine Änderung des

▲ **Abbildung 10.46**
Formen können mit Hilfe der quadratischen Anfasser bearbeitet werden.

Pfades zur Folge hat. Bitte beachten Sie, dass die Tangenten, das sind die kleineren Linien, die aus dem jeweils aktiven Pfadpunkt herausragen, an den Endstücken, genauer gesagt an den Kreisen gegriffen und entsprechend in Form gebracht werden können. Hiermit formen Sie die Rundung des Pfades. Wie das genau funktioniert, schauen wir uns in Abschnitt 10.5, »Pfade«, auf der nächsten Seite noch genauer an. Allerdings müssen Sie bei der ersten Pfadpunkt-Bearbeitung bestätigen, dass Sie die Live-Form tatsächlich ändern wollen. Nach Klick auf OK bleibt eine neuerliche Kontrollabfrage aus.

▲ **Abbildung 10.47**
Sie müssen der Umwandlung der Liveform in einen regulären Pfad zustimmen, bevor Sie einzelne Punkte bearbeiten können.

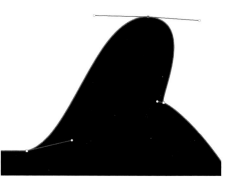

▲ **Abbildung 10.48**
Mit Hilfe der Tangenten gelingen gerundete Übergänge zwischen den einzelnen Pfadpunkten.

Live-Formen

Besonders interessant wird diese Technik im Zusammenhang mit dem Eigenschaften-Bedienfeld, das sich automatisch öffnet, wenn Sie eine Form beispielsweise mit dem Rechteck-Werkzeug aufziehen. Mit Hilfe der dortigen Steuerelemente lässt sich die Form auf einfache und intuitive Weise anpassen. Klicken Sie beispielsweise auf eines der vier Ecken-Symbole (z. B. für die obere linke Ecke ❶), und halten die Maustaste gedrückt, können Sie alle vier Ecken gleichzeitig abrunden, indem Sie die Maus nach rechts schieben. Nach links geschoben werden die Abrundungen hingegen kleiner.

Dass alle vier Ecken gleichzeitig verändert werden, verdanken Sie übrigens dem links daneben befindlichen Ketten-Symbol ❷. Mit einem Klick darauf wählen Sie es ab. Nun kann jede der vier Ecken unabhängig von allen anderen an gepasst werden.

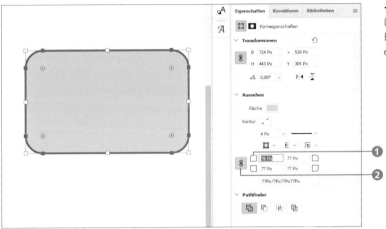

◄ **Abbildung 10.49**
Die Ecken können auch im Eigenschaften-Bedienfeld eingestellt werden.

10.5 Pfade

Pfade kommen immer dann zum Einsatz, wenn es darum geht, beliebige Objekte zu erstellen (die Form bestimmen allein Sie). Zum anderen lassen sich mit Pfaden komplizierte Auswahlbereiche erzeugen. Mitunter ist es nämlich wesentlich einfacher, zunächst einen Pfad zu erzeugen und ihn anschließend in eine Auswahl zu konvertieren.

▲ **Abbildung 10.50**
Fünf leistungsfähige Zeichenstifte erlauben die Erstellung und Bearbeitung von Vektoren.

In der Werkzeugleiste warten insgesamt fünf Zeichenstift-Tools auf ihren Einsatz. Nur die obersten beiden sind mit Shortcuts [P] ausgestattet; zur Aktivierung der übrigen ist der Mausklick vonnöten. Das ist auch nicht weiter schlimm, da Sie sie während Ihrer allgemeinen Photoshop-Arbeiten eher selten benutzen werden.

Schritt für Schritt
Einen einfachen Pfad zeichnen

Wollen wir erste Zeichenversuche wagen? Zunächst wollen wir es bei einer einfachen Kurve belassen, da der Umgang mit den Zeichenwerkzeugen doch etwas gewöhnungsbedürftig ist.

1 Neue Datei erstellen

Erstellen Sie eine neue Datei. Die Größe spielt eigentlich keine besondere Rolle. Achten Sie lediglich darauf, dass der Hintergrund weiß ist.

2 Werkzeug einstellen

Bevor Sie etwas zu Papier bringen (oder zu Monitor), wollen wir das Zeichenstift-Werkzeug einstellen, das Sie mit ⓟ aktivieren. Widmen Sie sich der Optionsleiste. Stellen Sie den WERKZEUG-MODUS auf FORM. FLÄCHE und KONTUR stellen Sie auf KEINE. Das erledigen Sie, indem Sie auf die kleinen Rechtecke beider Steue-relemente klicken und in beiden Untermenüs die diagonale, rote Linie auswählen. Die FORMKONTURBREITE stellen Sie auf 0,00 Px. Zuletzt klicken Sie weiter rechts auf das kleine Zahnrad-Symbol ❶, stellen die STÄRKE auf 1 Pixel und die FARBE auf SCHWARZ.

▲ **Abbildung 10.51**
Jetzt zeichnen Sie nur Pfade – keine Objekte. Das ist für den Anfang ausreichend.

3 Optional: Gummiband aktivieren

Wenn Sie die Funktion GUMMIBAND ❷ anwählen, hilft Ihnen Photoshop, die Position der nächsten Geraden oder Tangente mit Hilfe von flackernden Linien anzuzeigen, noch ehe Sie den nächs-ten Ankerpunkt gesetzt haben. Möglicherweise empfinden Sie das gerade zu Beginn als hilfreich. Probieren Sie es aus. Wenn die Linien stören, schalten Sie Gummiband lieber wieder aus.

4 Eine Gerade erzeugen

Setzen Sie irgendwo auf Ihrer Arbeitsfläche einen Punkt. Dies ist dann die erste Koordinate. Fügen Sie einen zweiten Punkt etwas weiter entfernt ein. Zwischen beiden Punkten wird eine Gerade gezogen.

5 Eine Kurve erzeugen

Wenn Sie nun etwas weiter entfernt den dritten Punkt setzen, lassen Sie die Maustaste noch nicht los, sondern ziehen das Zeigegerät etwas vom Koordinatenpunkt weg. Erst wenn Sie sich etwas vom Punkt wegbewegt haben, lassen Sie los. Sie ziehen nun eine Kurve. Wie Sie sehen, können so auch ganz einfach gerundete Formen erzeugt werden.

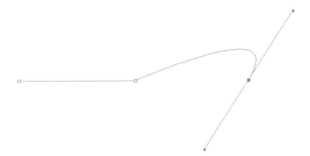

◄ **Abbildung 10.52**
Die Kurve wird mit gedrückter Maustaste erzeugt.

Die beiden geraden Linien, die nun aus dem Punkt herausragen, sind die sogenannten Anfasser. Mit ihnen können Sie Form und Radius Ihrer Kurve später noch verändern. Das gesamte Gebilde, das Sie nun erzeugt haben, wird als Pfad bezeichnet.

6 Den Pfad schließen

Setzen Sie auf diese Art und Weise zusätzliche Punkte. Den letzten Mausklick führen Sie jedoch auf dem Ausgangspunkt aus (das ist der Punkt, den Sie zuerst gesetzt haben). Diese Vorgehensweise nennt sich »Pfad schließen«. Die Zeichenfeder wird, sobald Sie sich nahe genug am ersten Punkt befinden, um ein kleines Kreis-Symbol erweitert. Dadurch zeigt Photoshop an, dass der Pfad geschlossen werden kann.

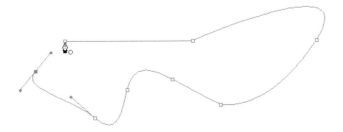

◄ **Abbildung 10.53**
Achten Sie auf die Erweiterung im Mauszeiger-Symbol.

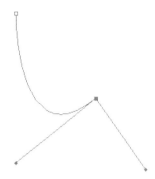

▲ Abbildung 10.54
Die nach unten rechts weisende Tangente gibt die Richtung für die nächste Kurve vor.

Punkte in einer Linie anordnen
Mit gedrückter ⇧-Taste lässt sich der jeweils nächste Punkt exakt auf einer Linie (horizontal, vertikal oder diagonal) zum vorangegangenen anordnen. Lassen Sie die Taste erst dann los, wenn der Punkt gesetzt wurde.

Letzten Punkt löschen
Wollen Sie den zuletzt gezeichneten Punkt löschen, benutzen Sie einfach das Protokoll-Bedienfeld oder drücken Strg/cmd+Z.

Pfadrichtung festlegen

Bestimmt haben Sie während der ersten Zeichenversuche bereits festgestellt, dass der Anfasser in Konturrichtung *vor* dem Ankerpunkt die Richtung der gezeichneten Kontur angibt. Solange die Maustaste noch gedrückt bleibt, formen Sie ja die *dahinter* liegende Tangente. Um nun bereits die nächste Richtung vorzugeben und somit auch einen Richtungswechsel zu ermöglichen, halten Sie die Taste Alt gedrückt. Nun kann der vordere Anfasser allein bewegt werden und gibt die Richtung der nächsten Kurve vor. Dabei gilt auch: Je länger der Anfasser ist, desto größer ist der Kurvenradius. Schieben Sie ihn also bei Bedarf wieder »in den Punkt hinein«, um einen kleineren Radius zu ziehen.

Pfade korrigieren

Die gezeichneten Linien und Punkte lassen sich, solange der Pfad noch nicht geschlossen ist, prima korrigieren. Klicken Sie einfach (ohne Werkzeugwechsel) auf einen vorhandenen Punkt, um ihn zu entfernen. Die Zeichenfeder wird dabei um ein Minus-Symbol erweitert. Das funktioniert bei allen Punkten mit Ausnahme des zuletzt gezeichneten Punktes und des Startpunktes.

Möchten Sie Punkte hinzufügen, klicken Sie (ebenfalls ohne das Werkzeug zu wechseln) auf eine Linie und fügen mit einem Mausklick dort einen Punkt ein. Das Zeichenfeder-Symbol wird auf einer Linie um ein Plus-Symbol erweitert.

Punkte umwandeln

Sie haben ja bereits erfahren, dass Sie mit gedrückter Maustaste die Anfasser (Tangenten) aus einem Punkt herausziehen und somit aus einer Geraden eine Kurvenlinie zeichnen können. Man spricht in diesem Fall von einem *Kurvenpunkt*. Wenn Sie keine Anfasser herausziehen, erzeugen Sie einen *Eckpunkt*. Nun kann es durchaus vorkommen, dass Sie aus einem Kurven- einen Eckpunkt machen möchten. Halten Sie dazu einfach Alt gedrückt, und klicken Sie den Punkt anschließend an.

Auf diese Weise wird ein Kurvenpunkt in einen Eckpunkt umgewandelt. Wollen Sie aus einem Eckpunkt einen Kurvenpunkt machen? Dann klicken Sie den Punkt ebenfalls an, halten die Maustaste aber gedrückt und ziehen die Tangenten aus dem Punkt heraus.

◄ **Abbildung 10.55**
Der unten befindliche Kurvenpunkt wurde in einen Eckpunkt umgewandelt.

▲ **Abbildung 10.56**
Aus dem Eckpunkt wurde anschließend wieder ein Kurvenpunkt geformt.

Punkte verschieben

Nun kann es sein, dass Sie während des Zeichnens feststellen, dass ein Punkt nicht an der richtigen Position ist. Unterbrechen Sie einfach Ihre Arbeit, und markieren Sie den gewünschten Punkt mit Strg/cmd. Sofort verändert der Mauszeiger sein Aussehen und lässt das Markieren eines Punktes zu. Wenn Sie nun abermals auf den Punkt klicken, wobei Sie die Maustaste gedrückt halten, können Sie den Punkt in sämtliche Richtungen verschieben.

Sie ahnen es schon: Mit Strg/cmd und unter Zuhilfenahme von ⬙ lassen sich auch mehrere Punkte gemeinsam anwählen. Sobald verschiedene Punkte markiert sind, lassen Sie ⬙ los und klicken erneut auf einen dieser Punkte. Schon verschieben sich alle anderen (markierten) Punkte entsprechend Ihrer Mausbewegung mit.

Markierte und nicht markierte Punkte
Wenn ein Punkt markiert (also bearbeitbar) ist, wird er gefüllt dargestellt. Nicht markierte Punkte werden mit weißem Inhalt angezeigt. Grundsätzlich lassen sich nur markierte Punkte bearbeiten.

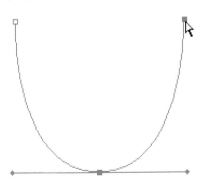

◄ **Abbildung 10.57**
Die Punkte unten und oben rechts sind markiert. Mit dem Verschieben eines Punktes wandert der andere entsprechend mit.

Schritt für Schritt
Ein Herz für Vektoren

Sie haben lange genug Theorie gepaukt, oder? Wie wäre es mit einer kleinen Übung? Wir wollen ein Herz zeichnen. Das Herz ist eine gute Einsteigerübung. Aber ich möchte Sie vorwarnen, denn die meisten Illustrationsdebütanten bewerkstelligen diese auf den ersten Blick »simple« Form nicht auf Anhieb. Lassen Sie sich daher nicht entmutigen, wenn der erste Versuch danebengeht. Oftmals erinnern die »Einsteiger-Herzen« an zertretene Cola-Dosen, und die Rückgängig-Funktionen stehen hoch im Kurs. Dennoch darf ich Ihnen aus vollem Herzen viel Spaß dabei wünschen.

▲ **Abbildung 10.58**
Eine Übung mit Herz

1 Datei vorbereiten

Wählen Sie eine nicht zu kleine Arbeitsfläche (z. B. 600 × 600 Px mit 72 ppi Auflösung), deren Hintergrund Sie mit Weiß festlegen. Aktivieren Sie das Zeichenstift-Werkzeug P. Machen Sie sich zum gegenwärtigen Zeitpunkt bitte noch keine Gedanken über die Füllung. Dazu kommen wir später. Wichtig ist zunächst, dass Sie die Kontur hinbekommen.

2 Das Herz ohne Anleitung zeichnen

Wollen Sie es vorab einmal ohne Anleitung probieren? Dazu rate ich Ihnen, denn Sie lernen so die Tücken der Pfaderstellung genau kennen. Versuchen Sie, die Kontur zu finden und die Tangenten entsprechend ihren Radien auszugestalten. Ich bin überzeugt, dass Sie Ihren Spaß daran haben werden. Lesen Sie erst dann weiter, wenn Sie glauben, dass es ohne Anleitung nicht geht.

3 Das Herz mit Anleitung zeichnen – Pfad anlegen

Es existieren zahllose Möglichkeiten, dieses Herz zu gestalten. Die einfachste ist wohl folgende: Setzen Sie im oberen linken Drittel des Bildes einen Punkt. Halten Sie ⇧ gedrückt, und setzen Sie etwa in der Bildmitte einen zweiten Punkt. Platzieren Sie noch etwas weiter rechts (mit immer noch gehaltener ⇧-Taste) den dritten. Insgesamt sollten zwischen den Punkten in etwa die gleichen Abstände bestehen. Die Punkte befinden sich (bedingt durch das Halten der Taste) alle auf einer Höhe.

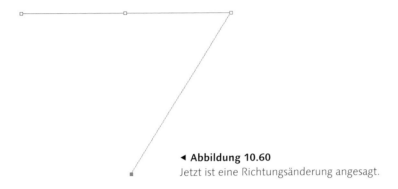

◀ **Abbildung 10.59**
Es beginnt mit einer Geraden.

Lassen Sie ⌂ los, und ziehen Sie im Lot zum mittleren Punkt einen weiteren Punkt etwas tiefer.

◀ **Abbildung 10.60**
Jetzt ist eine Richtungsänderung angesagt.

Schließen Sie den Pfad, indem Sie nun erneut auf den ersten Punkt klicken.

4 Pfad bearbeiten

Da es sich bei diesem dreieckigen Gebilde nicht im Entferntesten um ein Herz handelt, werden wir die Punkte (alle vier sind ja Eckpunkte) umwandeln und deren Tangenten entsprechend bearbeiten. Der Einfachheit halber wählen Sie zunächst das Punktumwandeln-Werkzeug aus der Werkzeugleiste.

▲ **Abbildung 10.61**
Diese Anfasser sind sehr wichtig.

Klicken Sie jetzt irgendwo auf den Pfad, damit alle Eckpunkte angezeigt werden. Markieren Sie den oberen, mittleren Punkt, halten Sie die Maustaste gedrückt, und ziehen Sie die Anfasser zur Seite heraus. Wenn Sie zusätzlich noch ⌂ drücken, verziehen Sie auch die Anfasser nur horizontal. Stoppen Sie, wenn sich die Köpfe der Anfasser etwa in der Mitte zwischen zwei Punkten befinden.

Greifen Sie nun jeden der beiden Anfasser-Köpfe, und ziehen Sie sie senkrecht nach oben bis an den oberen Bildrand.

Die beiden seitlichen Punkte müssen nun ebenfalls durch Anklicken und Herausziehen der Tangenten in Kurvenpunkte umgewandelt werden. Sollte der Pfad eine Schleife bilden, kehren Sie die Zugrichtung (ohne die Maustaste loszulassen) um 180° um. Halten Sie dabei ebenfalls ⌂ gedrückt, damit sich die Tangenten nur in vertikaler Richtung verschieben lassen.

▲ **Abbildung 10.62**
Langsam ist zu erkennen, was es werden soll.

5 Punkte verschieben

Möglicherweise werden Sie den unteren Punkt noch verschieben wollen. Halten Sie `Strg`/`cmd` gedrückt, und korrigieren Sie dessen Position mit gedrückter Maustaste – fertig!

6 Gesamte Zeichnung verschieben

Möchten Sie das gesamte Herz auf die Mitte der Arbeitsfläche verschieben? Dann ziehen Sie nun mit gedrückter Maustaste einen Rahmen um das gesamte Herz. Danach klicken Sie auf den Pfad und positionieren die ganze Zeichnung neu.

So kann das Herz doch gut geformt werden, oder? Wenn Sie versuchen, Punkte zu setzen und gleich auch die Tangenten zu bearbeiten, werden Sie in den seltensten Fällen zum gewünschten Resultat kommen.

▲ **Abbildung 10.63**
Wer hätte gedacht, dass diese Form zuvor eckig war?

Auswahl aus einem Pfad erzeugen

Ein Pfad lässt sich zwar in Photoshop bearbeiten, doch zum Füllen der Fläche oder der Kontur bedarf es einer Auswahl. Für diesen Zweck stehen entsprechende Möglichkeiten zur Verfügung, um Pfade in Auswahlen umzuwandeln. Die folgenden Schritte sollen Ihnen diese grundlegende und im Prinzip immer gleiche Technik näherbringen.

Schritt für Schritt
Pfad und Kontur mit Farbe füllen

Nun wollen Sie das Herz ja sicherlich auch farbig gestalten. Das geht in Photoshop schnell und unkompliziert.

1 Füllung vorbereiten

Stellen Sie zunächst in der Werkzeugleiste als Vordergrundfarbe Rot ein. Danach gilt es, den Pfad in eine Auswahl umzuwandeln. Stellen Sie im Ebenen-Bedienfeld die Registerkarte PFADE ❶ nach vorne. Alternativ wählen Sie PFADE aus dem Menü FENSTER. Klicken Sie auf den Button PFAD ALS AUSWAHL LADEN ❷.

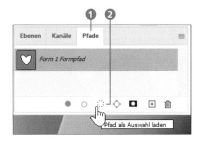

◄ **Abbildung 10.64**
Aus Pfaden können Auswahlbereiche erzeugt werden.

2 Optional: Ebene erzeugen

Spätestens jetzt könnte es interessant sein, eine neue Ebene zu erzeugen. Das sollten Sie immer dann machen, wenn Sie beabsichtigen, das Objekt losgelöst vom Hintergrund editierbar zu halten. So ist es ja beispielsweise denkbar, dass Sie es auf eine andere Bilddatei ziehen wollen. Im konkreten Fall ist das jedoch nicht erforderlich, da das Herz auf dem weißen Hintergrund verbleiben wird.

3 Fläche füllen

Wählen Sie BEARBEITEN • FLÄCHE FÜLLEN, und stellen Sie im Listenfeld VERWENDEN den Wert VORDERGRUNDFARBE ein. Wählen Sie den MODUS NORMAL und eine DECKKRAFT von 100 %.

◄ **Abbildung 10.65**
Der Dialog FLÄCHE FÜLLEN
sorgt in diesem Fall nur für
die Füllung der Auswahl.

4 Kontur füllen

Jetzt geht es an die Kontur. Wählen Sie erneut das Menü BEARBEITEN, wobei Sie sich dort aber nun nicht für FLÄCHE FÜLLEN, sondern für KONTUR FÜLLEN entscheiden. Die BREITE soll 6 Px betragen. Klicken Sie auf das Feld FARBE, und wählen Sie im Folgedialog SCHWARZ. Die POSITION soll MITTE sein und der MODUS NORMAL bei 100 % DECKKRAFT. Kontrollieren Sie, ob alle Angaben der folgenden Abbildung entsprechen. Drücken Sie dann OK oder ⏎.

▲ **Abbildung 10.66**
Zum Schluss muss die Kontur mit Farbe versehen werden. Das gefüllte Herz kann sich sehen lassen.

5 Auswahl aufheben

Heben Sie nun noch die Auswahl auf, indem Sie ⌈Strg⌉/⌈cmd⌉+⌈D⌉ drücken oder im Menü AUSWAHL • AUSWAHL AUFHEBEN betätigen.

Der Rundungszeichenstift

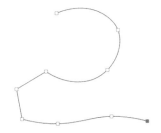

▲ **Abbildung 10.67**
Sie sollten testen, ob Sie mit dem Rundungszeichenstift besser zurechtkommen.

Ob Ihnen die Arbeit mit diesem Tool oder dem herkömmlichen Zeichenstift mehr liegt, wird sich wohl nur durch Ausprobieren herausfinden lassen. Um es vorwegzunehmen: Nichts, was mit dem Rundungszeichenstift gelingt, könnte nicht auch mit dem herkömmlichen Zeichenwerkzeug erschaffen werden. Ich denke, dass Ihnen der normale Zeichenstift sogar mehr Freiheiten gibt. Vielleicht finden Sie aber die Handhabung ein wenig intuitiver. Immerhin lässt sich mit dem Rundungs-Tool durch Markierung des Zeichenpunkts die Form der vorangegangenen und nächsten Tangente bestimmen. Klicken Sie *einmal*, werden die Tangenten gebogen, während ein Doppelklick Geraden erzeugt. Die einzelnen Punkte lassen sich zudem (ohne das Werkzeug zu wechseln) anklicken und anschließend mit gedrückter Maustaste verschieben. Die Tangenten verändern sich entsprechend. Halten Sie ⌈Alt⌉ gedrückt, kann auch hier mittels Klick ein Kurvenpunkt in einen Eckpunkt umgewandelt werden und umgekehrt.

Dateien ausgeben – für Web und Druck

Fotos drucken und für das Internet vorbereiten

- ▸ Wie werden Bilder auf dem Tintenstrahldrucker ausgegeben?
- ▸ Wie setze ich die Farbumfang-Warnung ein?
- ▸ Wie werden meine Bilder für die Verwendung im Internet vorbereitet?
- ▸ Was hat es mit den Formaten GIF und PNG auf sich?
- ▸ Wie werden Aktionen angelegt?

11 Dateien ausgeben – für Web und Druck

Raus damit! – Klar, dass Sie nach allen Strapazen der modernen Bildbearbeitung Ihr Endprodukt individuell ausgeben wollen. Wenn Sie Ihren Dateien einen Platz im World Wide Web gönnen, müssen Sie auch die Bildgröße im Auge behalten. Nach wie vor attraktiv sind aber auch die klassischen Papierabzüge. »Da hat man wenigstens etwas in der Hand«, ist man geneigt zu sagen. Damit aber am Ende Ihre Photoshop-Arbeiten würdig präsentiert werden, muss auch beim Druck alles stimmen. Alles andere hieße sonst »Endstation Papierkorb«.

11.1 Druckausgabe

CMYK-Bilder drucken
Wenn Sie Ihre Bilder bereits in Photoshop in das CMYK-Format umwandeln, ist zu erwarten, dass der Druck wesentlich schlechter wird. Natürlich gilt das nur für den Druck am heimischen Tintenstrahl- bzw. Farblaserdrucker. In der professionellen Druckvorbereitung ist die Umwandlung in CMYK ein Muss – es sei denn, Ihre Druckerei kümmert sich selbst um die Druckvorbereitung des Fotos.

Für die Ausgabe von Druckdateien mit dem heimischen Tintenstrahl- oder Farblaserdrucker sollten Sie Ihre Farbbilder grundsätzlich in RGB belassen. Zwar verwendet der Drucker das CMYK-Farbmodell (immerhin wird auch dort mit Cyan, Magenta, Gelb und Schwarz gearbeitet), doch sollten Sie das Farbmanagement lieber Ihrem Drucker überlassen. Der macht das nämlich ganz von selbst und kann das nebenbei auch noch richtig gut.

Dateien mit dem Tintenstrahldrucker ausgeben

Natürlich ist es nicht zu empfehlen, ein Foto gleich zu Papier zu bringen, denn dabei haben Sie ja keinerlei Einstellmöglichkeiten. In den meisten Fällen werden Sie eher daran interessiert sein, Qualitätsausdrucke zu erzeugen – und dann sollten Sie die Möglichkeiten nutzen, die Photoshop in seinem Druckdialog zur Verfügung stellt.

Schritt für Schritt
Dateien mit Photoshop-Dialog drucken

Falls Sie die hier erwähnten Schritte eins zu eins nachvollziehen möchten, verwenden Sie bitte die Datei »Druck.tif« aus dem Ordner BILDER. Über DATEI • DRUCKEN bzw. die Tastenkombination Strg/cmd+P öffnen Sie den Drucken-Dialog.

Bilder/Druck.tif

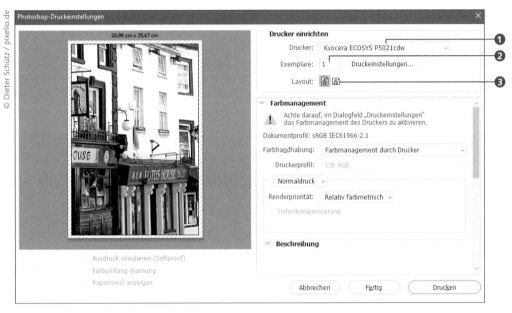

© Dieter Schütz / pixelio.de

1 Drucker auswählen

Photoshop wird im obersten Pulldown-Menü ❶ standardmäßig den installierten Drucker anbieten. Wenn dem System aber mehrere Drucker zur Verfügung stehen, können Sie hier den geeigneten auswählen. Gleich unterhalb wird dann die Anzahl der Ausdrucke festgelegt (EXEMPLARE) ❷.

2 Seite einrichten

Möchten Sie wie in unserem Beispiel nur ein einziges Mal auf Querformat umstellen, benutzen Sie den rechten der beiden Buttons ❸, um die Anordnung des Druckmediums entsprechend zu ändern. Sobald Sie den rechten Button anklicken, ändert sich auch die Vorschau auf der linken Seite entsprechend.

▲ **Abbildung 11.1**
Der Drucken-Dialog wirkt zunächst recht übersichtlich.

Abbildung 11.2 ▶
Die Ansicht wurde gedreht
und zeigt sich nun im Querformat.

3 Drucker einstellen

Der Button DRUCKEINSTELLUNGEN ❶ ist zudem sehr wichtig.
Er ermöglicht nämlich die Einstellung Ihres Druckers, ohne den
Druckdialog von Photoshop verlassen zu müssen. Hier würden Sie
beispielsweise den gewünschten Bedruckstoff (z. B. Fotopapier)
einstellen.

Abbildung 11.3 ▶
Je nach verwendetem Be-
triebssystem und angeschlos-
senem Drucker variieren die
Dialoge natürlich. Hier der
Dialog bei einem Brother-
Drucker.

4 Zentrierung aufheben

Weiter unten befindet sich der Frame POSITION UND GRÖSSE.
Scrollen Sie, falls erforderlich, etwas weiter nach unten, oder ziehen Sie das Dialogfeld unten rechts weiter auf.

Hier können Sie die Anwendung veranlassen, die automatische Zentrierung des Ausdrucks auf dem Druckbogen aufzuheben. Wenn Sie das Häkchen aus der Checkbox MITTE entfernen, werden die Steuerelemente daneben anwählbar. Im Anschluss daran können Sie die gewünschte Position angeben, indem Sie doppelt in das Eingabefeld OBEN klicken, den gewünschten Wert eingeben und anschließend mit ⇥ in das Feld LINKS springen. Entscheiden wir uns doch in beiden Fällen für 2 cm. Die Druckbogen-Voransicht wird dabei laufend aktualisiert. Wie das Foto angeordnet wird, sehen Sie oben links in der Vorschau.

Diagonalen

Die Diagonalen ❷ entlang des Randes zeigen den nicht druckbaren Bereich eines Blattes an. Falls Ihr Drucker in der Lage ist, randlos zu drucken, muss das über den Dialog des Druckers (Button DRUCKEINSTELLUNGEN) festgelegt werden. Alternativ dürfen Sie zudem auch negative Werte angeben.

▲ **Abbildung 11.4**
In diesem Fall wird das Foto jeweils 2 cm vom oberen und linken Rand entfernt gedruckt.

5 Auf Mediengröße skalieren

Falls Sie sich jetzt fragen, warum wir uns nicht stattdessen für die Funktion darunter, AUF MEDIENGRÖSSE SKALIEREN, entschieden haben (immerhin würde das Bild doch dann an den Druckbogen angepasst), lassen Sie mich so argumentieren: Zum einen sollten Sie das nur dann machen, wenn Sie randlos drucken wollen (Sie können nämlich dann keinen Rand mehr definieren), zum anderen würde das Bild nur mit einer Druckauflösung von unter 200 ppi gedruckt.

Das können Sie kontrollieren, indem Sie AUF MEDIENGRÖSSE SKALIEREN anwählen und dann unterhalb die Auflösung ablesen. Anschließend müssen Sie die Checkbox AUF MEDIENGRÖSSE SKA-

▲ **Abbildung 11.5**
Bei der automatischen Skalierung auf Mediengröße wird das Foto in diesem Beispiel nur mit 149 ppi ausgegeben.

LIEREN leider wieder abwählen und den Wert im Eingabefeld SKA-LIEREN ändern. Legen Sie doch hier zunächst einmal 40 % fest.

Abbildung 11.6 ▶
Zum ersten Mal ist das Foto kleiner als der Druckbogen.

Nun ergibt sich, dass 40 % immer noch zu groß ist, um das Foto qualitativ hochwertig auszugeben. Immerhin benötigen Sie für einen anständigen Druck auf Fotopapier mindestens 220 ppi. Damit Sie das Bild an diese Anforderung anpassen können, sollten Sie einen der Eckanfasser in der Vorschauminiatur bewegen und so das Bild nach und nach von Hand skalieren, bis die Druckauflösung mit mindestens 220 ppi angegeben ist. Das dürfte bei etwa 32,6 % der Fall sein.

Abbildung 11.7 ▶
Damit sind die Mindestanforderungen für den Fotodruck erreicht.

6 Optional: Foto umpositionieren

Sie könnten übrigens das Foto auch auf dem Druckbogen umpositionieren, indem Sie die Maus auf die Bildminiatur stellen und sie per Drag & Drop verschieben. Das geht natürlich nur, wenn zuvor MITTE deaktiviert wurde.

7 Farbmanagement und Renderpriorität

Für den Ausdruck auf dem Tintenstrahler gilt: Lassen Sie, wie bereits erwähnt, das Farbmanagement (etwas weiter oben) vom Drucker erledigen! Der kann das wirklich gut. Lassen Sie im Pulldown-Menü FARBHANDHABUNG den Eintrag FARBMANAGEMENT DURCH DRUCKER stehen. (Achten Sie aber auch später im Dialogfeld des Druckers darauf, dass die Farbverwaltung dort aktiviert ist.)

◀ **Abbildung 11.8**
Überlassen Sie das Farbmanagement dem Drucker.

Druckerprofil ausgegraut?
Sie sehen übrigens, dass das unterhalb befindliche Menü DRUCKERPROFIL ausgegraut ist. Das ist korrekt so, denn, wie gesagt, der Drucker soll ja das richtige Profil beisteuern – nicht Photoshop. Ein eigenes Druckerprofil könnten Sie aussuchen, wenn Sie in FARBHANDHABUNG auf FARBMANAGEMENT DURCH PHOTOSHOP gingen.

Noch etwas zur RENDERPRIORITÄT. Wenn Sie in diesem Flyout-Menü RELATIV FARBMETRISCH stehen lassen, erfolgt ein Weißabgleich, der die Farben geringfügig verschieben kann. Damit ist die Farbverbindlichkeit zwar nicht mehr absolut gegeben, doch sind die Ergebnisse absolut zufriedenstellend. Sie sollten diese Einstellung beibehalten.

8 Optional: Schnittmarken drucken

Wenn Sie zusätzlich noch Schnittmarken, Falzmarken, Passermarken oder Ähnliches mit auf den Druckbogen bringen wollen, müssen Sie zunächst noch einmal ganz nach unten scrollen. Öffnen Sie die Liste DRUCKMARKEN, und haken Sie an, was Sie für wichtig erachten. Die Objekte, deren Checkboxen Sie aktivieren, erscheinen ebenfalls in der Druckbogenminiatur.

Abbildung 11.9 ▸
Wählen Sie aus, was mit ausgegeben werden soll.

Schnell drucken

Wenn Sie keine Einstellungen vornehmen, sondern einfach nur
ruck, zuck etwas drucken wollen, entscheiden Sie sich für DATEI •
EINE KOPIE DRUCKEN (alternativ: Strg/cmd+Alt+⇧+P, gefolgt von ↵). Dann kommt die Datei gleich zu Papier – es sei
denn, das Bild ist größer als das maximal druckbare Format Ihres
Druckers. In diesem Fall gibt die Anwendung einen Warnhinweis.

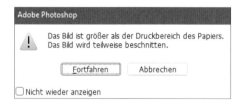

Abbildung 11.10 ▸
Wenn Sie jetzt fortfahren,
werden Randbereiche der
Datei nicht mit gedruckt.

Jetzt haben Sie zwei Möglichkeiten: Entweder Sie klicken auf AB-
BRECHEN und verkleinern das Bild anschließend manuell in Photoshop, oder Sie nehmen in Kauf, dass die Ränder abgeschnitten
werden, wenn Sie auf FORTFAHREN drücken.

11.2 Dateien für den professionellen Druck
vorbereiten

Wenn Sie Dateien erzeugen möchten, die auf einer Druckmaschine
ausgegeben werden sollen, ist es sinnvoll, einige grundlegende

Vorgehensweisen zu beherzigen. Nun soll und kann an dieser Stelle kein komplettes Druckvorbereitungsmanagement erläutert werden. Einige markante Eckpunkte sollen dennoch hier Erwähnung finden.

Schritt für Schritt
Professionelle Druckvorbereitung

Stellen Sie zunächst die Beispieldatei »Druck.tif« in Photoshop zur Verfügung. Falls der Drucken-Dialog aus dem vorangegangenen Workshop noch geöffnet ist, brechen Sie ihn bitte ab.

Bilder/Druck.tif

1 Farbumfang prüfen

Zunächst einmal sollten Sie sich ansehen, wo sich in Ihrem Bild mögliche Probleme beim Vierfarbdruck ergeben könnten. Es sind nämlich längst nicht alle Farben druckbar, die im RGB-Modus angezeigt werden können. Die Anzeige schalten Sie über ANSICHT • FARBUMFANG-WARNUNG oder über Strg/cmd + ⇧ + Y ein.

Jetzt werden im Zielbild alle Bereiche grau angezeigt, in denen es beim Konvertieren Farbabweichungen geben wird. Im Klartext: Sie sehen, welche Bildbereiche nach einer Umwandlung in CMYK nicht mehr so aussehen werden wie zuvor. Aber dazu später mehr.

◀ **Abbildung 11.11**
Hier sind zwei Bereiche, die bei aktivierter Farbumfang-Warnung bemängelt werden.

2   Andere Farbe einstellen

Je nach Quellbild ist Grau als Warnfarbe möglicherweise nicht so gut geeignet. Ändern Sie in diesem Fall die Farbe für die Farbumfang-Warnung. Gehen Sie dazu über BEARBEITEN/PHOTOSHOP • VOREINSTELLUNGEN • TRANSPARENZ & FARBUMFANG-WARNUNG ❶. Klicken Sie auf das Farbfeld ❷ im Frame FARBUMFANG-WARNUNG, und ändern Sie die Farbe wunschgemäß über den sich öffnenden Farbwähler.

Abbildung 11.12 ▼
Hier können Sie die Farbe einstellen, die zur Farbumfang-Warnung angezeigt werden soll.

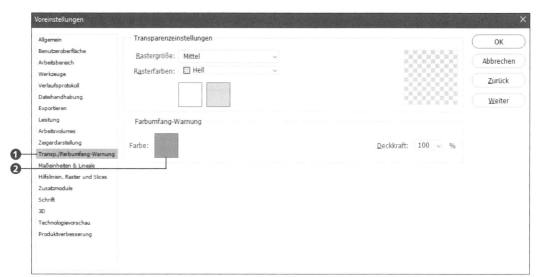

3   Farbeinstellungen

Spätestens jetzt sollten Sie sich um die grundsätzlichen Farbeinstellungen innerhalb von Photoshop kümmern. Nun gibt es an dieser Stelle jedoch zwei unterschiedliche Wege. Es kommt nämlich darauf an, ob Sie Photoshop als Einzelapplikation oder zusammen mit anderen Programmen betreiben.

4   Farbeinstellungen nur in Photoshop

Wenn Sie lediglich Photoshop betreiben, gehen Sie jetzt auf BEARBEITEN • FARBEINSTELLUNGEN. Öffnen Sie das oberste Pulldown-Menü, und legen Sie hier die von Ihrem Druckdienstleister gewünschten Einstellungen fest, z. B. EUROPA, UNIVERSELLE ANWENDUNGEN 3 sowie die Arbeitsfarbräume unterhalb. Bestätigen Sie mit OK.

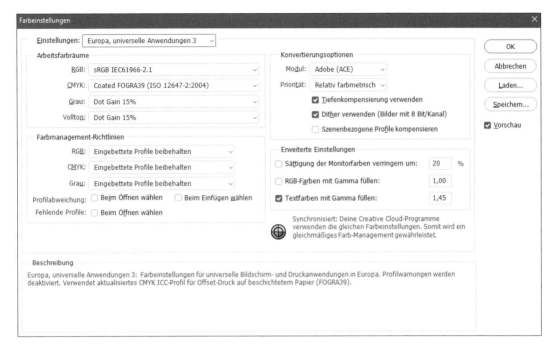

5 Programmübergreifende Farbeinstellungen

Sollten Sie Photoshop nicht als einzelne Anwendung betreiben, finden Sie etwas weiter unten rechts innerhalb des Dialogs einen kleinen Farbkreis. Dieser zeigt an, ob alle Adobe-Programme dasselbe Profil verwenden (der Kreis ist geschlossen) oder ob von den Programmen auf unterschiedliche Farbeinstellungen zurückgegriffen wird (ein Viertel des Kreises tritt heraus).

◀ **Abbildung 11.15**
So soll es sein.

Nun ist es angezeigt, die Farbeinstellungen innerhalb von Bridge vorzunehmen. Auch hier geht der Weg über Bearbeiten • Farbeinstellungen, wobei die die dort vorgenommenen Einstellungen für sämtliche Adobe-Programme gleichermaßen wirksam werden. (Machen Sie das in Photoshop, gelten die gewählten Einstellungen auch nur dort.) Kontrollieren Sie, ob der Kreis geschlossen ist. Sollte ein Viertelkreis herausragen, wählen Sie die gewünschte Farbeinstellung (hier Europa, universelle Anwendungen 3), und bestätigen Sie mit Anwenden.

▲ **Abbildung 11.13**
Hier lassen sich die Photoshop-Farbeinstellungen vornehmen.

▲ **Abbildung 11.14**
Hier arbeiten nicht alle Programme mit den gleichen Farbeinstellungen.

Abbildung 11.16 ▶
Falls die Creative Cloud nicht synchronisiert ist, sehen Sie das ganz oben im Dialog.

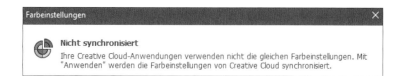

Proof zurücksetzen

Falls Sie über PROOF EINRICHTEN gegangen sind, erreichen Sie die Ansicht aller vier Kanäle, also die Rückkehr zum Normalbild, indem Sie abermals ANSICHT • PROOF EINRICHTEN selektieren und dann auf CMYK-ARBEITSFARBRAUM gehen.

▲ **Abbildung 11.17**
Nehmen Sie Farbeinstellungen für die Adobe-Programme in Bridge vor.

Wechseln Sie zu Bridge, und gehen Sie auf BEARBEITEN • FARBEINSTELLUNGEN. Wählen Sie aus der Mitte das gewünschte Farbprofil per Mausklick aus, und betätigen Sie ANWENDEN. Nach einem Neustart der Anwendungen verfügen die Programme über die gleichen Farbeinstellungen, und der Farbkreis oben links zeigt sich synchronisiert (geschlossen).

6 Bild umwandeln

Zurück zu unserem Beispielfoto: Hier muss eine Umwandlung in den CMYK-Farbraum erfolgen. Der einfache Weg über BILD • MODUS • CMYK-FARBE ist zwar möglich, jedoch unter Umständen keine gute Option. Sie können nämlich auf den zu verwendenden

Farbraum keinen Einfluss mehr nehmen. Sollte Ihr Druckdienstleister den gleichen CMYK-Farbraum bevorzugen, der auch in Ihren Farbeinstellungen gelistet ist, dann dürfen Sie diesen Weg gehen. Kontrollieren Sie im folgenden Dialog auf alle Fälle, ob der Farbraum der von Ihnen gewünschte ist [im Beispiel: *Coated FOGRA39 (ISO 12647-2:2004)*]. Wenn nicht, brechen Sie den Dialog lieber ab und entscheiden sich für BEARBEITEN/PHOTOSHOP • IN PROFIL UMWANDELN.

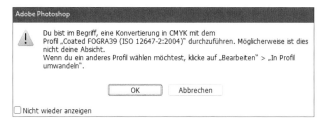

▲ **Abbildung 11.18**
Wenn Sie den Modus umwandeln, können Sie das Farbprofil nicht frei wählen.

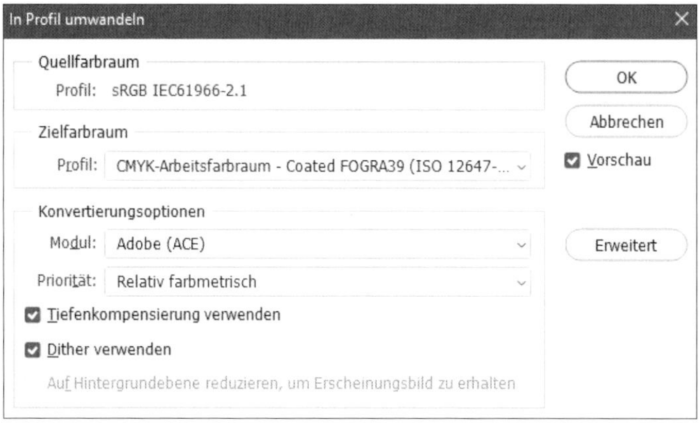

▲ **Abbildung 11.19**
Wer das CMYK-Profil selbst wählen möchte, benutzt stattdessen die Profilumwandlung.

Dass die Umwandlung in ein Vierfarbfoto gelungen ist, sehen Sie zum einen an der Kopfleiste, zum anderen am Kanäle-Bedienfeld (FENSTER • KANÄLE). Hier gibt es jetzt nämlich kein RGB mehr, sondern CMYK.

▲ **Abbildung 11.20**
Das Foto verfügt jetzt über vier Farbkanäle.

7 Platten-Vorschau anzeigen

Über Ansicht • Proof einrichten • [X]-Platte Arbeitsfarbraum können Sie sich nun eine Vorschau der einzelnen Druckplatten anzeigen lassen. Entsprechendes geht aber auch, wenn Sie kurzzeitig nur auf eine der vier Vorschauminiaturen im Kanäle-Bedienfeld klicken.

Abbildung 11.21 ▶
Dort, wo schwarze Bildelemente vorhanden sind, kommt es in der jeweiligen Farbe zum Farbauftrag Cyan (oben links), Magenta (oben rechts), Yellow (unten links) und Schwarz (unten rechts).

8 Farbauftrag begutachten

Für den Farbauftrag gibt es Grenzwerte, die generell nicht überschritten werden sollen. So ist es z. B. nicht sinnvoll, eine Farbe zu 100% aufzutragen. Wie viel maximal aufgetragen werden darf, hängt nicht zuletzt auch vom Bedruckstoff ab. Gestrichenes (beschichtetes) Papier verträgt gewöhnlich viel mehr Farbe als saugstarkes Zeitungspapier. Ihre Druckerei wird Ihnen hier entsprechende Informationen geben.

Damit Sie im Vorfeld prüfen können, ob es an problematischen Bildstellen zu hohen Farbaufträgen kommt, sollten Sie das Bedienfeld Info öffnen. Sie finden einen entsprechenden Eintrag im Menü Fenster. Jetzt aktivieren Sie die Pipette ⬚ und stellen die Maus auf das Foto (z. B. auf das blaue Schild). Lesen Sie die Werte ab, die das Info-Bedienfeld zeigt. In diesem Fall ist zu erwägen, ob Sie die Farben entsprechend nachbearbeiten (z. B. über die Gradationskurven).

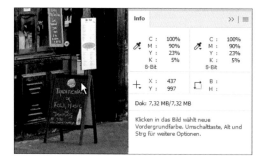

◄ **Abbildung 11.22**
Bei einer Messung auf dem
Schild kommt es im Bereich
Cyan zu 100 % Farbauftrag.

11.3 Dateien für das Web speichern

Auch im Zeitalter von DSL gilt: Webbilder müssen klein sein. Denn
je kleiner ein Bild ist, desto weniger Ladezeit benötigt es. Wenn
Ihre Website mit Inhalten überfrachtet ist, sollten Sie sie ver-
schlanken. Den Anfang machen da die Bilddateien.

Schritt für Schritt
Ein Bild für den Internet-Einsatz vorbereiten

Die JPEG-Kompression macht schon einiges möglich. Dateien
werden richtig schön klein, und der Qualitätsverlust hält sich in
Grenzen. Trotzdem ist an der Beispieldatei »Druck.tif« noch einiges zu verbessern, denn das Original ist immerhin ca. 5,5 MB groß
(im Modus RGB). Das können Sie übrigens gut im Fuß des Bild-
fensters oder im BILDGRÖSSE-Dialog ablesen. – Falls Sie den vori-
gen Workshop nachvollzogen haben, machen Sie jetzt bitte die
Konvertierung in CMYK wieder rückgängig.

Bilder/Druck.tif

1 Format einstellen

Wählen Sie DATEI • EXPORTIEREN • EXPORTIEREN ALS. In diesem
neuartigen Dialog wählen Sie zunächst oben rechts das Format.
Wir entscheiden uns für JPG ❶ (Abbildung 11.24). Für Grafiken
und Zeichnungen eignet sich am besten GIF, während Schaltflächen und sonstige Webseiten-Elemente gut als PNG ausgegeben werden können. Im Einzelfall sollten Sie sich ein Objekt in
unterschiedlichen Formaten ansehen und sämtliche Ergebnisse in
Bezug auf Qualität und Dateigröße vergleichen.

▲ **Abbildung 11.23**
Das Bild ist 1.600 Pixel breit
und 1.200 Pixel hoch. Die
Auflösung beträgt 72 ppi.

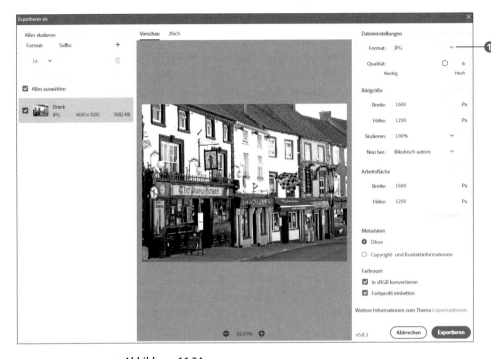

▲ **Abbildung 11.24**
Das Foto wird im Web-Dialog dargestellt.

2 Qualität wählen

Natürlich wollen wir stets ein Maximum an Qualität. Doch eines müssen Sie berücksichtigen: Je höher die Qualität, desto größer die Datei. Gehen Sie zunächst einmal auf ca. 6, was etwa 80 % entspricht. Das ist sehr gut für das World Wide Web. Später werden wir noch einmal zu dieser Einstellung zurückkehren.

3 Bildgröße verändern

Abmessungen unproportional verändern
Wenn Sie ein Maß ändern, verändert sich das andere Maß proportional mit. Eine unproportionale Veränderung könnten Sie in diesem Dialog nicht einstellen. Erledigen Sie das entweder außerhalb des Dialogs oder in der Umgebung FÜR WEB SPEICHERN (LEGACY).

Jetzt sollten Sie sich auf die BILDGRÖSSE konzentrieren. Hier sollten Sie die Abmessung ändern, da das Foto ja für die Darstellung auf einer Webseite viel zu groß ist. Als Beiwerk für einen Internet-Auftritt wäre unser Bild mit einer Breite von 400 Px ausreichend groß. Wenn Sie dieses Maß eingeben und anschließend [⇆] drücken, verändert sich die Höhe proportional mit (im Beispiel: 300 Px). Klicken Sie jetzt im Fuß des Fensters so oft auf das Plus-Symbol ❹, bis daneben 100 % angezeigt wird ❸. Werfen Sie auch einen Blick auf die Dateigröße ❷. (Immerhin war es in der ursprünglichen Größe noch rund 772 KB groß, so sind es jetzt nur noch 91.)

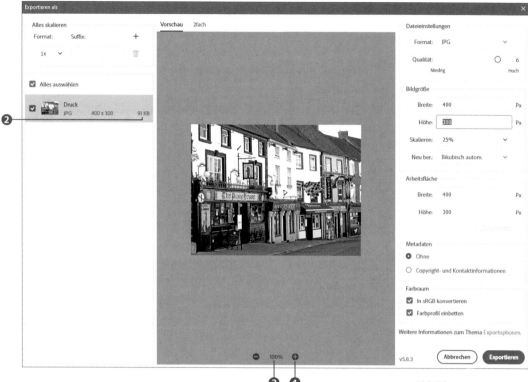

4 Qualität reduzieren

Nun sollten Sie noch einmal versuchen, die QUALITÄT zu reduzieren. Wenn Sie auf NIEDRIG gehen, also den Regler ganz nach links schieben, haben Sie zwar die kleinstmögliche Dateigröße erreicht, die JPEG-Artefakte werden allerdings nicht gerade ein zufriedenstellendes Ergebnis liefern. Bei 5 etwa ist das Foto aber qualitativ in Ordnung – und hat noch nicht einmal mehr 60 KB. Betätigen Sie EXPORTIEREN. Im folgenden Speichern-Dialog ist lediglich noch ein Speicherort festzulegen. Das Resultat der Kompression heißt »Web.jpg« und befindet sich – wie sollte es anders sein – im Ordner ERGEBNISSE.

Und noch etwas: Sie haben jetzt eine komplett neue Datei aus einem TIFF-Bild erzeugt. Denken Sie daran, dass das soeben gewonnene JPEG und die Originaldatei nichts gemeinsam haben. Die Originaldatei bleibt bei dieser Vorgehensweise vollkommen ausgenommen. Gut so, denn das Original soll ja nicht verkleinert und schon gar nicht qualitativ herabgesetzt werden.

▲ **Abbildung 11.25**
Das Foto wird sofort kleiner dargestellt; die Dateigröße ist ebenfalls enorm geschrumpft.

Bilder im Format PNG ausgeben

Das Format PNG erfreut sich immer größerer Beliebtheit und ist sogar für Bilder geeignet, die weder Verläufe noch exorbitante Schatten aufweisen. Es hat gegenüber JPEG den Vorteil, dass eine verlustfreie Kompression stattfindet – also Qualitätsverluste ausgeschlossen sind. Hinzu kommt, dass Transparenzen und sogar Alphakanäle unterstützt werden. Allerdings wird der Speicherplatzbedarf mit zunehmender Anzahl unterschiedlicher Farben im Bild immer größer. Und das kann letztendlich dazu führen, dass die fertige Datei ein wesentlich größeres Dateivolumen aufweist als sein JPEG-Konkurrent.

▲ **Abbildung 11.26**
Dieser Dialog offenbart ebenfalls zahlreiche Möglichkeiten, was die Ausgabe für das Web angeht.

Es existiert ein einfacher Befehl, der sogar ohne den soeben vorgestellten Dialog auskommt. Allerdings können Sie auf diese Weise die Größe des Fotos nicht mehr anpassen. Falls das ohnehin nicht erforderlich ist, da Ihr Foto bereits die korrekte Größe aufweist, gehen Sie über DATEI • EXPORTIEREN • SCHNELLEXPORT ALS PNG. Dies ist sicher der schnellste Weg, ein Foto fürs World Wide Web zu produzieren.

11.4 Stapelverarbeitung und Aktionen

Ein praxisnahes Beispiel: Sie möchten Ihre Dateien an potenzielle Kunden weitergeben. Da Sie aber auf die Anbringung Ihres Namens nicht verzichten möchten, müssen Sie alle Bilder entsprechend nachbearbeiten. Wenn Sie nun aber die einzelnen Schritte, die dazu erforderlich sind, einige hundert Mal wiederholen müssten, wären sicher etliche Stunden vergangen. In solchen Fällen sollten Sie daher auf die Stapelverarbeitung vertrauen.

Bilder/Stapelverarbeitung.jpg

Schritt für Schritt
Namen mit der Stapelverarbeitung einfügen

Ihr Name (oder was auch immer Sie für angemessen erachten) soll teiltransparent im unteren Bereich des Bildes auftauchen. Um dies etliche Male zu realisieren, müssen wir Photoshop einmal »vormachen«, wie es geht. Danach können wir eine Stapelverarbeitung einleiten.

Wenn Sie gerade keine Bilddatei zur Hand haben, nehmen Sie »Stapelverarbeitung.jpg« – aber selbstverständlich nur zur Einrichtung des Namenszuges im Zusammenhang mit dieser Übung. Derartige Anstrengungen sollten Sie nämlich grundsätzlich nur bei Ihren eigenen Fotos unternehmen.

▲ **Abbildung 11.27**
So oder so ähnlich soll der Schriftzug am Ende aussehen.

1 Bildgröße beachten
Sie sollten grundsätzlich ein Foto verwenden, das der Größe der von Ihnen zu verarbeitenden Fotos entspricht. Schauen Sie nach, indem Sie eines Ihrer Fotos öffnen und anschließend via BILD • BILDGRÖSSE ermitteln, wie groß das gute Stück ist. Das Referenzfoto, mit dem Sie weiterarbeiten, sollte die gleiche Größe haben. Unser Beispielfoto hat eine Größe von 900 × 600 Bildpunkten. Würden Sie das für eine 20-Megapixel-Datei verwenden, würde der Schriftzug garantiert zu klein geraten.

2 Die Schritte im Überblick
Bevor wir uns an die Arbeit machen, wollen wir einmal die einzelnen Schritte auflisten, die für eine entsprechende Signierung der Bilder erforderlich sind:

Optionale Schritte
Die nebenstehenden
Schritte sind optional.
Wählen Sie andere Funk-
tionen, sofern sie Ihnen
mehr zusagen. Der Zu-
sammenstellung von
Aktionen sind prinzipiell
keine Grenzen gesetzt.

5. Text einfügen
6. Auswahl vom Text erstellen
7. Textebene löschen
8. Hintergrundebene auf die Auswahl beschränkt duplizieren
    ([Strg]/[cmd]+[J])
9. Ebenenstil zuweisen (ABGEFLACHTE KANTE UND RELIEF)
10. Ebenen auf Hintergrund reduzieren

Wie das im Einzelnen funktioniert, haben Sie ja im vorangegangenen Kapitel bereits erfahren.

3 Aktion vorbereiten

Um für diesen Workshop nun nicht Hunderte von Dateien berech-
nen zu lassen, empfiehlt es sich, einige Dateien zur Simulation zu
kopieren. Erzeugen Sie einen Ordner auf dem Desktop oder einem
Laufwerk Ihrer Wahl, und geben Sie ihm den Namen »Stapel«.
Danach kopieren Sie einige in etwa gleich große Fotos in diesen
Ordner hinein, z. B. über die Zwischenablage ([Strg]/[cmd]+[C] –
[Strg]/[cmd]+[V]).

Aktionsdatei
Zur Aufzeichnung der
Aktion ist es nicht erforderlich, eines der Bilder
zu verwenden, die als
Stapel verarbeitet werden
sollen. Da der Vorgang
nur zur Aufzeichnung der
einzelnen Aktionen dient,
lässt sich auch jede andere Datei dazu heran-
ziehen.

4 Aktion einleiten

Die einzelnen Schritte müssen Photoshop nun vorgegeben werden. Dazu werden sogenannte Aktionen aufgezeichnet. Öffnen
Sie das Bedienfeld AKTIONEN (FENSTER • AKTIONEN). In der Fuß-
zeile der Anwendung verbirgt sich ein Button mit dem Namen
NEUE AKTION ERSTELLEN.

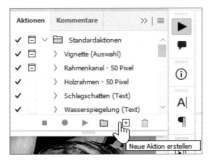

Abbildung 11.28 ▶
Zunächst wird eine neue
Aktion ins Leben gerufen.

5 Aktion benennen

Im folgenden Dialogfeld sollten Sie die Aktion logisch benennen.
Wie wäre es mit »Name im Bild«? Klicken Sie auf AUFZEICHNEN ❶.

▲ **Abbildung 11.29**
Der Aktion wird ein Name gegeben.

Nachdem Sie alle Schritte nacheinander ausgeführt haben, die wiederkehrend auf alle Bilder angewendet werden sollen (Text einfügen – Text verschieben – Auswahl aus Text laden – oberste Ebene entfernen – Ebene duplizieren – Ebenenstil erzeugen – auf Hintergrundebene reduzieren), klicken Sie auf AUSFÜHREN/AUF-ZEICHNUNG BEENDEN. Damit hat das geöffnete Bild seinen Dienst verrichtet und kann geschlossen werden. Die Abfrage, ob Sie die Änderungen am Foto übernehmen wollen, beantworten Sie mit NICHT SPEICHERN.

6 Aufzeichnung beenden
Die gewünschte Aktion ist definiert, denn Sie haben Photoshop soeben gezeigt, was zu tun ist, wenn die Stapelverarbeitung NAME IM BILD aktiviert wird. Werfen Sie einen Blick auf das Bedienfeld AKTIONEN. Ganz unten finden Sie die zuvor benannte Aktion mit ihren einzelnen Schritten wieder.

7 Stapelverarbeitung einleiten
Nun ist der Zeitpunkt gekommen, die einzelnen Schritte der Aktion auf die anderen Fotos zu übertragen. Mit DATEI • AUTO-MATISIEREN • STAPELVERARBEITUNG erreichen Sie den Dialog, der dazu nötig ist.

▲ **Abbildung 11.30**
Damit ist die Aufzeichnung beendet.

8 Aktion wählen
Sie sehen schon – ein mächtiges Fenster wartet auf Ihre Einga-ben. Wichtig ist aber vor allem, dass im Flyout-Menü AKTION jetzt auch NAME IM BILD eingestellt ist ❷ (Abbildung 11.31). Das sollte die Anwendung übrigens auch ohne Ihr Eingreifen bereits selbst erledigt haben. (Über dieses Steuerelement ließe sich übrigens auch jede andere in Photoshop integrierte Aktion aktivieren.)

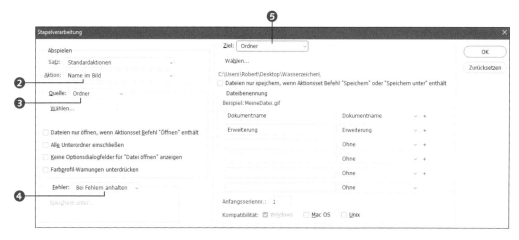

Abbildung 11.31 ▲
Am Schluss sollte der Dialog so aussehen.

9 Quellordner festlegen

Im Frame QUELLE ❸ sollte ORDNER eingestellt sein, da die kopierten Dateien ja zuvor in einem Ordner abgelegt worden sind. Über den Button WÄHLEN gelangen Sie zum Dialog ORDNER FÜR STAPELVERARBEITUNG WÄHLEN, über den Sie den Pfad zum Quellordner (STAPEL) festlegen. Bestätigen Sie mit AUSWÄHLEN.

10 Zielordner festlegen

Im Frame ZIEL ❺ stellen Sie abermals ORDNER ein und klicken auch hier auf WÄHLEN. Hier erstellen Sie nun bitte einen NEUEN ORDNER, den Sie beispielsweise mit »Stapel Ende« betiteln. Danach reicht ein einfacher Klick auf AUSWÄHLEN, und der Zielordner ist bereits definiert.

11 Fehlerdatei erzeugen

Beachten Sie noch den untersten Frame, FEHLER ❹. Photoshop kann nämlich von der Stapelverarbeitung ein Protokoll anfertigen. Die ganze Aktion sollte aber bei einem Fehler keinesfalls anhalten, sondern lediglich FEHLER IN PROTOKOLLDATEI schreiben. Daher sollten Sie diese Option wählen. Klicken Sie auf SPEICHERN UNTER, und geben Sie einen logischen Namen an. Legen Sie als Speicherort ebenfalls den Desktop fest.

12 Stapelverarbeitung starten

Klicken Sie auf OK, und genießen Sie, mit welcher Geschwindigkeit und Präzision Ihr virtueller Kollege die Dateien nach und nach abarbeitet – eine Augenweide, oder?

Fehler in Protokolldatei
Photoshop erzeugt im Falle eines oder mehrerer Fehler eine Textdatei (».txt«) mit der Beschreibung des Fehlers. Nun kann es passieren, dass Sie einen Quellordner erwischen, der zusätzlich noch Dateien beinhaltet, die Photoshop nicht lesen kann (z. B. Word-Dokumente oder Systemdateien). In diesem Fall sollte Sie der Fehler keineswegs beunruhigen, da er ja für die eigentliche Automation überhaupt nicht interessant ist. Sie sehen, dass es sinnvoll ist, die Automation nicht bei einem Fehler anhalten zu lassen.

13 Abschlusskontrollen durchführen

Öffnen Sie den Ordner STAPEL FERTIG, und kontrollieren Sie die Dateien. Anschließend können Sie auch noch die Protokolldatei ansehen. Wenn alles glattgelaufen ist, dürfte sich die Textdatei so wie in Abbildung 11.32 darstellen.

Schritt für Schritt
Eine Frequenztrennung automatisieren

Erinnern Sie sich an das Versprechen, das ich Ihnen in Kapitel 7 gegeben habe? Wenn nicht, schauen Sie doch bitte einmal auf den Workshop »Haut professionell weichzeichnen (mit der Frequenztrennung)« ab Seite 315. In dieser Anleitung mussten viele Schritte unternommen werden, oder? Viel zu viele, um sie stets zu wiederholen. Stellen Sie sich vor: Bei jedem Foto, das weichgezeichnet werden soll, müssten Sie die komplette Frequenztrennung vorbereiten. Das geht einfacher: mit einer Aktion.

1 Aktion vorbereiten

Öffnen Sie ein beliebiges Foto. Wenn Sie gerade keines zur Hand haben, benutzen Sie doch noch einmal Hannas Bild (»Frequenz. jpg«). Machen Sie sich Gedanken über den Ablauf Ihrer Aktion, denn während des Aufzeichnens dürfen keine Fehler passieren. Am besten legen Sie das Buch vor sich hin und schlagen Seite 315 auf (Beginn des Frequenztrennungs-Workshops).

2 Aktion eröffnen

Öffnen Sie das Aktionen-Bedienfeld (FENSTER • AKTIONEN), und starten Sie mit einer neuen Aktion (Button NEUE AKTION ERSTELLEN), die Sie idealerweise FREQUENZTRENNUNG nennen. Bestätigen Sie mit Klick auf AUFZEICHNEN.

▲ **Abbildung 11.32**
Hier ist alles ohne Probleme abgelaufen.

Bilder/Frequenz.jpg

◄ **Abbildung 11.33**
Die Frequenztrennung wird automatisiert.

3 Aktion schreiben

Jetzt müssen Sie sämtliche Schritte durchlaufen, die in besagtem Workshop beschrieben sind. Die Korrekturen, also das Retuschieren (Schritt 5) sowie das Beseitigen der Glanzstellen (Schritt 7), lassen Sie außen vor. Diese Arbeiten sind ja bei jedem Foto individuell und können deshalb nicht automatisiert werden. Die Weichzeichnung können Sie vornehmen, wenn Sie wollen. In diesem Fall sollten Sie aber als Ausgangsbild eines Ihrer Fotos heranziehen, um stets die richtige Dosierung der Weichzeichnung vorzunehmen (diese hängt ja letztendlich auch von der Größe des Fotos ab). Falls Sie direkt in der Aktion weichzeichnen wollen, können Sie das auch gerne machen, müssen dann aber den Weichzeichnungsfilter auf der Ebene WEICH möglicherweise später erneut anwenden – ein Arbeitsaufwand, der durchaus zu verkraften wäre.

4 Aktion beenden

Wenn alles fertig ist, klicken Sie im Fuß des Aktionen-Bedienfelds auf AUSFÜHREN/AUFZEICHNUNG BEENDEN. Wenn Sie mögen, kontrollieren Sie noch einmal alle Schritte. Sie sind in der Aktion Frequenztrennung enthalten. Am Schluss klicken Sie auf das kleine Dreieck vor FREQUENZTRENNUNG ❶, um die gesamte Aktion einzuklappen. Die Schritte sind dann verborgen, und Sie erhalten mehr Übersicht im Aktionen-Bedienfeld.

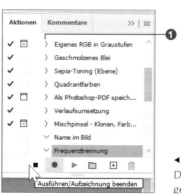

◀ **Abbildung 11.35**
Jetzt wird die Großaktion gestartet.

◀ **Abbildung 11.34**
Diese Schritte sind nun für die Ewigkeit gespeichert.

5 Aktion testen

Schließen Sie das Beispielfoto, ohne es zu speichern, und öffnen Sie ein beliebiges anderes Bild. Markieren Sie die Zeile FREQUENZTRENNUNG innerhalb des Aktionen-Bedienfelds. Jetzt kommt der große Augenblick: Klicken Sie auf AUSWAHL AUSFÜHREN – und lehnen Sie sich entspannt zurück. Genießen Sie, wie Photoshop all die Schritte für Sie ausführt. Der Genuss währt nur kurz, denn Photoshop wird in Windeseile fertig sein. Ist das nicht schön?

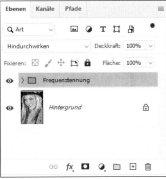

▲ Abbildung 11.36
In weniger als einer Sekunde hat Photoshop alle nötigen Arbeitsschritte für die anschließende Frequenztrennung in die Wege geleitet. Genial!

Fachkunde

Hinter den Kulissen

- ▸ Welche wichtigen Voreinstellungen gibt es?
- ▸ Welche unterschiedlichen Farbsysteme gibt es?
- ▸ Was ist Farbseparation?
- ▸ Was bedeuten »dpi« und »ppi«?
- ▸ Wie werden Bilder optimal skaliert?
- ▸ Welche Dateiformate sind wichtig?

12 Fachkunde

Nicht nur im Bereich der Voreinstellungen ist Hintergrundwissen gefragt. Etwas Fachkunde erleichtert nämlich ebenfalls den täglichen Umgang mit Photoshop. Haben Sie keine Angst vor der Theorie – Sie werden sehen, dass auch dieser Bereich ganz interessant sein kann. Hier erfahren Sie, was es mit Farbräumen, Interpolationsmethoden & Co. auf sich hat.

12.1 Voreinstellungen – die Schaltzentrale in der Bildbearbeitung

Um die Voreinstellungen bedienbar zu machen, muss nicht, wie sonst üblich, ein Bild geöffnet sein, damit Dialogboxen erreichbar sind. Die Voreinstellungen betreffen allesamt das Programm selbst und können folglich auch direkt nach dessen Start aktiviert werden.

Wir wollen uns die wichtigsten Voreinstellungen ansehen. Während Windows-Anwender über BEARBEITEN zu den VOREINSTELLUNGEN gelangen, wählen Macintosh-Benutzer das Menü PHOTOSHOP.

Allgemeine Voreinstellungen

Wählen Sie im folgenden Dialog zunächst ALLGEMEIN. Falls Sie Tastaturbefehle bevorzugen, erreichen Sie die allgemeinen Voreinstellungen auch über Strg/cmd+K. Das ist auch die einzige Möglichkeit, per Tastatur einen der zahlreichen Voreinstellungsdialoge aufzurufen. Für alle anderen Bereiche ist Durchblättern angesagt. Dazu dienen die Buttons ZURÜCK und WEITER rechts im Dialogfenster.

Erinnern Sie sich an die Skalierung von Fotos? Sie haben dort erfahren, dass bei der flächenmäßigen Vergrößerung einer Bilddatei Pixel hinzugefügt werden. Grundsätzlich haben Sie im Dialog BILD • BILDGRÖSSE die Möglichkeit, eine der hier angebotenen Optionen zu wählen. Welche dieser Optionen Ihnen aber beim Öffnen des Dialogfensters standardmäßig angeboten wird, legen Sie unter INTERPOLATIONSVERFAHREN ❶ fest. BIKUBISCH AUTOMATISCH ist eine gute Wahl. Wenn Sie jedoch für Ihre täglichen Arbeitsanforderungen eine andere Wahl treffen wollen, nur zu.

▼ **Abbildung 12.1**
Standardmäßig ist das Interpolationsverfahren BIKUBISCH AUTOMATISCH voreingestellt.

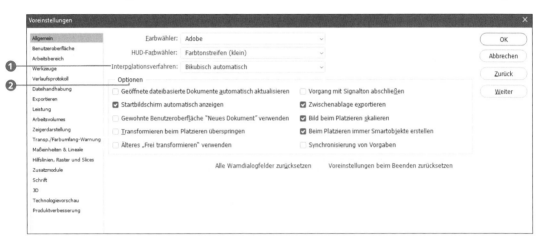

Wenn Sie nicht sicher sind, welche Funktionen sich hinter den einzelnen OPTIONEN ❷ verbergen, verweilen Sie kurz mit dem Mauszeiger auf einer der Checkboxen (bzw. dem nebenstehenden Text). Die daraufhin erscheinenden Quickinfos geben recht gute Funktionsbeschreibungen ab.

◄ **Abbildung 12.2**
Verweilen Sie kurz mit der Maus auf einem der Einträge, um eine Quickinfo anzeigen zu lassen.

Dokument-Dialog einstellen

Nach Anwahl des Befehls DATEI • NEU oder alternativ durch Betätigung von Strg/cmd+N erscheint ein recht umfangreicher Dialog, der die Erstellung einer neuen Bilddatei anhand zahlreicher

Vorgaben ermöglicht. »Alteingesessene« Photoshopper können sich mit diesem Bedienfeld jedoch nicht so recht anfreunden und wünschen sich den ursprünglichen Dialog zurück. Dafür aktivieren Sie in den allgemeinen Voreinstellungen ($\boxed{\text{Strg}}$/$\boxed{\text{cmd}}$+$\boxed{\text{K}}$) die Checkbox GEWOHNTE BENUTZEROBERFLÄCHE »NEUES DOKUMENT« VERWENDEN und bestätigen mit OK.

Abbildung 12.3 ▶
Wer den neuen Dokument-Dialog nicht benötigt, sollte sich für das »alte« Photoshop-Bedienfeld entscheiden. In diesem ursprünglichen Dialog finden Sie alles, was zur Bilddatei-Erstellung nötig ist.

Arbeiten dokumentieren
Sie benötigen eine Dokumentation all Ihrer Arbeiten in Photoshop? Klicken Sie zunächst in der linken Spalte des Dialogs auf VERLAUFSPROTOKOLL. Aktivieren Sie die gleichnamige Checkbox ❶ weiter rechts. Wollen Sie das Protokoll als TEXTDATEI speichern, aktivieren Sie zunächst den gleichnamigen Radiobutton ❷. Dies hat zur Folge, dass ein Speichern-Dialog angeboten wird, unter dem sich die Protokolldatei später wiederfinden lässt. Vergeben Sie auf Wunsch einen anderen Namen und Speicherort, und beenden Sie die Aktion mit Klick auf SPEICHERN.

Von nun an wird nach Selektion des Neu-Befehls ein recht knapper Dialog angezeigt – und der hat alles, was das Herz des Bildbearbeiters begehrt. Versprochen!

Warndialoge zurücksetzen

Wenn Sie (um ein Beispiel zu nennen) Ihr erstes TIFF-Dokument speichern, das Ebenen enthält, gibt die Anwendung einen Hinweis aus. Sie werden darauf hingewiesen, dass die Datei größer wird, wenn Ebenen gespeichert werden. In diesem Dialogfeld ist ein Steuerelement vorhanden, das NICHT MEHR ANZEIGEN heißt. Sofern Sie es aktivieren, bleibt diese Meldung fortan aus.

Wenn Sie nun mit dem untersten Button, ALLE WARNDIALOGFEL-
DER ZURÜCKSETZEN, die Hinweise in ihre Ausgangsposition zurück-
versetzen, werden sie ab sofort wieder angezeigt – zumindest so
lange, bis Sie sie abermals von der Bildfläche verbannen. Diese
Funktion ist dann nützlich, wenn Sie einmal »versehentlich« eine
der Meldungen eliminiert haben, die eigentlich doch besser angezeigt werden sollte.

Verlaufsprotokolle

Mit BEARBEITUNGSPROTOKOLLEINTRÄGE lassen sich auch detaillierte Aktionen aufzeichnen. Es ist ja durchaus möglich, dass eine
solche Liste zur Abrechnung Ihrer Leistungen beim Auftraggeber
sinnvoll ist.

▼ **Abbildung 12.4**
Speichern Sie das Protokoll.

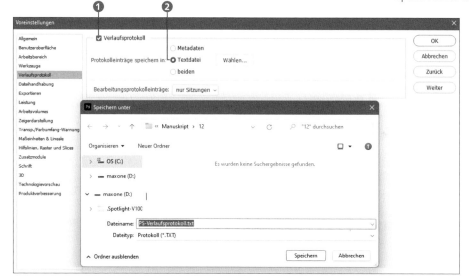

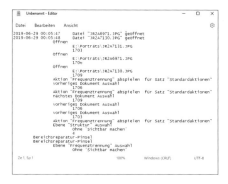

◄ **Abbildung 12.5**
Das Öffnen, Speichern und
Schließen von Dateien wird
mit Datum und Uhrzeit festgehalten. Zudem werden
die Arbeitsschritte chrono-
logisch aufgeführt.

Schnellexport

In Kapitel 11 haben Sie erfahren, wie sich Fotos schnell exportieren lassen. Standardmäßig wird im Dialog DATEI • EXPORTIE-
REN • EXPORTIEREN ALS das Format PNG gelistet. Wollen Sie das
beispielsweise zugunsten des JPEG-Formats ändern, lässt sich das
mit Hilfe der Voreinstellung FORMAT FÜR SCHNELLEXPORT auf der
Voreinstellungsseite EXPORTIEREN bewerkstelligen. Sie können in
diesem Fall sogar eine QUALITÄT angeben, die von der Anwendung
vorgegeben wird.

**Grafikprozessor-
Einstellungen**
Wer sich eingehender für
die Grafikprozessor-Ein-
stellungen interessiert,
stellt die Maus in das
gleichnamige Feld. Unten
im Dialog gibt es darauf-
hin eine ausführliche Er-
klärung zur Wirkungswei-
se dieser Funktion. Sie
sollte nach Möglichkeit
aktiviert sein.

◄ **Abbildung 12.6**
Wenn Sie häufiger JPEG
als PNG ausgeben, lohnt
sich das Umschalten.

Leistung

Kommen wir nun zu den Protokollobjekten auf der Seite LEIS-
TUNG. Photoshop gibt unter VERLAUF UND CACHE vor, dass 20
Schritte innerhalb des Protokoll-Bedienfelds abgelegt werden.
Das bedeutet auch: Die letzten 20 Schritte lassen sich nachträg-
lich noch editieren.

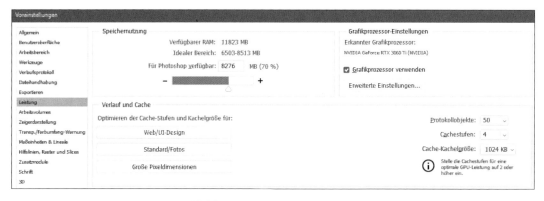

▲ **Abbildung 12.7**
Diese Einstelloptionen können je nach Rechnerausstattung mehr oder
weniger wichtig sein.

Ihr Bildbearbeitungsprogramm ist prinzipiell auch bereit, weit mehr Schritte aufzuzeichnen. Dabei sollten Sie aber berücksichtigen, dass Ihr System bei längeren Bearbeitungsroutinen unweigerlich in die Knie gehen wird. Wenn Sie jedoch einen leistungsstarken Rechner benutzen und neben Photoshop nicht gleichzeitig noch zehn weitere Programme geöffnet haben, ist gegen die Erhöhung prinzipiell nichts einzuwenden.

Zeigerdarstellungen

Standardmäßig werden von Photoshop die Pinselspitzen in Form eines Kreises dargestellt, der den Durchmesser der Pinselspitze repräsentiert. Falls Sie jedoch lieber mit einem Fadenkreuz arbeiten, können Sie das hier einstellen. Auch die Werkzeuge lassen sich hier als Fadenkreuz darstellen.

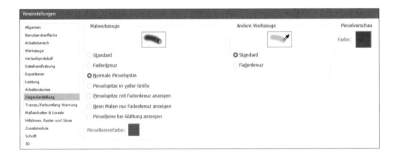

◄ **Abbildung 12.8**
Tool oder Fadenkreuz? Hier stellen Sie es ein.

Maßeinheiten & Lineale

Besonders zu erwähnen ist, dass die Einheiten in den Dialogfenstern umgestellt werden können. Im ursprünglichen Zustand verwendet Photoshop für die Lineale ZENTIMETER. Wären Ihnen andere Maße lieber?

▲ **Abbildung 12.9**
Die Lineale zeigen Zentimeter an.

12.2 Farbe

Allein der Bereich Farbmanagement ist derart gewaltig, dass ganze Regale von Büchern damit gefüllt sind. Selbstverständlich kann es hier nicht gelingen, die Materie komplett darzustellen. Dennoch dürfte ein kleiner Exkurs in die Welt der Farben lohnend sein.

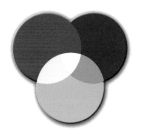

▲ **Abbildung 12.10**
Die Grundfarben Rot, Grün und Blau bilden den additiven Farbkreis.

Licht
Praktisch, gar wissenschaftlich gesehen, liegt jede der drei Grundfarben, auch *Spektralfarben* genannt, im Bereich bestimmter elektromagnetischer Wellenlängen. Kommen alle drei Spektralfarben in höchster Intensität vor, ist ein Maximum an Licht vorhanden; die Lichtfarbe ist Weiß. Die soeben erwähnten elektromagnetischen Wellen werden vom Menschen unterschiedlich wahrgenommen. Das Auge erfasst dabei nur einen verhältnismäßig geringen Teil als Farbe, nämlich einen Bereich von etwa 400 bis 700 nm (nm = 1 Millionstel Millimeter). Die Voraussetzung für die Wahrnehmbarkeit von Farben ist Licht! Ohne Licht gibt es keine Farbe.

Das additive Farbsystem und RGB

Am Monitor und in der Digitalfotografie kommt stets der *RGB*-Modus zum Tragen. Das Bild setzt sich dort aus Anteilen von Rot, Grün und Blau zusammen. Jede einzelne dieser drei Grundfarben stellt einen *Farbkanal* dar. Nun kann wiederum jeder der drei Kanäle mit unterschiedlicher Intensität vorhanden sein. Bei einem Wert von 0 ist die jeweilige Farbe nicht existent. Der Maximalwert eines Kanals beträgt 255, wobei in diesem Fall die Farbe voll vorhanden ist. Daraus ist abzuleiten, dass jeder Kanal in 256 unterschiedlichen Farbabstufungen dargestellt werden kann (255 plus Farbe nicht vorhanden = 256 Möglichkeiten).

Jetzt wird es mathematisch: Da drei Kanäle vorhanden sind (Rot, Grün und Blau), gibt es 256 × 256 × 256 (also 16777216) mögliche Werte.

Alle drei additiven Grundfarben ergeben zusammen reines Weiß. Ist keine der drei Farben vorhanden, liegt reines Schwarz vor.

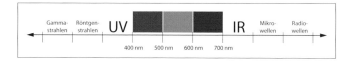

▲ **Abbildung 12.11**
Das Spektrum der Additivfarben

Am besten wird es sein, Sie öffnen den Farbwähler in Photoshop und versuchen, die Gegebenheiten einmal nachzuvollziehen. Markieren Sie wie gewohnt eine der Farbflächen in der Werkzeugleiste, und stellen Sie Farbwerte im Bereich RGB ein.

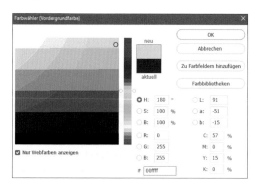

▲ **Abbildung 12.12**
Je höher der Wert ist, desto heller ist das Grau.

Geben Sie für alle drei RGB-Farben »0« ein, erhalten Sie reines Schwarz; der Maximalwert (255 bei 8-Bit-Bildern) für alle drei Farben ergibt Weiß. Jeder nur erdenkliche Wert, bei dem alle drei Grundfarben in gleicher Intensität vorliegen, ergibt Grau. Der einzige Unterschied: Niedrige Werte sorgen für ein dunkles, hohe für ein helles Grau. Achten Sie darauf, dass die Funktion NUR WEB-FARBEN ANZEIGEN nicht aktiv ist, da Photoshop ansonsten Ihre Eingaben selbstständig auf Farben begrenzt, deren Darstellung im Internet möglich ist.

Das subtraktive Farbsystem und CMYK

Im Druckbereich wird das subtraktive Farbsystem verwendet. Die Farben, die mit Hilfe eines Druckkopfes oder etwas Ähnlichem auf den *Bedruckstoff* (meist Papier) aufgetragen werden, sind lasierend (durchsichtig). Je mehr Licht nun von einem Bedruckstoff zurückgegeben (reflektiert) werden kann, desto heller wird die Farbe wahrgenommen.

Was bedeutet CMYK?
Die aus dem Englischen stammende Abkürzung bezeichnet die drei subtraktiven Grundfarben C = Cyan, M = Magenta, Y = Yellow sowie Schwarz als K = Key.

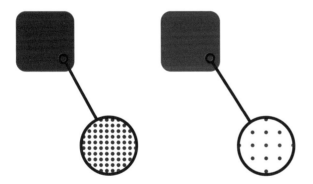

◄ **Abbildung 12.13**
Je dunkler die Farbe ist, desto dichter liegen die Punkte beieinander.

Optisch erscheint die Farbe heller, je weiter die Punkte auseinanderstehen. Die Punkte selbst haben dabei exakt die gleiche Farbe. Je konzentrierter das Punktraster auftritt, desto dunkler wirkt der Ton. Das subtraktive Farbsystem setzt sich aus den Grundfarben Cyan, Magenta und Gelb zusammen – ergänzt durch Schwarz.

Als Grundfarben werden hier aber nur die drei Erstgenannten bezeichnet (ohne Schwarz). Im Gegensatz zum additiven Farbsystem ergibt sich hier reines Weiß, wenn keine Farbe aufgetragen wird. Liegen alle drei Grundfarben zu 100 % vor, ergibt sich – zumindest in der Theorie – reines Schwarz.

Während sich die Angaben bei RGB über einen Wertebereich von 0 bis 255 ziehen, werden die Intensitäten der einzelnen Farben im CMYK-Farbkreis in Prozent von 0 bis 100 angegeben.

Weil die drei Grundfarben aber leider nur »theoretisch« Schwarz ergeben, kommt in der Praxis als vierte Farbe Schwarz hinzu. Der Fachbegriff für diese Abweichung von Theorie und Praxis lautet *Spektralmängel*. In der Praxis kommt bei allen drei Farben gemeinsam allenfalls ein schmutzig wirkendes Braun heraus.

Starten Sie doch in Photoshop einmal diesen Test, indem Sie auf eines der Farbfelder innerhalb der Werkzeugleiste doppelklicken und über die RGB-Eingabefelder Schwarz festlegen (R + G + B = 0). Bestätigen Sie mit OK, und schließen Sie den Farbwähler, ehe Sie ihn mit einem Doppelklick auf das nun schwarze Feld der Werkzeugleiste erneut öffnen. Legen Sie jetzt für C, M und Y jeweils 100 % fest, und stellen Sie den Wert K auf »0«. Betrachten Sie das Ergebnis, und vergleichen Sie es mit Schwarz.

Abbildung 12.14 ▶
Mit Cyan, Magenta und Gelb erhalten Sie kein Schwarz.

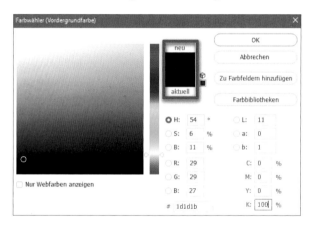

Rein technisch ist außerdem ein Farbauftrag von jeweils 100 % im Druck nicht möglich. Das subtraktive Farbsystem ist also stark eingeschränkt, und in der Praxis lässt sich nur ein verschwindend geringer Teil des RGB-Farbraums drucktechnisch wirklich darstellen.

RGB-Dateien in CMYK umwandeln

Zum Druck werden RGB-Bilder in das CMYK-Format umgewandelt. Photoshop realisiert dies über BILD • MODUS • CMYK-FARBE. Sollte die Datei aus mehreren Ebenen bestehen, wird eine Zwischenabfrage gestartet. Wenn Sie anschließend keine Änderungen an einzelnen Ebenen mehr vornehmen möchten, wählen Sie

▲ **Abbildung 12.15**
Der obere Bereich entspricht (im Gegensatz zum unteren) keinem reinen Schwarz.

Reduzieren – anderenfalls Nicht reduzieren. Ersteres hält die Dateigrößen merklich kleiner.

◀ **Abbildung 12.16**
Mit der Modusänderung lassen sich alle Ebenen auf eine reduzieren.

Volltonfarben

Vielleicht sind Ihnen schon die teils herben Farbverluste aufgefallen, die eine Umwandlung von RGB in CMYK nach sich zieht. Bestes Beispiel: Das satte Rot bricht glatt zusammen, und heraus kommt ein Schleier, vor dem uns die Waschmittelwerbung allzu häufig warnt. In solchen Situationen ist die Zeit gekommen, Volltonfarben einzusetzen. Im Gegensatz zu den Prozessfarben (C, M, Y) handelt es sich dabei um vordefinierte Farben, die anhand einer Farbnummer identifiziert werden.

Die Hersteller sorgen für eine gleichbleibende Qualität und geben anhand von (teils sündhaft teuren) Farbfächern und Farbmusterkarten vor, wie die Farbe aussehen wird. Auch Photoshop unterstützt natürlich die Einbindung von Volltonfarben. Klicken Sie im Farbwähler auf den Button Farbbibliotheken, um an die Spezialfarben heranzukommen.

Deaktivierte Ebenen
Falls Sie Ebenen über das Augen-Symbol deaktiviert haben, stellt die Anwendung die Frage, ob die verborgenen Ebenen gelöscht werden sollen. Betrachten Sie anschließend erneut das Kanäle-Bedienfeld, und schalten Sie auch hier wieder einzelne Kanäle ein und aus, um die Unterschiede erkennbar werden zu lassen.

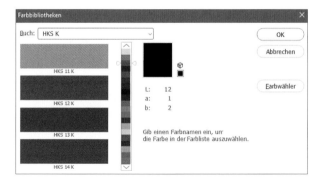

◀ **Abbildung 12.17**
Hier verbergen sich Unmengen von Farbtafeln.

Im hiesigen Raum kursieren vorwiegend *HKS* und *Pantone*. Bei der Auswahl der Farbe müssen Sie allerdings unbedingt darauf achten, dass der richtige Bedruckstoff ausgewählt ist. Je nach Papierqualität schwanken nämlich auch hier die Bezeichnungen. So sagt beispielsweise der letzte Buchstabe einer HKS-Farbe etwas über den Bedruckstoff aus:

▸ HKS E = Endlospapier
▸ HKS K = Kunstdruckpapier (gestrichene Papiere)
▸ HKS N = Normalpapier (ungestrichene Papiere)
▸ HKS Z = Zeitungspapier

Das Problem: Sie müssen vorab wissen, auf welchem Bedruckstoff Ihre Schmuckfarbe landen soll. Vielfach werden aufwendige Drucke (z. B. Lebensmittelverpackungen) über den normalen *Vierfarbdruck* hinaus noch mit einer fünften und sechsten Farbe versehen. Das soll unter anderem gewährleisten, dass die »lila Kuh« auch immer gleich lila bleibt. Sie können sich vorstellen, dass so etwas natürlich die Druckkosten beträchtlich erhöht.

Unter bestimmten Voraussetzungen können jedoch gerade wirtschaftliche Faktoren den Einsatz von Sonderfarben interessant machen. Denken Sie nur an Briefbögen. Hier kann der Druck mit Schwarz und einer Volltonfarbe durchaus günstiger sein als ein Drei- oder gar Vierfarbdruck. Bleiben wir beim Lila. Die Farbe ist (wenn überhaupt) nur mit einem Gemisch aus Cyan, Magenta und Gelb zu Papier zu bringen. Mit der vierten Farbe (Schwarz) werden die Texte gedruckt. Nehmen Sie stattdessen Schwarz und eine Volltonfarbe (beispielsweise HKS 37), wird der Geldbeutel des Auftraggebers merklich entlastet.

Keine farbigen Druckplatten?
Sie wundern sich, warum die einzelnen Kanäle nicht farbig dargestellt werden? Weil das für den Druckprozess selbst nicht mehr relevant ist. Welche Farbe mit der jeweiligen Platte aufgetragen wird, erkennt der Drucker an Zusatzinformationen, die auf der Platte vermerkt sind. Und die separierten Kanäle haben ja keine andere Aufgabe, als zu zeigen, wo eine bestimmte Farbe aufgetragen wird und wo nicht.

Die Farbseparation

Damit nun die Farben einer CMYK-Datei in den jeweiligen Druckwerken der Druckmaschine einzeln aufgetragen werden können, müssen Farben »separiert« werden. Dabei wird im Prinzip nichts anderes gemacht, als die vier Farben Cyan, Magenta, Gelb und Schwarz voneinander zu trennen. Kämen zusätzlich Volltonfarben zum Einsatz, würde auch dafür ein eigener Kanal erzeugt.

Doch bleiben wir beim Vierfarbdruck. Bei einer RGB-Vorlage werden die additiven Grundfarben Rot, Grün und Blau in Cyan, Magenta, Gelb und Schwarz aufgeteilt. Die Ergebnisse liefern dann die Vorlagen für die jeweiligen Druckplatten. Mit diesen Platten werden die Grundfarben nacheinander auf den Bedruckstoff aufgetragen, wodurch sich am Schluss wieder das farbige Gesamtbild ergibt.

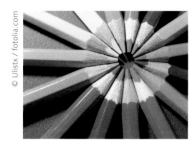

◀ **Abbildung 12.18**
Das Originalbild in CMYK

▲ **Abbildung 12.19**
Die Farbkanäle Cyan (oben links), Magenta (oben rechts), Gelb (unten links) und Schwarz (unten rechts)

Jede Platte symbolisiert also: Wo Schwarz ist, kommt die jeweilige Farbe zum Einsatz; wo Weiß ist, wird keine Farbe verwendet. Vereinfacht gesagt: Die Platten sind so beschaffen, dass sie an schwarzen Stellen Farbe annehmen, während sie in weißen Bereichen »farbabweisend« wirken.

Zu den Sonderfarben: Sollte eine fünfte Farbe benutzt werden, muss natürlich auch eine fünfte Druckplatte angefertigt werden. Photoshop zeigt übrigens alle *Kanäle* im gleichnamigen Bedienfeld an.

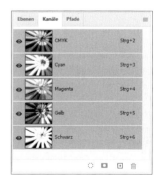

▲ **Abbildung 12.20**
Wollen Sie nur einen einzelnen Kanal begutachten, markieren Sie die entsprechende Miniatur. Alle anderen Kanäle werden dann ausgeblendet.

Der Lab-Farbraum

Der Lab-Farbraum umfasst den gesamten RGB- und CMYK-Farbraum und alle existierenden Gerätefarbräume; er wird daher als *geräteunabhängiger Farbmodus* bezeichnet. Die Farben werden durch einen Kanal für die Helligkeit (L für *Lightness*) und zwei Buntheitskomponenten (Kanal a von Grün bis Magenta und Kanal b von Blau bis Gelb) dargestellt. Im Farbwähler können Werte zwischen +127 und −128 eingestellt werden. Der dritte Wert L macht diesen Farbraum besonders interessant für kanalweise Bildkorrekturen. Die Änderung erfolgt über Bild • Modus • Lab-Farbe.

12.3 Auflösung

Die Auflösung spielt spätestens dann eine Rolle, wenn Sie Ihre Bilder ausdrucken möchten. Aber auch für die Bildbearbeitung ist die Höhe der Auflösung nicht unerheblich.

dpi und ppi

▲ **Abbildung 12.21**
Wie viele Pixel erstrecken sich über einen Bereich von 2,54 cm?

dpi? ppi? Wo ist der Unterschied? Es gibt keinen! Na, das ist natürlich nur die halbe Wahrheit. Greifen wir zunächst den Begriff ppi auf. Der in *pixel per inch* angegebene Wert bestimmt, wie viele Pixel auf einer Strecke von einem Inch angeordnet sind. Ein *Inch* wiederum entspricht 2,54 cm, also einem Zoll.

Beim Maß dpi, *dots per inch*, verhält es sich genauso. Allerdings liegt der Unterschied im ersten Wort. Bei Monitor, Scanner und Kamera setzt sich das Bild aus Pixeln zusammen, während der Drucker Dots ausgibt. Wenn Sie also ein Bild verwenden, das über eine Auflösung von 72 ppi verfügt, werden auch 72 Dots pro Inch ausgedruckt, sofern die Seitenverhältnisse nicht geändert werden.

Neuberechnung

Nun sind 72 ppi absolut ausreichend, wenn es um die Darstellung am Monitor geht. Der Druck würde aber in dieser Auflösung eher mäßig ausfallen. Deshalb muss das Bild für diesen Zweck neu berechnet werden. Diese Neuberechnung geht aber leider nicht verlustfrei vonstatten.

Stellen Sie sich vor, Sie verdoppeln die Auflösung (von 72 auf 144 ppi). Dann macht die Software nichts anderes, als zwischen vorhandenen Pixeln weitere einzufügen. Dazu arbeitet beispielsweise die *bilineare Wiederholung* mit einem Mittelwert, der aus beiden Pixeln errechnet wird. Bei glatten, einfarbigen Flächen bereitet das keine Probleme. Aber wie sieht das an kontrastierenden Kanten aus? Betrachten Sie zwei aneinander angrenzende Flächen.

◄ **Abbildung 12.22**
Links: die angrenzenden Flächen in der Originalauflösung. Rechts: die Kanten nach der Hinzurechnung von Pixeln.

Wenn nun an einer kontrastierenden Kante Pixel hinzugerechnet werden, verliert das Ergebnis zwangsläufig an Schärfe. Die Kante hebt sich nicht mehr so eindeutig vom Hintergrund ab.

Eine Möglichkeit ist aber, bei Erhöhung der Auflösung im gleichen Maße die Abmessungen des Bildes herunterzurechnen. Der Erfolg: Die Anzahl der Pixel bleibt gleich, und der Verlust ist nichtig.

Nehmen Sie eine qualitativ hochwertige Digitalfotografie. Hier liegt ein Seitenverhältnis von etwa 80 × 60 cm vor – mit einer Auflösung von 72 ppi. Wenn Sie nun einen professionellen Druck dieses Bildes anfertigen wollen, benötigen Sie eine Auflösung von 300 dpi. Man kann also sagen, dass die Auflösung etwa viermal so hoch sein muss wie beim Originalfoto. Wenn Sie jetzt gleichzeitig die Abmessungen des Bildes auf ein Viertel reduzieren, werden Sie ein optimales Ergebnis präsentieren können. Das Bild wäre jetzt noch 20 × 15 cm groß und ließe sich mit 300 dpi drucken.

Damit aber die neuen Werte keine Schätzergebnisse liefern, bedienen wir uns einer Formel:

$$\text{Neue Seite} = \frac{\text{Seite} \times \text{Vorhandene Auflösung}}{\text{Gewünschte Auflösung}}$$

Im vorliegenden Beispiel bedeutet das: Sie nehmen eine Seite des Bildes, multiplizieren diesen Wert mit der aktuellen Größe und dividieren anschließend durch die Zielgröße. Damit hätten Sie das neue Maß für die berechnete Seite.

Schritt für Schritt
Die Druckauflösung für ein Digitalfoto einstellen

Berechnen wir die Dateigröße eines Digitalfotos (80 × 60 cm, 72 ppi), das auf dem heimischen Tintenstrahldrucker ausgegeben werden soll. Sie wissen ja, dass hier 220 dpi absolut ausreichend sind. Wie groß kann das Bild ausgegeben werden?

1   **Ausgangswerte ermitteln**

Zunächst einmal müssen die Werte über BILD • BILDGRÖSSE ermittelt werden. Nehmen Sie vorzugsweise die längere Seite. Das ist das Breitenmaß von 80 cm. (Die Rundungstoleranzen sind zu vernachlässigen.)

Abbildung 12.23 ▶
Die Breite ist hier das größere Maß.

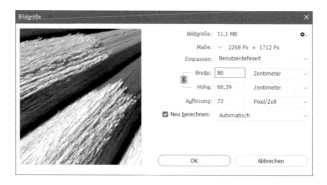

2   **Formel erstellen**

$$\text{Neue Seite} = \frac{80 \times 72}{220}$$

3 Neue Werte übergeben

Demnach ergibt sich eine neue Breite von knapp 26,2 cm. Aber das müssen Sie selbst gar nicht ausrechnen, denn das erledigt Photoshop für Sie. Wir wollen lediglich kontrollieren, ob das auch zu unserer Zufriedenheit erledigt wird. Zunächst müssen Sie sicherstellen, dass NEU BERECHNEN abgewählt ist, denn nur das ermöglicht eine Erhöhung der Auflösung bei gleichzeitiger Verringerung der Bildgröße. Tragen Sie anschließend den Wert »220« in das Feld AUFLÖSUNG ein, und verlassen Sie den Dialog mit OK. Immerhin könnten Sie dieses Foto noch fast in A4-Größe ausgeben. Zudem ist der von Photoshop errechnete Wert für die Breite mit unserem identisch.

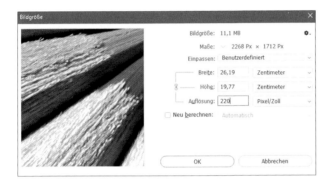

◀ **Abbildung 12.24**
Das Foto wurde in der Auflösung erhöht.

Interpolation

Und wenn dennoch eine Größenänderung unumgänglich ist? Dieses Problem stellt sich ja, wenn Sie kleine Bilder haben, die höher aufgelöst werden müssen. Dann sollten Sie sich für die jeweilige Interpolation entscheiden. Hier muss allerdings dann ein INTERPOLATIONSVERFAHREN angewählt sein. Die Königseinstellung ist AUTOMATISCH. Damit wendet Photoshop selbstständig die geeignete Methode an. Dennoch wollen wir auch einen Blick auf die anderen Verfahren werfen:

▲ **Abbildung 12.25**
Die verschiedenen Interpolationsverfahren

▸ AUTOMATISCH: Photoshop ermittelt anhand der eingegebenen Größe die am ehesten geeignete Methode.

▸ DETAILS ERHALTEN: Die Schärfung erfolgt an kontrastierenden Kanten mehr als an ebenmäßigen Flächen.

▸ BIKUBISCH GLATTER: Hier werden die Übergänge (kontrastierende Kanten) etwas glatter.

▸ Bikubisch schärfer: Diese Methode eignet sich vor allem zur Verkleinerung von Bildern, bei der zwangsläufig Pixel heraus- gerechnet werden müssen. Auch das Herausrechnen führt zum Schärfeverlust, der jedoch häufig durch die bikubische Schär- fung kompensiert werden kann.

▸ Bikubisch: Die Werte benachbarter Pixel werden analysiert und mit weichen Farb- bzw. Tonwertabstufungen versehen.

▸ Pixelwiederholung: Die Pixel werden dupliziert. Es kommt dabei zur Treppenbildung und zu gezackten Linien. Die Me- thode ist nicht sehr präzise und eignet sich lediglich für Grafi- ken.

▸ Bilinear: Bei der Hinzurechnung von Pixeln werden Durch- schnittswerte hinzugefügt. Das Ergebnis ist mit einem Schär- feverlust behaftet.

12.4 Pixel vs. Vektoren

Rechteckige Pixel
Dass Pixel quadratisch sind, trifft auf die Bildbe- arbeitung zu. Sollten Sie sich im Bereich Video- schnitt betätigen, werden Sie es jedoch auch mit rechteckigen Pixeln zu tun bekommen. Wenn Sie eine neue Datei er- zeugen (Datei • Neu), kann das Pixel-Seiten- verhältnis im Bereich Erweitert an die ge- wünschten Eigenschaften angepasst werden.

Photoshop ist von jeher eine pixelorientierte Anwendung. Ein *Pixel* ist der kleinste Teil einer Bilddatei und im Normalfall quadra- tisch. Die Einheit ppi (= pixel per inch) regelt, wie viele dieser Pixel auf einer Fläche von 2,54 × 2,54 cm (2,54 cm = 1 Inch) vorhanden sind. Man spricht hier von der *Auflösung* bzw. *Bildauflösung*. Dar- aus lässt sich Folgendes ableiten: Je höher die Auflösung ist (also je mehr Pixel auf einem Inch2 vorhanden sind), desto größer ist der Detailreichtum des Bildes.

◂ **Abbildung 12.26**
Bei geringer Auflösung blei- ben die Pixelbildungen nicht verborgen.

Da Pixel aber im Bereich der Bildbearbeitung normalerweise quadratisch sind, werden sie natürlich bei starker Vergrößerung sichtbar. Die in Größe rund erscheinenden Kanten offenbaren nun ein unschönes Treppenmuster – schließlich handelt es sich bei Pixeln ja wie erwähnt um Quadrate.

Um den Unterschied zwischen Pixeln und Vektoren klar herauszustellen, müssen wir noch einen Schritt weitergehen, indem wir uns Gedanken über die Art und Weise machen, mit der *Pixeldateien* gespeichert werden. Prinzipiell wird hierbei für jede dieser quadratischen Flächen eine x- und eine y-Koordinate gespeichert. Damit weiß der Rechner etwas über die Position des Pixels. Damit auch die Farbe dieses Pixels wiedergegeben werden kann, müssen noch die Kanalinformationen hinzugefügt werden. Bei einem RGB-Bild wird also zusätzlich noch der Farbwert für Rot, Grün und Blau gespeichert.

Bei *Vektoren* sieht das komplett anders aus. Hier werden bei einer normalen Kurve die Positionen von Start- und Endpunkt sowie Informationen über die Tangenten festgehalten.

▲ **Abbildung 12.27**
Eine Vektorenlinie in Photoshop

Das bedeutet: Auch bei maximaler Vergrößerung einer Vektordatei wird deren Rundung immer glatt sein. Daraus ergibt sich ein klarer Vorteil zugunsten der Vektordatei: Sie kann ohne Qualitätsverlust beliebig skaliert werden. Und das heißt auch: Mit zunehmender Bildgröße bleibt die Vektordatei dennoch immer gleich groß. Bei Pixelbildern wächst hingegen mit zunehmender Bildgröße auch die Dateigröße gewaltig an.

◄ **Abbildung 12.28**
Links: Pixeldatei (auf 1 600 % vergrößert). Rechts: Vektordatei (mit einem Vergrößerungsfaktor von 6 400 %).

Noch deutlicher wird der Unterschied zwischen Pixeln und Vektoren, wenn eine Vektorkurve über die Pixeldatei gelegt wird. Während die Pixel ihre Treppen erkennen lassen, bleibt die Vektorenform stets rund.

Selbst bei maximaler Vergrößerung kommt es nicht zur Treppenbildung. Wenn Sie in einer vektororientierten Illustrations-

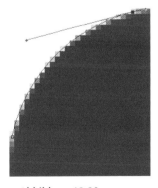

▲ **Abbildung 12.29**
Vektorkurve, angeordnet auf einer Pixeldatei

anwendung (z. B. Adobe Illustrator) arbeiten, wird es zu keinerlei Treppenbildungen in den Vektortangenten kommen. Wenn Sie dennoch den Eindruck gewinnen, dass es bei Maximalzoom Abstufungen gibt, darf ich Sie beruhigen. Für diese Ungenauigkeiten ist einzig und allein Ihr Monitor verantwortlich. Nicht einmal der ist nämlich imstande, Vektoren mit hundertprozentiger Genauigkeit wiederzugeben. Ihre Grafik jedoch ist garantiert rund.

12.5 Dateiformate

Photoshop stellt zum Speichern von Dateien eine Fülle von Formaten zur Verfügung. Weitere Dateiformate lassen sich in Form von Plugins hinzufügen. Im Folgenden finden Sie eine Übersicht über einige Formate (alphabetisch) und deren Eigenschaften:

BMP | *Bitmap*. Hierbei handelt es sich um ein Windows-Standardformat, das aber normalerweise auch unter Mac OS verarbeitet werden kann. Dieses Format eignet sich besonders für Desktop-Bilder und dergleichen.

DNG | *Adobe Digital Negative*. DNG ist ein Dateiformat, das Rohdaten der Digitalkamera enthält. Dieses Verfahren wurde entwickelt, um die Kompatibilität der unterschiedlichen Camera-Raw-Formate zu erhöhen. Sie können Ihre Raw-Dateien aus dem Camera-Raw-Dialog heraus als DNG speichern.

EPS | *Encapsulated PostScript*. In diesem Format können Vektordaten verarbeitet werden. Es eignet sich bestens für die Weitergabe an Druckereien. Nachteil: Um PostScript-Dateien zu drucken, benötigen Sie auch ein PostScript-fähiges Ausgabegerät. Drucken Sie die Datei dennoch, wird eine niedrig auflösende Datei wiedergegeben.

GIF | *Graphics Interchange Format*. In diesem Format speichern Sie Grafiken für die Verwendung im World Wide Web. In GIF-Dateien können Transparenzen erhalten werden.

JPEG | *Joint Photographic Experts Group*. Dabei handelt es sich um das gängige Dateiformat zur Ansicht von Fotos im Internet. Das Verfahren zeichnet sich besonders durch seine geringen Dateigrößen aus, ist jedoch verlustbehaftet.

JPEG 2000 | *JPEG 2000* bringt grundsätzlich bessere Ergebnisse als JPEG. Es ist zum gegenwärtigen Zeitpunkt jedoch nur mit Einschränkungen zu empfehlen, da das Plugin im Browser des Betrachters installiert sein muss, damit der Browser JPEG-2000-Dateien anzeigen kann.

PDF | *Portable Document Format*. Dieses Format zeichnet sich vor allem dadurch aus, dass es plattformunabhängig ist. Die Dateien lassen sich mit Adobe Reader anzeigen. Beim PDF-Format handelt es sich um eine sogenannte Seitenbeschreibungssprache, die auf PostScript beruht. Schriften, Grafiken und Layouts bleiben erhalten. Der Hersteller Adobe verbessert die Interaktivität der Bedienelemente von Version zu Version auf recht umfangreiche und beeindruckende Art und Weise. Schon allein deshalb ist es zu empfehlen, stets die neueste Version des kostenlosen Readers auf seinem Rechner bereitzuhalten.

Photoshop 2.0 | (Für Macintosh) In diesem Dateiformat werden Ebeneninformationen verworfen.

Photoshop DCS 1.0 und 2.0 | *Desktop Color Separations*. Photoshop DCS entspricht weitgehend dem EPS-Format. Es ist möglich, Farbseparationen von CMYK-Bildern zu speichern. DCS 2.0 unterstützt Kanäle mit Volltonfarben. Die Ausgabe dieser Dateien erfordert einen PostScript-Drucker.

PNG | *Portable Network Graphics*. Dieses patentfreie Format stellt eine Alternative zu GIF (PNG-8) bzw. JPEG (PNG-24) dar.

PSD | Das ist das »hauseigene« Photoshop-Format. Es unterstützt Ebenen und Transparenzen und zeigt seine Stärken hauptsächlich im Workflow mit anderen Adobe-Programmen. Photoshop-Dateien lassen sich in die Anwendungen dieses Bundles problemlos integrieren.

Ebenfalls sehr wichtig ist, dass sich die Kompatibilität über einen Dialog maximieren lässt. Damit können auch ältere Versionen von Photoshop das Dokument verwenden.

TIFF | *Tagged Image File Format.* TIFF ist ein verlustfreies Kompressionsverfahren, das im Allgemeinen auch Ebenen und Transparenzen unterstützt. Darüber hinaus eignet es sich besonders zum Austausch von Dateien zwischen unterschiedlichen Programmen und Plattformen. Bei Verwendung in bestimmten Anwendungen kann die Ebenenfunktion jedoch verloren gehen. Ansonsten ist dieses Format zur Weitergabe qualitativ hochwertiger Dateien das beste.

Index

InDesign und Illustrator
verständlich erklärt

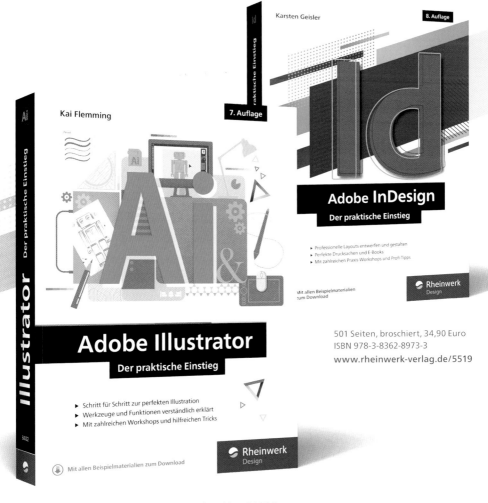

Karsten Geisler

8. Auflage

Id

7. Auflage

Kai Flemming

Ai

Adobe InDesign
Der praktische Einstieg

► Professionelle Layouts entwerfen und gestalten
► Perfekte Drucksachen und E-Books
► Mit zahlreichen Praxis-Workshops und Profi-Tipps

Mit allen Beispielmaterialien zum Download

Rheinwerk
Design

501 Seiten, broschiert, 34,90 Euro
ISBN 978-3-8362-8973-3
www.rheinwerk-verlag.de/5519

Illustrator
Der praktische Einstieg

8402

Adobe Illustrator
Der praktische Einstieg

► Schritt für Schritt zur perfekten Illustration
► Werkzeuge und Funktionen verständlich erklärt
► Mit zahlreichen Workshops und hilfreichen Tricks

Mit allen Beispielmaterialien zum Download

Rheinwerk
Design

471 Seiten, broschiert, 34,90 Euro
ISBN 978-3-8362-8402-8
www.rheinwerk-verlag.de/5322

Profi-Tipps von A bis Z

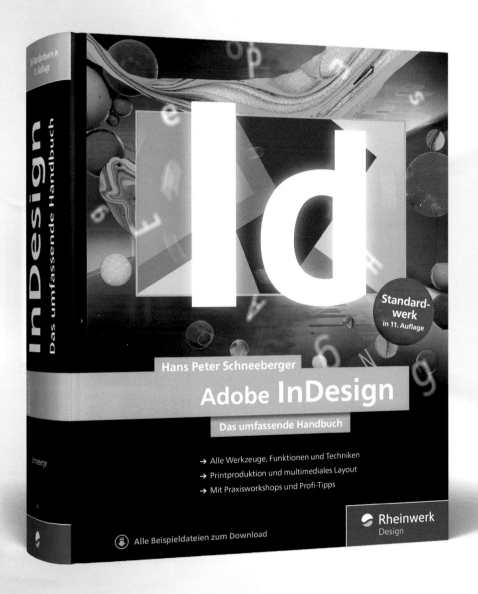

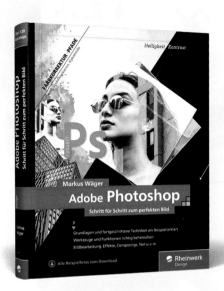

Entdecken Sie Motive abseits der ausgetretenen Pfade

Deutschland von seiner geheimnisvollen, romantischen und wilden Seite

Alles für das perfekte Bild: Location, Zeit, Standpunkt, Ausrüstung

Als Buch und E-Book erhältlich: www.rheinwerk-verlag.de/5391

Kaula, Klumpe, Röser, Schäfer, Seichter, Wappl, Zerletti

Fotografieren in der Stadt

Entdecken Sie die Vielzahl an Motiven, die Ihnen das urbane Umfeld bietet – von der Kleinstadt bis zur Millionenmetropole. In diesem Buch lernen Sie in zahlreichen Workshops, wie Sie beeindruckende Architektur, spontane Straßenszenen, tierische Begegnungen und besondere Lichtstimmungen fotografieren. Lassen Sie sich inspirieren, streifen Sie durch Ihre Stadt und fangen Sie Ihr Lieblingsmotiv mit der Kamera ein!

343 Seiten, gebunden, 39,90 Euro
ISBN 978-3-8362-8680-0
www.rheinwerk-verlag.de/5411

Vitali Brikmann

Portraits on Location

Gute Porträts an jedem Ort, zu jeder Zeit, bei jedem Wetter – wie das geht, erfährst du in diesem Buch! Schule deinen Blick für das Licht, die Farben und interessante Perspektiven, und mache auch unscheinbare Locations zum perfekten Fotospot. Anhand von zahlreichen Shootings zeigt dir Vitali Brikmann, wie mit wenig Aufwand beeindruckende Fotos gelingen!

221 Seiten, broschiert, 29,90 Euro
ISBN 978-3-8362-7669-6
www.rheinwerk-verlag.de/5114

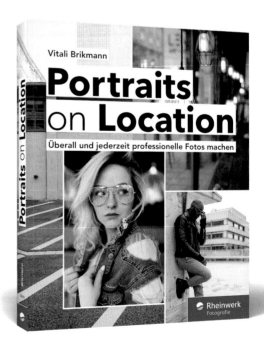